Uni-Taschenbücher 447

UTB

Eine Arbeitsgemeinschaft der Verlage

Birkhäuser Verlag Basel und Stuttgart
Wilhelm Fink Verlag München
Gustav Fischer Verlag Stuttgart
Francke Verlag München
Paul Haupt Verlag Bern und Stuttgart
Dr. Alfred Hüthig Verlag Heidelberg
J. C. B. Mohr (Paul Siebeck) Tübingen
Quelle & Meyer Heidelberg
Ernst Reinhardt Verlag München und Basel
F. K. Schattauer Verlag Stuttgart-New York
Ferdinand Schöningh Verlag Paderborn
Dr. Dietrich Steinkopff Verlag Darmstadt
Eugen Ulmer Verlag Stuttgart
Vandenhoeck & Ruprecht in Göttingen und Zürich
Verlag Dokumentation Pullach bei München

Hans Joachim Schneider

Viktimologie

Wissenschaft vom Verbrechensopfer

J. C. B. Mohr (Paul Siebeck) Tübingen

Dipl.-Psych. Dr. jur. Hans Joachim Schneider ist ordentlicher Professor für Kriminologie an der Universität Münster/Westfalen

ISBN 3-16-636511-7

J. C. B. Mohr (Paul Siebeck) Tübingen 1975

Printed in Germany

Einbandgestaltung: Alfred Krugmann, Stuttgart

Satz und Druck: Gulde-Druck, Tübingen

Aufbindung: Sigloch, Stuttgart

Hans von Hentig

1888—1974

in memoriam

GELEITWORT

Die Viktimologie ist von großer praktischer Bedeutung für die Kriminalpolitik. Bei der Verbrechensvorbeugung und der Kriminalitätsaufklärung hat sich die Kriminalpolizei bisher allzu sehr auf Informationen von der Tat- und Täterseite her verlassen. Dasselbe gilt für die Entschließung der Staatsanwaltschaft. Informationen von der Opferseite bringen die Verbrechensaufklärung, -vorbeugung und -bekämpfung erst ins Gleichgewicht. Die Erfragung des Opferwerdens ermöglicht Dunkelfelduntersuchungen, die im Vergleich mit Kriminalstatistiken Wesentliches über die Wirksamkeit der Strafverfolgung auszusagen vermögen. Die Auswahl der Reaktion des Jugend- oder Familiengerichts wird durch die Jugendgerichtshilfe vorbereitet, die ihre Gutachten zu einem großen Teil auf Opferangaben und -befragungen stützen muß. Für das Erwachsenengericht ist die Viktimologie zur Strafzumessung von unschätzbarem Wert. Aufgrund viktimologischer Kenntnisse und Fähigkeiten wird die Wirksamkeit der Milieubehandlung durch die Bewährungshilfe entscheidend erhöht. In der Strafanstalt sollte der Gefangene zum Nachdenken über das angeregt werden, was er dem Opfer angetan hat. Entsprechende Behandlungsmethoden müssen durch die Viktimologie entwickelt werden. Bei der Strafgesetzgebung dienen viktimologische Forschungsergebnisse zur Entkriminalisierung von Täterverhalten, das in seiner Mehrzahl durch das Opfer verursacht ist. Zur staatlichen Entschädigung des Opfers muß die Viktimologie ihren Beitrag leisten.

In Japan ist die Viktimologie verhältnismäßig weit entwickelt worden. Es gibt gegenwärtig fast 50 empirische Untersuchungen zum Vatermord, zum Mord allgemein, zu den Sexualdelikten, insbesondere Verlaufsanalysen zur Notzucht, zur Körperverletzung, zum Einbruchsdiebstahl in Großstädten, zum Heiratsschwindel, zum Betrug im allgemeinen und zur Verkehrsdelinquenz. Die Opfer unter der älteren Generation sind näher untersucht. Dank des Ersten Internationalen Symposiums über Viktimologie, das vom 2. bis 6. September 1973 in Jerusalem stattfand, hat die Viktimologie einen weltweiten Aufschwung erfahren. Gleichwohl wird sie noch zu wenig empirisch betrieben. Anekdotenhafte Erzählungen sollten nicht als Viktimologie mißverstanden werden. Das vorliegende Buch gibt dem deutschen Leser einen wertvollen informativen Überblick über den gegenwärtigen internationalen Stand wissenschaftlich-viktimologischer Erkenntnisse. Es trägt damit dazu bei, das gesamte Strafverfahren von der Strafanzeige bis zur Entlassung des Straftäters aus der Anstalt realitätsnäher zu gestalten.

In der Praxis der Strafrechtspflege spielt die Viktimologie in Japan eine immer größer werdende Rolle. Die Forschungsabteilung des japanischen Justizministeriums hat zum systematischen Sammeln viktimologischer Fakten aufgerufen. Die japanische Polizeiliche Kriminalstatistik enthält bereits eine große Fülle viktimologischer Daten. Die Kriminologie mußte in Japan ab etwa 1920 auf der Grundlage der deutschsprachigen Forschung aufgebaut werden. Namen wie Adolf Lenz, Edmund Mezger, Gustav Aschaffenburg, Moritz Liepmann und Franz Exner markieren den Weg der japanischen Kriminologie. Nach dem 2. Weltkrieg wurde der Einfluß der nordamerikanischen Kriminologie in Japan stärker. Wesentlichste Neuerung war die Einrichtung des Familiengerichts nach nordamerikanischem Vorbild, das zur wissenschaftlichen Begründung seiner Entscheidungen viktimologischer Fakten bedarf. Auch in den USA gibt es zahlreiche viktimologische Studien. Es fehlt indessen allenthalben an einer systematischen Durchdringung des Stoffes. Japanische Kriminologen erkannten 1958 ihre einmalige Gelegenheit, diese wichtige neue Wissenschaft auf gleicher Ebene zusammen mit den Europäern und Amerikanern kreativ zu entwickeln. Die Japaner haben der deutschen Kriminologie viel zu verdanken. Die Viktimologie ist im deutschsprachigen Raum indessen trotz Hans von Hentigs Pionierarbeit unterentwickelt. Es ist mein Wunsch, daß sich dies durch das hier vorliegende grundlegende und umfassend informierende Buch ändern wird, auf dem die deutsche viktimologische Forschung aufbauen kann. Ein hoffnungsvoller erster Anfang ist durch die freundschaftliche und enge wissenschaftliche Zusammenarbeit zwischen dem Verfasser dieses Buches und dem Autor dieses Geleitworts getan. Die japanische und die deutschsprachige Viktimologie könnten in der Zukunft durch gemeinsame empirische und theoretische Forschungen zur Entwicklung dieses wichtigen Wissenschaftsgebietes entscheidend beitragen.

Tokio, im September 1974

Prof. Dr. Koichi Miyazawa
Direktor des Instituts
für Viktimologie
der Keio-Universität Tokio

VORWORT

Viktimologie ist als Teilgebiet der Kriminologie eine junge Wissenschaft. Lange Zeit widmete sich die Kriminologie den Erscheinungsformen der Straftaten aus der unkritischen Sicht der Instanzen sozialer Kontrolle, der Kriminalpolizei, der Gerichte und des Strafvollzugs. Es war dann schon ein Fortschritt, als man sich der Persönlichkeit des Straftäters und seinem sozialen Nahraum als Forschungsobjekten zuwandte. Die traditionelle deutschsprachige Kriminologie verharrt heute noch in dieser einseitigen Befangenheit. Die neue interaktionistisch-sozialpsychologische Betrachtungsweise, die jüngst aus Nordamerika zu uns nach Europa gekommen ist, hat es ermöglicht, die Rollen der Instanzen der Sozialkontrolle bei der Verhütung der Kriminalität und der Behandlung des Rechtsbrechers, aber ebenso bei der Entstehung und Aufrechterhaltung der Kriminalität kritisch zu überprüfen und das Verbrechen, seine Entstehung und Verhütung, aus der Perspektive des Opfers zu betrachten. Der Wechselwirkungsprozeß zwischen Täter und Opfer bei der Entstehung und Verhütung der Kriminalität — auch der Rückfallkriminalität — gewinnt entscheidende Bedeutung. Das Opfer wird nicht mehr nur als nahezu unbeachtetes Objekt, als nicht eben wichtiger Teil der Umwelt des Täters, sondern als eigenständiges Subjekt im individuellen Kriminalisierungs- und Entkriminalisierungsprozeß gesehen. Es wird in sein Recht gesetzt. Man läßt es nicht mehr nur bei einer vorurteilsbehafteten Idealisierung bewenden. Die moderne Kriminologie hat das Opfer aus seiner Vergessenheit geholt, in die es in der Vergangenheit gedrängt worden ist. Seine Bedeutung bei der Verbrechensvorbeugung ist erkannt. Die Viktimologie will ihm einen respektierten, geschützten Platz in allen Phasen des Strafverfahrens sichern. Sie will nicht zuletzt dafür sorgen, daß es eine wirklich angemessene Wiedergutmachung des ihm durch die Straftat entstandenen Schadens erlangt und daß seine durch den Rechtsbruch hervorgerufenen psychischen Schädigungen behandelt werden können. In einer Zeit, in der sehr viel über Behandlung des Rechtsbrechers, ja zuviel und vielfach Unbrauchbares diskutiert wird, sollte auch einmal von der Behandlung des Opfers die Rede sein dürfen. Gerade die Praxis der Strafrechtspflege, insbesondere die Kriminalpolizei, hat in der Bundesrepublik Deutschland die ersten viktimologisch-empirischen Untersuchungen durchgeführt.

Durch die neue sozialpsychologisch-interaktionistische Kriminologie hat die Viktimologie ihre breite theoretische Grundlage zu ihrer Entwicklung erhalten. Viktimologie ist aktuell. Eine Fülle von Forschungsergebnissen ist in Nordamerika erschienen. In Südamerika und Skandinavien befaßt man sich mit ihr. Erste Aufsätze sind in der Sowjetunion und Australien veröffentlicht worden. Die ersten Bücher über Viktimologie kommen aus Japan zu uns. In der internationalen kriminologischen Diskussion ist sie durchschlagend durch das 1. Internationale Symposium über Viktimologie gefördert worden, das vom 2. bis 6. September 1973 in Jerusalem stattgefunden hat. Die Internationale Gesellschaft für Kriminologie (Paris) wird ihr 2. Internationales Symposium über Viktimologie vom 5. bis 11. September 1976 in Boston/Mass., USA, abhalten. Die große Aufmerksamkeit, die die Viktimologie im Ausland und auf internationaler Ebene genießt, findet bedauerlicherweise bisher keine Entsprechung im deutschsprachigen Raum. Einige deutschsprachige Lehrbücher der Kriminologie haben zwar viktimologische Kapitel. Eine informative und umfassende Darstellung dieses wichtigen Teilbereichs der Kriminologie fehlt aber bisher noch. Dieses Buch möchte eine solche Information durch internationale Orientierung leisten. Freilich sind die ausländischen Forschungsergebnisse nur mit Vorsicht auf deutsche Verhältnisse anwendbar. Gleichwohl können solche Untersuchungen aus dem Ausland z. B. deutsche Wiederholungsstudien (replication studies) anregen und Hinweise für mögliche Hypothesen bieten. Das weitgehende Fehlen deutschsprachiger viktimologischer Information ist darauf zurückzuführen, daß der deutschen wissenschaftlichen Tradition gemäß den Naturwissenschaften und der Medizin immer noch finanziell wie personell Vorrang zugestanden wird. Die Human- und Sozialwissenschaften fristen demgegenüber im Anhang der Geisteswissenschaften ein relativ trauriges „Kümmerdasein“, das auch durch lautstarke Proteste nicht zu beenden ist.

Dieses Buch möchte die sozialpsychologisch-interaktionistische Perspektive — vom Opfer aus gesehen — mit ins Spiel bringen. Meine zahlreichen kriminologischen Forschungsreisen nach Nord- und Südamerika, nach Großbritannien, nach Skandinavien, nach Osteuropa, insbesondere in die Sowjetunion, nach Polen und Jugoslawien, nach Israel und Japan sind mir beim Schreiben dieser Monographie außerordentlich nützlich gewesen. Denn ich habe mir das Material zu diesem Buch nicht nur durch ständige jahrelange persönliche Diskussionen mit meinen Kollegen aus anderen Ländern erarbeiten können. Ich habe auch Gelegenheit gehabt, die Auswirkungen viktimologischer Gedankengänge und Forschungsergebnisse auf die Praxis der Strafrechtspflege anderer Länder zu beobachten. Ein Besuch im Vernichtungslager Majdanek bei Lublin im August 1974 hat mich tief beeindruckt und schwer erschüttert, obgleich ich die kriminellen Taten des Nationalsozialismus bereits kannte.

Zwei Besonderheiten, die als Vorzüge, aber auch als Nachteile gedeutet werden können, hat dieses Buch. Es ist streng pragmatisch orientiert, berichtet also über eine Fülle von Fakten. An einzelnen Stellen mag das detaillierte Eingehen auf Daten, das ich um der wissenschaftlichen Redlichkeit willen für notwendig hielt, die Lesbarkeit des Textes ein wenig erschweren. Gleichwohl wollte ich auf die Darlegung der Daten nicht verzichten, um umfassend und genau über den gegenwärtigen Stand der viktimologischen Forschung zu informieren. Das Buch hat weiterhin alle zur Zeit in der Welt erlangbaren viktimologischen Informationen zusammenzutragen versucht. Einige meiner Kritiker werden vermutlich — wie bereits früher — darauf hinweisen, daß mein Buch angloamerikanisch orientiert sei und zu wenig über deutsche viktimologische Forschungsergebnisse enthalte. Dieser Vorwurf ist ganz und gar unberechtigt. Es kann beim besten Willen über nichts referiert werden, was wissenschaftlich nicht vorhanden ist. Ich habe versucht, das unbedingt notwendige wissenschaftliche Niveau aufrechtzuerhalten. Im übrigen sind die sozialen Verhältnisse in Industrieländern wie den USA oder Japan, die der Bundesrepublik Deutschland durchaus vergleichbar sind, nicht so verschieden, wie man immer wieder glauben machen will. Was die Kriminalität und das sozialabweichende Verhalten anbelangt, so ist die Bundesrepublik — wie in anderen Lebensbereichen — sehr stark amerikanisiert. Diese soziale Angleichung habe ich in den letzten zehn Jahren dauernder Beobachtungen sowohl in der Bundesrepublik als auch in Nordamerika feststellen können. Es ist ein Vorzug dieses Buches, daß es die viktimologischen Probleme so aufwirft, wie sie sich in vielen Ländern der Erde stellen. Ebendies Problemverständnis müssen der Student und der Praktiker lernen, damit sie ihre praktischen Probleme erkennen und lösen können. Bei dem hohen personellen und finanziellen Aufwand für empirisch-viktimologische Untersuchungen kann es sich darüber hinaus kein Land leisten, zur besseren Verbrechensvorbeugung und -bekämpfung allein auf Forschungsergebnisse aus dem eigenen Bereich zurückzugreifen. Die

Kriminologie und mit ihr die Viktimologie werden in zunehmendem Maße dazu übergehen müssen, auch ausländische Forschungsergebnisse eigenen kriminalpolitischen Entscheidungen zugrunde zu legen. Freilich kann nur derjenige solche Versuche mit aller Vorsicht unternehmen, der die sozialen Bedingungen der Länder, aus denen entsprechende Forschungsergebnisse herangezogen werden, aus eigener unmittelbarer und langjähriger Erfahrung ebenso kennt wie die deutschen Verhältnisse. Ausländische empirisch-viktimologische Forschungen können indessen deutsche auf die Dauer nicht völlig ersetzen. Ein Mindestmaß empirisch-kriminologischer Forschung muß im eigenen Land betrieben werden. Mit allem Nachdruck muß hier deshalb auf den hohen Rang hingewiesen werden, den wissenschaftliche Verbrechenserforschung verdient. Länder wie die USA, die UdSSR und Japan haben die Gefahren der Kriminalität und des sozialabweichenden Verhaltens und den Wert der wissenschaftlichen Verbrechenserforschung erkannt. Es bedarf einer sozialen Reife einer Gesellschaft, damit sie Einsicht in ihre eigenen Probleme zuläßt und gewinnt. Dann werden auch die personellen und finanziellen Notwendigkeiten anerkannt.

Das Buch wendet sich vor allem an Studenten der Rechtswissenschaft, der Psychologie, Medizin, Soziologie, Erziehungswissenschaft und Theologie. Es bemüht sich um Allgemeinverständlichkeit. Ein Verzeichnis der benutzten Fremdwörter und viktimologischen Fachausdrücke soll diesem Ziel dienen, damit das Buch interdisziplinär benutzt werden kann. Die Studenten sollen nach ihm lernen können. Vor jedes Kapitel ist deshalb eine Zusammenfassung gestellt, die über den Inhalt des betreffenden Kapitels informiert, so daß der Lernende selbst entscheiden kann, ob und wann er es lesen will. Das Literaturverzeichnis am Ende des Buches, Personen- und Sachregister dienen vor allem der besseren Überblickbarkeit des Stoffes und den Forschungsinteressen. Die konkreten Literaturhinweise, Fälle und Fragen am Ende jeden Kapitels sollen die Studenten in die Lage versetzen, sich — unabhängig vom Text des Buches — eine eigene Meinung zu bilden. Sie sollen den Stoff veranschaulichen und die Selbständigkeit des Denkens fördern. Sie lassen dieses Buch als Grundlage für kriminologische Übungen im Universitätsunterricht und als Vorbereitung auf schriftliche und mündliche Examina besonders geeignet erscheinen. Bei den Fällen handelt es sich bewußt um keine spektakulären, außergewöhnlichen Einzelfälle, sondern um praktische Fälle aus dem kriminologischen Alltag, Die Fälle entstammen zwar der Wirklichkeit. Sie sind jedoch so stark abgewandelt und unkenntlich gemacht, daß jede Ähnlichkeit mit lebenden oder toten Personen und wirklichen Begebenheiten rein zufällig und völlig unbeabsichtigt wäre. Die Fälle dienen der viktimologischen Forschung und Lehre, die praxisnah sein müssen. Besonderen Wert habe ich auch darauf gelegt, zum Weiterstudium auf die Literaturstellen hinzuweisen, die von meiner Darstellung des Stoffes abweichen. Auf die Fragen der Kapitel und der Fälle werden am Ende des Buches Hinweise zu ihrer Beantwortung gegeben. Nicht nur aus Raumgründen habe ich es bei „Hinweisen“ belassen. Die Fragen sind meist so gestellt, daß sie dem Verständnis des Lernenden dienen sollen, also eine unterschiedliche Beantwortung erlauben. Es kommt daher weniger auf die Antwort selbst als auf deren Begründung an. Der Student soll lernen, in viktimologischen Problemen zu denken und sachgerecht zu argumentieren. Gleichwohl sind nur Fragen gestellt, die aus dem Text des Buches beantwortet werden können, die allerdings bisweilen auch ein „Weiterdenken“ des vorgegebenen Textes erlauben und erwarten. Das Buch wendet sich nicht zuletzt an den Praktiker, der vielfach mit Opfern von Straftaten zu tun hat: an den Strafrechts- und Strafvollzugspraktiker, an den forensischen Psychologen und Psychiater, den Gerichtsmediziner, Kriminalsoziologen, Erziehungswissenschaftler und Theologen. Sie alle können vielfältig in Kontakt mit Verbrechensopfern kommen. Ihnen eine Hilfe bei der Lösung der Probleme von Verbrechensopfern zu geben, hat sich dieses Buch zum Ziel gesetzt. Es enthält eine kleine stilistische Besonderheit, auf die abschließend hingewiesen werden soll. Wenn ich über weibliche Opfer von Straftaten berichte, habe ich das Personalpronomen „ihr“ und nicht „es“ (für Opfer) verwandt. Es erschien mir — insbesondere im Jahr der Frau — nicht angezeigt, ein weibliches Opfer als Neutrum zu bezeichnen. Die Philologen mögen mir verzeihen.

Meinen Assistenten Werner Jubelius und Gerd Linge danke ich für ihre Mithilfe bei der Zusammenstellung der Register, meiner Tochter Ursula Schneider für das Zeichnen der Schaubilder, meiner Sekretärin Frau Brigitte Dirkes und nicht zuletzt meiner Frau für das Schreiben des Manuskripts. Ohne die Mithilfe aller dieser Personen hätte dieses Buch nicht verwirklicht werden können.

Münster/Westfalen, im Februar 1975

Hans Joachim Schneider

INHALT

Geleitwort VII
Vorwort IX
Einleitung: Opfer und soziale Kontrolle 1

1. Kapitel: Begriffsbestimmungen und Ursprung 9
1. Abschnitt: Zusammenfassung des Kapitels 9
2. Abschnitt: Begriffe und Aufgaben 10
1. Der Viktimologiebegriff 10
2. Der Opferbegriff 10
3. Viktimologie im engeren und weiteren Sinne 11
4. Die dynamische, sozialpsychologische Perspektive der Viktimologie 13
5. Die viktimologische Terminologie 15
6. Die Aufgaben der Viktimologie 15
3. Abschnitt: Verhältnis der Viktimologie zur Kriminologie . . 17
4. Abschnitt: Geschichte der Viktimologie 20
5. Abschnitt: Opfer in Religion und Literatur 22
6. Abschnitt: Fall, Fragen und Literaturhinweise 24

2. Kapitel: Opfereinfluß und -gefährdung 29
1. Abschnitt: Zusammenfassung des Kapitels 29
2. Abschnitt: Das Opfer als Selektionsfaktor 31
1. Bestimmungsgründe der Anzeigebereitschaft des Opfers . . 31
2. Umfang des Dunkelfeldes und Kriminalitätsstruktur aufgrund von Opferbefragungen 37
3. Verhältnis der Viktimisierungsstudien zur Polizeilichen Kriminalstatistik 50
3. Abschnitt: Opfertypologien 52
1. Arten und Gütekriterien von Typologien 52
2. Die vorhandenen viktimologischen Typologien 53
3. Kritik an den Opfertypologien und ihre Weiterentwicklung 55
4. Abschnitt: Opfereignung und -neigung 57
1. Faktoren der Opfereignung 57
2. Kindliche Opfer von Sexualdelikten 59
3. Opferneigung bei Heiratsschwindel 61
4. Opfereignung bei Gruppennotzucht 62
5. Opferanfälligkeit bei Kindesmißhandlung 63
6. Opferneigung und soziale Sichtbarkeit 68
5. Abschnitt: Furcht vor dem Verbrechen 70
1. Dimensionen und Aspekte der Verbrechensfurcht 70

2. Einstellungen der Bevölkerung zum Verbrechen 71
3. Kriminalpolitische Vorstellungen der Bevölkerung 73
4. Ausmaß und Formen der Verbrechensfurcht 75
5. Mangelhafte kriminologische Information der Bevölkerung 78
6. Abschnitt: Fälle, Fragen und Literaturhinweise 80

3. Kapitel: Prozeß des Opferwerdens 86
1. Abschnitt: Zusammenfassung des Kapitels 86
2. Abschnitt: Viktimogene Situationen 90
1. Opferzeiten und -räume 90
2. Die viktimologische Dynamik der Tatsituation 91
3. Psychodynamik der Notzuchtssituation 92
4. Viktimologie des Einbruchs, des Betriebs- und Ladendiebstahls 94
3. Abschnitt: Täter-Opfer-Beziehung 99
1. Arten sozialer Beziehungen 99
2. Soziale Beziehungen bei Gewaltdelikten 101
3. Soziale Beziehungen bei kriminellen Tötungen und Körperverletzungen 103
4. Soziale Beziehungen bei Unzucht mit Kindern und Exhibitionismus 113
5. Soziale Beziehungen bei der Notzucht 118
6. Soziale Beziehungen beim Raub 127
4. Abschnitt: Täter-Opfer-Abfolge 128
5. Abschnitt: Die subjektiven Gründe des Täters 130
1. Die Opferbeschuldigung durch den Straftäter 130
2. Die Herabwürdigung des Opfers durch die Gesellschaft als Täterrechtfertigung 135
6. Abschnitt: Fälle, Fragen und Literaturhinweise 137

4. Kapitel: Opferschäden und Wiedergutmachung 145
1. Abschnitt: Zusammenfassung des Kapitels 145
2. Abschnitt: Schädigung des Opfers 147
1. Arten von Opferschäden 147
2. Opferschäden bei Unzucht mit Kindern 147
3. Psychische Schädigung bei Notzuchtsopfern 151
4. Psychische Opferschädigung bei Exhibitionismus 152
5. Die Problematik der psychischen Opferschädigung 153
3. Abschnitt: Behandlung des Opfers 154
1. Vernachlässigung der Behandlung des Opfers 154
2. Behandlung der Opfer von Sexualdelikten 154
3. Krisenintervention als viktimologische Behandlungsmethode 155
4. Abschnitt: Wiedergutmachung 157

1. Terminologie und Geschichte der Wiedergutmachung für Verbrechensopfer . . . 157
2. Wiedergutmachungsregelungen im In- und Ausland . . . 159
3. Grundprobleme und Lösungsversuche der Wiedergutmachung . . . 161
4. Voraussetzungen der Wiedergutmachungsleistungen 162
5. Grenzen der Wiedergutmachung und deren Problematik . . 162
6. Schwierigkeiten in der Verwirklichung der Wiedergutmachung . . . 164
7. Wiedergutmachungsverfahren . . . 165
8. Wirkungen der Freiheitsstrafe und der Wiedergutmachung 165

5. Abschnitt: Strafvollzug . . . 166
1. Möglichkeiten der Ersatzleistung durch Strafvollzug . . . 166
2. Vorteile der Ersatzleistung durch den Täter . . . 168
3. Das „Minnesota Restitution Center“ als Beispiel für ein auf Wiedergutmachung gegründetes Behandlungsprogramm 169

6. Abschnitt: Fall, Fragen und Literaturhinweise . . . 171

5. Kapitel: Verbrechensvorbeugung und -aufklärung . . . 174
1. Abschnitt: Zusammenfassung des Kapitels . . . 174
2. Abschnitt: Vermeiden viktimogener Situationen . . . 174
3. Abschnitt: Vorbeugung bei Diebstahl und Einbruch . . . 175
4. Abschnitt: Vorbeugung bei Raub . . . 176
5. Abschnitt: Vorbeugung bei politisch motivierten Gewaltdelikten . . . 177
6. Abschnitt: Vorbeugung bei Notzucht . . . 178
7. Abschnitt: Vorbeugung bei Unzucht mit Kindern . . . 179
8. Abschnitt: Täter-Opfer-Beziehung und Verbrechensaufklärung . . . 180
9. Abschnitt: Fragen . . . 181

6. Kapitel: Strafrecht und Strafverfahren . . . 182
1. Abschnitt: Zusammenfassung des Kapitels . . . 182
2. Abschnitt: Strafrechtliche Verantwortlichkeit . . . 184
1. Das Opfer als Objekt . . . 184
2. Funktionale Verantwortlichkeit . . . 184

3. Abschnitt: Strafrechtliche Reaktion . . . 185
4. Abschnitt: Strafzumessung . . . 186
1. Strafzumessungskonstellationen . . . 186
2. Entscheidungsbeeinflussung des Richters durch viktimologische Faktoren . . . 187

5. Abschnitt: Das Opfer im Ermittlungs- und Strafverfahren . 190
1. Der Ausgleichs- und Schlichtungsprozeß . . . 190

2. Das kindliche Opfer von Sexualdelikten im Strafverfahren 192
3. Die Alternative des Jugenduntersuchungsführers 195
4. Die Notwendigkeit der Bestätigung der Aussage des Opfers 197
6. Abschnitt: Fall, Fragen und Literaturhinweise 198

7. Kapitel: Viktimologie des Völkermordes 204
1. Abschnitt: Zusammenfassung des Kapitels 204
2. Abschnitt: Viktimologie des Völkermords an Armeniern und Juden 204
3. Abschnitt: Fälle und Fragen 208

8. Kapitel: Gesellschaftliche Einflüsse 217
1. Abschnitt: Zusammenfassung des Kapitels 217
2. Abschnitt: Täter als Opfer 218
1. Die Viktimisierung durch die Gesellschaft 218
2. Die Viktimisierung in der Strafanstalt 219
3. Abschnitt: Das Opfer der Wirtschaftskriminalität, der politischen Straftat und des organisierten Verbrechens 221
1. Opfer der Wirtschaftskriminalität 221
2. Opfer der politischen Kriminalität 223
3. Die Opfer des organisierten Verbrechens 224
4. Abschnitt: Die Gesellschaft als Opfer 225
1. Die Möglichkeiten der Viktimisierung der Gesellschaft . . 225
2. Viktimisierungen bei kriegerischen Auseinandersetzungen . 226
5. Abschnitt: Die Opfer der Gesellschaft 227
1. Die Definitionsmacht der Medizin 227
2. Frauen und Mädchen als Opfer der Gesellschaft 227
3. Die Alten und Jungen als Opfer der Gesellschaft 228
4. Die sozial Konformen als Opfer der Gesellschaft 228
6. Abschnitt: Fälle und Fragen 229

Schluß: Der Opfer-Ombudsmann 232
Literaturverzeichnis 235
I. Lehrbücher, Monographien und Sammelwerke 235
II. Zeitschriften- und Sammelwerkaufsätze, Vorträge 240
III. Arbeitsmaterialien und Statistiken 259
Nachtrag: Neuere viktimologische Forschungsergebnisse 261
Hinweise für die Lösung der Fälle und für die Beantwortung der Fragen 265
Verzeichnis der benutzten Fremdwörter und viktimologischen Fachausdrücke (mit Erklärungen) 292
Abkürzungsverzeichnis 298
Autorenregister 299
Sachregister 305

EINLEITUNG: OPFER UND SOZIALE KONTROLLE

Die soziale Kontrolle wird im Wege der Selbsthilfe, der informellen Primärkontrolle (z. B. durch Familie, Nachbarschaft, Schule, Berufs- und Freizeitgruppe) und der formellen Sekundärkontrolle (z. B. durch Kriminalpolizei, Staatsanwaltschaft, Gerichte, Bewährungshilfe, Strafvollzug) ausgeübt. Selbsthilfe kann sich in einem irgendwie gearteten Verfahren vollziehen, das auch die garantierten Persönlichkeitsrechte des Kriminellen berücksichtigt. Sie kann allerdings auch in Selbstjustiz bestehen. Das Wesen der Selbstjustiz liegt darin, daß sich irgendeine Person (oder Personengruppe) ohne gesellschaftliche und staatliche Rechtfertigung über eine andere Person (oder Personengruppe) zum Kriminalpolizisten („Tataufklärer"), zum Richter und Strafvollstrecker („Henker") aufwirft. In der Wildnis Alaskas — außerhalb der Großstädte von Anchorage und Fairbanks und der kleineren Siedlungen — ist man beispielsweise im Hinblick auf die Sozialkontrolle im wesentlichen wegen der großen Entfernungen auf Selbsthilfe angewiesen. Die „Alaska State Troopers", die mit ihren Hubschraubern und kleinen Flugzeugen riesige Buschgebiete kontrollieren müssen, waren im Jahre 1973 mit 12 kriminellen Tötungen, einem Notzuchtsfall, einem Bombenanschlag, zwei Raubüberfällen, vier Einbruchsdiebstählen und einem einfachen Diebstahl befaßt. Sie waren bei 81 Autopsien zugegen, in denen der Verdacht eines unnatürlichen Todes nicht bestätigt werden konnte. Insgesamt hatten die „Alaska State Troopers" — außerhalb der Großstädte Anchorage und Fairbanks und der kleineren Städte und Gemeinden — 87 Straftaten aufzuklären. Diese kleine Zahl zeigt angesichts des riesigen zu kontrollierenden Gebietes schon die Wahrscheinlichkeit eines hohen Dunkelfeldes. Während des Winters, wenn die Eskimos und Indianer wegen der großen Kälte nicht zum Jagen und Fischen gehen können, steigt die Kriminalität in Alaska. Eine formelle Sozialkontrolle ist im Winter dort wegen der Witterungsverhältnisse kaum auszuüben. Es herrschen deshalb zwei Gesetze: das Gesetz der Stadt (oder Siedlung) und das des Busches, der Wildnis. Im Busch ist jeder auf sich selbst und auf seinen Nächsten angewiesen. Selbsthilfe heißt hier Selbstverteidigung und Waffenbesitz.

In den großen städtischen Ballungsgebieten können die Primär- und die Sekundärkontrolle gleichfalls versagen. Die Unwirksamkeit der Primärkontrolle ist auf soziale Desintegration zurückzuführen. Der Nachbar kennt seinen Nachbarn nicht mehr (Anonymität). Die Eltern kümmern sich nicht genug um ihre Kinder. Die Frau weiß nicht, was ihr Mann in seiner Freizeit tut. Die Arbeitskollegen kennen sich nur noch von ihrer Arbeit her. Die Ineffektivität der Sekundärkontrolle ist auf die mangelnde Unterstützung ihrer Arbeit durch die Bevölkerung und durch unzureichende personelle und ausrüstungsmäßige Ausstattung zurückzuführen. In den Bezirken von New York City, in denen die Kriminalität am höchsten steigt, ist die Kriminalpolizei am schlechtesten personell und ausrüstungsmäßig ausgestattet. Wegen der hohen Gefährdung für die eigene Sicherheit möchte niemand von der Kriminalpolizei in diesen Bezirken arbeiten. Die soziale Kontrolle bricht dann — ebenso wie in der unwegsamen Wildnis — zu bestimmten Zeiten und in bestimmten Gebieten von New York City zusammen. Hier kann dann nur noch Selbsthilfe durch Selbstverteidigung retten. Der Weg der Selbstjustiz ist gleichwohl nicht gangbar, weil er die Kriminalität nicht senkt, vielmehr zum Gesetz des Dschungels, zum Kampf aller gegen alle führt. Eine wirksame Sozialkontrolle der Kriminalität ist ohne funktionierende Primär- und Sekundärkontrolle nicht möglich. Verbrechensbekämpfung kann nicht an der Kriminalpolizei vorbeigehen. Sie benötigt vielmehr die Unterstützung der Bevölkerung für ihre Arbeit.

Die Kriminalitätsquoten von New York City und Tokio sind höchst unterschiedlich. Im Jahre 1973 betrug die Gesamtzahl der Verbrechen und Vergehen in New York City 1 012 218. In Tokio belief sich im selben Jahr die Gesamtzahl der Kriminalität auf 208 188. Die Kriminalität ist in zwei vergleichbaren Weltstädten — vergleichbar nach Bevölkerungsgröße und Sozialstruktur — also in hohem Maße verschieden: In New York City ist sie etwa fünfmal höher als in Tokio. Noch eindrucksvoller wird das Bild, wenn man Einzeldelikte berücksichtigt, also der Kriminalitätsstruktur nachgeht. In New York City wurden im Jahre 1973 72 750 Raubüberfälle begangen. In der gesamten Bundesrepublik wurden 18 274 Raubtaten im selben Jahr verübt. In Tokio waren es ebenfalls in 1973 361. Der Raub ist in New York City mithin etwa 200mal größer als in Tokio. Kriminelle Tötungen gab es in New York City im Jahre 1973 1680, in Tokio 196. Die Tötung ist demnach in New York City achtmal höher. In New York City wurden im Jahre 1973 3735 Notzuchtstaten verübt, während in Tokio im selben Jahr nur 426 Vergewaltigungen vorkamen. Das Dunkelfeld ist in Tokio eher kleiner als in New York City. In der Bundesrepublik Deutschland gibt es keine Großstädte in vergleichbarer Größe und Struktur wie New York City und Tokio. Um indessen ein grobes Bild vom Umfang der Kriminalität in deutschen Großstädten im Vergleich zu Tokio zu bekommen, soll die Häufigkeitszahl, also die Zahl der bekanntgewordenen Fälle auf 100 000 Einwohner für Tokio und Frankfurt/M. für das Jahr 1973 angegeben werden. In Frankfurt/M. betrug die Häufigkeitszahl im Jahre 1973 8876, in Tokio im selben Jahr 1794,7. Die Kriminalitätsstruktur, die etwas über die Schwere der Kriminalität aussagt, ist in Frankfurt/M. eher ungünstiger als in Tokio. Dieses Beispiel zeigt, daß sich die Großstädte in der Bundesrepublik Deutschland eher den Kriminalitätsverhältnissen in New York City als denen in Tokio annähern.

Hier stellt sich die Frage, warum in New York City sich die Kriminalitätsbedingungen im Vergleich zu Tokio so ungünstig entwickelt haben. Eine wesentliche Rolle spielt die Aufklärungsquote der Kriminalität. Im Vergleich zu Tokio betragen die Aufklärungsquoten für New York City im Jahre 1973 für kriminelle Tötung 69,4%, in Tokio aber 97,4%, für Raub 18,9%, in Tokio jedoch 84 %, für Notzucht 36,9 %, in Tokio indessen 94 %. Die Aufklärungsquoten in Großstädten der Bundesrepublik Deutschland liegen zum Teil erheblich über denen von New York City, sie erreichen aber nicht die Höhe, die die Kriminalpolizei in Tokio erzielt. In New York City ist ein Prozeß der sozialen Desintegration zu beobachten, der hauptsächlich darauf beruht, daß das Resistenzpotential gegen Kriminalität in der Bevölkerung nachläßt, jedenfalls in den Bezirken der Metropole erheblich zurückgeht, die mit hoher Kriminalität belastet sind. Eine geringe Aufklärungsquote führt zu Mißtrauen gegenüber der Kriminalpolizei in der Bevölkerung. Dieses mangelnde Vertrauen in die Effektivität der Arbeit der Kriminalpolizei bedingt eine geringere Anzeigefreudigkeit und eine nachlassende Unterstützung der Aufklärungsarbeit der Kriminalpolizei durch die Bevölkerung. Geringe Anzeigefreudigkeit ruft ein hohes Dunkelfeld nichtentdeckter Kriminalität hervor. Mangelnde Hilfe der kriminalpolizeilichen Aufklärungsarbeit läßt die Aufklärungsquoten fallen. Hohes Dunkelfeld und niedrige Aufklärungsquoten haben wiederum mangelndes Vertrauen der Bevölkerung gegenüber der Kriminalpolizei und der Wirksamkeit ihrer Arbeit im Gefolge. So schließt sich der Kreis. Der Prozeß schreitet in negativem Sinne immer weiter fort. Ein genau entgegengesetzter Sozialprozeß ist in Tokio zu beobachten, wo Vertrauen zur Kriminalpolizei und Unterstützung ihrer Arbeit durch die Bevölkerung zu hohen Aufklärungsquoten führen. Sie wirken sich im Sinne der Sozialkontrolle der Kriminalität äußerst positiv aus. Der Kriminelle geht ein echtes Risiko ein, gefaßt zu werden, und er weiß das auch.

Das Problem einer wirksamen Sozialkontrolle des Verbrechens ist von den Instanzen der Sozialkontrolle allein nicht zu lösen. Als das Verbrechen in der Agrargesellschaft bei im wesentlichen unversehrter Primärkontrolle noch ein individuelles Persönlichkeitsproblem war, konnte die Kriminalität durch die Instanzen der Sozialkontrolle wirksam bekämpft werden. Das ist in der modernen Industriegesellschaft nicht mehr der Fall. Denn einmal ist die Primärkontrolle durch Industrialisierung und Verstädterung in den Ballungsgebieten der Bevölkerung zerstört. Zum anderen sehen sich die Instanzen der Sozialkontrolle einer Massenkriminalität gegenüber, die im wesentlichen Vermögenskriminalität ist, die aber bisweilen auch die Form aggressiver Akte geringer Schwere gegen Personen und Sachen (Vandalismus) annehmen kann (z. B. in der Sowjetunion). Hier nun müssen die potentiellen Opfer einen Teil der Sozialkontrolle selbst übernehmen. Ladendiebstähle sollen beispielsweise bis zu einem bestimmten Betrag und als Ersttat — also nicht im Wiederholungsfalle oder gewohnheitsmäßig begangen — nicht mehr unter Strafe gestellt werden (Entkriminalisierung), oder sie sind illegal (keine Aufklärungsmöglichkeit aus Personalnot) oder legal bereits straflos. Eine solche Straflosigkeit wird dadurch gerechtfertigt, daß man argumentiert, das potentielle Opfer trage selbst nicht unerheblich durch rabiate Werbemaßnahmen und Erleichterung der Wegnahme seiner Waren zum Diebstahl bei. Gleichwohl sind eine Entkriminalisierung und eine Überwälzung der Sozialkontrolle für Bagatelldiebstähle auf potentielle Opfer nicht unproblematisch. Denn die Versagung des Rechtsschutzes für „ein kleines Stück Eigentum“ bedeutet in Wirklichkeit die Versagung des Rechtsschutzes für *das* Eigentum überhaupt. Bagatelldiebstähle können organisiert werden. Opfer sind letztlich bei den Ladendiebstählen nicht die Ladenbesitzer, sondern die Kunden. Denn die Verluste durch Diebstahl führen so oder so zu Erhöhungen der Preise. Eines muß indessen mit aller Deutlichkeit gesagt werden: In der modernen Wohlstandsgesellschaft läßt der Respekt vor eigenem und fremdem Eigentum nach. Das eigene Eigentum wird nicht mehr ausreichend beaufsichtigt. Autos bleiben unverschlossen. Wertvolle Güter (Schmuck, Bargeld) werden achtlos in Hotelzimmern liegengelassen. Die Diebe haben leichtes Spiel. Das potentielle Opfer beruhigt sich mit der Versicherung seines Eigentums. Die Versicherung erhöht die Prämien. Die Gleichgültigkeit, die gegenüber dem Eigentum besteht, wiederholt sich indessen bei Delikten gegen die eigene Person nicht, mögen sie auch noch so unbedeutend sein. Bei Angriffen auf seine Person oder seine unmittelbare Umgebung ist der Zivilisationsmensch äußerst empfindlich. Der Mensch ist ein Territorialwesen. Er verteidigt sein „Gebiet", auch wenn es in der U- oder S-Bahn während der „Rush Hours" denkbar klein ist. Bekommt er seine Geldbörse aus seiner Kleidung vom Körper gestohlen, wird seine Kleidung mit dem Messer aufgeschlitzt oder wird mit einer brennenden Zigarette oder Zigarre ein Loch in seine Kleidung gebrannt, ist er aufs höchste alarmiert. Die „Straßenkriminalität" wird zum Kassenschlager. Sicherheit wird eingekauft. Alarmanlagen werden in Villen aufwendig installiert. Eine private Polizei wird verpflichtet. Selbstverteidigung wird geübt. Teure Waffen oder andere Verteidigungsinstrumente werden gekauft. Die „Sicherheitshysterie" wirkt ansteckend. Clevere Journalisten und Filmemacher ziehen ihren Nutzen daraus.

Die Dramatisierung des Verbrechens wirkt in der Tat sehr schädlich. Eine diffuse Angst vor dem Opferwerden löst sich völlig von ihrer Realitätsgrundlage. Sie erlangt Realität aus sich heraus und wird zum sozialen Problem. Die Wahrscheinlichkeit, das Opfer eines Straßenverkehrsunfalls zu werden, ist wesentlich höher, als das Opfer eines Gewaltdelikts zu werden. Gleichwohl herrscht das Stereotyp vor: „Ein Fremder wird an mir ein Gewaltdelikt begehen" (James Brooks 1974). Dieses Stereotyp ist in mehrfacher Hinsicht falsch. Nicht die Gewaltdelikte, sondern die Straßenverkehrs- und die Vermögensdelikte sind hoch. Die Vermögensdelikte — bereits unverhältnismäßig höher als die Gewaltdelikte — entwickeln sich viel stärker. Die „Fieberkurve" der Vermögensdelikte ist wesentlich steiler als die der Gewaltdelikte. Schließlich werden Gewaltdelikte viel mehr von Bekannten und Freunden als von Fremden begangen. Das falsche Stereotyp: „Fremder begeht Gewaltdelikt an mir" gewinnt beherrschenden Einfluß auf die Kriminalpolitik. Die Kriminalpolizei bemüht sich um die Aufklärung der Gewaltkriminalität stärker. Die Politiker greifen das Thema begierig auf, um einen Wahlkampfschlager daraus zu machen. Die Wirtschaft macht ein Geschäft daraus durch den Verkauf von Waffen und Schlössern, das Anbringen von Gittern und Alarmanlagen, das Vermitteln oder Vermieten von privaten Wachmännern und Detektiven. Der Aufwand für das „Einkaufen von Sicherheit“ ist wesentlich höher, als der Schaden für begangene Kriminalität beim Opfer sein könnte. Im übrigen versteht es der gerissene Berufskriminelle, der gefährliche Intensivtäter, alle Sicherheitsvorkehrungen zu umgehen. Der Verlust wird noch schmerzlicher dadurch, daß man auf Grund der Angst angeblich viktimogene Situationen vermeidet, also soziale Lagen, in denen man angeblich leicht zum Opfer eines Gewaltverbrechens werden kann. U- und S-Bahnen bleiben zu später Stunde leer. Man nimmt sich lieber ein Taxi oder bleibt gleich ganz zu Hause. Man verbirgt und verschließt sich am Abend. Das kulturelle Leben leidet unter diesem Verhalten. Gemeinsame Unterhaltung und der Besuch von Freunden, Bekannten und Nachbarn, Aktivitäten, die der sozialen Integration dienen, werden unterlassen. Das gegenseitige Mißtrauen nimmt zu. Das Vertrauen in die Stabilität und Moral der Gesellschaft sinkt bedenklich. Aus Angst vor Gewaltverbrechen besuchten 65 % der Bevölkerung von Washington D. C. weniger als einmal im Monat die Innenstadt, 15 % weniger als einmal im Jahr. Die Gewaltkriminalität ist in nordamerikanischen Großstädten unverhältnismäßig hoch. New York City, Washington D. C., Chikago, Los Angeles bilden indessen mit einer kleinen Zahl anderer Großstädte Ausnahmen. Die Menschen, die in Mittel- und Kleinstädten und auf dem Land leben, immer noch die Mehrheit in den USA wie in der Bundesrepublik, können sich ziemlich sicher fühlen. Sie sind durch Gewaltkriminalität jedenfalls nicht gefährdeter als die Menschen, die in Mittel- und Kleinstädten und auf dem Land in der Sowjetunion und in der DDR wohnen. Dennoch haben sie in den USA und in der Bundesrepublik Angst vor Gewaltkriminalität. Man kann durchaus auch in bestimmten Bezirken in New York City, etwa in Vorstädten, recht sicher leben. In den Gebieten, die mit Kriminalität hoch belastet sind, kann man gleichfalls durch rationales, besonnenes Verhalten Opfersituationen vermeiden. Emotionale Furcht, die noch dazu durch Dramatisierung überhöht wird, führt über soziale Desintegration, den Zerfall der Primärkontrolle und mangelndes Vertrauen in die Sekundärkontrolle zu immer höheren Kriminalitätsraten. Schließlich sind die 72 750 Raubtaten in New York City im Jahre 1973 nicht vor allen Dingen Raubüberfälle auf Banken, Geschäfte oder Geldtransporte gewesen. Sie waren auch nicht vorwiegend mit Gefahr für Leib und Leben des Opfers verbunden. Sie beziehen sich meist auf kleinere Schäden. Gleichwohl ist es durchaus verständlich, daß sich potentielle Opfer nicht gern darauf verlassen wollen, daß ein Gewalttäter mit ihnen glimpflich umgeht. Hier ist der einzig gangbare Weg der Vorbeugung, die Primärkontrolle durch Initiativen der Städte und des Staates wieder aufzubauen, die soziale Integration zu fördern und die Beziehungen zwischen Polizei und Bevölkerung so zu verbessern, daß die Menschen wieder Vertrauen zur Polizei fassen. Der Ruf nach Selbstjustiz schadet und erschwert unnötig den sozialen Integrationsprozeß. Allerdings wird durch eine weitere verfehlte Einstellung der Bevölkerung dem Verbrechen und seiner Bekämpfung gegenüber dieser Sozialprozeß nahezu unmöglich gemacht. Nicht nur „Fremder wird Gewaltverbrechen an mir verüben" ist ein weitverbreitetes Stereotyp, sondern auch: „Dem Verbrecher gegenüber kann nur Härte helfen. Die Polizei soll härter durchgreifen. Die Urteile müssen härter ausfallen. Der Strafvollzug muß härter vorgehen." Nun weiß die Kriminologie, daß solche Härte im Sinne der sozialen Kontrolle der Kriminalität eher schädlich ist. Der Kriminelle wird in seiner kriminellen Rolle gehalten, in seiner kriminellen Karriere noch bestärkt und durch Härte frustriert. Ein Einordnungsprozeß in die Gesellschaft wird durch harte Reaktionen der Instanzen der Sozialkontrolle zusätzlich behindert. Sie müssen freilich effektiv reagieren, d. h. der Kriminelle muß ein echtes Risiko eingehen, gefaßt zu werden. Die Reaktionen der Instanzen der Sozialkontrolle sollten indessen eher gemäßigt und rational und nicht von unnötigen Rachegefühlen bestimmt sein. Hier kann nicht näher darauf eingegangen werden, wie eine rationale Kriminalpolitik aussehen soll. Sie soll auf jeden Fall nicht aus einem Schuldigen einen Kranken machen und auch nicht „Persönlichkeitsstörungen" mit einer Fülle von Therapiearten zu behandeln versuchen.

Von emotionaler Furcht ist rationale Vorsicht dem Verbrechen gegenüber zu unterscheiden. Alte Menschen sind wegen ihres geringeren Resistenzpotentials dem Verbrechen gegenüber sozial verletzbar. Gleichwohl ist das Opferwerden bei alten Leuten geringer als bei Personen mittleren Alters (Jaber F. Gubrium 1974). Der alte Mensch weiß um seine besondere soziale Verletzbarkeit. Er begibt sich in ein Schutzmilieu und vermeidet Opfersituationen. Er lebt auf dem Land oder in Rückzugsgebieten. In den Großstädten wohnt er in Häusern, die besonders geschützt sind. Seine rationale Vorsicht ist durch Erfahrung geleitet. Solche Vorsicht vor dem Verbrechen darf nicht mit der diffusen Verbrechensangst verwechselt werden, die zur Desintegration des sozialen Lebens führt, die nicht von Erfahrung geleitet ist, sondern die durch die Sensationspresse geschürt und auch durch verfehlte Darstellungen von Verbrechensereignissen im Fernsehen genährt wird.

Man kann Diebstahl begehen, indem man eine gegebene, vorgefundene Situation ausnutzt. Man kann solche für die Diebstahlsbegehung günstigen Situationen aufsuchen; man kann nach ihnen gleichsam Ausschau halten. Schließlich kann man bewußt Diebstahlssituationen herbeiführen, um das Opfer zu schädigen. Deutsche Italientouristen müssen unangenehme Erfahrungen machen. Mopedfahrer zerstechen beispielsweise im Verkehrsgewühl von Rom oder Neapel Autoreifen von alleinfahrenden Touristen. Der Autofahrer lenkt sein Fahrzeug an den Straßenrand. Er holt einen Ersatzreifen und stellt ein Warndreieck auf. Ein zur Diebesbande gehörendes Kind greift sich das Warndreieck und läuft damit davon. Wenn der Autofahrer versucht, ihm nachzulaufen, bleibt sein Fahrzeug unbeaufsichtigt. Es gibt eine Fülle solcher ausgefallener Tricks, auf die in bestimmten sozialen Lagen opferanfällige Personen immer wieder hereinfallen. Opferanfällig ist z. B. ein ortsunkundiger, mit den Lebensgewohnheiten des Landes unvertrauter Tourist, den man leicht an seiner Kleidung und an seinem Benehmen von Einheimischen unterscheiden kann. Meist ist es hingegen nicht solche soziale Verletzbarkeit, die besonders opferanfällig macht. Die sozial Verletzbaren, die Alten, die Kranken, die Frauen, die Angehörigen von Minderheiten, die Einwanderer und Neuzugezogenen, wissen meist um ihre soziale Verletzbarkeit und vermeiden Situationen, in denen sie leicht zum Opfer werden können. Die sozial Exponierten und Sichtbaren, diejenigen, die sich bewußt in gefährliche soziale Lagen begeben und deren Lebensgewohnheiten man kennt, sind ungleich opferanfälliger. Der junge Mann oder das junge Mädchen, die gefährliche Abenteuer suchen, besitzen nicht die Erfahrung des Opferwerdens, und sie lassen sich im Sinne der sozialen Kontrolle auch nicht von Erfahrenen belehren. Die Politiker und Beamten, die sich im Interesse der Gesellschaft exponieren müssen, sind besonders opferanfällig. Sie müssen nämlich mit ihrer ganzen Persönlichkeit für die Stabilität der Gesellschaft, der Wirtschaft und des Staates eintreten und nötigenfalls solche Stabilität verteidigen. Die Gesellschaft opfert immer wieder die sozial Tüchtigsten und Mutigsten, diejenigen, die die Hauptlast der sozialen Kontrolle tragen.

1. KAPITEL: BEGRIFFSBESTIMMUNGEN UND URSPRUNG

1. Abschnitt: Zusammenfassung des Kapitels

Für die Viktimologie ist es zunächst wesentlich, den Opferbegriff zu klären. Es gibt konkrete und abstrakte Opfer: Personen und Organisationen. Opfer ist eine Person, eine Organisation, die moralische oder die Rechtsordnung, die durch eine Straftat gefährdet, geschädigt oder zerstört wird. Was eine Straftat ist, bestimmt sich hierbei nach kriminologischen, nicht nach strafrechtsdogmatischen Maßstäben. Der Rechtsbruch entwickelt sich in sozialen und individuellen Kriminalisierungsprozessen. Das Opfer ist weder Verlierer noch ist der Täter stets Gewinner. Diese Perspektive paßt ebensowenig wie die Behauptung, was Verbrechen und wer Opfer seien, bestimmten diejenigen, die an der Macht seien. Das Konzept der Klassenherrschaft ist ideologisch und wird der Realität der westlichen pluralistischen Gesellschaft nicht gerecht. Im weiteren Verlauf des Kapitels wird dann die viktimologische Terminologie besprochen: Viktimität, Viktimisierung, Viktimogenese. Die Aufgabenfelder der Viktimologie werden abgesteckt. Bei der Diskussion des Verhältnisses der Viktimologie zur Kriminologie wird die Auffassung vertreten, die Viktimologie passe sich lediglich in den sozialpsychologischen, interaktionistischen Ansatz ein, der die Kriminalität nicht nur als individuelle, sondern auch als dynamische und funktionale soziale Pathologie versteht. Die „Erfinder" der Viktimologie: Hans von Hentig, Beniamin Mendelsohn und Fredric Wertham waren sich zwar von Anfang an uneins, ob die Viktimologie eine unabhängige Wissenschaft oder eine Teildisziplin der Kriminologie sei. Auf diesen Streit wird freilich nicht näher eingegangen. Denn es wird die Meinung geäußert, daß es eine Viktimologie im engeren und im weiteren Sinne gebe. Die Viktimologie im engeren Sinne — Teilgebiet der Kriminologie und auf das Verbrechensopfer konzentriert — kann nur auf dem Hintergrund der Viktimologie im weiteren Sinne — interdisziplinäre Wissenschaft der Psychologie, Psychiatrie und Soziologie — betrieben werden. Am Ende des Kapitels werden schließlich Opfer in Religion und Literatur vorgestellt und vom Opfer in der Viktimologie abgegrenzt.

2. Abschnitt: Begriffe und Aufgaben

1. Der Viktimologiebegriff

Die Bezeichnung „Viktimologie“ kommt von dem lateinischen Wort „victima“ das Opfer, das zwei unterschiedliche Bedeutungen hat: Es bezeichnet einerseits das Opfer als lebendiges Wesen, das innerhalb eines religiös-rituellen Verfahrens einer Gottheit geopfert wird. Es bezieht sich andererseits auf eine Person, eine Organisation, die moralische oder die Rechtsordnung, die durch das Verhalten anderer gefährdet, verletzt oder zerstört wird. Viktimologie ist die Wissenschaft vom Opfer.

2. Der Opferbegriff

Der Opferbegriff wird in der Kriminologie unterschiedlich definiert. Nach Heinz Zipf (1970, S. 3) sind alle durch eine Straftat Betroffenen Opfer, unabhängig davon, ob sie Träger des verletzten Rechtsgutes oder als strafantragsberechtigt oder als verletzt im Sinne des Prozeßrechts gelten können. Opfer ist nach Fritz R. Paasch (1965, S. 4/5) eine Person, die den Interessen eines anderen geweiht ist: Opfer im Sinne der Kriminalwissenschaft ist diejenige natürliche oder juristische Person, die in einem von der Rechtsordnung geschützten Rechtsgut verletzt wird. Hans von Hentig hatte bereits früher (1962, S. 488) *die* Person als Opfer charakterisiert, die objektiv in Gestalt eines geschützten Rechtsguts verletzt ist und die subjektiv diese Verletzung mit Unlust oder Schmerz empfindet. Nach Willem Hendrik Nagel (1974, S. 103) ist Opfer jemand, der von seinem Mitbürger einer ungesetzlichen Verletzung von solcher Schwere unterworfen worden ist, daß das Rechtssystem gegen den Täter (victimiser) reagieren wird. Als Opfer kann man schließlich denjenigen benennen, dessen Person und Eigentum ohne seine Zustimmung vorsätzlich verletzt oder ausgebeutet wird.

Es ist notwendig, den Opferbegriff konkreter zu fassen. Wer auf das geschützte Rechtsgut abstellt, denkt in der Kriminologie zu legalistisch. Auf die Empfindungen und Willensäußerungen des Opfers, Unlust, Schmerz und fehlende Zustimmung, kann es für die Definition des Opferbegriffs nicht ankommen. Das Opfer darf auf keinen Fall in dem Sinne personalisiert werden, daß man unter Opfer ausschließlich ein individuelles menschliches Wesen versteht (so Leszek Lernell 1973 b). Es kann auch kollektive und abstrakte Opfer geben: soziale Gruppen, die Gesellschaft und ihre Ordnung, den Staat, die Rechtspflege und die „schlichte einfache Handhabung des demokratischen Prozesses" (so Hans von Hentig 1948, S. 440). Soziale Gruppen können andere soziale Gruppen opfern, Nationen Minderheiten, Nationen aber auch andere Nationen oder Teile von ihnen in besetzten Gebieten. Delikte gegen die öffentliche Ordnung besitzen ein abstraktes Opfer. Betrunkenheit in der Öffentlichkeit, grober Unfug, Exhibitionismus, rücksichtsloses Fahren, Besitz von Diebstahlswerkzeug, Fahren ohne Führerschein und ohne Einhaltung der Geschwindigkeitsbegrenzung sind Beispiele. Es gibt keine Straftaten ohne Opfer (so aber Edwin M. Schur 1965): Immer muß irgend jemand oder irgend etwas gefährdet, geschädigt oder zerstört sein. Abtreibung, Homosexualität und Rauschmittelkonsum sind in diesem Sinne keine Rechtsbrüche ohne Opfer. Es gibt Service- und Konsumverbrechen: Verkauf geschmuggelten Alkohols, Rauschgifts und pornographischer Schriften, Gewähren illegaler Dienste gegen Entgelt, z. B. Prostitution und illegales Spiel. Auf die Zustimmung und Mitwirkung des Opfers kommt es nicht an. Es ist auch irrelevant, ob das Opfer sich geschädigt fühlt und ob es das Delikt anzeigt oder nicht. Das Opfer kann sogar wirtschaftlichen Nutzen mit aus der strafbaren Handlung ziehen. Es ist also verfehlt, von einer sich „verflüchtigenden Opfereigenschaft" bei Wirtschaftskriminalität, bei Ladendiebstahl und Betriebskriminalität zu sprechen (so aber Günther Kaiser 1974, S. 381, 384). Kollektives und unentdecktes Opferwerden kommen vor. Beide untersucht die Viktimologie. Opfer ist eine Person, Organisation, die moralische oder die Rechtsordnung, die durch eine Straftat gefährdet, geschädigt oder zerstört wird.

3. Viktimologie im engeren und weiteren Sinne

Es gibt eine Viktimologie im engeren und eine im weiteren Sinne. Die Viktimologie im engeren Sinne ist die Wissenschaft vom Opfer der Straftat. Die Viktimologie im weiteren Sinne ist die Wissenschaft vom Opfer schlechthin. Es kann sich um Opfer von Straftaten, von Unfällen verschiedenster Art und um Opfer der Gesellschaft, ihrer Gruppen und Repräsentanten handeln. Die

Viktimologie im weiteren Sinne ist damit ein interdisziplinärer Forschungsbereich der Psychologie, Psychiatrie und Soziologie (Herbert Maisch 1972, Sp. 720, 721). Geht es der Kriminologie vor allem um die Viktimologie im engeren Sinne, so darf sie die im weiteren Sinne nicht völlig außer acht lassen. Viktimologie im engeren und weiteren Sinne verhalten sich so zueinander wie Verbrechen zu sozialabweichendem Verhalten. Aus einem sozialen Opfer kann leicht ein Opfer im kriminologischen Sinne werden und umgekehrt. Die Übergänge sind fließend. Viktimologie im engeren Sinne kann nur auf dem Hintergrund der Viktimologie im weiteren Sinne betrieben werden. Sie erzielt sonst keine brauchbaren Ergebnisse. Viktimologie im engeren Sinne ist die Wissenschaft vom Opfer der Straftat. Opfer ist eine Person, eine Organisation, die moralische oder die Rechtsordnung, die durch eine Straftat gefährdet, geschädigt oder zerstört wird. Das, was Verbrechen ist, bestimmt sich hierbei aus den gesellschaftlichen und individuellen Kriminalisierungs- und Entkriminalisierungsprozessen (vgl. hierzu im einzelnen: Hans Joachim Schneider 1973, S. 571). Auf diese Weise wird der Opferbegriff an der gesellschaftlichen Wirklichkeit orientiert. Opfer ist diejenige Person oder Organisation, die in den gesellschaftlichen und individuellen Kriminalisierungs- und Entkriminalisierungsprozessen als Opfer definiert wird. Im gesellschaftlichen Kriminalisierungs- und Entkriminalisierungsprozeß kommt es nicht nur auf den Erlaß oder die Streichung von Strafrechtsnormen an, sondern auch auf die Verankerung dieser Normen im Rechtsbewußtsein der Gesellschaft und die Durchsetzung dieser Normen von den Instanzen der sozialen Kontrolle. Das Verbrechen verwirklicht sich sodann im individuellen Kriminalisierungs- und Entkriminalisierungsprozeß. Menschliches Verhalten ist als solches nicht wertneutral. Kriminelles Verhalten besitzt für sich allein noch nicht ohne weiteres die Qualität „kriminell". Kriminelles Verhalten konstituiert sich vielmehr im Verhalten des Delinquenten, in der formellen sozialen Reaktion (z. B. durch die Kriminalpolizei) und in der informellen sozialen Reaktion (z. B. in der Familie oder Nachbarschaft) auf sein Verhalten und in der Rückwirkung dieser Reaktionen auf sein Verhalten, also in der Interaktion. In diesen Wechselwirkungsprozessen bestimmt sich auch, wer Opfer wird. Damit ist das Opfer nicht nur Bestandteil einer bestimmten Tatsituation; es ist nicht allein in die sozialen Bezüge des Täters einbezogen (so aber Hans Göppinger 1973, S. 309). Von einem Subjekt, dem Täter her, wird das Opfer nicht nur als Objekt unter Objekten (sozialen Bezügen) betrachtet. Vielmehr sind Täter und Opfer gleichwertige Subjekte, die sich — allerdings mit unterschiedlichen, sich gegenseitig ergänzenden und bedingenden Rollen — gegenübertreten und die „zusammenwirken". Sie sind Komplementärpartner. Das Opfer formt und gestaltet den Täter mit (Hans von Hentig 1948, S. 348).

4. Die dynamische, sozialpsychologische Perspektive der Viktimologie

Viktimologie als „ein Modewort" zu bezeichnen, „das im Deutschen unnötig ist, weil es — anders als etwa neue Bezeichnungen für technische Erfindungen — keine neue Erkenntnis liefert und keinen neuen Sachverhalt beschreibt" (so Kurt Weis 1972, S. 175), ist völlig abwegig. Es geht auch nicht an, dem Paar: Täter — Opfer ein „Gegensatzpaar": Gewinner — Verlierer parallel zuzuordnen (so Kurt Weis, Sandra S. Borges 1973, S. 76). Hier werden unterschiedliche Perspektiven der Beurteilung in unzulässiger Weise vermischt, Betrachtungsweisen verkürzt und unerträglich vereinfacht. Die Viktimologie beurteilt die sozialen und individuellen Kriminalisierungs- und Entkriminalisierungsprozesse vom Opfer her. Das gibt der kriminologischen Analyse eine ganz neue Perspektive. Durch die Viktimologie kommt die kriminologische Betrachtung erst ins Gleichgewicht. Das Opfer ist nicht immer Verlierer, der Täter keineswegs regelmäßig Gewinner. Verbindet man das Opfer mit dem Verlieren und den Täter mit dem Gewinnen, so erschwert man durch das Einführen einer neuen Ebene der Betrachtung die kriminologische Analyse der sozialen und individuellen Kriminalisierungs- und Entkriminalisierungsprozesse zusätzlich. Die Interaktionsbeziehung zwischen Täter und Opfer ist hoch komplex. Die Viktimologie vermag nur dann Wertvolles zu leisten, wenn sie nicht einfach vom individuellen Täter zum individuellen Opfer überzugehen versucht. So besteht die Gefahr der Überbetonung solcher Typen kriminellen Verhaltens, bei denen das individuelle Opfer leicht identifizierbar ist (Inkeri Anttila 1973). Die opferbetonende Forschung hat die kriminologische Forschung entscheidend korrigiert. Die Gesellschaft hat immer versucht, dem Straftäter bestimmte gesellschaftliche Rollen zuzuweisen und ihn in diesen Rollen zu belassen. Die neue

Perspektive, die durch die Viktimologie ins Spiel gebracht worden ist, hat diese Stereotype eliminiert. Auch das Verhalten des Opfers soll zum Zwecke der Verbrechensvorbeugung gewandelt werden. Die individuell zentrierte Forschung, die Elementen- oder Faktorenkriminologie, zieht den Täter und das Opfer unabhängig voneinander in ihre Betrachtung. Das ist falsch. Zutreffend allein ist eine Kriminologie der Beziehungen, eine sozialpsychologische, dynamische Perspektive, die Wechselwirkungsprozesse zwischen Täter und Opfer berücksichtigt.

Die Behauptung ist deshalb unzutreffend, das in der Kriminologie herrschende Bild vom Opfer sei das eines passiven Opfers (so Richard Quinney 1972, S. 318). Das Opfer ist eine Realität und keine soziale Konstruktion zum Zwecke des Klassenkampfes: „Handlungen werden als kriminell definiert, weil man sich irgend jemanden oder irgend etwas als Opfer vorstellt. Verbrechen ist irgendein sozialer Nachteil, der als Schaden definiert und durch das Gesetz strafbar gemacht worden ist. Soziales Übel ist eine Realität, die von denen entschieden wird, die an der Macht sind. Das Gerede vom Opferwerden ist eine unter den Waffen der herrschenden Klasse, die sie verwendet, um ihre eigene Existenz zu rechtfertigen und aufrechtzuerhalten. Das Opfer wird als ein Verteidigungsmechanismus der Sozialordnung benutzt" (Richard Quinney 1972, S. 315/316). Opfer werden hier völlig einseitig nur noch als Opfer der Polizei, des Krieges, des Strafvollzugs, der staatlichen Gewalt und der „Unterdrückung" gesehen. Diese Art der Darstellung in Schlagworten verschleiert mehr, als sie analysiert. Es bleibt unklar, wer diejenigen sind, die „an der Macht" sind. Die „herrschende Klasse" hat sich „verschworen", um durch viktimologische Abwehrmechanismen ihre Herrschaft und Macht zu erhalten. Hier ist wieder die gesamte Problematik unerträglich vereinfacht. Die „herrschende Klasse" wird nicht näher bestimmt; sie wird zur Fiktion. In der westlichen pluralistischen Gesellschaft gibt es viele soziale Gruppen, die mehr oder weniger „herrschen" oder sich in der „Herrschaft" abwechseln. In Wirklichkeit sind die Begriffe der „Herrschaft" und der „Klasse" auf die moderne westliche pluralistische Gesellschaft unanwendbar, weil sie soziale Realitäten nicht adäquat treffen. Hier soll eine Ideologie zur Realität gemacht werden. Es wird schließlich nicht konkretisiert, inwiefern das Opfer als Verteidigungsmechanismus der Sozialordnung aufrechterhalten wird.

5. Die viktimologische Terminologie

Eine neue Disziplin erfordert zur Verständigung eine neue Terminologie. Es gibt die Erscheinung der Mehrheit von Opfern: das Mitopfer, das mittelbare Opfer und das Nebenopfer. Mitopfer werden durch eine bewußte und gewollte kriminelle Handlung zu Opfern. So können durch Diebstahl eines Autos alle Familienangehörigen zu Opfern werden. Das mittelbare Opfer steht hinter dem unmittelbaren Opfer. Es wird dadurch gleichfalls zum Opfer, daß das unmittelbare Opfer gefährdet, verletzt oder zerstört wird. Auf das Nebenopfer beziehen sich Vorsatz und Absicht des Täters nicht. Es wird gleichsam nebenbei, fast „zufällig", fahrlässig durch die kriminelle Handlung zum Opfer. Das Selbstopfer ist das Opfer eigener Fehlhandlungen. Die Viktimität bezeichnet als Substantiv nicht die abstrakte Gesamtheit des Opferwerdens, sondern die Opferanfälligkeit (so auch Rudolf Gasser 1965, S. 17); das Adjektiv viktimell bedeutet opferanfällig. Die Viktimität drückt nach Beniamin Mendelsohn (1973) die Summe der sozio-biopsychologischen Kennzeichen aus, die allen Opfern im allgemeinen gemeinsam sind. Diese Umschreibung läßt sich mit Opferanfälligkeit am besten in einem Begriff zusammenfassen. Das wichtigste Wort ist die Viktimisierung, die den Prozeß des Zum-Opfer-Machens und des Zum-Opfer-Werdens beschreibt. Das Verb viktimisieren heißt zum Opfer machen, opfern; viktimisiert werden bedeutet geopfert werden. Die Viktimisierungsquote gibt Umfang und Ausmaß des Opferwerdens an. Die Opfer-Präzipitation ist eine gemäßigte Form der Opfer-Mitverursachung des Delikts, Opfer-Provokation die stärkste Form der Mitverursachung.

6. Die Aufgaben der Viktimologie

Die Viktimologie hat eine Fülle von Aufgaben, von denen im folgenden nur die wichtigsten genannt werden sollen: Als Aufgabe der Viktimologie allein die Erforschung der Beziehungen zwischen dem Rechtsbrecher und dem Verbrechensopfer anzugeben (so Günther Kaiser 1974, S. 380), ist viel zu eng. Die Viktimologie beschäftigt sich nicht nur mit dem entdeckten, sondern auch mit dem unentdeckten Opfer. Bei der Verbrechensverursachung kommt es darauf an, das dynamische Zusammenwirken zwischen

Täter, Opfer und Gesellschaft zu analysieren und die Rolle des Opfers im Rahmen dieses Zusammenwirkens zu lokalisieren. Das Verbrechen entsteht oft in sozialen Gruppen, die ihre gestörte Dynamik an einzelnen Gruppenmitgliedern ausagieren, die sie zu schwarzen Schafen, zu Sündenböcken machen. Bei der Viktimogenese, der Entstehung eines Opfers, ist häufig die Opfer-Täter-Abfolge von wesentlicher Bedeutung. In der viktimologischen Prognoseforschung ist auf Grund der Persönlichkeitsmerkmale, der Einstellungen, der Beziehungen und der Kennzeichen des sozialen Nahraums des Opfers zu erarbeiten, mit wie hoher Wahrscheinlichkeit eine Person dazu neigt, Opfer zu werden. Das Opfer ist Selektionsfilter bei der Verbrechensbekämpfung. Seine Anzeige entscheidet zunächst einmal darüber, ob es überhaupt zum Ermittlungs- und später zum Strafverfahren kommt. Die Viktimologie befaßt sich mit der Frage, ob und in welcher Weise die Anzeigebereitschaft potentieller Opfer beeinflußt wird und beeinflußt werden kann. Im Ermittlungs- und Strafverfahren hat das Opfer bestimmte prozessuale Mitwirkungsrechte (z. B. ein Strafantragsrecht) und -pflichten (z. B. eine Zeugenrolle). Die Viktimologie arbeitet nicht nur an der Fragestellung der tatsächlichen und rechtlichen Ausgestaltung dieser prozessualen Mitwirkungsrechte und -pflichten, sondern auch an dem Problem des Schutzes des Opfers im Ermittlungs- und Strafverfahren, damit entstandene psychische Schäden nicht noch vertieft oder gar neu hervorgerufen werden. Die Beziehung zwischen Furcht vor dem Verbrechen und Opferwerden ist für die Viktimologie von großem Interesse. Die wirtschaftlichen, sozialen, körperlichen und psychischen Früh- und Spätschäden des Opfers werden von der Viktimologie erforscht. Sie entwickelt Behandlungsmethoden für die psychisch geschädigten Verbrechensopfer. Bei der Verbrechensvorbeugung geht es um die Unterrichtung potentieller Opfer über Verbrechenstechniken, um die Verringerung oder Beseitigung von Opferprädispositionen, um den Abbau von Opfersituationen, um die Analyse von Opferzeiten und -räume und die Auflösung von Opferkonzentrationen. Die viktimologische Verbrechensaufklärung geht vom Opfer und seinen Beziehungen zum Täter aus. Das Problem der Schadenswiedergutmachung muß von der Viktimologie gelöst werden. Viktimologische Erkenntnisse können schließlich bei der Art der strafrechtlichen Reaktion und in der Strafzumessungslehre angewandt werden.

3. Abschnitt: Verhältnis der Viktimologie zur Kriminologie

Das Verhältnis der Viktimologie zur Kriminologie bestimmt sich danach, in welcher Weise man den Gegenstand und die Aufgaben der Kriminologie beurteilt. Das Verbrechen wird bestimmt durch den gesellschaftlichen Kriminalisierungs- und Entkriminalisierungsprozeß. Es entsteht und vergeht im individuellen Kriminalisierungs- und Entkriminalisierungsprozeß (vgl. hierzu näher: Hans Joachim Schneider 1973, S. 571/572). Mit dieser an der Realität orientierten, dynamischen, funktionalen Definition ist der Gegenstand der Kriminologie noch nicht beschrieben, wenn auch der Kern dieses Gegenstandes lokalisiert ist. Die sozialen Voraussetzungen und Auswirkungen des gesellschaftlichen Kriminalisierungsprozesses und Entkriminalisierungsprozesses zu erforschen, gehört zum Gegenstand und zur Aufgabe der Kriminologie. In diesem Zusammenhang hat das „sozialabweichende Verhalten" seinen bedeutsamen Stellenwert, das im Vorfeld oder der Nachhut des gesellschaftlichen Kriminalisierungs- und Entkriminalisierungsprozesses liegt. Sozialabweichendes Verhalten, das dem zeitlichen und örtlichen Wandel unterliegt und von der Frustrationstoleranz einer Gesellschaft abhängt, ist zu einem wesentlichen Teil „funktional" für eine Gesellschaft, weil es zu ihrem Zusammenhalt beiträgt (z. B. Kontrastfunktion). Es handelt sich um Verhalten, das von der Mehrheit der Gesellschaft als Normverstoß empfunden wird und das im Sozialprozeß entsteht und vergeht. Sozialabweichendes Verhalten besitzt keine Qualität allein aus sich selbst heraus, es ist vielmehr wesentlich von der sozialen Reaktion und deren Rückwirkung mit abhängig. Die soziale Definition von sozialabweichendem Verhalten ist ein Mittel der Sozialkontrolle. Durch eine verfehlte Reaktion kann im Sozialprozeß die Abweichung verstärkt werden, sich selbst sekundäre Sozialabweichung (Edwin M. Lemert) entwickeln. Die Kriminologie interessiert sich besonders für die Wechselwirkungen zwischen Kriminalität und sozialabweichendem Verhalten. Aus sozialabweichendem Verhalten entsteht tatsächlich oder im Wege der Kriminalisierung durch Strafgesetzgebung Kriminalität, die wiederum zu sozialabweichendem Verhalten herabgestuft werden kann.

Die sozialen Voraussetzungen und Auswirkungen des individuellen Kriminalisierungs- und Entkriminalisierungsprozesses sind ebenfalls Gegenstand kriminologischer Forschung. In diesem auf das Individuum bezogenen Sozialprozeß kommt es nicht nur auf die formale Reaktion der Instanzen der Sozialkontrolle, sondern auch auf informelle Reaktionen im sozialen Nahraum des Individuums an. Tatsächliche Reaktionen können im Falle der im Dunkelfeld verbleibenden Kriminalität auch ganz entfallen. Dunkelfeldforschung gehört als wesentlicher Bestandteil zur Kriminologie, wenn auch darauf hingewiesen werden muß, daß das soziale Normensystem eine völlige Aufhellung des Dunkelfeldes wahrscheinlich nicht aushalten wird. Im gesellschaftlichen Kriminalisierungs- und Entkriminalisierungsprozeß kommt es deshalb darauf an, welche Arten der bisher offiziell bekanntgewordenen Kriminalität zu sozialabweichendem Verhalten herabgestuft und welche anderen Arten von Kriminalität aus dem Dunkelfeld ins Gesellschaftsbewußtsein gehoben und verfolgt werden müssen. Das ist eine Frage der rationalen Gestaltung der Kriminalpolitik, des möglichst effektiven Einsatzes der begrenzten Kräfte der Sozialkontrolle.

Der wesentliche Unterschied der modernen Kriminologie zur traditionellen liegt darin, daß sich die moderne Kriminologie ihrer Position innerhalb der Gesellschaft bewußt wird, daß sie also weiß, daß sie von gesellschaftlichen Bedingungen ausgeht und daß ihre Forschungsergebnisse soziale Wirkungen haben. Die moderne Kriminologie räumt deshalb ein, daß ihre Forschungen nicht „wertneutral" sein können. Sie bestimmt ihren Gegenstand nicht von der bestehenden Strafrechtsordnung her. Denn sie versteht sich zwar als mit dem Strafrecht verbundene, aber dem Strafrecht gleichwertige Wissenschaft. Sie erforscht nicht nur Tatsachen über Verbrechen und Verbrecher, sondern sie sieht das Verbrechen als Subsystem innerhalb eines größeren sozialen Systems, der Gesellschaft. Der Kriminologe ist deshalb kein Dogmatiker, sondern ein Zetetiker. Der unvermeidliche Kriminologe ist eine Person, die Mittel und Strategien für das Auseinanderkoppeln von Systemen innerhalb des Gebietes der Strafrechtspraxis erkennen kann und der an Strategien arbeitet, um die Informationen zu einem Kontrollsystem wieder zusammenzukoppeln. Ziel alles kriminologischen Handelns ist deshalb die Sozialkontrolle im Wege der Vorbeugung gegen Kriminalität, auch gegen Rückfallkriminalität durch Behandlung des Rechtsbrechers, oder auch im Wege der Kriminalitätsbekämpfung. Das Opfer ist als unabdingbarer Teil in den gesellschaftlichen und individuellen Kriminalisierungs- und Entkriminalisierungsprozeß mit einbezogen. Das Verbrechen ist ein Subsystem innerhalb eines größeren sozialen Systems, der Gesellschaft. Die kriminelle Persönlichkeit wie ihr Opfer sind für die Kriminologie Prozesse, die kriminellen und viktimellen Karrieren eingebettet in größere soziale Zusammenhänge. Es ist deshalb ebenso verfehlt, zu behaupten, die persönliche Opfereignung sei „ein maßgebender Teil der Tatsituation" (so Franz Exner 1949, S. 262), wie festzustellen, das Opfer müsse auch in die sozialen Bezüge des Täters mit einbezogen werden (so Hans Göppinger 1973, S. 309). Das Opfer darf nicht allein vom Täter her — gleichsam als Objekt — beurteilt werden. Das Verbrechen darf nicht nur als Individual-, es muß auch als Sozialpathologie verstanden werden. Die Sozialprozesse, an denen das Opfer aktiv wie passiv beteiligt ist, verlaufen pathologisch. Gleichzeitig ist die Persönlichkeit des Opfers selbst ein Prozeß. Es ist aus diesen Gründen unrichtig, darauf zu bestehen, die Kriminologie befasse sich mit der Persönlichkeit des Täters, die Viktimologie mit der Persönlichkeit des Opfers (so vor allem Koichi Miyazawa 1970, S. 1; Lola Aniyar de Castro 1969; Kurt Weis, Sandra S. Borges 1973, S. 76). Diese Definitionen sind zu eng, zumal die Persönlichkeiten von Täter und Opfer eher statisch als dynamisch verstanden werden. Das Zählen, Messen, Wägen, Bestimmen und Vergleichen von Opfern, das Sammeln von viktimologischen Determinanten, Faktoren, Assoziationen und Korrelationen werden niemals zum Fortschritt gereichen (Willem Hendrik Nagel 1963, S. 246 und 1974, S. 103). Auch die Täter-Opfer-Beziehung (so Hermann Mannheim 1965, S. 670; Günther Kaiser 1974, S. 380) ist als Gegenstandsbestimmung der Viktimologie nicht umfassend genug. Die Viktimologie paßt sich vielmehr ausschließlich in den sozialpsychologischen, interaktionistischen Ansatz der Kriminologie fugenlos ein. An den Sozialprozessen der Kriminalitätsverursachung und -behandlung sind Täter, Opfer und Gesellschaft maßgeblich beteiligt. Die Gesellschaft wie ihre Gruppen können kriminell wie auch viktimell sein. Die Gesellschaft kann Opfer von Straftaten werden; sie kann Personen und Gruppen zu Opfern machen.

Wegen ihrer „Struktur" und ihres „Zieles" wird die Viktimologie als unabhängige, selbständige und interdisziplinäre Wissenschaft betrachtet (so Beniamin Mendelsohn 1956, 1959, 1963, 1973; Koichi Miyazawa 1966, 1967; Lola Aniyar de Castro 1969; Walter C. Reckless 1973, S. 92; Rudolf Gasser 1965, S. 18). Opfer von Arbeits- und Verkehrsunfällen, Epidemien, Opfer von Umweltverschmutzung, Naturkatastrophen, Unterernährung und Überbevölkerung sollen von der Viktimologie untersucht werden

(Beniamin Mendelsohn 1973). Die Mehrheit der Kriminologen sieht die Viktimologie allerdings als Teildisziplin der Kriminologie (so z. B. Hans von Hentig 1948, 1962, 1974; Henri Ellenberger 1954 a und 1954 b, 1955; Pawel Horoszowski 1973; Paul Cornil 1959, 1973; Pietro Nuvolone 1973). Es kann hier unentschieden bleiben, ob die Viktimologie eine unabhängige interdisziplinäre Wissenschaft oder eine Teildisziplin der Kriminologie ist. Wenn zwischen Viktimologie im engeren und weiteren Sinne unterschieden wird und wenn die kriminologisch bedeutsame Viktimologie im engeren Sinne nur auf der Grundlage der Viktimologie im weiteren Sinne betrieben werden kann, heben sich die Widersprüche als Scheingegensätze weitgehend auf.

4. Abschnitt: Geschichte der Viktimologie

Am Anfang der Geschichte der Viktimologie stand die Frage der Entschädigung des Verbrechensopfers. In primitiven Kulturen strafte das Opfer des Verbrechens den Täter durch persönliche Vergeltung und Rache. Es legte ihm physische Verletzungen oder Schäden auf und nahm, was es wollte von dem Täter als Ersatz für die Begehung des Verbrechens. Die unregulierte Blutrache wurde graduell ersetzt durch ein System der Verhandlungen zwischen Täter und Opfer und der Entschädigung des Opfers durch Bezahlung von Gütern und Geld (Bruce R. Jacob 1974, S. 215 bis 220). Ein Verzeichnis, eine Tabelle von Verletzungstarifen wurde angelegt. Die Wiedergutmachung wurde als ein Mittel der Strafe für Verbrechen und der Erlangung von Entschädigung für das Opfer bei den Babyloniern (unter dem Gesetzbuch des Hammurabi), bei den Hebräern (unter mosaischem Recht), bei den alten Griechen, Römern und den Germanen benutzt. Unter den Inkas wurde für das Opfer durch den Täter selbst oder durch den Inka oder seinen Repräsentanten gesorgt. Wenn ein Indianer einen anderen während eines Streites getötet hatte, mußte zunächst einmal festgestellt werden, wer mit dem Streit begonnen hatte. Wenn es das Opfer war, wurde der Täter nur leicht nach dem Belieben des Inkas oder seines Vertreters bestraft. Abtreibung wurde als schweres Verbrechen sowohl gegen den Staat als auch gegen den Fötus als einem direkten Opfer des illegalen Aktes angesehen. Die Inkas sorgten — wie viele Herrscher in nicht mehr existierenden Kulturen — besser für ihre Verbrechensopfer als die Gesetzgeber in Zivilisationen der Gegenwart (Israel Drapkin 1973). In England forderten der König, seine Lords und Barone, daß der Täter eine Summe an den Lord oder König bezahlte. Dieser Betrag war als Provision für die Hilfe bei der Versöhnung zwischen Täter und Opfer und als Gegenleistung für den Schutz gegen weitere Vergeltung durch das Opfer gedacht. Schließlich nahmen König oder Lord den Gesamtbetrag. Das Recht des Opfers auf Wiedergutmachung wurde ersetzt durch das, was später als Geldstrafe bekannt wurde. Es ist einigermaßen absurd, daß es der Staat unternimmt, die Öffentlichkeit gegen Verbrechen zu schützen und dann, wenn sich ein Schaden ereignet, die gesamte Bezahlung zu nehmen und dem individuellen Opfer keine effektive Hilfe zu leisten. So dachten bereits Enrico Ferri (1896) und Raffaele Garofalo (1914).

Andere Aspekte der Viktimologie traten erst in neuerer Zeit in das Bewußtsein der Wissenschaftler und der Gesellschaft. Auf Männer als Opfer von Kindern wurde durch Max Marcuse (1914, S. 188) hingewiesen: Nicht die Mädchen seien die Opfer, sondern die Männer, die nicht die nötige sittliche Kraft besessen hätten, den Versuchungen zu widerstehen. Auf den Umstand, daß die Unzucht mit Kindern ein Delikt im sozialen Nahraum sei, machte Albert G. Hess (1934, S. 36/37) erstmals aufmerksam. Milovanovic (1935, S. 31) wies auf die vielfältigen Wechselbeziehungen zwischen Täter und Opfer, insbesondere bei Tötungsdelikten, hin. 54,7 % der von ihm untersuchten Opfer von Tötungen hatten Alkohol getrunken. Er erkannte in dem Alkoholkonsum einen relevanten kriminogenen Faktor. Daß auch der Mord vornehmlich ein Delikt im sozialen Nahraum ist, also vor allem von Verwandten an nahen Familienangehörigen oder von Geliebten an ihren Bräuten begangen wird, arbeitete Ernst Roesner (1938, S. 221) heraus.

Wer die Viktimologie „erfunden“ hat, ist neuerlich zu einem Streitpunkt in der Kriminologie geworden. Beniamin Mendelsohn nimmt (1963, S. 241) für sich in Anspruch, die Viktimologie in einem Vortrag in Bukarest 1947 zuerst erwähnt zu haben. Hans von Hentig soll sie bereits am 4. September 1934 in der Kölner Zeitung genannt haben. Im Jahre 1948 forderte Fredric Wertham die Wissenschaft von der Viktimologie. Im selben Jahr veröffentlichte Hans von Hentig sein grundlegendes Werk über „The criminal and his victim“. In den Lehrbüchern zur Kriminologie von Franz Exner (1949) und Ernst Seelig (zuletzt 3. Aufl. 1963) wurden viktimologische Fakten mit wenigen Sätzen abgetan. Neuerlich behaupten Walter C. Reckless (1973, S. 92) und Willem Hendrik Nagel (1974, S. 102), sich maßgeblich an der Entwicklung der Viktimologie beteiligt zu haben. Jedenfalls haben Kriminologen wie Henri Ellenberger (1954 a), Paul Cornil (1959), Stephen Schafer (1968) und Ezzat A. Fattah (1971) die Viktimologie entscheidend vorangetrieben. Ein Meilenstein in der Geschichte der Viktimologie war das 1. Internationale Symposium für Viktimologie, das vom 2. bis 6. September 1973 in Jerusalem stattfand.

5. Abschnitt: Opfer in Religion und Literatur

Das kriminologische Fachgebiet Viktimologie hat weder etwas mit dem lateinischen Wort vincire = binden, verpflichten noch mit dem Verb vincere = besiegen, unterwerfen zu tun. Weder Täter noch Opfer sind Sieger. Auch Schlachtopfer im Sinne religiöser Opferung ist das kriminologische Opfer nicht. Es ist richtig, daß die Götter durch die Opferung unschuldiger Lebewesen für die Sünden der Gemeinschaft oder einzelner versöhnt werden sollten. Das Opfer — Sündenbock und schwarzes Schaf zugleich — wurde stellvertretend für die Sünder geopfert. Den Sinn der Todesstrafe nahm man im Mittelalter u. a. daraus, daß der Verbrecher als Sühneopfer hingerichtet werden sollte, damit Gottes Zorn nicht über das Land und seine Bewohner komme, die gesündigt hätten. Das lateinische Wort victima = Opfer hängt zwar mit dem gotischen Wort weihan und dem althochdeutschen Verb wihan = weihen, heiligen zusammen. Das kriminologische Teilgebiet Viktimologie hat aber mit metaphysischen, irrationalen Opfern, Opfern im Sinne des sacrificium = dem der Gottheit Geweihten, Heiligen nichts zu tun. Das Opfer im kriminologischen Sinne ist eine Person, Organisation, die moralische oder Rechts-Ordnung, die durch eine Straftat gefährdet, verletzt oder zerstört worden ist. Opferungsriten im religiösen Sinne sollen der Gottheit danken; die dargebrachte Gabe soll Verehrung, Unterwerfung und Bitte zum Ausdruck bringen. Der Opferbegriff der Viktimologie ist indessen verweltlicht, säkularisiert und von emotionalen, irrationalen Elementen gereinigt.

Es gibt zahlreiche Opferdarstellungen in der Literatur, von denen nur wenige als Beispiele erwähnt werden sollen: Der Titel von Franz Werfels Novelle: „Nicht der Mörder, der Ermordete ist schuldig“ geht auf ein albanisches Sprichwort zurück. Das Werk erschien in München 1920. Es hat einen Vatermord zum Gegenstand und mag von Werfel — rein subjektiv — stark emotional empfunden worden sein. Nicht nur wegen ihres eigenwilligen Titels, sondern auch wegen ihres phantastisch übersteigerten einseitig-tendenziösen Inhalts ist die Novelle von der Bevölkerung nicht akzeptiert, sondern eher als Provokation empfunden und abgelehnt worden. Der Roman „Der Abituriententag" von Werfel ist demgegenüber weiter verbreitet und besser bekannt. In ihm wird geschildert, wie ein Unschuldiger Opfer und ein Schuldiger sein Richter wird. Die Schwierigkeiten des einzelnen und der sozialen Gruppe werden auf das Opfer projiziert und an ihm abreagiert. Das Opfer nimmt eine unterwürfig-duldende Opferhaltung ein. Es verteidigt sich nicht, sondern beschuldigt sich zusätzlich, und es hält selbst nicht viel von sich. Mit seinem Roman „Fahrraddiebe" hat Luigi Bartolini ein Bild der italienischen Nachkriegsgesellschaft gezeichnet. Die Polizei ist den Fahrraddieben gegenüber machtlos; das gesteht sie sogar unverhohlen ein. Auch die Selbsthilfe des Bestohlenen hilft nichts; denn die Verbrecher bilden eine verschworene Gemeinschaft und bedrohen offen das Opfer. So hilft dem Bestohlenen nichts weiter als der Rückkauf seines Fahrrades, der durch eine ihm von früher bekannte Prostituierte vermittelt wird, die für den Bestohlenen bei dem Dieb ein gutes Wort einlegt und die von dem Bestohlenen auch noch eine „Provision" erhält. Der Roman „An American tragedy" von Theodore Dreiser ist bereits 1925 erschienen, hat aber bis heute viele Auflagen erlebt und ist als Lektüre und Film lebendig geblieben. Er hat zahlreiche interessante viktimologische Aspekte und kann geradezu als Schilderung einer viktimellen Karriere angesehen werden. Der Täter wird zum Opfer seines sozialen Nahraums. Als Verwandter eines reichen Fabrikbesitzers bekommt er in dessen Unternehmen eine untergeordnete Stelle. Er bleibt — entgegen seiner Erwartungen — von seinen reichen Verwandten zunächst unbeachtet und ungefördert. In dieser Situation der sozialen Isolation befreundet er sich mit einer wenig attraktiven Arbeiterin. Das Opfer trägt zu seiner Viktimisierung bei; es trifft eine Mitverursachungslast. Durch Zufall erlangt der Täter doch noch die Aufmerksamkeit seiner reichen Verwandten. Er wird in deren Haus eingeladen und lernt dort eine intelligente, hübsche, junge Dame aus reicher Familie kennen, die sich in ihn verliebt. Als die Arbeiterin, die von ihm ein Kind erwartet, dies trotz unsinniger Verheimlichungsversuche des Täters erfährt, will sie ihn durch hysterisch-dramatisch-abschreckende Auftritte und durch Drohungen mit der Enthüllung ihrer Beziehungen zu ihm und ihres Zustandes zwingen, sie sofort zu heiraten. Dieses abstoßende Verhalten einerseits und die ungeahnten Möglichkeiten des Unterschichtsjungen andererseits, durch eine Verbindung mit der jungen Dame, die alles für ihn Erstrebenswerte besitzt, sozial aufzusteigen, lassen in ihm den Gedanken an eine Tötung der Arbeiterin aufkommen, die er auch vorbereitet. Der Täter wird Opfer der Gesellschaft. In der von ihm herbeigeführten Tötungssituation — am späten Abend in einem Boot auf einem einsamen See — verlassen ihn die Kräfte zur Tötung. Durch ein psychisch unglückliches Verhalten (Vorwürfe, Tötungsvermutungen) und durch dadurch verursachte ungeschickte Bewegungen — das Opfer hält die Balance im Boot nicht — kommt es zum Kentern des Bootes. Die Arbeiterin ertrinkt. In der Gerichtsverhandlung kann nicht eindeutig festgestellt werden, ob der Täter den Ertrinkungstod der Arbeiterin in Kauf genommen hat oder ob er seiner Hilfeleistungspflicht nicht ausreichend nachgekommen ist. In der für ihn bedrohlichen Situation wollte er sich zuerst selbst retten. Er kann oder will sich wohl auch an die Einzelheiten nicht mehr erinnern. Er wird ein Opfer der latenten, phantasierten Kriminalität der Gesellschaft. Die rücksichtslose Brutalität der einseitig argumentierenden Anklagebehörde, das Vorurteil der kleinbürgerlichen Geschworenen, die dem Unterschichtsjungen einen Aufstieg in die Oberschicht mißgönnen, und sein eigener mangelnder Widerstand gegen die Anklage auf Grund eines schlechten Gewissens, das durch eine frömmelnde Mutter noch genährt wird, lassen es zum Schuldspruch und zum Todesurteil kommen.

6. Abschnitt: Fall, Fragen und Literaturhinweise

Fall 1

Die 18jährige Schülerin Barbara kam gegen 8 Uhr morgens zur Kriminalwache. Sie wollte von dort aus verschiedene Telefongespräche mit ihren Eltern und Freunden führen. Sie wurde auf den öffentlichen Fernsprecher verwiesen. Von dort aus rief sie die Funkleitstelle über Notruf an. Sie wollte unbedingt eine Verbindung mit dem Chef der Kriminalpolizei haben. Sie ließ sich mit einem Krankenwagen ins Krankenhaus bringen. Auf der Kriminalwache entstand sofort der Eindruck, daß der Straftatbestand der Notzucht, den Barbara andeutete, kaum gegeben sein dürfte. Denn es kam ihr vor allem darauf an, von einem Arzt untersucht zu werden, da sie befürchtete, geschwängert worden zu sein. Die Anzeigeaufnahme war für sie zweitrangig. Später wurde sie von der Weiblichen Kriminalpolizei vernommen. Sie sagte folgendes aus:

Ich habe an einer Fête teilgenommen, die im Studentenwohnheim stattfand. Zwischen 23 und 24 Uhr habe ich den Studenten X getroffen, den ich seit einigen Monaten kenne. Er ist Inder. Um 23.15 Uhr gingen wir in das Zimmer des Y, weil wir uns unterhalten wollten. Ich bin schon einmal zusammen mit X allein in einem Zimmer gewesen. Er wollte damals den Geschlechtsverkehr. Als ich ihm das verweigerte, ließ er von mir ab. Ich habe mich dann auf die Couch im Zimmer des Y gesetzt. X wusch sich die Hände und putzte sich die Zähne. Als er fertig war, fragte er mich, ob ich mit ihm schlafen würde. Ich sagte ihm, daß er mit mir schmusen und mich auch küssen dürfe. Wir saßen etwa eine Viertelstunde zusammen auf der Couch und schmusten und küßten uns, bis ich dann merkte, daß er sexuell erregt war. Ich sagte zu X, daß er sich zusammenreißen solle und daß ich kein Kind von ihm haben möchte. Er erwiderte, daß er aufpassen wolle. X ließ dann von mir ab. Er machte den Vorschlag, daß wir uns auf die Couch legen sollten. Damit war ich einverstanden. Weil X es wollte, habe ich meinen Nicky, meine Bluse, mein Hemd und meinen Büstenhalter ausgezogen. Wir haben auf der Couch zusammen etwa eine halbe Stunde gelegen. X ging dann hinunter, um sich einen Schutzgummi zu besorgen. Während X aus dem Zimmer war, habe ich mich geduscht und mir die Haare gewaschen. Als X klopfte, lag ich nackt auf der Couch unter einer Decke. Ich hüllte mich in die Decke und öffnete ihm die Tür. X zog sich aus und wusch sich. Dann kam er nackt zu mir unter die Bettdecke. Er hat dann mit mir geschmust und ich mit ihm. Ich habe ihn auf dem Rücken gestreichelt. Er hat mich überall angefaßt. Es ist dann zum Geschlechtsverkehr gekommen. Ich konnte mich körperlich nicht wehren. Ich habe nur mit Worten Widerstand geleistet. Der Geschlechtsverkehr fand gegen meinen Willen statt. X hat mich dazu gezwungen.

Wir sind dann zusammen ins Paterre gegangen und haben uns im Diskothekraum unterhalten. Danach habe ich mit einem Neger getanzt. Ich erzählte ihm, daß ich nicht wüßte, wo ich die restliche Nacht schlafen könne. Er meinte, ich solle zu ihm aufs Zimmer kommen. Ich könne bei ihm schlafen. Wir sind dann auf sein Zimmer gegangen. Der Neger hat sich vollständig ausgezogen.

Nach dem ersten Kuß zog ich mich auch aus, weil es mir zu warm war. Meinen Pullover und meine Strumpfhose behielt ich an. Wir unterhielten uns dann darüber, was mir mit X passiert sei. Der Neger meinte, es täte ihm leid. Er fragte mich dann, ob wir zusammen schlafen wollten. Ich antwortete: „Nein, einmal reicht mir." Wir haben dann geschlafen, und ich wurde von dem Mann nicht mehr bedrängt. Nachdem wir wieder aufgewacht waren, fragte mich der Neger erneut, ob ich mit ihm schlafen wolle. Ich antwortete: „Nein!" Er sagte: „Ich mach's doch!" Er zog mir den Pullover und die Strumpfhose aus. Das habe ich mir gefallen lassen. Es ist dann gegen meinen Willen zum Geschlechtsverkehr gekommen. Ich habe mich mit Worten, Händen und Füßen zur Wehr gesetzt. Es nutzte aber nichts. Ich erstatte gegen die beiden Studenten, den Inder und den Neger, Strafanzeige wegen Notzucht. Sie haben mich vergewaltigt.

Fragen zu Fall 1:

1. Wenn Sie Staatsanwalt wären, würden Sie in diesem Fall Anklage erheben (Die Wahrheit der Angaben von Barbara wird unterstellt)?
2. Wer entscheidet in diesem Fall, wer Opfer und wer Täter ist?
3. Wer ist nach Ihrer Meinung hier Opfer und Täter?
4. Handelt es sich um eine Opferpräzipitation?
5. Ist überhaupt eine Viktimisierung gegeben? Warum hat Barbara Anzeige erstattet? Wie erklärt sich ihr seltsames Verhalten am Morgen nach den Ereignissen der Nacht?

Fragen zum 1. Kapitel

1. Welche verschiedenen Opferbegriffe gibt es? Welche unterschiedliche Herkunft haben sie? In welcher Weise sind sie für die Viktimologie verwendbar?
2. Gibt es Straftaten ohne Opfer?
3. Wie kann die Viktimologie definiert werden?
4. Welche Aufgaben hat die Viktimologie?
5. In welchem Verhältnis steht die Viktimologie zur Kriminologie?
6. In welcher Weise sind Täter und Opfer „Komplementärpartner"?
7. Beschreibt die Viktimologie einen neuen Sachverhalt und gegebenenfalls welchen?
8. Ist das Opfer ein Verlierer?

9. Was versteht man unter Viktimisierung und unter Opferpräzipitation?
10. Wie ist die These zu beurteilen, das Opfer müsse in die sozialen Bezüge des Täters einbezogen werden?
11. Hat die Viktimologie eine Geschichte und welche Perspektiven sind gegebenenfalls aus dieser Geschichte bemerkenswert?
12. Was versteht man unter einer viktimellen Karriere?

Literaturhinweise zum 1. Kapitel
Lesen Sie die folgenden Literaturstellen:

I. Franz Exner (1949, S. 262, 263): „Es gibt so etwas wie eine persönliche Eignung, Opfer eines bestimmt gearteten Verbrechensangriffs zu werden. Das Vorhandensein dieser Eignung ist sodann ein maßgebender Teil der Tatsituation."

II. Hans Göppinger (1973, S. 307-316): „Erforderlich ist der Versuch, die Beziehung Täter — Opfer als Einheit zu umgreifen. Hierzu könnten Untersuchungen des Täterbereichs nach den Kriterien: ‚der Täter in seinen sozialen Bezügen', in die *auch das Opfer* einbezogen wird, weiterführen. Dabei wäre dann umgekehrt der Opferbereich entsprechend diesen Kriterien ‚das Opfer in seinen sozialen Bezügen', in die *auch der Täter* einbezogen wird, dem Täterbereich gegenüberzustellen."

Frage 13: Weicht das von Göppinger verfochtene Konzept von dem in diesem Buch vertretenen ab und gegebenenfalls in welcher Weise?

III. Günther Kaiser (1973, S. 67-72; 1974, S. 380-386) stellt die Grundfragen der Viktimologie in einer von der hier vertretenen etwas abweichenden Art dar.

IV. Heinz Zipf (1970, S. 1-13) versucht, einen Opferbegriff zu entwickeln und die Problemfelder der Viktimologie aufzuzeigen.

V. Kurt Weis (1972, S. 170-180) vertritt die Ansicht, „Viktimologie" sei eine „unnützige" und „Viktorologie" eine nur als Vorwurf dienende Wortprägung zur Beschreibung kriminologischer Teilaspekte. Er bringt die Perspektiven Gewinner (Sieger) und Verlierer mit ins Spiel, die auf viktimologische Fragestellungen nicht passen.

VI. Richard Quinney (1972, S. 314-323) bringt den Gesichtspunkt des Klassenkampfes in die Diskussion: Die herrschende Klasse benutzt die Viktimologie, um ihre Herrschaft aufrechtzuerhalten und zu festigen.

VII. Hans von Hentig (1962, 2. Band, S. 364-515) macht das

Verhältnis des Strafrechts und Strafverfahrens zur Viktimologie deutlich: Das Strafrecht zweigt aus einer Spannung und Beziehung zweier Menschen, die lange angedauert haben mögen (viktimologische Fragestellung), den letzten isolierten Vorgang ab, der sich mit dem Straftatbestand deckt. Das nächstgelegene Fragment aus einer langen Kette des Geschehens wird zum Gegenstand von Urteil und Entscheidung. Wie das Gesetz, so malen die Verfahrensregeln Schwarz in Weiß. Dem Täter fällt die Staatsmacht in die Zügel, führt ihn zur Bank des Angeklagten und prägt ihm optisch einen Unwertstempel auf. Dem Opfer tritt sie mit Gesetzesmajestät zur Seite, leiht ihm die Hilfe ihres mächtigen Apparates. Meist wird das Opfer dieses Schutzes würdig und bedürftig sein. Doch gar nicht selten stehen hinter einem knappen Lebensausschnitt andersartige Menschenbilder, soziale Täter, die rein technisch sich verfehlten, vielleicht nur eher ihren Kopf verloren als der andere Teil, und auf der anderen Seite schlechte oder minderwertige Opfer. Wenn manches Opfer manchem Täter einen Teil des Schuldigwerdens abnahm, so kam Verwirrung in die unbesorgte Einfachheit des Denkens, und darum haben wir es übersehen und gemieden wie alle Dinge, die uns nicht geheuer erscheinen, weil wir mit ihnen geistig noch nicht fertig wurden.

2. KAPITEL: OPFEREINFLUSS UND -GEFÄHRDUNG

1. Abschnitt: Zusammenfassung des Kapitels

Das Opfer wird durch sein soziales Umfeld als Opfer definiert. Es bestimmt seinerseits, ob das Verhalten, das es erleiden oder erdulden mußte oder an dem es mitgewirkt hat, kriminell ist oder nicht. Das Opfer ist somit ein Selektionsfaktor. Das kriminelle Handeln oder Unterlassen, das es gar nicht bemerkt oder das es zwar bemerkt, aber nicht als kriminell beurteilt und totschweigt, fällt allerdings ins absolute Dunkelfeld, das durch Opferbefragungen nicht aufzuklären ist. Das kriminelle Verhalten, das das Opfer zwar wahrnimmt und als kriminell wertet, aber nicht anzeigt, gehört zum relativen Dunkelfeld, das durch viktimologische Untersuchungen aufhellbar ist. Hier interessieren vor allem die Gründe und Motive, warum das Opfer die Straftaten der Kriminalpolizei nicht gemeldet hat. Die meisten Delikte werden nicht angezeigt, weil sie vom Opfer nicht als schwer oder als „Privatsache" empfunden werden oder weil es kein Vertrauen in die Effektivität der Kriminalpolizei bei ihrer Aufklärungsarbeit hat. Das Opfer ist auch ein Selektionsfaktor bei dem Bemühen, Einsicht in die Kriminalitätsstruktur zu erhalten. Bisher wurden Umfang, Art und Entwicklung der Kriminalität in einem bestimmten Gebiet nach den kriminalpolizeilich bekanntgewordenen Straftaten ermittelt. Nunmehr sind ständige, umfassende Opferbefragungen hinzugekommen. Die viktimologische Kriminalitätsstruktur kann mit der kriminalpolizeilich ermittelten verglichen werden. Hieraus können viele wertvolle Schlüsse für die Strafverfolgungsintensität gezogen werden. Das Dunkelfeld und die Gründe für die mangelnde Anzeigebereitschaft des Opfers sind nach Gebieten, Zeiten und Deliktsarten verschieden. Diese Differenzierung trifft auch für die Vorbeugungsmaßnahmen zu, die das potentielle Opfer gegen das Verbrechen trifft. Am meisten werden Diebstähle von Eigentum unter 50 US-Dollar nicht angezeigt. Die Angaben über das Ausmaß der Nichtviktimisierung in der Bevölkerung sind unterschiedlich. Es steht indessen fest, daß nur ein bis zwei Prozent der Bevölkerung von vier und mehr Viktimisierungen betroffen werden. Ein Drittel bis zur Hälfte aller Delikte werden angezeigt. Die nicht angezeigten Straftaten werden indessen von der Bevölkerung als leichtere Rechtsbrüche empfunden. Männliche Opfer übertreffen weibliche im Verhältnis 2 : 1. Frauen und ältere Menschen mit geringerer Abwehrkraft vermeiden viktimogene Situationen. Rassische Minderheiten haben keine höheren Viktimisierungsquoten als die Mehrheiten. Das höchste Ausmaß des Opferwerdens trifft für junge Männer zu. Sie suchen die Gefahr; sie gehen ihr jedenfalls nicht aus dem Weg. Opfer von Raub und Einbruch sind meist kleine Handels- und Gewerbebetriebe. Es entsteht oft nur geringer Schaden. Die Geschäfte sind freilich häufig nicht versichert.

Opfertypologien sind von Hans von Hentig (1948), von Beniamin Mendelsohn (1956), von Ezzat A. Fattah (1967) und von Thorsten Sellin und Marvin E. Wolfgang (1964) entwickelt worden. Opfereinfluß und -gefährdung werden durch diese Typologien, die nicht auf empirisch-faktorenanalytischer Grundlage ruhen, nicht ausreichend verdeutlicht. Die Typologien sind zudem zu abstrakt und zu statisch. Dynamische Opfertypologien könnten unterschiedliche „typische" Verlaufsformen von Opferkarrieren und Grundgestalten von Opferpersönlichkeiten herausarbeiten. Opfereignung und -neigung werden weder durch Konstitution noch durch Erbfaktoren bestimmt. Es gibt kein „geborenes Opfer". Opfergefährdet sind vor allem die niedrigsten Einkommensschichten. Aus ernsthaft emotional gestörten Familien kommen die Opfer der Unzucht mit Kindern. Die „unschuldige Naivität" eines pubertären Mädchens ist heute eine Seltenheit. Die erwachsenen Täter zwingen allerdings auch dem Kind in der Regel nicht ihre Erwachsenenformen der Sexualität auf. Bei der Kindesmißhandlung ermöglicht das Konzept der Rollenumkehr eine fruchtbare viktimologische Analyse: Die Eltern stellen zu hohe Erwartungen und Anforderungen an die Leistungsfähigkeit ihrer Kinder. Sie mißachten die Bedürfnisse, die begrenzten Fähigkeiten und die Hilflosigkeit ihrer Kinder. Opferneigung und -eignung hängen sehr eng mit dem Konzept der sozialen Sichtbarkeit zusammen. Menschen, die sich sozial exponieren, sind sehr opferanfällig. Die Unterschichten, die vor allem als Verbrechensopfer betroffen sind, sorgen sich am meisten um die Kriminalitätsentwicklung. Eine diffuse Furcht vor dem Verbrechen ist indessen in allen Bevölkerungsschichten vorhanden. Insofern hängt die Kriminalitätsfurcht nicht unbedingt vom Ausmaß des Opferwerdens ab. Diese Furcht vor dem Verbrechen wird als Beiprodukt durch die Publizität der Verbrechensstatistiken und die Dramatisierung der Berichterstattung über sensationelle Kriminalfälle durch die Massenmedien erzeugt. Die Bevölkerung wird nicht fachmännisch und sorgfältig-nüchtern genug über Ausmaß, Struktur und Entwicklung der Kriminalität unterrichtet. Kriminologen haben auf politische Instanzen und Massenmedien keinen Einfluß. Deshalb hat die Bevölkerung auch eine verfehlte Einstellung zur Kriminalität und ihrer Bekämpfung. Mehr Polizei, eine strengere Polizei und weniger Milde durch die Gerichte, so läßt sich die kriminalpolitische Vorstellung der Mehrheit der Bevölkerung zusammenfassen. Man verläßt sich nicht nur auf die Polizei, sondern man zeigt auch einen beträchtlichen guten Willen gegenüber der Polizei: Sie hat eine harte Aufgabe, verdient Dank und Respekt und sollte besser bezahlt werden. Ist diese Einstellung grundsätzlich zu begrüßen, so ist der Mehrheit der Bevölkerung gleichwohl noch nicht klargeworden, daß die schweren Probleme der Massenkriminalität nicht allein von der Polizei gemeistert werden können. Die ernsthafte Mitarbeit der Bevölkerung bei der Verbrechensbekämpfung fehlt. Statt dessen wird aus der Kriminalitätsaufklärung ein spannendes Spiel, ein Sport gemacht. Das Problem der sozialen Kontrolle der Kriminalität wird auf die punktuelle Einzelfrage der Verbrechensaufklärung reduziert.

2. Abschnitt: Das Opfer als Selektionsfaktor

1. Bestimmungsgründe der Anzeigebereitschaft des Opfers

In vielen Fällen hat es das Opfer allein in der Hand, ob die Straftat zur Kenntnis der Strafverfolgungsbehörden gelangt oder nicht. Um die Strafverfolgungsintensität zu steigern, geht es darum, die Schranken gegen die Anzeigebereitschaft in der Bevölkerung zu beseitigen. Mit einer hohen Aufklärungsquote wächst das Vertrauen der Bevölkerung in die Kriminalpolizei und überhaupt in die formellen Instanzen der sozialen Kontrolle, z. B. in die Gerichte. Die Bevölkerung unterstützt die Aufklärungsarbeit der Kriminalpolizei. Die Anzeigebereitschaft erhöht sich, und das Dunkelfeld nimmt ab. Gleichzeitig wächst wiederum die Aufklärungsquote. Eine hohe Aufklärungsquote hat im Sinne der Sozialkontrolle einen großen Abschreckungseffekt. Den umgekehrten Sozialprozeß kann man bei sinkender Aufklärungsquote beobachten. Das Vertrauen der Bevölkerung in die Arbeit der Kriminalpolizei nimmt ab. Die Unterstützung der Aufklärungsarbeit der Kriminalpolizei durch die Bevölkerung läßt nach. Die Anzeigebereitschaft sinkt, und das Dunkelfeld wächst. Die Aufklärungsquote und damit die soziale Kontrolle der Kriminalität nehmen weiter ab.

Die Definition des Opfers ergibt sich nicht ohne weiteres aus dem Delikt, sondern aus der jeweiligen Reaktion des sozialen Nahraums. Man kann primäre und sekundäre Viktimisierung unterscheiden. Unter primärem Opferwerden versteht man die Verletzung durch die Straftat und die Reaktion des sozialen Nahraums des Opfers und der formellen Instanzen der sozialen Kontrolle, die Opfer und Täter im Kriminalisierungs- und Entkriminalisierungsprozeß definieren. Unter sekundärem Opferwerden begreift man die Verschärfung des primären Opferwerdens durch negative Reaktionen des sozialen Nahraums des Opfers und durch Fehlreaktionen der formellen Instanzen der sozialen Kontrolle, z. B. der Kriminalpolizei und der Gerichte, dem Opfer gegenüber.

Drei Bewährungshelfer für Erwachsene aus dem Gebiet von Jerusalem untersuchten 19 Opfer intensiv im Zeitraum von Februar bis April 1973 (Menachem Horovitz, Menachem Amir 1973). Delikte gegen das Eigentum lagen in acht Fällen, Straftaten gegen die Person in fünf Fällen und Rechtsbrüche gegen eine Organisation in sechs Fällen vor: Es ist nicht nur das Gesetz, das das Verhalten und die Situation als kriminell definiert, sondern ebenso das Opfer. Es hat die Macht, die Strafverfolgung in Gang zu setzen und dem Ereignis die formale Definition und das Kennzeichen „kriminell" zu geben. Folgende Gründe werden für die Anzeigeerstattung angegeben: die Verpflichtung und die Verantwortlichkeit als Bürger, weitere kriminelle Handlungen allgemein und den Rückfall auf seiten des individuellen Straftäters im besonderen zu verhüten, Furcht vor Verbrechen und Verletzungsgefühle durch die Straftat, schließlich das Bestreben, die Versicherungsentschädigungen für die erlittenen Verluste zu erhalten.

Durch Befragungen im Frühjahr und Frühsommer des Jahres 1966 in drei Polizeibezirken von Washington D. C. versuchte man, die unmittelbaren Erfahrungen von Personen als Verbrechensopfer zu ermitteln (Albert D. Biderman u. a. 1967). Man interviewte 511 nach Zufall ausgewählte Personen, die über 18 Jahre alt waren. Von den Opfern als weniger schwer empfundene Delikte blieben regelmäßig unangezeigt. Die Polizei wurde nur von einem von acht obszönen oder bedrohenden Telefonanrufen informiert. Allerdings stellte auch die Schwere des Falles keineswegs sicher, daß die Polizei benachrichtigt wurde. Vier von neun

Raubüberfällen und 2 von 7 Körperverletzungen wurden nicht angezeigt. Autodiebstahl wurde dagegen wegen der Notwendigkeit der Anzeige zur Erlangung der Versicherungssumme fast immer polizeilich gemeldet. Ungefähr die Hälfte der Befragten gab an, sie habe die Polizei nicht gerufen, weil sie angenommen habe, die Polizei werde sich doch nicht um ihr Anliegen kümmern. Die Polizei könne schon etwas Nützliches tun, sie wolle es nur meist nicht.

Die Entscheidung des Opfers, das Delikt der Polizei anzuzeigen, wird auf eine Berechnung der Vorteile, die die Anzeige bietet, und der Nachteile gegründet, die sie verursacht. Die Vor- und Nachteile können nach den jeweiligen Typen der Verbrechen, der Opfer und der Situationen unterschiedlich sein. Von 190 Körperverletzungen, die Richard Block (1974) untersuchte, wurden der Polizei 56 % angezeigt. 45 % aller Opfer von Körperverletzungen, die die Delikte der Polizei nicht meldeten, gaben als wichtigsten Grund für ihre Nichtanzeige an, daß das Ereignis eine private Angelegenheit sei. Ein sehr viel kleinerer Prozentsatz erwähnte die Ineffektivität der Polizei als wichtigsten Grund für ihre Nichtanzeigeentscheidung. 44 % der Fälle, in denen Beziehungen zwischen Opfer und Täter bestanden, wurden der Polizei nicht angezeigt. Dagegen wurde die Polizei in 66 % der Fälle benachrichtigt, in denen Opfer und Täter einander fremd waren. Je enger die Beziehung zwischen Täter und Opfer ist, desto weniger ist das Opfer geneigt, die Straftat anzuzeigen. Je mehr das Opfer in den Rechtsbruch verwickelt ist, desto weniger ist es bereit, die Polizei zu informieren. Je höher die soziale Schicht des Opfers ist, desto weniger ist es geneigt, die Polizei von dem Rechtsbruch zu benachrichtigen, durch den es verletzt worden ist.

Eine Befragung nach Erfahrungen von Opfern von Sexualdelikten führte Berl Kutschinsky (1972) in Dänemark durch. Es wurden 198 Männer und 200 Frauen mit Erfolg zu Hause aufgesucht. Sie wurden sowohl in einem Gespräch befragt als auch gebeten, einen Fragebogen auszufüllen. 94 % dieser Befragungen wurden am 8. Dezember 1969 zwischen 6 und 21 Uhr von etwa 100 vorbereiteten Studenten durchgeführt. Die Interviews dauerten zwischen 25 Minuten und einer Stunde. Zweiundfünfzig Männer (26 %) und 121 Frauen (61 %) berichteten von mindestens einer Erfahrung „dieser Art". Vierzehn Männer (7 %) und 35 Frauen (18 %) erwähnten zwei Fälle. Die Männer nannten insgesamt 66 Fälle. Davon wurden vier (6 %) der Polizei berichtet. Die Frauen gaben insgesamt 156 Fälle an. Von diesen wurden 29 (19 %) angezeigt. Was eine Person als kriminell betrachtet, wird von einer anderen nicht einmal für erwähnenswert gehalten. Außerdem ist das Gedächtnis nicht immer zuverlässig. Was eine Person behält, wird von einer anderen vergessen. Je weiter man zeitlich zurückgeht, um so größer wird dieses Gedächtnisproblem. Schließlich wurde eine Reihe von Fällen ausgelassen, weil die Befragten es als zu peinlich empfanden, darüber zu sprechen. Das Dunkelfeld für geringfügige Sexualdelikte ist äußerst hoch. Kutschinsky versuchte in seiner Umfrage, ein ungefähres Bild des „Schwellen- und Grenzgebietes“ in der gegenwärtigen öffentlichen Meinung über Sexualdelikte zu erhalten. Zu diesem Zweck wurden den Befragten acht verschiedene Arten sexueller Belästigung beschrieben. In jedem Fall wurden die Befragten gebeten, zu sagen, ob nach ihrer persönlichen Meinung die Handlung als kriminell anzusehen sei oder nicht. Zwischen ein Drittel und zwei Drittel der Befragten betrachteten diese Vergehen als „kriminelle Handlung“. Eine Tat liegt unter der Grenze, nämlich: „Ein Mann vergewaltigt eine Frau, die kurz vorher zudringliche Zärtlichkeiten erlaubt hat.“ Nur eine kleine Minderheit, 12 % der Befragten, sahen darin eine kriminelle Handlung. Am anderen Ende der Skala findet sich: „Ein Fremder nimmt ein vierjähriges Mädchen mit in den Keller und berührt es zwischen den Beinen.“ Es herrscht beinahe völlige Übereinstimmung, daß dies eine kriminelle Handlung darstellt. Sie liegt über der „Schwelle“ (vgl. zu den Einzelheiten Tabelle 1). Ein Vergleich zwischen Männern und Frauen ergibt im großen und ganzen eine stärkere Tendenz zur Duldsamkeit bei den Frauen. Sie waren nachsichtiger als die Männer, wenn es sich bei dem Opfer um erwachsene Frauen handelte, d. h. wenn sie selbst Opfer hätten sein können. Dieser Umstand deutet darauf hin, daß die Anzeigebereitschaft der Frauen geringer ist, was sich deshalb stark auswirkt, weil Frauen vor allem Opfer von Sexualstraftaten werden. Als Grund für die Nichtanzeige wurde hauptsächlich bei Sexualstraftaten Nebensächlichkeit und Ungefährlichkeit (61 % der Männer, 56 % der Frauen) angegeben. 40 % der Frauen und 33 % der Männer erklärten, eine tolerantere Einstellung gegenüber Sexualverbrechen zu haben als früher. Der von der dänischen Polizei registrierte Rückgang des Exhibitionismus in den letzten zehn Jahren kann ganz durch die Veränderung der öffentlichen Einstellung diesem Delikt gegenüber erklärt werden. Auch die Unzucht mit Kindern (Mädchen) ist in Kopenhagen seit 1965 stark zurückge-

Tabelle 1: Definition sexueller Vergehen

Beschreibung	Eine kriminelle Handlung		
	Männer	Frauen	Insgesamt
Unzüchtige Berührung 4jähriger Mädchen	92 %	93 %	93 %
Zärtlichkeit mit 16jähriger Tochter	68 %	68 %	68 %
Durch den Briefkastenschlitz gucken	60 %	47 %	53 %
Exhibitionismus im Park	57 %	48 %	52 %
Obszöner Anruf bei Frau	49 %	30 %	40 %
Brust einer Frau in der Straßenbahn berühren	46 %	32 %	39 %
Koitus (mit Zustimmung) mit 16jährigem Mädchen	33 %	31 %	32 %
Vergewaltigung nach erlaubten Zärtlichkeiten	17 %	9 %	12 %
Anzahl der Befragten	198	200	398

Quelle: Berl Kutschinsky: Pornographie und Sexualverbrechen. Köln 1972, S. 97.

gangen (vgl. Schaubild 1). Dieser Rückgang wird ebenso wie der des Exhibitionismus und des Voyeurismus von Kutschinsky mit der allgemeinen Verfügbarkeit pornographischer Schriften in Dänemark seit 1965 erklärt: Der heterosexuelle Täter von Delikten an Kindern ist sehr verschieden von dem Täter, der sich gegen Frauen vergeht. Der letztere ist dreist und oft erfolgreich bei Frauen, kurz ein Draufgänger, der erstere schüchtern und erfolglos. Der „Kindertäter“ ist oft „moralistisch und konservativ“. Er ist zumeist älter, sehr oft ohne Vorstrafen und regelmäßig sozial und sexuell verarmt. Nur zu einem kleinen Teil (einem Viertel bis einem Drittel) sind die „Kindertäter“ echte Pädophile. Für die Mehrheit der Täter ist das sexuelle Vergehen an Kindern kein begehrenswertes Ziel, sondern ein armseliger und schwer bedauerter und bereuter Ersatz für ein bevorzugtes, aber unerreichbares normales heterosexuelles Erlebnis. Mit der allgemeinen Zugänglichkeit zu pornographischen Schriften tauschen die potentiellen Täter einen armseligen Notbehelf (Unzucht mit Kindern) gegen einen anderen armseligen Ersatz (Anschauen pornographischer Bilder und Masturbation), der allerdings nicht kriminell und der harmlos ist. Pornographie kann also bestimmte Typen von Sexualverbrechen, vor allem an Kindern, vermindern.

Das kriminelle Opferwerden in einer Kleinstadt (Lincoln) im Mittleren Westen der Vereinigten Staaten haben Nancy J. Beran und Harry E. Allen (1973) untersucht. Sie wandten die Methode der teilnehmenden Beobachtung an und führten fünf Jahre lang Interviews durch. Die Bevölkerung von Lincoln betrug 11 250 in einem County (Kreis) von etwa 30 000 Einwohnern. Die Bürger von Lincoln beschreiben ihre Stadt als netten ruhigen nachbarschaftlichen Ort, in dem jeder jeden kennt und fast jeder mit jedem spricht. Der Fremde, der die Stadt besucht, ist beeindruckt durch die ruhige Gangart des Lebens und die entspannte Lebensqualität, durch die Frische der klaren Luft, durch die große Zahl der stattlichen Bäume und die tiefe Stille. Der Protestantismus ist

Schaubild 1: Entwicklung des Delikts der Unzucht mit Mädchen in Kopenhagen von 1959 bis 1969

Quelle: Berl Kutschinsky: Pornographie und Sexualverbrechen. Köln 1971, S. 125.

in der Bevölkerung vorherrschend. Der Hauptteil des Kriminalitätsproblems in Lincoln besteht aus Vandalismus, kleinen Diebstählen und Delikten, die mit Alkoholkonsum in Zusammenhang stehen. Das Hauptproblem ist Jugendkriminalität. Im Jahre 1970 wurden 47 % der Delikte in Privathaushalten und 36 % der Straftaten in Geschäften, die Beran und Allen berichtet wurden, auch der Polizei angezeigt. Die Anzeigerate betrug insgesamt 44 %. Im Jahre 1971 wurden 53 % der Delikte in Privathaushalten und 27 % der Delikte in Geschäften der Polizei ebenfalls berichtet. Die Anzeigerate betrug 42 %. In beiden Jahren standen in den Privathaushalten folgende Straftaten an der Spitze: grober Unfug, Brandstiftung und kleine Diebstähle. Ferner waren Verkehrsdelikte und Konsumentenbetrug in Lincoln sehr verbreitet. Die Gründe für die Nichtanzeige der Delikte waren: Das Problem konnte in anderer Weise gelöst werden. Die Polizei konnte und wollte nicht eingreifen. Es handelte sich um ein einfaches geringfügiges Delikt, dem die Leute keine Bedeutung beimaßen. Sowohl im Jahre 1970 wie auch im Jahre 1971 fühlten sich die Einwohner von Lincoln im allgemeinen sehr sicher in ihrer Stadt zu jeder Tages- und Nachtzeit. Das Rauschgiftproblem war dort in den Jahren 1970 und 1971 sehr unbedeutend.

2. Umfang des Dunkelfeldes und Kriminalitätsstruktur auf Grund von Opferbefragungen

Gegenwärtig wird in den USA die Entwicklung eines nationalen Viktimisierungsüberblicks versucht. Von Januar 1971 bis Juli 1972 wurden zunächst 15 000 Haushalte in Sechs-Monats-Intervallen nach ihrem Opferwerden befragt. Seit Juli 1972 ist das „National Crime Panel" als ständiges kriminologisches Programm eingerichtet. Es benutzt grundsätzlich eine Stichprobe für die gesamten Vereinigten Staaten von Einzelpersonen, Haushalten und Gewerbebetrieben. Diese Stichprobe wird zweimal im Jahr über ihre Erfahrungen mit dem Verbrechen während des Zeitraums seit ihrem letzten Interview befragt. Die Daten werden gesammelt und viermal im Jahr veröffentlicht. Dieser statistisch moderne Ansatz stellt ein zuverlässiges empirisches Instrument dar, das die Wandlungen im Ausmaß und in der Art der Kriminalität registriert. Zusätzlich zu diesem für die gesamten Vereinigten Staaten geltenden Vierteljahresbericht erscheinen jährlich Sonderberichte von dreizehn wesentlichen zentralen Ballungsgebieten, die wenigstens 26 der größten Städte der USA erfassen. Die beiden Hauptkomponenten des „National Crime Panel" sind demnach ein nationales Sample für die USA von etwa 75 000 Haushalten und von ungefähr 15 000 Handels- und Gewerbebetrieben und einer großstädtischen Stichprobe von annähernd 12 000 Familien und 2000 Handels- und Gewerbebetrieben in ausgewählten großstädtischen Ballungszentren (vgl. hierzu Marie G. Argana 1973).

Diesen laufenden, umfassenden, ständigen Viktimisierungsuntersuchungen in den USA sind bereits mehrere grundlegende empirische Opferstudien vorausgegangen. 10 000 Haushalte wurden im Sommer 1966 in allen Teilen der Vereinigten Staaten untersucht (Philip H. Ennis 1967). Diese für die USA repräsentative Opferbefragung wurde vom „National Opinion Research Center" (NORC) an der Universität Chikago durchgeführt. Erwachsene, Personen über 18 Jahren oder jüngere verheiratete Familienmitglieder, wurden in diesen Haushalten in einem 20-Minuten-Interview befragt, ob irgend jemand in ihrem Haushalt während der letzten 12 Monate Opfer eines Verbrechens geworden sei. Ein Halbstunden-Intensivinterview wurde dann mit allen Opfern geführt, die identifiziert werden konnten. Die Annahme, daß mehrfaches Opferwerden ein Ereignis ist, das — wie etwa Geburten, Todesfälle, Heiraten in der Familie — leicht ins Gedächtnis zurückgerufen werden kann, erwies sich als unbegründet. Viele Ereignisse des Opferwerdens, sogar viele, die rechtlich als „ernst" eingestuft werden mußten, stellten keine hoch herausragenden Erfahrungen im Leben der Befragten dar und konnten deshalb nicht leicht im Interview erinnert werden. Ferner wurden Geschehnisse der Viktimisierung in der Erinnerung vorverlegt, so daß sie in den Zeitraum der letzten 12 Monate paßten. Schließlich erhob sich methodologisch und praktisch das Definitionsproblem, welcher Vorgang als Delikt angesehen werden sollte. Es wurden nur Delikte gezählt, die ein Individuum zum Opfer hatten. Notzucht ist fast viermal häufiger, als die Kriminalstatistiken ausweisen. Raub ist nur 50 % zahlreicher (vgl. Tabelle 2). Insgesamt kommen die schweren Delikte doppelt so oft vor, wie sie der Polizei bekannt wurden. Die Großstädte haben eine Quote von Gewaltdelikten, die fünfmal so hoch ist wie in kleineren Städten und ländlichen Gebieten. Dagegen ist die Quote an Vermögensdelikten in Großstädten nur doppelt so groß. Ungefähr 40 % der Körperverletzungen und Notzuchtsfälle geschehen in der Wohnung des Opfers.

Etwa 45 % aller schweren Delikte gegen die Person wurden durch irgend jemanden begangen, der dem Opfer bekannt war. Niemals Opfer wurden 72 % der Befragten; vier und mehr Viktimisierungen erlebte 1 % der Probanden (vgl. Tabelle 3). Die Hälfte der Fälle des Opferwerdens wurde der Polizei nicht berichtet. Mehr als die Hälfte der Opfer (55 %) hat ein negatives Bild von der Effektivität der Polizei. Ein Drittel der Opfer war der Meinung, das Ereignis gehöre nicht vor die Polizei, und nur kleine Prozentsätze von Opfern fühlten sich zu furchtsam (2 %) oder zu apathisch (9 %), um die Polizei zu rufen (vgl. Tabelle 4).

Tabelle 2: Das Ausmaß des Dunkelfeldes bei ausgewählten Delikten in den USA

Delikte	Opferbefragung (NORC)	Polizeiliche Kriminalstatistik (FBI): Uniform Crime Reports
	(Angaben auf 100 000 Einwohner)	
Mord, Totschlag	3,0	5,1
Notzucht	42,5	11,6
Raub	94,0	61,4
Schwere Körperverletzung	218,3	106,6
Einbruchsdiebstahl	949,1	605,3
Diebstahl (über 50 US-Dollar)	606,5	393,3
Autodiebstahl	206,2	251,0
Insgesamt	2119,6	1434,3

Quelle: Philip H. Ennis: Criminal victimization in the United States. Washington D. C. 1967, S. 8.

Den ökonomischen Verlust in der Wirtschaft hat das „US Department of Commerce" für die Vereinigten Staaten zu schätzen versucht (US Senate 1972, S. 361-394). Die Einbußen, die der Wirtschaft im Jahre 1971 durch Delikte wie Einbruch, Raub, Vandalismus, Laden- und Angestelltendiebstahl und Brandstiftung entstanden sind, beliefen sich auf rund 16 Milliarden US-Dollar. Es entfielen hierbei auf Einzelhandelsgeschäfte 4,8 Milliarden, auf

Tabelle 3: Das Ausmaß des mehrfachen Opferwerdens

Haushalte mit ...	Prozent
keiner Viktimisierung	72
einer Viktimisierung	19
zwei Viktimisierungen	2
vier und mehr Viktimisierungen	1
	100

Insgesamt
N = 3296

Quelle: Philip H. Ennis: Criminal victimization in the United States. Washington D. C. 1967, S. 40.

Tabelle 4: Die bedeutsamsten Gründe für die Nichtanzeige bei der Polizei

Art des Grundes	Prozent
1. Es ist keine Angelegenheit für die Polizei	34
2. Furcht vor Bestrafung	2
3. Weigerung aus persönlichen Gründen	9
4. Die Polizei würde nicht effektiv sein	55
	100

N = 906

Quelle: Philip H. Ennis: Criminal victimization in the United States. Washington D. C. 1967, S. 45.

Herstellerfirmen 1,8 Milliarden, auf den Großhandel 1,4 Milliarden, auf Dienstleistungsbetriebe wie Hotels 2,7 Milliarden, auf Transportunternehmen 1,5 Milliarden, auf Brandstiftungen in allen Bereichen der gewerblichen Wirtschaft 0,2 Milliarden und auf Kosten für Vorbeugemaßnahmen gegen Kriminalität 3,3 Milliarden. Die Verluste wegen Betrugs mittels Kreditkarten werden vorsichtig mit 140 Millionen US-Dollar angegeben. Zwischen 1960 und 1970 nahm im Bereich der gewerblichen Wirtschaft die Zahl der Einbrüche um 142 %, der Raubüberfälle um 224 % und der Diebstähle um 245 % zu. Die Raubüberfälle auf Banken stiegen sogar um 409 %, auf Filialen von Lebensmitteleinzelhandelsketten um 389 %, auf Tankstellen um 230 % und auf Handelsunternehmen um 144 %. Die Ladendiebstähle wuchsen zwischen 1960 und 1970 um 221 %. Sie ereigneten sich in Vorstädten und ländlichen Gebieten in etwa derselben Häufigkeit wie in großen Städten. Dasselbe galt für den Scheckbetrug. Die Fluggesellschaften verloren jährlich etwa 28 000 Flugscheine, die ihnen entwendet oder unterschlagen wurden. An Vorbeugungsmaßnahmen wurden im Bereich der gewerblichen Wirtschaft ergriffen: das Anbringen von Schlössern, Eisengittern, Spiegeln, Beleuchtungs-, Alarm- und Fernsehsystemen, das Einstellen von privaten Wachleuten und Detektiven und das Mieten oder Kaufen von gepanzerten Fahrzeugen. Die privaten Wachleute und Detektive besitzen zu zwei Dritteln keine Fachausbildung und zu 60 % keinerlei Schußwaffentraining. Die Repräsentanten der Versicherungsgesellschaften beschweren sich darüber, daß Geschäftsleute nicht die geringsten Vorkehrungen gegen Raub und Einbruch treffen, wenn sie erst einmal versichert sind.

Mit der Viktimisierung von Jugendlichen beschäftigten sich William H. Feyerherm und Michael J. Hindelang (1974). Sie untersuchten eine Stichprobe in einer „High School" einer städtischen Gemeinschaft mit einer Bevölkerung von 85 000 in einem Staat der Ostküste der USA. Sie erhielten 1143 ausgefüllte Fragebogen zurück. Die männlichen Befragten hatten einen Altersdurchschnitt von 16,3, die weiblichen einen von 16,1 Jahren. 89 % der männlichen und 99 % der weiblichen Probanden waren weiße Jugendliche. 3 % der Väter oder der Haushaltungsvorstände der Befragten waren arbeitslos, 31 % waren ungelernte oder angelernte Arbeiter, 47 % Facharbeiter oder Angestellte, und 19 % hatten einen „Prestigeberuf". Die Probanden wurden bezüglich ihrer Viktimisierung in fünf Gebieten befragt: ob ihnen Eigentum gestohlen, ob ihnen Eigentum zerstört, ob ihnen Eigentum durch Gewalt weggenommen worden sei, ob sie bedroht und ob sie geschlagen worden seien. Es zeigte sich, daß im Vergleich zu den weiblichen Probanden ein etwas größerer Anteil der männlichen Befragten über Opferwerden berichtete. Während 51 % der männlichen Versuchspersonen angaben, daß ihnen persönliche Artikel gestohlen worden seien, meldeten 44 % der weiblichen Befragten dasselbe Delikt. 26 % der männlichen Probanden, aber nur 11 % der weiblichen antworteten, daß sie geschlagen worden seien. Unter den männlichen und weiblichen Befragten gab der größte Prozentsatz an, daß er durch Diebstahl mehr noch als durch Bedrohung, Sachbeschädigung, Körperverletzung oder Raub viktimisiert worden sei. Während ungefähr die Hälfte der männlichen und weiblichen Befragten anzeigten, daß ihnen Eigentum entwendet worden sei, berichteten nur 12 % der männlichen und 5 % der weiblichen Befragten, daß ihnen Eigentum durch Gewalt weggenommen worden sei. Die Viktimisierung jeder der 5 Typen wies keinerlei Beziehung zum Beruf des Vaters der Befragten auf. Diebstahl von persönlichen Artikeln wie Fahrrad, Radio, Bücher gaben 52 % der männlichen Befragten und 43 % der weiblichen an. Über Zerstörung persönlicher Artikel (nicht durch einen Überfall) berichteten 28 % der männlichen Versuchspersonen und 19 % der weiblichen. Etwas mit Gewalt genommen worden war 12 % der männlichen Befragten und 5 % der weiblichen. Bedroht worden durch ein Individuum oder durch eine Bande waren 34 % der männlichen Versuchspersonen und 25 % der weiblichen. Geschlagen worden waren durch eine Einzelperson oder eine Bande (nicht unter Einschluß der Streitigkeiten zwischen Brüdern und Schwestern) 26 % der männlichen Befragten und 11 % der weiblichen. Im Vergleich hierzu ermittelte Philip H. Ennis (1967 a) im Hinblick auf eine repräsentative Stichprobe von Erwachsenen für die USA folgendes: Diebstahl von Artikeln, die weniger als 50 US-Dollar wert waren, wurde am meisten berichtet: 1458 Angaben auf 100 000 Einwohner. An zweiter Stelle stand grober Unfug mit 1061 Meldungen auf 100 000 Einwohner und an dritter Stelle einfache Körperverletzung mit 394 Delikten auf 100 000 Einwohner. Nur eine Minderheit von männlichen (29 %) und weiblichen (40 %) Jugendlichen ist nach der Studie von Feyerherm und Hindelang kein Opfer eines der fünf Delikte geworden. Für männliche Befragte gilt folgendes: keine Viktimisierung 29 %, eine Viktimisierung 34 %, zwei Viktimisierungen 24 %, drei Viktimisierungen 12 % und vier Viktimisierungen 2 %. Weibliche Befragte erlitten keine Viktimisierung zu 12 %, eine Viktimisierung zu 35 %, zwei Viktimisierungen zu 18 %, drei Viktimisierungen zu 5 % und vier Viktimisierungen zu 1 %. Es zeigte sich ferner, daß für kein Delikt mehr als eines von dreien zur Kenntnis der Polizei kam. Die Prozentsätze der Viktimisierungen, die der Polizei gemeldet worden sind, waren nach Delikt und Geschlecht bei Diebstahl persönlichen Eigentums: männliche Befragte 34 %, weibliche 21 %, bei Zerstörung persönlichen Eigentums: männliche Versuchspersonen 28 %, weibliche 30 %, bei Raub: männliche Befragte 17 %, weibliche 12 %, bei Bedrohung durch einen einzelnen oder eine Bande: männliche Befragte 11 %, weibliche 15 %, bei Körperverletzung durch einen einzelnen oder eine Bande: männliche Probanden 17%, weibliche 27%. Unter den männlichen Befragten wurde der Polizei am häufigsten Diebstahl von persönlichem Eigentum (34 %) und am wenigsten Bedrohung (11 %) berichtet. Unter den weiblichen Versuchspersonen wurde am meisten der Polizei die Zerstörung von Eigentum (30 %) und am wenigsten das Wegnehmen von Dingen durch Gewalt (12 %) angezeigt. Die Daten, die Feyerherm und Hindelang ermittelt haben, legen nahe, daß die Viktimisierungen der Jugendlichen ziemlich verbreitet sind. Weniger als drei von 10 männlichen Befragten und 4 von 10 weiblichen Probanden berichteten, daß ihnen niemals persönliche Dinge gestohlen, zerstört oder gewaltsam genommen und daß sie weder bedroht noch geschlagen worden seien. Die übergroße Mehrzahl dieser Delikte wird nicht der Polizei gemeldet. Das Delikt, das für männliche und weibliche Befragte zusammen am häufigsten der Polizei angezeigt wird, nämlich die Zerstörung persönlicher Dinge, wird weniger als dreimal bei 10 Delikten der Polizei gemeldet.

Während der Monate Januar und Februar 1971 wurden Untersuchungen an einer repräsentativen Stichprobe von Personen, Haushalten und Handels- und Gewerbebetrieben in Montgomery County/Ohio (Dayton) und Santa Clara County, Kalifornien (San Jose) durchgeführt (vgl. U. S. Department of Justice, Law Enforcement Assistance Administration 1974). Gegenstand dieser Untersuchungen war der Umfang und die Art, in der Bürger und Unternehmen in diesen beiden Bezirken Opfer von Verbrechen im vorhergehenden Jahr 1970 geworden waren. Als Opfer wurde eine Person, ein Haushalt oder ein Handels- und Gewerbebetrieb definiert, der eine Erfahrung über eine Viktimisierung berichtete. In persönlichen Interviews wurden eine Reihe von Fragen gestellt, um die Verbrechen festzustellen, die sich ereignet hatten. Falls dies zutraf, wurden weitere Fragen gestellt, um die Art des Verbrechens und die näheren Umstände aufzuklären. Die Hälfte der Personen wurde zusätzlich interviewt, um ihre Einstellungen gegenüber dem Verbrechen zu erfragen.

Die Dayton-San Jose-Viktimisierungsstudie wurde von der Law Enforcement Assistance Administration und dem Bureau of the Census verwirklicht. Die Grundgesamtheit bestand in den städtischen Gebieten von Santa Clara County in Kalifornien und Montgomery County in Ohio. Persönliche Interviews wurden für eine Zufallsstichprobe von ungefähr 5500 Haushalten und mehr als 1000 Gewerbebetrieben in jedem der beiden Gebiete durchgeführt. Der Forschungsplan des Programms sah vor: die Ermittlung des Umfangs und der Art der persönlichen und Haushaltsviktimisierungen einer Stichprobe von Erwachsenen (16 Jahre und älter) und die Erfragung des Ausmaßes und der Struktur des Raubs und des Einbruchs einer Stichprobe von Handels- und Gewerbebetrieben und anderer Organisationseinheiten. Die Viktimisierungsdaten beziehen sich auf das Jahr 1970. Von 5500 Haushalten, die man für ein Interview in jedem Gebiet ermittelte, wurden 3 % in San Jose und 5 % in Dayton nicht interviewt, weil die Mitglieder des Haushalts nach wiederholten Anrufen und Besuchen nicht aufgefunden werden konnten oder weil sie aus anderen Gründen unerreichbar waren. Weitere 7 bis 8 % der vorgesehenen Haushalte konnten nicht für die Zwecke der Studie erreicht werden, weil die Wohnungen entweder leer standen oder zerstört waren. Die Untersuchung schloß Einzel-, Großhandels-, Dienstleistungs- und Herstellungsbetriebe ein und andere Unternehmen einschließlich der Bau- und Maklerfirmen, der Finanzierungs- und Kreditinstitute und der landwirtschaftlichen Dienstleistungsbetriebe. Bundes-, Staats- und Kommunalbehörden waren ebenso ausgenommen wie Banken. Farmen und Molkereien wurden gleichfalls nicht untersucht. Die gesamte Stichprobe umfaßte etwa 1300 Handels- und Gewerbebetriebe in San Jose/Kalifornien, von denen 5 % nicht interviewt worden sind, und ungefähr 1100 Handels- und Gewerbebetriebe in Dayton/Ohio, von denen etwa 10 % für ein Interview ausfielen. Zwei Verfahrenstechniken wurden bei der Dayton-San Jose-Viktimisierungsstudie angewandt: die Haushaltsbeantwortungsmethode und die Selbstbeantwortungsmethode. Bei der Haushaltsbeantwortungsmethode wurde ein erwachsenes Mitglied des jeweiligen Haushalts befragt, ob es selbst oder ein anderes Mitglied des Haushalts oder der Haushalt selbst Opfer einer Straftat geworden sei. Bei der Selbstbeantwortungsmethode kam es nur auf das persönliche Opferwerden an. Die Viktimisierung der Handels- und Gewerbebetriebe bezog sich nur auf den jeweiligen befragten Betrieb selbst. Die Ergebnisse machten eine wesentlich größere Beantwortungsrate nach der Selbstbeantwortungsmethode deutlich.

In dieser Studie wurden persönliche Verbrechen als solche definiert, die das Opfer in direkten Kontakt mit dem Täter bringen. Diese Delikte schließen Notzucht, persönlichen Raub, Körperverletzung und persönlichen Diebstahl (z. B. Taschendiebstahl) ein. Delikte gegen Haushalte sind solche, die keine persönliche Konfrontation erfordern. Das schwerste Delikt gegen einen Haushalt ist der Einbruchsdiebstahl. Bei den Delikten, die gegen Geschäfte gerichtet waren, wurden nur Raub und Einbruch gezählt, Laden- und Betriebsdiebstahl waren ausgeschlossen, weil ihre Erfragung unrealistisch erschien. Es wurde bei den Studien unterschieden zwischen persönlichem Diebstahl und Haushaltsdiebstahl, zwischen persönlichem Raub und Raub gegenüber Handels- und Gewerbebetrieben, zwischen Einbruchsdiebstahl in Haushalte und in Handels- und Gewerbebetriebe.

Santa Clara County ist an der südlichen Spitze von San Franzisko gelegen. Zusätzlich zur Großstadt San Jose mit einer Bevölkerung von nahezu einer halben Million Einwohnern enthält das Santa Clara County die Städte von Palo Alto, Sunnyvale, Santa Clara und Mountainview, jede mit einer Bevölkerung von 50 000 bis 100 000 Einwohnern. Das County selbst hat eine Einwohnerzahl von einer Million. Die Bevölkerung von Santa Clara County verdreifachte sich in den letzten 20 Jahren. Montgomery County liegt im Südwesten von Ohio, ungefähr 50 Meilen von Cincinnati entfernt. Viel kleiner im Gebiet und dichter besiedelt als Santa Clara County hat Montgomery County eine Einwohnerzahl von 600 000. Zwischen 1960 und 1970 wuchs die Bevölkerung von Montgomery County nur um 15 %.

In Dayton und San Jose waren die Wahrscheinlichkeiten, Opfer persönlicher Delikte zu werden, im Jahre 1970 4 in 100. Die Möglichkeit für Einbruchsdiebstähle in Haushalte betrug im Jahre 1970 in denselben Gebieten 40 in 100. Die Wahrscheinlichkeiten, daß ein Geschäft beraubt oder in ein Geschäft eingebrochen wurde, waren 20 in 100. In beiden Städten waren die verbreitetsten Delikte die am wenigsten schweren und die schwersten Delikte am wenigsten verbreitet. Notzucht machte weniger als ein halbes Prozent von allen Delikten aus, die in beiden Städten begangen worden waren. Raubdelikte betrugen 2,6 % in Dayton und 1,9 % aller Delikte in San Jose. Am anderen Ende der Skala befinden sich die Vermögensdelikte mit weniger als 50 $ Verlust. Sie machen mehr als 50 % aller Verbrechen aus, die in beiden Städten begangen worden waren (vgl. Tabelle 5).

In beiden Städten wurde die überwiegende Anzahl der Raubdelikte gegen Personen begangen. Geschäfte waren in weniger als 15 % der Fälle Ziele des Raubes. Sowohl in Dayton wie in San Jose waren die bevorzugten Ziele von Raubüberfällen kleine Handels- und Gewerbebetriebe. Die große Mehrheit von Raubüberfällen ereignete sich auf Handels- und Gewerbebetriebe mit weniger als 20 Angestellten und weniger als einer Million $ jährlicher

Einnahmen. Der Schaden war nicht sehr bedeutend. Er betrug gewöhnlich zwischen 10 $ und 250 $. Die meisten beraubten Geschäfte waren allerdings nicht versichert. Mehr als 90 % der Raubüberfälle auf Geschäfte wurden der Polizei gemeldet; 4 von 5 Raubüberfällen wurden von Personen begangen, die dem Opfer unbekannt waren. Drei Viertel der persönlichen Raubüberfälle in Dayton und die Hälfte der persönlichen Raubüberfälle in San Jose wurden der Polizei gemeldet.

Tabelle 5: Prozentverteilung der Verbrechen in Dayton und San Jose (1970)

	Dayton	San Jose
Alle Verbrechen	100 Prozent	100 Prozent
Notzucht	0,2	0,2
Raub	2,6	1,9
Persönlicher Raub	2,3	1,6
Geschäftsraub	0,3	0,3
Körperverletzung	9,1	8,6
Diebstahl	63,4	66,6
Persönlicher Diebstahl	1,2	1,0
Haushaltsdiebstahl	58,8	63,0
Autodiebstahl	3,3	2,6
Einbruchsdiebstahl	24,7	22,7
Einbruch in einen privaten Haushalt	19,7	19,6
Einbruch in ein Geschäft	4,9	3,2

Quelle: U. S. Department of Justice, Law Enforcement Assistance Administration (Hrsg.): Crimes and victims. Washington D. C. 1974, S. 9.

Nach dem Diebstahl ist der Einbruchsdiebstahl das am weitesten verbreitete Delikt (vgl. Tabelle 5). Einbruchsdiebstähle in Haushalte kommen besonders häufig vor (vgl. zu weiteren Einzelheiten über Einbruchsdiebstähle Tabelle 6). 16mal häufiger als Raubüberfälle auf Geschäfte in Dayton und 11mal häufiger als Raubüberfälle in San Jose waren Einbruchsdiebstähle in Handels- und Gewerbebetriebe in beiden Städten vertreten. Mehr noch als die Räuber suchten sich die Einbrecher kleine Geschäfte als Ziele aus. Kleineren Geschäften stehen weniger Einbruchsverhütungsmaßnahmen zur Verfügung. Sie haben weniger Möglichkeiten, die Aufklärungsarbeit der Kriminalpolizei zu erleichtern. In beiden

Tabelle 6: Einbruchsdiebstähle in Dayton und in San Jose (1970)

	Dayton	San Jose
Einbruchsdiebstähle insgesamt	34 292	57 607
Einbruchsdiebstähle in Geschäfte	6 852	8 037
Prozent	(20)	(14)
Einbruchsdiebstähle in Haushalte	27 440	49 570
Prozent	(80)	(86)
Prozent der Einbruchsdiebstähle in Geschäfte		
mit Versicherung	19	20
mit Schäden von mehr als 50 US-Dollar	74	78
mit Anzeigeerstattung bei der Kriminalpolizei	85	74
mit Rückerstattung des Verlusts	33	34
Prozent der Einbruchsdiebstähle in Haushalte		
mit gewaltsamem Einbruch	40	33
mit Schäden von mehr als 50 US-Dollar	55	60
mit Anzeigeerstattung bei der Kriminalpolizei	57	54
mit Rückerstattung des Verlusts	28	24

Quelle: U. S. Department of Justice, Law Enforçement Assistance Administration (Hrsg.): Crimes and victims. Washington D. C. 1974, S. 15.

Städten wurde mehr als die Hälfte der Einbruchsdiebstähle in Geschäfte mit weniger als 100 000 $ Jahreseinkommen und drei Viertel in Geschäfte mit weniger als 8 Angestellten begangen. Groß- und Einzelhandel waren bevorzugte Ziele des Einbruchdiebstahls. Dienstleistungsgeschäfte wie Tankstellen, Friseure und Reinigungen waren indessen ebenso häufig betroffen. Zusammen machten Handels- und Dienstleistungsbetriebe vier Fünftel der Raubüberfälle in Geschäfte sowohl in Dayton wie in San Jose aus. Zwei Fünftel aller erfolgreichen Einbruchsdiebstähle hatten Verluste von mehr als 250 $ in dem Geschäft zur Folge, in dem eingebrochen worden war. Hieraus ergibt sich, daß die erfolgreichen Einbruchsdiebstähle auf Handels- und Gewerbebetriebe in Dayton und San Jose in den meisten Fällen gewinnbringender waren als die gelungenen Raubüberfälle auf Geschäfte. Zwei Drittel der Verluste der Einbruchsdiebstähle wurden nicht zurückerstattet, nicht einmal teilweise. Nur ein Drittel der Geschäfte, die Verluste erlitten hatten, war versichert. Bei mehr als der Hälfte der

Einbruchsdiebstähle in Haushalte belief sich der Verlust auf weniger als 100 $.

Das bei weitem am häufigsten begangene Delikt in Dayton und San Jose war der einfache Diebstahl. Rund zwei Drittel aller Delikte, die in beiden Städten berichtet wurden, waren Diebstähle, obgleich die Studie zwei sehr weit verbreitete Formen des Diebstahls, nämlich den Betriebs- und den Ladendiebstahl, nicht einschloß (vgl. Tabelle 5). Ungefähr 2 % der Diebstähle, die in Dayton und San Jose begangen worden sind, bildeten Diebstähle direkt von der Person des Opfers, also Taschendiebstähle oder Wegnahme der Geldbörse von der Person selbst. Weitere 5 % der Diebstähle bezogen sich auf Fahrzeuge, hauptsächlich Automobile. Die Polizei wurde bei der Hälfte der Fälle in Dayton und bei einem Drittel der Fälle in San Jose unterrichtet. In beiden Städten berichteten die Opfer gewöhnlich einen Verlust zwischen 10 $ und 250 $. Eine Einbuße, die 50 $ überschritt, traf nur für ein Drittel der erfolgreich begangenen Fälle zu, und bei diesen betrug der Schaden in 95 % der Fälle weniger als 250 $. Mehr als 80 % aller Diebstähle mit Schäden von mehr als 500 $ wurden berichtet. Am anderen Extrem wurden Diebstähle von weniger als 50 $ nur in einem Fünftel der Fälle der Polizei angezeigt.

16 000 Personen (16 Jahre und älter) in Dayton und 28 000 Personen (16 Jahre und älter) in San Jose waren Opfer von Körperverletzungen, Raub oder persönlichem Diebstahl wenigstens einmal während des Jahres 1970. In beiden Städten waren ungefähr 75 % Opfer von Körperverletzungen, mehr als 15 % Opfer von Raub und 10 % Opfer von persönlichem Diebstahl. Männliche Opfer übertrafen die weiblichen im Verhältnis 2 : 1. Jüngere Opfer waren wesentlich zahlreicher als Opfer der mittleren und älteren Jahrgänge. Ungefähr die Hälfte der Opferpopulation in beiden Städten war jünger als 25 Jahre. Für jeden Typ des Verbrechens waren junge Opfer beiderlei Geschlechts in der Überzahl. Obgleich Amerikaner spanischer Herkunft eine Minderheit der Bevölkerung in San Jose ausmachen, waren sie nicht mehr oder sogar weniger als die Mehrheit der anglo-amerikanischen Bevölkerung geneigt, Opfer zu werden. Dasselbe gilt für die Minderheit der Neger in Dayton. Ihre Viktimisierungsquote war ein wenig höher als diejenige der weißen Bevölkerung. In beiden Städten waren Männer doppelt so häufig als Frauen in Gefahr, Opfer von Verbrechen zu werden. Die sehr jungen waren sehr viel mehr zum Opferwerden geneigt als die sehr alten. In beiden Städten waren

die verheirateten und mit ihrem Ehegatten zusammenlebenden Ehepartner sehr viel weniger gefährdet, Opfer von Verbrechen zu werden als die Unverheirateten, die Getrenntlebenden, die Geschiedenen und die Verwitweten. Die außergewöhnlich hohen Viktimisierungsquoten für junge männliche Personen beruhen vor allem auf der Tendenz der Jugend, Opfer von Körperverletzungen, speziell versuchter Körperverletzung durch Fremde, zu werden. Das Risiko des Raubüberfalls ist mehr als 1 in 100, das des Taschendiebstahls 1 in 200. Frauen und ältere Personen werden oft gesehen und sehen sich selbst als speziell verletzbar für Verbrechen. Indessen zeigen die Forschungsergebnisse, die in Dayton und San Jose erzielt worden sind, daß ihre Opferneigung wesentlich geringer ist als die junger Männer. Es gibt Umstände, unter denen Frauen und ältere Männer weniger fähig als junge Männer sind, sich wirksam zu verteidigen. Als Folge davon werden sie es wahrscheinlich vermeiden, sich in Situationen zu begeben, in denen Umstände entstehen können, die sie in die Gefahr des Opferwerdens bringen. Sie werden es beispielsweise unterlassen, am späten Abend allein auf der Straße zu sein, eine Situation, in der viele Angriffe stattfinden. Auf der anderen Seite können junge Männer das Gefühl haben, daß das Vermeiden von potentiell gefährlichen Situationen ein Zeichen von Feigheit ist. Weiterhin können Verhaltensmuster und soziale Gewohnheiten junger Männer eine große Anzahl von Situationen hervorbringen, die speziell zum Ausbruch von Angriffen führen. Die Viktimisierungsquote wird demnach nicht allein von der Verletzbarkeit des potentiellen Opfers bestimmt, sondern auch von seinen Anstrengungen, diese Verletzbarkeit zu vermindern. Für die mehrfache Viktimisierung wurden Informationen nur für die Verbrechen des Einbruchs und der Körperverletzung gesammelt. Allein 4 % der Bevölkerung sind Opfer eines dieser beiden Delikte wenigstens einmal im Jahre 1970 geworden. Von denen, die einmal Opfer von Raub und Körperverletzung geworden sind, wurden 15 % ein zweites Mal viktimisiert. Von denjenigen, die zweimal Opfer geworden sind, wurde ein volles Drittel drei- und mehrmals Opfer. Die Wahrscheinlichkeit derjenigen, die schon einmal Opfer geworden sind, ist für ein erneutes Opferwerden wesentlich größer als für diejenigen, die niemals Opfer geworden sind. Das Risiko des Opferwerdens steigt erheblich mit jeder weiteren Viktimisierung.

In beiden Städten sind zwei von fünf Haushalten Opfer irgendeiner Form von Vermögensdelikten im Jahre 1970 geworden. In mehr als 10 % der Haushalte in Dayton und San Jose wurde während des Jahres 1970 eingebrochen, und 2 % waren Opfer von Autodiebstahl. Diebstahl ist das Delikt gegen Haushalte, für das das Risiko nach dem Einkommen unterschiedlich ist. Haushalte mit hohem Einkommen sind stärker in Gefahr, Opfer von Diebstählen zu werden, als Haushalte mit niedrigem Einkommen. Die gestohlenen Güter betragen allerdings in ihrer Mehrzahl weniger als 50 $. Die Hälfte der Delikte, die in Dayton und San Jose im Jahre 1970 begangen worden ist, wurde der Polizei gemeldet. Die nicht angezeigten Delikte sind weniger schwer als die angezeigten. Mehr als die Hälfte der nicht polizeilich gemeldeten Delikte waren Diebstähle von weniger als 50 $. Notzucht, Raub, schwere Körperverletzung, Einbruch in Geschäfte und Autodiebstahl machten zusammen nur 5 % der nicht angezeigten Delikte in Dayton und San Jose aus.

In beiden Städten sorgten sich die Frauen um das Verbrechen mehr als die Männer. Die älteren Menschen waren besorgter als die jungen. Es ist sehr wohl möglich, daß diejenigen, die sich um das Verbrechen sehr stark sorgen, größere Vorsichtsmaßregeln treffen und folglich die Wahrscheinlichkeit ihres Opferwerdens vermindern. Die Einstellungen gegenüber dem Verbrechen werden beeinflußt durch die Massenmedien, durch die Beurteilung der Gemeinschaft über den Erfolg nicht nur der Polizei, sondern der gesamten örtlichen Regierungsstrukturen bei der Verbrechensbekämpfung und das Ausmaß, in dem sich die Gemeinschaft selbst als rechtstreu beurteilt. Überblickt man abschließend die Viktimisierungsquoten nach verschiedenen Deliktsarten, so kommen Delikte gegen die Person verhältnismäßig wenig vor. Sehr verbreitet sind indessen Diebstähle in Haushalte und Einbruchsdiebstähle in Handels- und Gewerbebetriebe. Einbruchsdiebstähle in Haushalte sind gleichfalls recht häufig (vgl. zu den Einzelheiten Tabelle 7).

3. Verhältnis der Viktimisierungsstudien zur Polizeilichen Kriminalstatistik

Im Interesse der kriminologischen Theorie und Praxis der sozialen Kontrolle sollten Opferbefragungen nicht die Polizeistatistiken über den Umfang und die Art der Kriminalität ersetzen. Sie sind vielmehr ständig notwendig als eine Ergänzung und Vervollständigung der Polizeizahlen. Wenn sowohl die Polizeidaten als auch

Tabelle 7: Viktimisierungsquoten für Personen, Haushalte und Geschäfte in Dayton und in San Jose (1970)

Deliktsarten	Viktimisierungsquoten	
	Dayton	San Jose
Delikte gegen die Person*		
Notzucht	—	0,1
Körperverletzung	3,2	3,3
Persönlicher Diebstahl	0,4	0,3
Raub	0,8	0,7
Vermögensdelikte gegen Haushalte**		
Diebstahl	29,3	31,9
Einbruchsdiebstahl	12,2	12,5
Autodiebstahl	2,4	2,0
Delikte gegen Geschäfte***		
Raub	2,1	2,1
Einbruch	20,6	18,3

* Viktimisierungsquote ist die Zahl der 16 Jahre alten und älteren Personen auf 100 Einwohner, die Opfer von Notzucht, Körperverletzung, persönlichem Diebstahl und Raub geworden sind.

** Viktimisierungsquote ist die Anzahl der Haushalte auf 100 Haushalte, die Opfer von Diebstahl, Einbruchsdiebstahl und Autodiebstahl geworden sind.

*** Viktimisierungsquote ist die Anzahl der Geschäfte auf 100 Geschäfte, die Opfer von Raub und Einbruch geworden sind.

Quelle: U.S. Department of Justice, Law Enforcement Assistance Administration (Hrsg.): Crime and victims. Washington D. C. 1974, S. 10.

die Daten aus den Opferbefragungen tabellarisch geordnet werden, kann die Information über den Unterschied zwischen den Daten genauso wertvoll sein wie die Orientierung über beide Datengruppen getrennt. Für ein Höchstmaß an wissenschaftlicher und praktischer Nützlichkeit sollten Opferbefragungen regelmäßig wiederholt werden, und zwar durch ein ständiges Personal und in standardisierter Form. So ist es jetzt durch das „National Crime Panel" in den USA vorgesehen. In der Bundesrepublik Deutschland sind ständige, systematische, empirische Opferbefragungen durch kriminologische Teams zum Zwecke der Verbrechensverhütung und -bekämpfung dringend erforderlich. Die laufenden Uniform Crime Reports des FBI in den USA und die Polizeilichen Kriminalstatistiken des Bundeskriminalamtes in Wiesbaden sollten ebenfalls fortgesetzt werden. Auf diese Weise kann man durch Vergleiche der Ergebnisse Umfang und Struktur kriminalpolizeilicher Effektivität bestimmen.

Hinsichtlich des Diebstahls fand Mary Owen Cameron (1964), daß die Geschäftsleute nur einen kleinen Teil der Ladendiebe anzeigen, die sie fassen. Es ist wahrscheinlich, daß sie niemals die große Zahl der Ladendiebstähle gewahr werden, die in ihren Geschäften verübt werden. Die NORC-Zahlen zeigen an, daß ein Notzuchtsfall auf 1250 Frauen im Jahr entfällt. Die FBI-Zahlen machen deutlich, daß ungefähr ein Notzuchtsfall auf 4300 Frauen kommt. Eine vertrauliche Befragung bei 291 Studentinnen einer Universität im mittleren Westen der USA zeigte, daß nicht weniger als 15 Studentinnen aggressiven Versuchen der Ausübung des Geschlechtsverkehrs ausgesetzt waren, in deren Verlauf Drohung, Zwang und Schmerzzufügung eingesetzt wurden (Daniel Glaser 1974). Das Verhältnis der Verbrechen, die der Polizei angezeigt werden, ändert sich mit dem Verhältnis der angezeigten Verbrechen, die die Kriminalpolizei aufklärt: Je weniger Delikte die Polizei aufklärt, die ihr angezeigt werden, desto kleiner wird der Anteil der Delikte, der ihr gemeldet wird. Verbrechensaufklärung und Anzeigebereitschaft stehen also in einem Wechselwirkungsverhältnis. Mit erhöhter Anzeigebereitschaft und Verbrechensaufklärung wächst im Sozialprozeß die Strafverfolgungsintensität. Je kleiner die Anzeigebereitschaft und die Verbrechensaufklärung sind, desto geringer wird im Sozialprozeß die Strafverfolgungsintensität. Je erfolgreicher die Polizei mit dem Verbrechen fertig wird, desto größer wird der Anteil der Delikte, die ihr gemeldet werden.

3. Abschnitt: Opfertypologien

1. Arten und Gütekriterien von Typologien

Typologien werden von den verschiedenen Wissenschaften nach ihren jeweils verschiedenen Bedürfnissen aufgestellt. Im wesentlichen gibt es phänomenologische, Deutungs- und Behandlungs-Typen. Die Aufstellung einer Typologie kann auf Intuition, auf klinischer Fallerfahrung und auf empirisch-faktorenanalytischer Untersuchung beruhen. Jede Typologie sollte Kategorien anbieten, die die Variablen erschöpfen, die zu berücksichtigen sind. Es sollte also kein Typ ausgespart bleiben. Die Kategorien sollten sich gegenseitig ausschließen, also sich nicht überschneiden. Die Typologie sollte entweder für die Praxis (Persönlichkeitserforschung zum Zwecke der Verbrechensverhütung oder der Behandlung des Rechtsbrechers) oder für die kriminologische Forschung nützlich sein. Typologien, die auf Intuition oder klinischer Fallerfahrung aufbauen, sind vorübergehende Hilfsmittel von höchst zweifelhaftem Wert. Sie können für gewöhnlich bis ins Unermeßliche variiert werden.

2. Die vorhandenen viktimologischen Typologien

Es sind unterschiedliche viktimologische Typologien entwickelt worden. Die Typologie von Hans von Hentig (1948) ist rein phänomenologisch. Er unterscheidet elf Kategorien: die Jungen (aufgrund ihrer Unerfahrenheit), die Frauen (aufgrund ihrer „Schwäche"), die Alten (aufgrund ihrer körperlichen und geistigen Behinderung und ihres Altersabbaus), die geistig Kranken und Behinderten (Schwachsinn, Alkoholismus, Rauschgiftsucht, Drogenmißbrauch), die Immigranten, die Minderheiten und die dummen Normalen, die Depressiven (wegen einer Störung im Instinkt ihrer Selbsterhaltung), die Gewinnsüchtigen, die Wollüstigen, die Einsamen und diejenigen, deren Herz gebrochen ist (Verletzbarkeit, weil sie nach Gesellschaft suchen), die Quäler und die Blockierten. Die Immigranten sind meist mittellos und unerfahren in den Gewohnheiten des Landes. Den Quäler findet man oft in Familientragödien: Er tyrannisiert seine Familie, schlägt seine Familienmitglieder brutal zusammen, wenn er betrunken ist. Das blockierte Opfer ist so sehr in eine Verlustsituation verstrickt, daß ihm Verteidigungsmaßnahmen unmöglich geworden sind. Der zahlungsunfähige Bankier betrügt z. B. lieber, um seine Zahlungsunfähigkeit zu verbergen, als sie zuzugeben und sich helfen zu lassen.

Die Typologie von Beniamin Mendelsohn (1956) richtet sich nach dem Ausmaß der Schuld. Es handelt sich also um eine Interpretationstypologie, weil das Kriterium „Schuld" ein metaphysisches, irrationales Merkmal ist, das der höchstpersönlichen Wertung unterliegt. Das vollständig unschuldige Opfer ist nach Mendelsohn ein „ideales" Opfer. Es handelt sich meist um Kinder und um Personen, die Verbrechen erleiden, während sie bewußtlos sind. Das Opfer mit geringer Schuld und das Opfer auf Grund von Unwissenheit stehen in Mendelsohns Rangordnung an zweiter Stelle. Als Beispiel wird die Frau erwähnt, die eine Fehlgeburt absichtlich herbeiführt und die ihre Handlung mit ihrem Leben bezahlt. Das Opfer, das so schuldig ist wie der Täter und das freiwillige Opfer stehen genau in der Mitte der Rangskala. Als Beispiele werden genannt: Eine Person wird auf eigenen Wunsch wegen eines unheilbaren und schmerzhaften Leidens getötet. Unglücklich Liebende begehen „Doppelselbstmord". Der Typ des Opfers, das schuldiger ist als der Täter, besitzt zwei Untertypen: das provozierende Opfer und das unkluge Opfer, das jedermann veranlaßt, ein Verbrechen an ihm zu begehen. Das am meisten schuldige Opfer und das Opfer, das allein schuldig ist, sind aggressive Persönlichkeiten. Hier wird als Beispiel der Angreifer angeführt, der von dem Angegriffenen in Selbstverteidigung getötet wird. Das heuchelnde, vortäuschende Opfer und das eingebildete Opfer sind Personen, die die Strafrechtspflege irreführen, um eine Verurteilung gegen eine angeklagte Person zu erreichen. Dieser Typ umfaßt paranoide, hysterische und senile Personen und Kinder.

Die Typologie von Ezzat A. Fattah (1967) besitzt fünf Kategorien. Es handelt sich ebenfalls um eine Deutungstypologie, da eine persönliche Beurteilung zur Einstufung im Einzelfall notwendig ist. Das nichtteilnehmende Opfer hat zwei unterschiedliche Merkmale: die Einstellung der Verneinung oder des Widerwillens gegen Tat und Täter und einen mangelnden Tatbeitrag an der Verursachung der Straftat. Das latente oder prädisponierte Opfer neigt wegen besonderer Empfänglichkeit und bestimmter Charakterzüge mehr als andere dazu, Opfer bestimmter Typen von Straftaten zu werden. Es tendiert ebenfalls danach, mehrmals wegen derselben Tat geopfert zu werden. Das provozierende Opfer spielt eine bestimmte Rolle in der Entstehung des Verbrechens, und zwar entweder dadurch, daß es den Straftäter anregt, den Rechtsbruch zu begehen, oder dadurch, daß es eine Situation erzeugt oder begünstigt, die zu einem Delikt führt. Dieser Opfertyp provoziert das Verbrechen durch seine eigenen Handlungen. Das teilnehmende Opfer macht bei der Verbrechensbegehung dadurch mit, daß es eine positive Einstellung zum Verbrechen einnimmt oder daß es das Delikt möglich macht oder erleichtert oder daß es dem Kriminellen in anderer Weise behilflich ist. Das falsche Opfer ist eine Person, die nicht wirklich das Opfer eines Verbrechens wird, das durch eine andere Person begangen worden ist. Es ist überhaupt kein Opfer, oder es ist ein Opfer auf Grund seiner eigenen Handlungen.

Fünf Kategorien hat auch die Opfertypologie von Thorsten Sellin und Marvin E. Wolfgang (1964, vgl. auch Marvin E. Wolfgang 1967), die im Schwerpunkt gleichfalls eine Deutungstypologie ist. Dem primären Opferwerden unterliegt ein personalisiertes oder individuelles Opfer, das unmittelbar angegriffen oder in einer Angesicht-zu-Angesicht-Situation durch eine Straftat verletzt oder bedroht worden oder dessen Eigentum gestohlen oder beschädigt worden ist. Sekundäres Opferwerden bezieht sich auf Einrichtungen wie Geschäfte, Eisenbahnen, Theater und Kirchen. Das Opfer ist unpersönlich, hat oft einen kommerziellen Zweck und ist kollektiv. Tertiäres Opferwerden umfaßt Straftaten gegen die öffentliche Ordnung, gegen die soziale Harmonie und gegen Staat und Regierung. Die Kategorie des gegenseitigen Opferwerdens enthält die Fälle, in denen die Teilnehmer bei gegenseitigen übereinstimmenden Handlungen mitmachen, z. B. Ehebruch, Verführung Minderjähriger. Kein Opferwerden wird für eine Kategorie benutzt, die von Erwachsenen nicht begangen werden kann (Weglaufen von Zuhause, Schulschwänzen).

3. *Kritik an den Opfertypologien und ihre Weiterentwicklung*

Die Kategorien, die in von Hentigs Typologie erscheinen, sind weder erschöpfend noch schließen sie sich gegenseitig aus. Man kann sich leicht Fälle vorstellen, in denen sich die Kategorien überschneiden, z. B. alte, depressive und gewinnsüchtige Opfer. Zu Mendelsohns Typologie ist kritisch zu bemerken, daß Schuld niemals so definiert werden kann, daß Praktikern oder Forschern Richtlinien für die Bewertung gegeben werden können. Diese Typologie behandelt im übrigen nur persönliche individuelle Opfer. Fattahs Typologie ist nicht erschöpfend. Sie kann nur bei Delikten gegen Personen verwandt werden. Nach Ansicht von Robert A. Silverman (1974) ist allein die Typologie von Sellin-Wolfgang geeignet, weiterentwickelt zu werden. Gegenseitiges Opferwerden ist die klarste aller Kategorien. Sie bezieht sich auf übereinstimmende Handlungen, die kaum entdeckt und fast nie angezeigt werden. Das einzige Problem ist, zu bestimmen, wer bei diesen übereinstimmenden Handlungen das Opfer ist. Denn alle Täter sind gleichzeitig Opfer (Täter-Opfer). Die tertiäre Kategorie wird von einer amorphen Gruppe von Delikten gegen die öffentliche Ordnung gebildet. Das Gesetz gegen Rauschgiftkonsum soll davor schützen, sich selbst zum Opfer zu machen. Es zielt ferner darauf ab, daß die Gesellschaft nicht durch die Rauschgiftsüchtigen belästigt wird oder daß sie die Gesellschaft nicht finanziell belasten und ihr so zur Last fallen. Es stigmatisiert freilich auch eine Minderheitsgruppe. Die Gesetze, die den Besitz von Waffen betreffen, sollen die Öffentlichkeit vor dem möglichen Gebrauch solcher Waffen schützen. Ähnliches gilt für den Besitz von Diebeswerkzeug und das Fahren unter Alkoholeinfluß. Sekundäres Opferwerden schließt ein gemeinschaftliches organisatorisches Opfer (z. B. die Kirche) oder ein Unternehmensopfer ein, das in privatem oder öffentlichem Eigentum steht. Die Delikte beziehen sich meist auf den Entzug oder die Beschädigung von Eigentum oder auf die Kombination beider. Es gibt im wesentlichen zwei Möglichkeiten, zwischen den verschiedenen Typen des sekundären Opferwerdens zu differenzieren. Eine Art ist nach der Größe des Unternehmens. Ein anderer Weg ist die Unterscheidung nach der Täter-Opfer-Beziehung. Der Täter kann die Straftat begangen haben, weil er den Eigentümer nicht mag oder weil die Organisation etwas repräsentiert, was er anzugreifen wünscht. Ein großes Geschäft kann vom Täter einfach deshalb ausgewählt worden sein, weil es ein unverhältnismäßig leichtes Ziel darstellt. Kleine Geschäfte können Opfer werden, weil sie sich in der Nachbarschaft befinden, weil man leicht in sie einbrechen kann und weil der Täter weiß, wo der Eigentümer sein Geld aufbewahrt (Gesichtspunkt der sozialen Sichtbarkeit). Man muß also zunächst bestimmen, ob der Angriff auf ein Individuum in einer Organisation abzielt, ob er auf die Organisation selbst oder einfach auf das Eigentum an sich gerichtet ist. Das Wissen über die Täter-Opfer-Beziehungen gibt auf diese Weise Aufschluß über und Einsicht in die Motivationen der Täter. Primäres Opferwerden kann man in zwei Kategorien unterteilen. Bei einer Viktimisierung Angesicht-zu-Angesicht hat das Opfer mindestens visuellen Kontakt mit dem Täter während der Tat. Der Gesicht-zu-Gesicht-Kontakt fehlt bei der zweiten Unterkategorie. Angesicht-zu-Angesicht-Viktimisierungen verursachen der Öffentlichkeit am meisten Furcht vor dem Opferwerden. Das Individuum, das eine Straße heruntergeht, trägt gleichsam sein „höchstpersönliches Territorium" mit sich. Ein Kassierer in einer Bank kann von Angesicht-zu-Angesicht beraubt werden, aber er verliert kein persönliches Eigentum. Wenn der Kassierer verletzt wird, ist die Angelegenheit schwieriger. Denn die Verletzung richtet sich gegen ihn als Individuum, der Raub gegen die Bank, deren Kassierer er ist. Es ist für die Verbrechensvorbeugung wichtig, zu wissen, warum der Täter eine bestimmte Bank und warum er einen bestimmten Kassierer auswählt (vgl. zu dieser Modifikation der Opfertypologie von Sellin-Wolfgang: Robert A. Silverman 1974).

Die Hauptmängel aller bisher entwickelten Opfertypologien liegen darin, daß sie nicht auf empirisch-faktorenanalytischer Grundlage ruhen. Außerdem ist ihr Nutzen für die Persönlichkeitserforschung zum Zwecke der Verbrechensverhütung und der Behandlung des Rechtsbrechers nicht ohne weiteres zu erkennen. Für die kriminologische Forschung sind die bisher ausgedachten Opertypologien nicht verwendbar. Ein Persönlichkeitstypus ist ohnehin ein recht fragwürdiger Begriff. Denn er ist für die praktische wie die wissenschaftliche Anwendung zu abstrakt und zu statisch. Dynamische Typologien könnten unterschiedliche „typische“ Verlaufsformen von Opferkarrieren und Grundgestalten von Opferpersönlichkeiten herausarbeiten.

4. Abschnitt: Opfereignung und -neigung

1. Faktoren der Opfereignung

„Unter den biologischen Gründen, die die Opferanfälligkeit bedingen, steht unter anderem die lenkende Kraft der latenten und dominierenden Erbfaktoren“ (Rudolf Gasser 1965, S. 56; ähnlich bereits Hans von Hentig 1948, S. 385, der von einem „geborenen Opfer“ spricht). Diese Behauptung ist empirisch-viktimologisch unbegründbar. Es gibt keine Erbfaktoren, die für Opfereignung und -neigung empfänglich machen. Ebenso empirisch-viktimologisch unbewiesen sind Feststellungen, Männer oder Frauen bestimmter Altersgruppen oder bestimmter Konstitutionstypen seien besonders opferanfällig für ein bestimmtes Delikt (so Edgar Lenz 1961, S. 131). Schließlich kann man nicht davon ausgehen, Frauen seien schon wegen ihrer biologischen Eigenart opferanfälliger. Es trifft nicht zu, „daß allein das von der Natur gegebene Geschlecht eine Opferfähigkeit für bestimmte Delikte verleihen oder verhindern kann“ (so aber Heinz Schülert 1965, S. 152). Diese Aussage kann durch die viktimologisch-empirische Forschung nicht belegt werden.

Individuelle, näher zu beschreibende Sozialprozesse führen zur Viktimisierung. Zunächst sind in der Regel die niedrigsten Einkommensschichten vom Opferwerden am meisten betroffen (President's Commission 1967, S. 38/39). Zwei Drittel aller Opfer von Gewaltdelikten in London waren ungelernte und nicht ständig beschäftigte Arbeiter oder deren Frauen (F. H. McClintock 1963, S. 45). Opfer von Notzucht, Raub, schwerer Körperverletzung und Einbruch sind vor allem Angehörige der Unterschichten (vgl. Tabelle 8). Bei Diebstahl über 50 US-Dollar werden allerdings die besser Verdienenden häufiger zu Opfern (vgl. Tabelle 8). Daß Personen mit bestimmten Berufen (z. B. Kellnerinnen, Bardamen, Taxifahrer, Geldbriefträger, Polizeibeamte) oder in bestimmten körperlichen oder seelischen Zuständen (z. B. Konditionsschwäche, mangelnde physische und psychische Widerstandskraft gegen Verbrechen) oder in bestimmten Lebensaltern (z. B. kindliche Unerfahrenheit, jugendlicher Wagemut, physische und psychische Schwäche auf Grund von Altersabbau) außerordentlich opferanfällig für bestimmte Delikte sind, liegt weniger an den Berufen, den körperlichen und seelischen Zuständen und den Lebensaltern für sich als vielmehr am bedeutsamen Stellenwert dieser Faktoren in bestimmten Sozialprozessen. Auch einsame Depressive, alleinstehende Einzelgänger, sozial isolierte, realitätsferne Sonderlinge, zugezogene Neulinge und sozial Engagierte sind nur wegen ihrer Rollen, die sie in Sozialprozessen spielen, als Verbrechensopfer geneigter. Das Verlangen nach sexuellem Vergnügen und darüber hinaus die sexuellen Abweichungen wie Homosexualität erhöhen das Risiko des Opferwerdens. Charakterfehler wie Bestechlichkeit und Geldgier und Persönlichkeitszüge wie Leichtsinnigkeit, Vertrauensseligkeit und übertriebenes Mißtrauen sind Elemente, die die Wahl der Opfer durch Gewalttäter mitbestimmen. Alkoholkonsum hat gleichfalls eine wesentliche Bedeutung im Sozialprozeß des Opferwerdens. Er mindert die physischen und psychischen Hemmungen. Er führt zum Verlust der Übersicht über das eigene Verhalten, zur Verkennung der Umgebung, zu Streitereien und Prahlereien, zu sexueller Erregbarkeit und zur Verminderung der Kritikfähigkeit des Opfers. Schließlich ist die Prostituierte eine opfergeneigte Person. Denn sie lebt in gefährlichen sozialen Lagen. Der normale Bürger meidet in der Nacht dunkle, abseitige Stadtgebiete und den Kontakt mit Fremden in diesen Bezirken zu

Tabelle 8: Opfer nach Einkommensschichten in den USA
(Zahlen auf 100 000 Einwohner)

Delikte	Einkommen			
	0 bis 2 999 US-Dollar	3 000 bis 5 999 US-Dollar	6 000 bis 9 999 US-Dollar	über 10 000 US-Dollar
Delikte insgesamt	2 369	2 331	1 820	2 237
Notzucht	76	49	10	17
Raub	172	121	48	34
Schwere Körperverletzung	229	316	144	252
Einbruchsdiebstahl	1 319	1 020	867	790
Diebstahl (über 50 US-Dollar)	420	619	549	925
Autodiebstahl	153	206	202	219
Anzahl der Befragten	5 232	8 238	10 382	5 946

Quelle: President's Commission on Law Enforcement and Administration of Justice (Hrsg.): The challenge of crime in a free society. Washington D. C. 1967, S. 38.

dieser Zeit. Prostituierte sind nicht nur bösartigen Angriffen von Mitbewerberinnen und deren Zuhältern ausgesetzt, sondern sie nehmen auch in abgelegenen Stadtgebieten Fremde während des Abends und der Nacht mit nach Hause, um Geschlechtsverkehr gegen Bezahlung mit ihnen zu haben. Hier kann für die Prostituierte eine außerordentlich leicht verletzbare soziale Situation entstehen (so schon Hans von Hentig 1948, S. 430).

2. *Kindliche Opfer von Sexualdelikten*

Die moderne Mode, das raffiniert Verhüllend-Enthüllende der Kleidung der Frauen und Mädchen, kurzer Rock und kurze Hose, mögen weiblicher Eitelkeit und weiblichem Selbstbestätigungsdrang dienen und für den „Normalmann" einen durchaus erfreulichen Anblick bieten. Sie sind für potentielle Sexualstraftäter aber gleichzeitig oft provozierend und nicht selten auslösend für eine Sexualstraftat. Kindliche Opfer von Sexualdelikten sind ungewöhnlich an Sexualität interessiert. Sie kommen meist aus niedrigen sozioökonomischen Schichten und aus Familien, die funktional desorganisiert sind (Seymour L. Halleck 1965). Das Kind wird vernachlässigt, und die angemessene Aufsicht fehlt. Opfer sind oft Kinder, die in der Vergangenheit Verhaltensschwierigkeiten gezeigt haben. Es ist die Zerstörung des Familienlebens, z. B. ehelicher Streit und Zerfall der Eltern-Kind-Beziehungen, die das Kind am meisten als Opfer von Sexualdelikten anfällig macht. Die Mädchen haben im allgemeinen eine schlechte Triebkontrolle, die zurückzuführen sein mag auf Liebesentzug, Zurückweisung und Unbeständigkeit der Mutter-Tochter-Beziehung. Die Hauptfaktoren, die das Ergebnis des Opferwerdens bestimmen, liegen in der vorhergehenden Persönlichkeitsentwicklung und in der Familiensituation zur Zeit des Ereignisses der Viktimisierung. Die meisten Mädchen kommen aus ernsthaft gestörten Elternhäusern. Familienuneinigkeit, Trennung und emotionale Entbehrung sind beständig vorhanden. Die Mädchen lernen auf ihrer Suche nach Liebe, Wärme, Anhänglichkeit und Unabhängigkeit, daß sie solche Befriedigungen nur durch sexuelle Beziehungen erreichen können. Die Familienhintergründe aller kindlichen Opfer sind insofern defekt, als ihre Eltern ihnen nicht genügend Liebe, Wärme und Sorge angedeihen ließen, elterliche emotionale Zuwendungen, die Kinder für ihre normale emotionale Entwicklung benötigen (Lauretta Bender 1965). Die kindlichen Opfer von Sexualdelikten sind sehr oft charmant, attraktiv, unterwürfig und verführerisch. Sie gewinnen schnell Kontakt zu Erwachsenen. Sie verwenden die Sexualhandlung, um ihre Eltern herauszufordern, um ein Gefühl der Unabhängigkeit entstehen zu lassen und um ihren Drang nach Zustimmung und Aufmerksamkeit zu befriedigen (LeRoy G. Schultz 1968). Die Bereitwilligkeit, mit der zehn- bis zwölfjährige Mädchen sich auf ein „sexuelles Abenteuer" einlassen, hat erheblich zugenommen. Die „unschuldige Naivität" eines pubertären Mädchens ist eine Seltenheit. 22 % der Kinder erkannten bereits bei der Kontaktaufnahme die Absicht des Täters und waren mit dem „Vorhaben" einverstanden (Polizeipräsident Düsseldorf 1974, S. 112). Nach Beobachtungen von Elisabeth Nau (1962, 1965) sind Einzelkinder und nicht sinnvoll in eine Gemeinschaft eingeordnete, kontaktgestörte Kinder aus disharmonischen Familienverhältnissen mit inkonsistenten Erziehungsmethoden und überlasteten oder charakterlich infantilen Müttern am gefährdetsten. Das tatsächliche sexuelle Verhalten, das bei Sexualstraftaten gegen Kinder oder Jugendliche stattfindet, variiert von leichten physischen Kontakten bis zu jeder Art von vaginalem Koitus. Zwischen diesen beiden Extremen liegt ein weites Gebiet möglichen Verhaltens. Die große Mehrheit der Sexualakte besteht aus derselben Art von Sexualspiel, das man unter präpubertären Kindern und Jugendlichen findet. Es ist nicht so, wie man in populärer Weise annimmt, daß der Erwachsene seine Erwachsenenformen des Sexualverhaltens dem Kind aufzwingt. Geschlechtsverkehr und geschlechtsverkehrsähnliche Akte sind selten unter Sexualhandlungen mit Kindern. Solche Handlungen sind nicht nur in der Mehrheit der Fälle nicht ausführbar, sondern sie liegen auch oft nicht in der Absicht des Täters (Francine Watman 1974).

3. Opferneigung bei Heiratsschwindel

Die Opfer des Heiratsschwindels entsprechen — jedenfalls für Japan — nicht dem Stereotyp der Massenmedien: ein sitzengebliebenes, älteres, weltfremdes Mädchen, das in Torschlußpanik einen Ehepartner sucht. Die Opfer des Heiratsschwindels sind durchweg noch recht jung und durchaus lebenstüchtig. Von 1966 bis 1970 hat Masayasu Ito (1974) 137 Fälle von Heiratsschwindel in Japan analysiert. 94 Opfer waren unter 40 Jahre alt. Es handelte sich bei 104 Opfern um Angestellte in Banken, Handelsgeschäften und Behörden. 33 Täter kamen aus Intelligenzberufen, 20 waren Fabrikarbeiter oder Kraftfahrer und 36 arbeitslos. Der Kontakt zwischen dem Heiratsschwindler und seinem Opfer wurde meist sehr beiläufig angeknüpft (zufälliges Zusammentreffen auf der Straße, in einer Bar, einem Tanzlokal, in einem Zug oder im Kino). Die Beziehung zwischen beiden blieb auch regelmäßig bis zum Betrug recht oberflächlich. Die Opfer kannten den Täter im Grunde überhaupt nicht: Sie wußten nichts über seinen Beruf, seinen Arbeitgeber, seinen Lebenslauf, seine Verwandtschaft oder Bekanntschaft, seine Wohnung; manchmal kannten sie sogar nicht einmal seinen Namen. Es fällt auf, daß die Opfer außergewöhnlich leichtgläubig und leichtsinnig sind. Sie vertrauen dem Täter fast blind. Hier liegt als Interpretation die Hypothese nahe, daß sie wegen ihrer Einsamkeit und wegen ihrer Kontaktlosigkeit in den großstädtischen Ballungsgebieten in Japan so handeln. Das weibliche Anlehnungsbedürfnis kontrastiert hier sehr stark mit dem Gleichberechtigungsstreben der Frau. Von März 1966 bis Februar 1970 hat Koichi Miyazawa (1973) im Bezirk des Polizeipräsidiums Tokio 46 Fälle von Heiratsschwindel untersucht. Fast zwei Drittel aller Opfer waren unter 30 Jahre alt. Geschlechtsverkehr wurde in den meisten Fällen (90 %) am selben Tag, an dem sich Täter und Opfer kennenlernten, oder nach zwei bis drei Tagen aufgenommen. In 70 % aller Fälle hat der Täter sein Opfer schon innerhalb von zwei bis drei Tagen nach dem Geschlechtsverkehr um ihr Geld betrogen. Die meisten Opfer waren Laden- oder Firmenangestellte, Krankenschwestern, Masseusen, Kabarett- oder Klubhostessen, also Mädchen und Frauen, die die Gefahren des modernen Großstadtlebens kennen sollten. Viele Täter waren arbeitslos oder beruflich nur unregelmäßig tätig. Sie stellten sich den Opfern jedoch als Fabrikinhaber, Ärzte oder Berufssportler vor, und die Opfer waren leicht zu überzeugen. In ihrem Wunsch nach intimem Kontakt mit einem zuverlässigen Partner ließen sich die jungen Mädchen und Frauen in Tokio mühelos täuschen. Sie gingen leicht ein sexuelles Verhältnis mit einem unbekannten Mann ein, der sie unter dem Druck der sexuellen Beziehung und unter einem Vorwand, z. B. eine Wohnung für ein gemeinsames Leben beschaffen zu wollen, nach kürzester Frist arglistig um ihr Geld brachte. Die Opfer wußten nicht einmal, welchen Beruf ihr Partner hatte, an welchem Arbeitsplatz er tätig war, wo er wohnte, und sie kannten meist auch seinen wirklichen Namen nicht. Moderne junge Mädchen und Frauen besitzen in Japan ein erstaunliches Maß an naiver Vertrauensseligkeit.

4. Opfereignung bei Gruppennotzucht

10 % der Opfer von Gruppennotzucht, die Wilfried Rasch (1968) untersuchte, entstammten ungünstigem häuslichem Milieu. Meist handelte es sich darum, daß man den Eltern oder der alleinstehenden Mutter einen unmoralischen Lebenswandel nachsagen konnte. 10 % der Opfer waren als sexuell zugänglich bekannt, bei 12 % wurde von seiten der Eltern über erhebliche Erziehungsschwierigkeiten geklagt. Gruppennotzucht ist in Sydney (Australien) durch zwei Typen gekennzeichnet (G. D. Woods 1969): Ein emotional gestörtes, verhaltensschwieriges, oft unattraktives Mädchen mit re-

gelmäßig niedriger Intelligenz sucht zum einen bei einer Jungengruppe Zuneigung und Beachtung. Oft willigt sie in sexuelle Akte frei ein; sie definiert diese Akte aus Furcht vor elterlichem Zorn aber dann nachträglich als durch die Jungen erzwungen und schaltet die Polizei ein. Der zweite Typ entspricht ganz dem Stereotyp der Massenmedien über Gruppennotzucht in Australien, kommt aber gegenüber dem ersten Typ in Wirklichkeit sehr selten vor: Eine Bande von Jungen in einem Auto zieht ein völlig schuldloses Mädchen von der Straße weg. Sie wehrt sich und hat in keiner Weise provokativ gehandelt. Ihre einzige „Provokation" bestand darin, daß sie in natürlicher Weise attraktiv war.

5. *Opferanfälligkeit bei Kindesmißhandlung*

Die sozialen Druckphänomene der gegenwärtigen Gesellschaft lasten auf der Familie und bestimmen die Qualität des Familienlebens. Opfer solcher Druckphänomene sind nicht selten Kinder, die körperlich und seelisch mißhandelt werden. Abgesehen vom hohen Dunkelfeld wird erst gegen Täter, die schon drei- bis viermal angezeigt worden sind, Anklage erhoben (Gustav Nass 1969). Die Täter sind im Beruf wenig erfolgreich. 50,5 % der Väter und 28,3 % der Mütter hatten Vorstrafen. Nur etwa 35 % der wegen Kindesmißhandlung Angeklagten werden verurteilt. Die absolute Verurteilungszahl beträgt in der Bundesrepublik jährlich ungefähr 300. In den USA sollen 40 Fälle auf eine Million Einwohner kommen. Daten aus vier Großstädten der USA legen eine Schätzung zwischen 40 und 140 Fällen pro eine Million Einwohner nahe. Demgegenüber entfallen in Israel nur etwa 20 Fälle auf eine Million der Bevölkerung. Während die Gesellschaft gegenüber Unzucht mit Kindern auffallend intolerant ist, zeigt sie gegenüber Kindesmißhandlung eine erstaunliche Langmut, Gelassenheit, ja Indifferenz. Diesen Umstand mit eingängigen Schlagworten wie: „Streicheln ist gefährlicher als Schlagen!" zu kommentieren (Günther Kaiser 1970, S. 65), erhellt nicht viel. Es gilt vielmehr, herauszufinden, warum das System der sozialen Kontrolle so ist, wie es ist, warum die Bevölkerung unterschiedlich empfindlich gegenüber verschiedenen Normverstößen reagiert. Unsere Gesellschaft ist — aus ihrer Geschichte heraus — sexualfeindlich, aber aggressionsfreundlich. Dieser Mechanismus bedingt sich sogar gegenseitig. Der fast schrankenlose sexuelle Liberalismus der Gegenwart spricht nicht gegen eine Sexualfeindlichkeit unserer Gesellschaft. Sexualfreundlich ist eine Gesellschaft, in der Sexualhandlungen sozial integriert und innerhalb bestimmter sozialer Formen akzeptiert sind. Der fast schrankenlose sexuelle Liberalismus macht aber gerade eine nicht sozial integrierte Sexualität deutlich.

Es ist ebenso falsch, eine bestimmte Deliktsform zu dramatisieren wie sie zu bagatellisieren. Günther Kaiser (1970, 1971) erklärt die Kindesmißhandlung mit dem, was er „Aschenputtel-Syndrom" nennt: Schwierige Kinder mit negativen Eigenarten, die ihren Eltern Veranlassung zu Mißhandlungen geben, sind unerfahrenen, überforderten Eltern ausgesetzt, die schwierigen Erziehungs- und Konfliktsituationen einfach nicht gewachsen sind (so 1970, S. 122; 1973, S. 300, 303/304). Das schwierige Kind befindet sich im „Trotzalter"; es will sich zur Sauberkeit nicht erziehen lassen. Es ist oft minderbegabt, debil. Bettnässen und Einkoten kommen vor. Das mißhandelte Kind ist trotzig und eigensinnig. Es verweigert die Nahrung, lügt, stiehlt, bringt schlechte Schulleistungen nach Hause, spielt an seinen Geschlechtsteilen, ist unfolgsam, frech und streunt umher (Kaiser 1973, S. 300/304). Die Erscheinung der „Rabenmutter" (Kaiser 1973, S. 300/301) ist verhältnismäßig selten. Nicht oft werden auch Kindesmißhandlungen aus „reiner Böswilligkeit" oder aus tief verwurzelter „Kinderfeindlichkeit" begangen, die als eine Erfindung massiver Gesellschaftskritik abgetan wird (Kaiser 1973, S. 296, 301). Günther Kaiser (1970, 1973) stellt hier zahlreiche Behauptungen auf, die empirisch-viktimologisch nicht nachgewiesen sind. Die Tendenz seiner Darstellungen der Kindesmißhandlung geht dahin, eher die Eltern zu rechtfertigen und die Kinder zu belasten, um das Delikt der Kindesmißhandlung ganz allgemein zu bagatellisieren. Dies liegt völlig im Sinne deutscher Tradition und steht in Übereinstimmung mit dem gegenwärtig ablaufenden Sozialprozeß. Günther Kaiser (1970, 1973) übersieht, daß Kinder überhaupt nicht belastbar sind.

Die viktimologische Analyse der Kindesmißhandlung muß bei der Opferanfälligkeit bestimmter Kinder einsetzen. Es ist gerade das sozial schwache Kind, das besonders verletzbar und vermehrt Kindesmißhandlungen ausgesetzt ist: das frühgeborene, geistig und körperlich behinderte oder mißgebildete, das nichtgewollte, nichtgeliebte und oft auch das uneheliche Kind. Wenn die Ehe finanzielle Lasten mit sich bringt, die der Vater zu übernehmen unvorbereitet ist, wenn die Ehe vorzeitig seine Jugend beendet und mit seinen Entwicklungs- und Karriereplänen in Konflikt gerät, ist er geneigt, dies seinem Kind anzulasten. Auch die Mutter steht bisweilen im Konflikt zwischen Mutterschaft und anderen Karrieremöglichkeiten. Mutterschaft ist für sie eine 24-Stunden-Falle, in der sie gefangen ist und die ihre ganze Persönlichkeit beansprucht. Das schreiende Kind oder das Kind, das nicht essen will, wird von ihr als ein Schlag gegen ihre Persönlichkeit empfunden. Sie meint, das Kind wolle ihr sagen, sie sei keine gute Mutter. Junge Väter bringen oft Spannungen und Frustrationen, die sie in ihrem Beruf erleben mußten, mit nach Hause und verwandeln sie dort in aggressives Verhalten. Das Kind, das z. B. an Verdauungsstörungen oder nervösen Krämpfen leiden mag, hört nicht auf zu schreien und reizt seine Eltern ständig neu (Craig Taylor 1973). Ein breites Spektrum von haßerfüllten Verhaltensweisen gegenüber dem eigenen Kind entwickeln häufig ledige oder geschiedene Mütter, die ihre Lebensenttäuschungen und die daran gekoppelten Selbstbeschuldigungen und die Vorwürfe gegen die Person des treulosen und für sie entwerteten Vaters auf das Kind übertragen und sich über Ablehnung und Abneigung in Mißhandlungen hineinsteigern (Reinhard Redhardt 1965). Schließlich ist das Kind, dessen Vaterschaft zweifelhaft ist, besonders mißhandlungsanfällig.

In den USA hat man während eines Jahres 302 Fälle von Kindesmißhandlungen in 71 Krankenhäusern untersucht. 33 Kinder starben, 55 erlitten dauernde Hirnschäden. Die überwiegende Mehrheit der mißhandelten Kinder war weniger als drei Jahre alt. Die Familien, aus denen sie kamen, waren schlecht sozial integriert. 50 % hatten keine formellen Gruppenbeziehungen. Die Familien waren sozial isoliert. Die Annahme der Familie durch die Gemeinschaft war mittelmäßig für 36 % und minimal für 47 %. Die Familien hatten zu 90 % Probleme, die in vier Hauptkategorien fielen: Eheprobleme 40 %, finanzielle Probleme 22 %, andere Familienkonflikte 15 % und schwere fehlerhafte Gemeinschaftsbeziehungen 14 %. Die Eltern konnten in folgender Weise charakterisiert werden: beständige und unkontrollierte Feindschaft und Aggressivität, Härte, Starrheit, Zwanghaftigkeit und Mangel an Wärme, Abhängigkeit, Passivität, Unselbständigkeit und Depression (Henri Christian Raffalli 1970). Für Kanada stellt Mary van Stolk (1972) fest, daß die Eltern, die ihre Kinder mißhandeln, überempfindlich darauf bedacht sind, daß ihre elterliche Autorität nicht in Frage gestellt wird. Sie verlangen sofortigen bedingungslosen Gehorsam, weil sie selbst von ihren Eltern so erzogen und während ihrer Kindheit ebenfalls mißhandelt worden sind. Zwischen dem 1. 1. 1966 und dem 30. 9. 1969 wurden alle Krankenhauseinweisungen von Kindern im westlichen Teil Jerusalems erfaßt. 290 Kinder wurden in die Krankenhäuser wegen Verletzungen eingewiesen. 90 litten unter Verbrennungen, 35 waren Opfer von Verkehrsunfällen, und 165 hatten andere Verletzungen (Kopfverletzungen, Schädelbrüche und Gehirnerschütterungen, Arm- und Beinbrüche). Alle Arten von Verletzungen waren häufiger vertreten unter Jungen, unter Kindern aus großen Familien, unter Kindern, deren Vater einen Beruf mit niedrigem sozialen Status ausübte und deren Mutter weniger als neun Jahre zur Schule gegangen war (S. Loria, S. Harlap, L. Drapkin 1973).

In Neuseeland haben David M. Fergusson, Joan Fleming und David P. O'Neill (1972) in der Zeit vom 1. 1. 1967 bis 31. 12. 1967 alle Kindesmißhandlungen (einschließlich der Verdachtsfälle) untersucht. 419 Fälle ereigneten sich 1967 in Neuseeland, von denen 363 kindliche Opfer betroffen waren. Der Verdacht der Kindesmißhandlung bestätigte sich bei 108 verletzten Kindern (29,8 %) nicht. Von den verbleibenden 255 kindlichen Opfern verstarben 7 (2,7 %) an den Folgen der Kindesmißhandlung. Schwere, dauernde Schädigungen trugen 5 (2 %) davon. Schwere, aber vorübergehende Schäden erlitten 30 (11,8 %), leichtere einstweilige Verletzungen 177 (69,4 %). Keine Schäden trugen 31 (12,2 %) davon. Anzeigen erstatteten vor allem die Schulen (21 %), die Polizei (11 %), Ärzte, Krankenhäuser (11 %), Eltern und Verwandte (18 %). 56,9 % der mißhandelten Kinder wurden nicht aus ihrer Familie herausgenommen. In wenigstens 53 % der Fälle wurde irgendeine Form der Überwachung der Familie angeordnet. Die Verteilung nach Alter und Geschlecht der mißhandelten Kinder ergibt sich aus Schaubild 2. Fergusson, Fleming und O'Neill halten die Kindesmißhandlung für ein multidimensionales Phänomen mit zivilisatorischen, sozialen, ökonomischen und psychologischen Faktoren. 24 % der mißhandelten Kinder lebten in Familien mit sechs und mehr Kindern, 45 % in Familien mit vier und mehr Kindern. Die Durchschnittszahl der Kinder beträgt 2,5 pro Familie in Neuseeland. 58 % der mißhandelten Kinder hatten einen Vater, der den Beruf eines angelernten oder ungelernten Arbeiters ausübte. Als Ursachen der Kindesmißhandlung geben Fergusson, Fleming und O'Neill die Instabilität der Familienbeziehungen und unzureichende materielle Familienbedingungen an. Die Mütter leiden unter Angst (43,8 %), Niedergeschlagenheit (35,4 %) und Reiz-

Schaubild 2: Verteilung nach Alter und Geschlecht der mißhandelten Kinder in Neuseeland

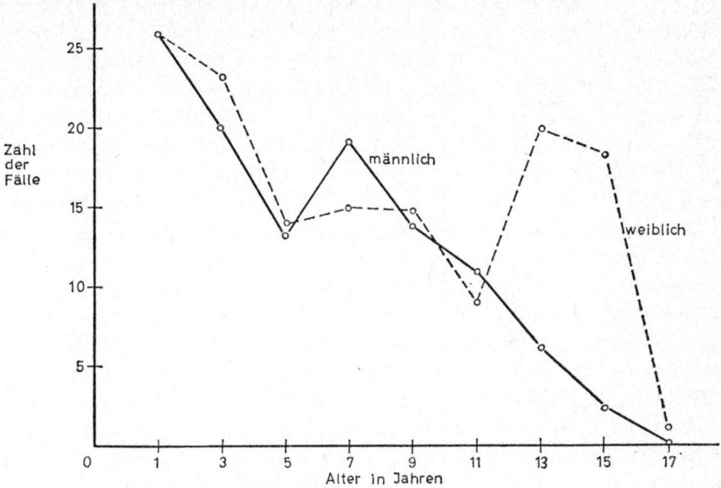

Quelle: David M. Fergusson, Joan Fleming, David P. O'Neill: Child abuse in New Zealand. Wellington 1972, S. 71.

barkeit (75 %). Das hohe Vorkommen der Kindesmißhandlung bei ethnischen Minderheiten in den USA und in Neuseeland (Maori) ist auf Kulturkonflikte zurückzuführen, unter denen die Gemeinschaften und die Familienstrukturen der ethnischen Minderheiten zerbrechen. Kindesmißhandlung wird von Generation zu Generation in denselben Familien weitergegeben (soziale Vererbung). 57 % der Väter und 15 % der Mütter, die ihre Kinder mißhandelten, hatten Vorstrafen. 80 % der Eltern waren den Wohlfahrtsbehörden bekannt. 30 % der Mütter zeigten Symptome von Geisteskrankheiten, und 41 % der Väter schlugen ständig ihre Frauen. Die Eltern besaßen eine niedrige Frustrationstoleranz. In der Mehrheit mißhandelten Mütter (61 %) ihre Kinder. Zwischen Schwangerschaft und Kindesmißhandlung besteht eine Beziehung. Die Schwangerschaft bringt — insbesondere in Familien mit vielen Kindern — zahlreiche soziale und finanzielle Schwierigkeiten mit sich. Solche Belastungssituationen dürfen allerdings nicht als Rechtfertigung für Kindesmißhandlung mißverstanden werden. Die Schwangerschaft verändert die Stimmungen und die Persönlichkeiten der Mütter, so daß sich leichter Kindesmißhandlungen ereignen können.

In den USA erforschten Brandt F. Steele und Carl B. Pollock (1969) 60 Familien, in denen sich eine bedeutsame Kindesmißhandlung ereignet hatte. Die Eltern erwarteten und verlangten sehr viel von ihren Kindern und Kleinkindern. Sie sahen ihre Kinder, als ob sie Erwachsene wären, die in der Lage wären, ihnen Beistand und Liebe zukommen zu lassen. Dieses Phänomen nennen Steele und Pollock *Rollenumkehr*. Sie fanden hohe Erwartungen und Anforderungen der Eltern an die Leistungen ihrer Kinder und entsprechende Mißachtung der Bedürfnisse, der begrenzten Fähigkeiten und der Hilflosigkeit der Kinder durch ihre Eltern. Das Kind wird nicht als Kind verstanden, sondern als irgendeine symbolische Wahnfigur. Die Eltern projizieren viele ihrer Schwierigkeiten in das Kind hinein, und sie sind der Auffassung, daß das Kind Ursache ihrer Nöte sei. Sie versuchen, ihre Angst dadurch loszuwerden, daß sie ihre Kinder angreifen, anstatt ihren eigenen Problemen mutig ins Gesicht zu sehen. Die Eltern erwarten unterwürfiges Verhalten, sofortigen bedingungslosen Gehorsam, das unbedingte Vermeiden von Fehlern und Trost und Hilfe in ihren persönlichen Bedrängnissen. Die elterlichen Forderungen werden begleitet von ständiger Kritik. Ganz gleich, was das Kind auch immer tat, es war nicht genug, es war nicht richtig, es war zur unrechten Zeit, es quälte die Eltern, es entehrte die Eltern in ihrem sozialen Nahraum, es stärkte das Ansehen der Eltern in der Gesellschaft nicht. Die Eltern zeigten eine schwere soziale Unreife; sie vermochten nicht, wirklich auf der Grundlage zwischenmenschlicher Beziehungen zu handeln (J. de Groote 1971, S. 71).

6. *Opferneigung und soziale Sichtbarkeit*

Opferanfällig sind Menschen, die gelegentlich oder ständig sorglos sind. Gelegentliche Sorglosigkeit kommt vor, wenn das Opfer einmal und unter besonderen Umständen eine Situation hervorruft, die für sein Leben gefährlich ist. Ständige Sorglosigkeit besteht darin, daß man sich durch andauernde Kontakte mit gefährlichen Umgebungen ernsten Lebensgefährdungen aussetzt (Lynn A. Curtis 1974). Nicht selten wird derjenige Opfer, der sich sozial exponiert, der sich für öffentliche Interessen einsetzt und der soziale Ziele verteidigt (Leszek Lernell 1973, S. 326). Soziale Sichtbarkeit, die Möglichkeit, in der Gemeinschaft von anderen gesehen und gekannt zu werden, ist ein Umstand, der zum Opferwerden führt. Eine Stichprobe von 145 Einwohnern von Britisch-Westindien (24%), 101 Puerto Ricanern (16%), 245 Negern (45%) und 89 Weißen (15 %) untersuchten Paula H. Kleinman und Deborah S. David (1973). Sie stellten die Hypothese auf, daß die soziale Sichtbarkeit, nämlich die Möglichkeit, durch andere in der Gemeinschaft gesehen und gekannt zu werden, ein Umstand ist, der zum Opferwerden führt. Diejenigen, die während einer langen Zeit in einem Gebiet gewohnt haben, sind sozial sichtbarer als Neuankömmlinge. Ihre Bewegungen innerhalb des Wohnbezirks, ihre neuesten Anschaffungen, der Empfang ihres Wohlfahrtsschecks, ihre Vorsicht beim Abschließen ihres Autos und alle ihre anderen Verbrechensvorbeugungsgewohnheiten sind den Leuten in dem jeweiligen Bezirk vertraut. Mitglieder von Organisationen (z. B. Vereinen) sind in allen vier Gruppen geneigter als Nichtmitglieder, Opfer zu werden. Die anderen Mitglieder der Organisation kennen die Lebensgewohnheiten des Mitglieds. Wer aktiv in einer Organisation ist, kennt mehr Menschen und wird von mehr Menschen gekannt. Er hat zahlreichere mitmenschliche Kontakte und exponiert sich bei Gemeinschaftsaktivitäten. Folgende Umstände bestimmen eine hohe soziale Sichtbarkeit: Die Länge des Wohnens in einer Gemeinschaft, die Anzahl der Verwandten und Bekannten in dem betreffenden Wohnbezirk und die Mitgliedschaft in einer Organisation. Soziale Sichtbarkeit steht innerhalb aller vier von Kleinman und David (1973) untersuchten rassisch-ethnischen Gruppen mit dem Opferwerden in enger Beziehung.

Während der 325 Massenkrawalle in den USA in den Jahren 1964 bis 1969 konzentrierten sich die Schäden auf kleine Einzelhandelsgeschäfte. Die Hauptorganisationsopfer bei Krawallen waren Einzelhandelsgeschäfte und das Symbol der Autorität, die örtliche Polizei. Die bisweilen eingesetzte Nationalgarde oder die US-Armee wurden völlig ignoriert. Wohnhäuser, Wohnungen und Ein- und Zweifamilienhäuser bildeten nur 2,5 % der Gebäude, die beschädigt oder zerstört worden sind. Öffentliche Gebäude wie Schulen und Kirchen machten weniger als ein Viertel Prozent der zerstörten Häuser aus. Die Auswahl der Objekte wird meist als Vergeltung für ökonomische Ausbeutung oder mit dem Begriff „Die Armen zahlen mehr“ erklärt. Während des Rassenkrawalls in Watts (Los Angeles) wurde allerdings beobachtet, daß ein sehr großer Supermarkt einer über die gesamte USA verbreiteten Handelskette mit riesigen, ungeschützten Schaufenstern völlig unversehrt dastand, während eine große Anzahl von umliegenden, mit Eisenbarrikaden versehenen kleinen Geschäften angegriffen, geplündert worden und ausgebrannt waren. Die kleinen Einzelhandelsgeschäfte stellen im Sinne der sozialen Sichtbarkeit für die Ghettobewohner die Schaltstellen dar, wo ökonomische Realitäten offenbar werden. Während die Einzelhandelsgeschäfte Bilder der wirtschaftlichen Ausbeutung erweckten, symbolisierten die örtlichen Polizisten Bilder der politischen Unterdrückung. Die Angriffsziele der Massenkrawalle können am besten dadurch erklärt werden, daß man berücksichtigt, daß sie die Schlüsselpunkte des Kontakts zwischen dem schwarzen Ghetto und der größeren weißen Gesellschaft bildeten (Russell R. Dynes, E. L. Quarantelli 1970, 1973).

5. Abschnitt: Furcht vor dem Verbrechen

1. Dimensionen und Aspekte der Verbrechensfurcht

Der Zusammenhang zwischen Furcht vor dem Verbrechen und dem Opferwerden ist von großer Bedeutung. Es fragt sich einerseits, ob das Opferwerden die Furcht vor dem Verbrechen steigert und das Vertrauen in die Fähigkeit der Gesellschaft und ihrer Repräsentanten (Polizei, Gerichte, Strafvollzug) zerstört, den Bürger vor dem Verbrechen zu schützen. Problematisch ist andererseits, ob die Kriminalitätsfurcht über eine entsprechende Erwartungshaltung oder eine Verminderung des Widerstandes gegen das Verbrechen (Mutlosigkeit, Moralzersetzung) die Viktimisierung verstärkt oder sogar erzeugt. Schließlich ist bedeutsam, in welcher Weise die Furcht vor Verbrechen die kriminalpolitischen Vorstellungen der Bevölkerung beeinflußt.

Die Furcht hat einen kognitiven und einen affektiv-emotionalen Aspekt, die schwer voneinander zu trennen sind. Es ist deshalb zweifelhaft, zu behaupten, in Gebieten mit niedriger Kriminalitätsbelastung herrsche der kognitive Aspekt, die Sorge wegen der Kriminalitätsentwicklung, vor, während in Bezirken mit hoher Kriminalitätsbelastung der affektiv-emotionale Aspekt, die Angst vor Verbrechen, überwiege. Paula H. Kleinman und Deborah S. David (1973 a und 1973 b) wollen auf Grund ihrer empirisch-viktimologischen Untersuchungen herausgefunden haben, daß Personen, die Opfer von Delikten geworden sind, mehr als andere dazu neigen, die Kriminalität als hoch einzuschätzen (kognitive Einstellung). Je höher der Grad ihrer Erziehung ist, desto eher soll eine Person geneigt sein, einen Anstieg der Kriminalität zu bemerken. Die kognitive Einstellung soll von der Realität des Opferwerdens abhängen. Bei einer Befragung von 1319 Personen, Männern mit High-School-Ausbildung im Alter zwischen 20 und 29 Jahren und Frauen mit College-Erziehung im Alter zwischen 30 und 39 Jahren, wurden „schwache Durchsetzung der Gesetze", „Familiendesorganisation" und eine „zu geringe Zahl an Polizeibeamten" als Hauptursachen für das Opferwerden angesehen (Cyril S. T. Cho 1973 b). Die Einwohner einer Kleinstadt im Mittleren Westen der USA hielten folgende Probleme für ungelöste Aufgaben der Großstädte, allerdings nicht ihrer Stadt: Mißachtung von Gesetz und Ordnung, politische Demonstrationen, Korruption in der Verwaltung und Geschäftswelt, Mangel an Religion, schlechte Schulen, die ihre Aufgaben nicht erfüllen, und rassische Diskriminierung (Nancy J. Beran, Harry E. Allen 1973).

2. *Einstellungen der Bevölkerung zum Verbrechen*

In Melbourne, Sydney, Brisbane und in der kleinen ländlichen Stadt Laidley, die 60 Meilen von Brisbane entfernt liegt, hat Paul R. Wilson (1971) 1018 Probanden befragt. Er erkundigte sich bei ihnen nach den bedeutsamsten innenpolitischen Problemen, nach dem Umfang der Kriminalität und nach ihren kriminalpolitischen Vorstellungen. In Australien steht das Verbrechensproblem nach der Erziehungsfrage in der Meinung der Bevölkerung an zweiter Stelle der innenpolitischen Probleme. In den USA nimmt das Kriminalitätsproblem ebenfalls die zweite Stelle der innenpolitischen Probleme ein, allerdings nach den Rassenschwierigkeiten, die an erster Stelle stehen. Die Bevölkerung der Unterschichten sorgt sich in Australien mehr um das Problem des Opferwerdens als die der oberen Schichten. Aus der Unterschicht kommen die meisten Kriminellen und jugendlichen Delinquenten (offiziell registrierte und institutionalisierte Kriminelle und Delinquente). Die Unterschicht leidet am meisten unter schweren Verbrechen. Der Kreis wird dadurch geschlossen, daß die Unterschicht mehr Besorgnis über Verbrechen äußert als alle anderen Schichten. Die Befragten sind der Meinung, daß das Verbrechen ansteigt, aber nicht in dem Gebiet, in dem sie leben, selbst wenn es sich um mit Kriminalität hoch belastete Bezirke handelt. Die am dichtesten besiedelten großstädtischen Gebiete haben nicht nur eine wachsende Kriminalitätsrate, sondern die Leute, die in diesen Bezirken wohnen, werden auch mehr mit der Kriminalität konfrontiert. Sie werden sie verstärkt gewahr, und sie sorgen sich mehr wegen der Kriminalität als die Bevölkerung in kleineren Städten oder in ländlichen Gebieten. Die Menschen in einer Gemeinschaft, die am ehesten in Gefahr sind, Opfer von schweren Verbrechen zu werden, sind um das Verbrechen am meisten besorgt. Der Trend war erkennbar, daß die gesamte Stichprobe den Umfang schwerer Verbrechen, der in ihrer Gemeinschaft vorhanden war, einschneidend und beständig unterbewertete. Es gab dreimal mehr Mordfälle, doppelt so viele Notzuchtsfälle und zweieinhalbmal mehr Banküberfälle, als die Bevölkerung wahrnahm. Die Leute schützen sich, indem sie ihre Häuser abschließen: drei Viertel der gesamten Stichprobe in städtischen Gebieten und ungefähr die Hälfte im ländlichen Bezirk. Eine ziemlich große Zahl von Befragten benutzt Taxis lieber nachts, als zu Fuß nach Hause zu gehen. Sie vermeiden es, mit Fremden zu sprechen und allein auszugehen, und tragen Waffen verschiedenster Art bei sich. Auf die Frage, was getan werden müsse, um den Umfang der Kriminalität zu verringern, antworteten 51 % der städtischen und 55 % der ländlichen Stichprobe: Die Polizeieffizienz müsse dadurch erhöht werden, daß man die Polizei verstärke, mehr Polizeipatrouillen durchführe und bessere Kriminalitätsbekämpfungsmethoden bei der Polizei anwende. Die Bevölkerung hält das Verbrechen für eine Krankheit wie etwa Krebs, der einen gesunden Körper befällt. Den meisten Bürgern schwebt ein Bild von der Gesellschaft und ihren Problemen vor, das darin besteht, daß ein im wesentlichen gesunder Organismus von fremden Substanzen befallen wird. Die Polizei wird in der Rolle von Ärzten gesehen, deren Aufgabe es ist, eine Geschwulst zu beseitigen, einen Virus zu zerstören, ohne den Charakter der Gemeinschaft selbst zu ändern. Dieses Bild von der Kriminalität und ihrer Bekämpfung wird der Gesellschaft von den Massenmedien aufgedrängt.

Mindestens zwei von fünf Bewohnern der Bundesrepublik Deutschland fühlen sich nicht sicher, wenn sie nachts auf den Straßen sein müssen. Sehr stark tritt das Gefühl der Unsicherheit bei Personen ab 60 Jahren und bei Angehörigen der einfachsten sozialen Schichten hervor. Jeder zweite West-Berliner gab zu, daß es ihm unheimlich sei, nach Einbruch der Dunkelheit noch unterwegs zu sein. 51 % der Großstädter haben Furcht vor nächtlichen Wanderungen ohne Begleitung. In den Hafenstädten Hamburg und Bremen sind es 53, in West-Berlin 54 %. Diese Furcht wird durch die völlig unsachgemäße kriminologische Unterrichtung der Bevölkerung durch die Massenmedien und die dramatisierende sensationelle Berichterstattung über einzelne Kriminalfälle erzeugt. Die Massenmedien bilden und verstärken auch die völlig falschen kriminalpolitischen Klischees in der Öffentlichkeit.

3. Kriminalpolitische Vorstellungen der Bevölkerung

Im Frühjahr und Frühsommer 1966 interviewten Albert D. Biderman, Louise A. Johnson, Jennie McIntyre und Adrianne W. Weir (1967) in drei Polizeidistrikten in Washington D. C. 511 nach Zufall ausgewählte Versuchspersonen, die über 18 Jahre alt waren. Die erwachsenen Befragten glaubten, daß das Kriminalitätsproblem in Washington D. C. ernst sei, daß es noch gravierender werde und daß sie selbst besorgt sein müßten. Die Probanden wurden gefragt, ob es einen Anstieg der Gewaltkriminalität wie z. B. Tötung oder Notzucht in Washington D. C. in den letzten Jahren gegeben habe. Über die Hälfte hielt das Ansteigen der Gewaltkriminalität für sehr schwerwiegend. Nationale Umfragen haben in den letzten Jahren gezeigt, daß die Mehrheit der Bevölkerung angestiegene Kriminalitätsraten in Verbindung bringt mit einem Zusammenbruch der Moralvorstellungen, einer unzureichenden moralischen Erziehung und einer mangelhaften moralischen Disziplin der jungen Leute. Wenn man nach Gegenmitteln für die als bedrohlich empfundene Verbrechenssituation fragte, sahen sie im großen und ganzen nach einer strengeren Polizei und einer nachsichtsloseren Verurteilung aus. Als die Probanden in Washington D. C. gefragt wurden, was sie für am wichtigsten hielten, um die Kriminalität in ihrer Stadt herabzumindern, befürworteten sie ebenfalls Strenge. Ihre Antworten wurden klassifiziert nach Empfehlungen für repressive Maßnahmen, soziale Verbesserungen und moralische Erziehung. Repressive Maßnahmen schlossen ein die Forderung nach mehr Polizei, härteren Urteilen und nach einem scharfen Vorgehen gegenüber Jugendlichen. Soziale Verbesserungen umfaßte die Befürwortung eines größeren Stellenangebots, Freizeitaktivitäten und -programme für Jugendliche, bessere Wohnungen und verbesserte Beziehungen zwischen Polizei und Gemeinschaft. Moralische Erziehungsmaßnahmen bestanden in besserer Erziehung der Kinder, verbesserter religiöser Unterweisung und ganz einfach im Lehren von Disziplin. 60 % der Befragten empfahlen repressive Maßnahmen, 36,5 % soziale Verbesserungen und moralische Erziehung. Nur 3,5 % sprachen sich für moralische Maßnahmen allein aus. Ein anderer Beweis für die Tendenz, eine verschärfte Strafverfolgung als einen gangbaren Weg zur Lösung des Kriminalitätsproblems zu sehen, ist in den Antworten auf die Frage zu erblicken, ob die Urteile der Gerichte in Washington D. C. im allgemeinen zu milde oder zu streng seien. Über die Hälfte (58 %) antwortete, die Urteile seien zu milde. 22 % hielten sie für gerade so recht. 11 % waren der Meinung, sie seien manchmal zu milde und zuweilen zu streng. Weniger als 2 % antworteten, sie seien zu streng. Die restlichen 7 % hatten keine Meinung. Mehr Polizei, eine strengere Polizei und weniger Milde durch das Gericht, das sind die Wege, die ein beträchtlicher Teil der Bevölkerung gehen würde, um den Umfang der Kriminalität zu vermindern. Wenige zogen in Erwägung, daß soziale Wandlungen und die Verbesserung der moralischen Atmosphäre in der Bevölkerung die Lösung darstellen könnten. Es gibt nicht nur ein Sich-Verlassen auf die Polizei, sondern gegenüber der Polizei ist auch ein beträchtlicher guter Wille zu beobachten. Die meisten Befragten (85 %) stimmten darin überein, daß Leute, die einen solch harten Beruf wie Polizisten ihn hätten, mehr Dank und Respekt verdienten, als sie gegenwärtig von der Öffentlichkeit erhielten. Nahezu genauso viele (78 %) stimmten darin überein, daß es nur ganz wenige Polizisten gebe, die für die schlechte Publizität verantwortlich seien, die die Polizei manchmal erhalte. 68 % waren der Meinung, daß die Polizei besser bezahlt werden müßte, als sie gegenwärtig entlohnt wird. Zentrale Ergebnisse waren ferner, daß die Öffentlichkeit äußerst furchtsam gegenüber Opferwerden ist und daß diese Befürchtungen merkbare Wirkungen auf ihren Lebensstil haben. Die Publizität der Verbrechensstatistiken ist eine der wichtigeren Quellen für die fehlerhaften kriminologischen Eindrücke der Bevölkerung. Kriminalstatistiken sind Behördenstatistiken. Ihr Primärzweck besteht darin, die Strafverfolgungsbehörden mit Informationen zu versehen. Die Funktion der Unterrichtung der Öffentlichkeit ist lediglich ein Beiprodukt. Der Eindruck der Bevölkerung von der steigenden Kriminalität wird in den USA verursacht durch das Lesen von Nachrichten, die sich auf die polizeilichen Kriminalstatistiken beziehen, durch die Berichterstattung über dramatisierte Einzelfälle spektakulären Mordes und das Sehen von Hearings über legislative Untersuchungen bezüglich des organisierten Verbrechens.

4. *Ausmaß und Formen der Verbrechensfurcht*

Eine Längsschnittuntersuchung von 1500 weißen und schwarzen Familien führte Leonard Savitz (1973 a [1]) in Philadelphia durch, von Familien, die alle im Jahre 1970 einen 12 Jahre alten Jungen hatten. Bei 661 schwarzen Familien wurden Tiefeninterviews vom Jungen und seiner Mutter in 83 % der Fälle im ersten Jahr (N = 533) und in 76 % der Fälle im zweiten Jahr (N = 503) gemacht. Furcht vor Kriminalität wurde als die subjektive Einschätzung des Risikos definiert, Opfer eines bestimmten Delikts zu werden. Zur Furcht vor Kriminalität gehörte auch die subjektive Beurteilung des Risikos für ein Familienmitglied, Opfer eines Verbrechens zu werden. Die meisten Jungen (65 %) glaubten, daß Teile der Stadt in unmittelbarer Nähe ihrer Nachbarschaft gefährlich seien. 43 % der Jugendlichen bezogen diese Furcht auf ihr eigenes Wohngebiet. Das tatsächliche Opferwerden der Jugendlichen weicht von der Kenntnis des Haushaltsvorstandes über dieses Opferwerden ab. Raubüberfälle erlitten 38 % der Jugendlichen. Beim Haushaltsvorstand waren allerdings nur 8 % dieser Raubüberfälle bekannt. Bei weißen Jugendlichen lauten die entsprechenden Zahlen: 25 % für die erlittenen Raubüberfälle und 5% für die Kenntnis des Haushaltsvorstandes davon. Die Jungen erzählen also wahrscheinlich nicht immer zu Hause, wenn sie Opfer eines Verbrechens geworden sind. Leonard Savitz (1973 a [2]) befragte 202 Familien näher. Ein Großteil der Jungen wird niemals Opfer einer Straftat. 80 % von ihnen wurden weder körperlich angegriffen noch erpreßt. 61 % der Jungen wurden weder beraubt noch erpreßt, und 57 % der Jungen wurden weder angegriffen noch beraubt. Die Furcht vor dem Verbrechen ist freilich dennoch sehr hoch. 62 % sagten, daß sie Furcht in den Straßen und an den Ecken ihres Häuserblocks besäßen. 77 % äußerten, daß sie sich in den Straßen und an den Straßenecken in unmittelbarer Nähe ihres Häuserblocks ängstigten. Orte der sozialen Aktivität, Parks, Spielplätze, Tanzlokale und Kinos, wurden von 44 % bis 56 % aller Jugendlichen als gefährlich angesehen. Die öffentlichen Transportmittel, Straßenbahnen, Busse und Untergrundbahnen, waren für 53 % bis 67 % der Jugendlichen furchterregend. Auch alle Örtlichkeiten, die mit der Schule zusammenhängen, riefen viel Furcht hervor: 55 % erklärten, die Straßen von der Schule und zur Schule seien gefährlich, während 46 % dies von den Schulhöfen, 28 % von Schulgebäuden und 21 % von ihren Klassenräumen bemerkten. Die Jugendlichen schätzten 8 Situationen nach dem Grad ihrer Furcht ein: a. Beraubtwerden von einem Erwachsenen, b. Beraubtwerden von einem Teenager, c. Geschlagenwerden von einem Erwachsenen, d. Geschlagenwerden von einem Gleichaltrigen, e. Getötetwerden von einem Erwachsenen, f. Getötetwerden von einem Gleichaltrigen, g. Schutzeinkaufen (Erpreßtwerden) von einem Erwachsenen und h. Schutzeinkaufen von einem Teenager. Keine bedeutsame Furcht vor irgendeiner dieser Situationen zeigten 7,7 % aller Erwachsenen und 2,1 % aller Jugendlichen. Ein wenig Furcht ließen bei einer oder zwei Situationen 5,1 % der Jugendlichen und 1,8 % der Eltern erkennen. Einige allgemeine Furcht wurde wenigstens bei einigen Situationen von 10,9 % der Jugendlichen und 9,1 % der Erwachsenen offenbar. Furcht unterhalb des Durchschnitts des Mittelwerts machten 27,6 % der Jugendlichen und 26,7 % der Erwachsenen sichtbar. Furcht oberhalb des Mittelpunktes enthüllten 35,1 % aller Erwachsenen und 27,6 % aller Jugendlichen. Allgemeine Furcht in vielen Situationen war die Antwort von 10,5 % der Erwachsenen und 13 % der Jugendlichen. Die höchste Furchtkategorie enthielt 14,7 % aller Erwachsenen und 8,1 % aller Jugendlichen. Der Mittelwert der Furcht wurde von 60 % aller Erwachsenen und von 49 % aller Jugendlichen überschritten. 30 % aller Eltern äußerten geringe Furcht darüber, daß ihre Kinder in der Schule beraubt werden könnten, 20 % durchschnittliche Sorge, während 50 % ein Höchstmaß an Angst offenbarten. 55 % der Eltern ließen ein solches Höchstmaß davor erkennen, daß ihr Kind in der Schule körperlich verletzt werden könne. Das Ausmaß der Kriminalitätsfurcht ist unabhängig von der Häufigkeit des Opferwerdens. Der Mittelwert der Furcht betrug 6,9 in Familien mit mehreren Opfern, 6,5 in Familien mit einem Opfer und 5,9 in Familien mit keinem Opfer. Die Furcht, daß das Kind in der Schule kriminell verletzt werden könnte, machte 6,9 für Familien mit mehreren Opfern, 6,8 für Familien mit einem Opfer und 6,2 für Familien mit keinem Opfer aus. Bezüglich des Raubs in der Schule beliefen sich die Zahlen für Eltern mit mehreren Opfern in der Familie auf 7,1, mit einem Opfer auf 5,9 und mit keinem Opfer auf 5,9. Kombiniert man beide Ereignisse, die die Viktimisierung des Kindes in der Schule betreffen, so ergibt sich ein Mittelwert für die Furcht von 14 für Eltern in Familien mit mehreren Opfern, 12,7 für Eltern in Familien mit einem Opfer und 12,1 für Eltern von Kindern, die kein Opfer einer Straftat geworden sind.

Eine Stichprobe von 1143 Jugendlichen in einer „High School“ einer Stadt von 85 000 Einwohnern in einem Staat an der Ostküste der USA wurde befragt (William H. Feyerherm, Michael J. Hindelang 1974), für wie wahrscheinlich sie es halten würde, daß eine Person in den Straßen ihrer Nachbarschaft beraubt oder angegriffen würde. 40 % der männlichen (Durchschnittsalter 16,3) und 44 % der weiblichen (Durchschnittsalter 16,1) Probanden hielten solche Ereignisse für einigermaßen wahrscheinlich oder sehr wahrscheinlich. Dieselbe Frage, die man einer für die USA repräsentativen Stichprobe von Erwachsenen stellte (Philip H. Ennis 1967 a), wurde von diesem Sample dahingehend beantwortet, daß 22 % der männlichen und 25 % der weiblichen Befragten solche kriminellen Vorgänge für einigermaßen oder sehr wahrscheinlich hielten. Eine damit verwandte Frage, die sich auf die wahrgenommene Sicherheit in der Nachbarschaft nach Dunkelheit bezog, beantwortete das Sample der Jugendlichen von Feyerherm und Hindelang in der Weise, daß sich 11 % der männlichen und 38 % der weiblichen Jugendlichen unsicher oder sehr unsicher fühlen, wenn sie nach Dunkelheit in ihrer Nachbarschaft auf der Straße sind. Dieselbe Frage wurde in der Ennis-Studie gefragt und zeigte ähnliche Ergebnisse: 16 % der männlichen und 44 % der weiblichen Probanden fühlten sich unsicher oder sehr unsicher, wenn sie allein nach Dunkelheit in ihrer Nachbarschaft auf der Straße waren. Die Frage, ob es ein Gebiet innerhalb einer Meile gebe, in dem der Befragte Angst haben würde, bei Nacht allein auf der Straße zu sein, wurde von einer repräsentativen Stichprobe für die USA im Jahre 1972 von 20 % der männlichen und 59 % der weiblichen Probanden bejaht. In der Studie von Feyerherm und Hindelang glaubten 55 % der männlichen Befragten, die drei- oder mehrmals im vorhergehenden Jahr Opfer geworden waren, daß es einigermaßen oder sehr wahrscheinlich sei, daß eine Person auf den Straßen in ihrer Nachbarschaft beraubt oder angegriffen würde. Zu der Einstellung über mögliche Viktimisierungen tragen zahlreiche andere Faktoren bei, z. B. Opferwerden von Freunden der Befragten und Berichte der Massenmedien über „kriminelle Wellen“.

5. Mangelhafte kriminologische Information der Bevölkerung

Aus den referierten viktimologischen Untersuchungen ergibt sich, daß die Bevölkerung nicht sorgfältig und zutreffend über das Ausmaß, die Struktur und die Entwicklung der Kriminalität unterrichtet wird. Kriminologen haben auf politische Instanzen und Massenmedien keinen Einfluß. Es herrscht in der Gesellschaft die völlig verfehlte Ansicht vor, die Kriminalität werde ihr von wenigen „entarteten Volksschädlingen" angetan, die es nur zu fangen und zu vernichten gelte. Kriminellenjagd ist ein geschätztes Gesellschaftsspiel. Es wird nicht erkannt, daß die Kriminalität ein Problem der Gesellschaft ist. Viele Kriminologen tun alles, um diese Erkenntnis zu verhindern. Die nicht ausreichend und falsch unterrichtete Bevölkerung besitzt eine diffuse Furcht vor dem Verbrechen, die sich auf fast alles und jeden erstreckt. Sie fühlt sich in ihrer Existenz bedroht. Sie befürwortet eine harte, strenge

Tabelle 9: Verändertes Benehmen unter schwarzen Jugendlichen

	1. Jahr (N = 532)	2. Jahr (N = 520)
A. Vermeidungen		
Ich wechsele die Straßenseite, wenn ich eine Gruppe Fremder sehe.	69 %	59 %
Ich vermeide es, mit Fremden zu sprechen.	82 %	72 %
Ich gehe nicht aus bei Nacht in meine unmittelbare Nachbarschaft.	60 %	54 %
Ich versuche, möglichst in der Reichweite meines Häuserblocks zu bleiben, wenn ich an die Luft gehe.	72 %	56 %
Ich versuche, das Gang-Gebiet anderer Banden bei Tag nicht zu betreten.	72 %	61 %
Ich versuche, das Gang-Gebiet anderer Banden bei Nacht nicht zu betreten.	83 %	71 %
B. Waffen-Reaktionen		
Ich trage einen Revolver oder ein Messer bei mir.	15 %	8 %
Ich trage „irgendetwas anderes" (als Waffe) bei mir.	83 %	71 %

Quelle: Leonard Savitz: Victimization, fear of crime and altered behavior in relationship to delinquency. New York 1973 b, S. 42.

Tabelle 10: Prozentsätze schwarzer Erwachsener, die ihr Verhalten in den letzten beiden Jahren geändert haben

	1. Jahr (N = 532)	2. Jahr (N = 520)
A. Vermeidung kürzlichen Verhaltens		
1. Ich bleibe in der Nacht zu Hause.	80 %	81 %
2. Wenn ich nachts ausgehe, versuche ich, nicht alleine zu gehen.	86 %	91 %
3. Ich gehe nicht alleine ins Kino.	71 %	75 %
4. Ich gehe weniger alleine einkaufen.	62 %	67 %
5. Ich besuche Freunde weniger.	76 %	74 %
6. Ich spreche nicht mit Fremden auf der Straße.	83 %	82 %
7. Ich wechsle die Straßenseite, wenn eine Gruppe von Jugendlichen auf mich zukommt.	75 %	70 %
8. Ich vermeide die Untergrundbahn.	77 %	70 %
9. Ich versuche, nicht in „schlechten" Gebieten zu arbeiten.	70 %	71 %
10. Ich halte die Kinder während des Tages von der Straße entfernt.	37 %	41 %
11. Ich halte die Kinder während des Abends und der Nacht von der Straße entfernt.	93 %	96 %
B. Positive nichtökonomische Reaktionen		
12. Ich halte die Haustür geschlossen, selbst wenn ich zu Hause bin.	91 %	93 %
13. Ich bin in eine sicherere Nachbarschaft umgezogen.	28 %	9 %
14. Ich versuchte, meine Kinder in eine sicherere Schule zu geben.	39 %	30 %
C. Reaktionen, die mit finanziellen Ausgaben verbunden sind		
15. Ich habe zahlreiche und bessere Schlösser an den Türen angebracht.	62 %	49 %
16. Ich habe zahlreichere Gitter und Abschirmungen an den Fenstern angebracht.	18 %	10 %
17. Ich benutze Taxis, wenn immer es möglich ist.	58 %	29 %

18. Ich bringe mehr Lampen um das Haus herum an.	55 %	36 %
19. Ich kaufte einen Wachhund.	35 %	24 %

Quelle: Leonard Savitz: Victimization, fear of crime and altered behavior in relationship to delinquency. New York 1973 b, S. 43.

Strafverfolgung. Jeder fürchtet sich vor dem Verbrechen, ob er nun bereits Opfer geworden ist oder nicht. Diese Furcht, die auf unzulängliche Kriminalitätsdarstellungen in den Massenmedien zurückzuführen ist (so Leonard Savitz: persönliche Mitteilung am 29. August 1973), beeinflußt die Lebensgewohnheit der Bevölkerung erheblich. Auf der einen Seite verhält sie sich recht vernünftig und läßt Vorsicht walten (vgl. Tabelle 9 und 10). Sie bleibt nachts zu Hause und hält ihre Kinder am Abend und in der Nacht von der Straße entfernt. Sie verschließt ihre Haustüren. Auf der anderen Seite treten auf Grund der diffusen Kriminalitätsfurcht negative soziale Folgen ein: eine soziale Unsicherheit, Mangel an Vertrauen gegenüber öffentlichen Institutionen (z. B. gegenüber der Schule) und soziale Desintegration. Man geht Fremden aus dem Weg und spricht nicht mehr mit ihnen. Man besucht Freunde weniger. Man hält die Schule für keinen sicheren Platz. Es fehlt die Einsicht und das Vertrauen in die eigenen Möglichkeiten und Fähigkeiten, das Verbrechen durch die Gemeinschaft selbst zu kontrollieren. Man verläßt sich allein auf die Polizei, die überhaupt nicht in der Lage sein kann, der Bevölkerung die Sicherheit zu bieten, die sie von ihr erwartet. Hier ist ein Sozialprozeß in Gang gesetzt, der von Politikern und Massenmedien in falscher Richtung ständig verstärkt wird.

6. Abschnitt: Fälle, Fragen und Literaturhinweise

Fall 2

In der Nacht zum 15. August 1974 sprach in der Innenstadt der westdeutschen Großstadt X der Autofahrer A eine 28jährige Prostituierte an, vereinbarte den Geschlechtsverkehr gegen Entgelt mit ihr und fuhr mit ihr — entgegen ihrem Vorschlag — in ein einsames Gebiet des Stadtwaldes. Dort schlug er sofort auf sie ein, zwang sie, sich zu entkleiden und bei ihm den Mundverkehr auszuführen, wobei er weiter auf sie einschlug und sie in die Brüste biß. Schließlich führte er gegen ihren Willen auch den Geschlechtsverkehr aus und warf sie danach nackend aus dem Fahrzeug. Vorher hatte er ihr unter Drohungen Bargeld in Höhe von 500,-- DM, eine Armbanduhr und zwei Ringe abgenommen. Als er davonfuhr, warf er die Kleidungsstücke der Prostituierten nach und nach aus seinem Auto.

Fragen zu Fall 2:

1. Welche Straftaten hat A begangen?
2. Wie ist der Fall viktimologisch zu beurteilen?

Fall 3

Vom 15. 12. 1973 bis 18. 5. 1974 führte der 13jährige Schüler Alfred K. 35 Gelddiebstähle aus, bei denen er 5873,65 DM erbeutete. In allen Fällen suchte er sich die Opfer, die er vorher nicht kannte, sorgfältig aus. Er schellte an irgendeiner Haustür. Machte man ihm auf, gab er vor, auf der Suche nach seiner Tante zu sein, deren Name er vergessen habe. Bei der Tante handele es sich um eine ältere, alleinstehende, gebrechliche Frau. Von den Befragten erhielt er dann die Auskunft, daß im gleichen Hause oder in der Nachbarschaft eine ältere, alleinstehende, gebrechliche Frau wohnen würde. Nachdem er den Namen erfahren hatte, verschwand er wieder. Nach einiger Zeit ging er dann zu der von den Leuten benannten Frau. Meistens gab er vor, er sei der Sohn einer Bekannten dieser Frau und wolle einen Besuch abstatten. Die alten Damen ließen den Jungen fast immer in ihre Wohnung, da er sehr höflich auftrat. Gelang ihm dies zunächst nicht, bat er um ein Glas Wasser, oder er fragte, ob er die Toilette benutzen dürfe. Wenn Alfred in der Wohnung war, ging er mit einer großen Dreistigkeit und Frechheit vor. Im Beisein der Frauen durchsuchte er Schränke und Behältnisse. Hatte er Geld gefunden, so verschwand er schnell. Die Opfer waren auf Grund ihres Alters und ihrer Gebrechlichkeit nicht in der Lage, das kriminelle Verhalten des Jungen zu unterbinden.

Frage zu Fall 3:

In welcher Weise macht sich Alfred K. viktimologische Kenntnisse für seinen Tatplan nutzbar?

Fall 4

Am 15. 6. 1974 wurde das 5jährige Kind Brigitte D. tot in der Universitätsklinik F. eingeliefert. Der gesamte Körper des Kindes war mit Spuren bedeckt, die auf erhebliche Mißhandlungen schließen ließen. Bei der Obduktion wurde festgestellt, daß das Mädchen mehrfach schwer mißhandelt und mit einem Hammer zusammengeschlagen worden war. Außerdem war es einige Wochen vor seinem Tod schon schwer erkrankt und hätte dringender ärztlicher Hilfe bedurft. Die Eltern des Kindes, der mehrfach vorbestrafte 35jährige D. und die ehemalige Prostituierte Marlene D. gaben schwerste Kindesmißhandlungen zu. Sie hatten dem Kind, um das Bettnässen zu unterbinden, weitgehend die Flüssigkeit entzogen, so daß das Mädchen in seiner Not den Urin seiner Schwester getrunken hatte. Als es schwer erkrankte und hochfiebernd und völlig apathisch im Bett lag, zogen die Eltern keinen Arzt hinzu, weil sie mit dem Tod des Kindes rechneten.

Fall 5
Am 28. 7. 1974 wurde der 9jährige Sohn der Frau L. als vermißt gemeldet. Die Suche nach dem Kind in der Wohnung der Familie L. war kaum durchführbar, da die Zimmer mit verwesten Ratten, vermodertem Abfall und Möbelresten angefüllt waren. In den nach Urin und Kot von Mensch und Tier stinkenden Räumen übernachteten zwei Kinder der Frau L., die erklärte, daß sich ihre Wohnung seit etwa einem Jahr in diesem Zustand befände.

Fall 6
Am 12. 1. 1974 verstarb in M. ein 5jähriges Mädchen an den Folgen der Schläge, die Eltern ihm mit Schuhen, Stöcken, Staubsaugerrohren und Lederriemen beigebracht hatten. Die Nachbarn und eine Fürsorgerin wußten um diese „Erziehungsmaßnahmen“. Die Fürsorgerin lehnte jedoch ein Einschreiten ab, da es sich um „familiäre Angelegenheiten“ handele.

Ermittlungen ergaben, daß das Kind ein Jahr zuvor mit schweren Verletzungen in ein Krankenhaus eingeliefert worden war. Angeblich war es die Treppe heruntergefallen. Der behandelnde Arzt hatte seinerzeit den Verdacht der Mißhandlung. Mit Rücksicht auf seine ärztliche Schweigepflicht ließ er es bei einer Mahnung bewenden.

Das Kind war Anlaß der Eheschließung, galt als schwer erziehbar, kotete und näßte noch ein, hatte erhebliche Sprachschwierigkeiten.

Die Mutter erklärte vor Gericht: „Mir kommt der Kaffee hoch, wenn ich dieses Kind sehe.“ Sie behauptete aber, das Kind lediglich aus erzieherischen Gründen gezüchtigt zu haben.

Fragen zu den Fällen 4, 5 und 6

1. Wie unterscheiden sich Kindesmißhandlung und Kindesvernachlässigung?
2. Welche Ursachen hat die Kindesmißhandlung?
3. Wie könnte der Kindesmißhandlung besser vorgebeugt werden?
4. Auf welche Weise könnte der Rückfall vermieden werden?
5. Wie beurteilen Sie die Fälle 4 bis 6 unter den Gesichtspunkten der Fragen 1 bis 4 viktimologisch?

Fragen zum 2. Kapitel

1. Was versteht man unter primärer und sekundärer Viktimisierung?
2. Kann Opferwerden leicht ins Gedächtnis zurückgerufen werden? Wenn dies nicht der Fall ist, worin liegen dann die Ursachen?
3. Was versteht man unter dem absoluten und dem relativen Dunkelfeld? Wie mißt man es?
4. Wie hoch ist der Anteil der Bevölkerung, der kein Opfer von Verbrechen wird?
5. Wie hoch ist der Anteil der Bevölkerung, der vier- und mehrmals Opfer von Verbrechen wird?
6. Wieviel Prozent der begangenen Delikte werden angezeigt? Bestehen Unterschiede in den Arten der Delikte, die angezeigt und die nicht kriminalpolizeilich gemeldet werden?
7. Warum zeigen Verbrechensopfer ihnen bekannte Delikte nicht an?
8. Wer ist besonders opferanfällig?
9. Wie erklärt sich der Rückgang der Unzucht mit Kindern seit 1965 in Dänemark?
10. Wie stellt sich die Viktimisierung unter Jugendlichen und Erwachsenen dar?
11. Welche Einstellungen zum Verbrechen und welche kriminalpolitischen Vorstellungen hat die Bevölkerung? Welche Einstellungen hat die Bevölkerung gegenüber der Polizei?
12. Welche Vorbeugemaßnahmen gegen das Verbrechen trifft die Bevölkerung?
13. In welcher Weise stehen Verbrechensaufklärung und Anzeigebereitschaft in Wechselwirkung?
14. Welche Betriebe trifft die Viktimisierung im Bereich der gewerblichen Wirtschaft?

15. Welche Unterschiede bestehen in der Kriminalitätsstruktur nach den Dunkelfelduntersuchungen und nach der polizeilichen Kriminalstatistik?
16. Wie erklärt es sich, daß junge Männer häufiger als ältere und als Frauen Opfer von Straftaten werden?
17. Warum steigt das Risiko des Opferwerdens mit jeder Viktimisierung?
18. Welche Opfertypologien gibt es?
19. Welche Gütekriterien sollten Opfertypologien haben?
20. Sind die Gütekriterien bei den vorhandenen Opfertypologien erfüllt?
21. Gibt es Erbfaktoren, die eine Opferanfälligkeit bedingen? Gibt es ein „geborenes Opfer"?
22. Wer ist besonders opferanfällig und warum?
23. Welches sind die viktimologischen Ursachen der Unzucht mit Kindern, der Kindesmißhandlung und der Gruppennotzucht? Wie kann man diesen Delikten vorbeugen und auf welche Weise den Rückfall vermeiden?
24. Welches sind die viktimologischen Ursachen des Heiratsschwindels?
25. Was ist „soziale Sichtbarkeit"? Warum führt sie zu vermehrtem Opferwerden?
26. Was sieht die Bevölkerung als Ursachen für das Opferwerden an, und warum hat sie diese Einstellung?
27. Bestehen Beziehungen zwischen Furcht vor dem Opferwerden und der tatsächlichen Viktimisierung?
28. Ist die Furcht vor dem Opferwerden größer in der Bevölkerung als die tatsächliche Viktimisierung? Woher kommt diese Furcht?
29. In welcher Weise schützen sich die Menschen vor dem Verbrechen?
30. Was müßte nach Meinung der Bevölkerung getan werden, um die Kriminalität zu verringern? Sind diese Ansichten kriminologisch begründet? Falls dies nicht der Fall sein sollte: Wie kann man Kriminalität verringern, und was kann man tun, um der Bevölkerung eine zutreffende Ansicht über kriminalpolitische Maßnahmen zu vermitteln?

Literaturhinweise zum 2. Kapitel

Lesen Sie folgende Literaturstellen:

I. Berl Kutschinsky (1971, S. 84-128) erklärt den Rückgang der registrierten Sexualverbrechen in Kopenhagen.

II. Hans von Hentig (1948, S. 383-450) erläutert das Konzept der Opfereignung und -neigung.

III. Elisabeth Nau (1962, S. 75-89) zeigt die Ursachen der Unzucht mit Kindern auf.

IV. Günther Kaiser (1973, S. 296-306) vertritt von der vorliegenden Darstellung stark abweichende Auffassungen zur Kindesmißhandlung.

V. Wilfried Rasch (1968, S. 81-88) geht näher auf die Opferanfälligkeit bei Gruppennotzuchtsdelikten ein.

3. KAPITEL: PROZESS DES OPFERWERDENS

1. Abschnitt: Zusammenfassung des Kapitels

In Opferzeiten und -räumen, die näher viktimologisch erforscht werden müssen, entstehen durch bestimmte Opferkonstellationen Opferkonzentrationen. Die Opferkonstellationen müssen erkannt und die Opferkonzentrationen aufgelöst werden. Beurteilungen von Straftaten bedürfen der Analyse der viktimologischen Dynamik der Tatsituation. Das ist zwar außerordentlich schwierig und zeitaufwendig, muß aber nicht nur aus Gerechtigkeitsgründen, sondern zur wirksameren sozialen Kontrolle der Kriminalität geleistet werden. Eine Straftat unter kriminalistischen und strafrechtsdogmatischen Erwägungen retrospektiv zu bewerten, ist einfach, weil man sich an den „Täter" halten kann, also an denjenigen, der im individuellen Kriminalisierungsprozeß als Täter definiert wird. Die wirkliche Entstehung der konkreten Straftat bekommt man auf diese Weise aber nicht in den Griff. Das kann besonders gut an der Psychodynamik der Notzuchtssituation verdeutlicht werden. Das Mädchen, das z. B. als Anhalterin reisen will, begibt sich freiwillig in eine für sie objektiv höchst verletzbare Situation. Der Fahrer des Autos kann mit Bedacht das Opfer aussuchen und sich für seinen Angriff einen geeigneten und sicheren Tatort auswählen. Er kann dadurch, daß er das Opfer von jeder möglichen Hilfe isoliert, den Widerstand des Opfers am Tatort brechen. Er ist ferner in der Lage, nach der Tat leicht mit seinem Auto zu entkommen. Hinzu kommen subjektive Gründe, die das Opfer benachteiligen: Einmal rechnet es selbst schon mit sexuellen Angriffen. Es berechnet gleichsam sein Risiko. Zum anderen hat der Autofahrer von Anhalterinnen kein gutes Persönlichkeitsbild. Er hält sie für Personen mit lockeren, liederlichen Moralvorstellungen. Es kommt hierbei für die Tatentdeckung nicht entscheidend darauf an, ob auch das potentielle Opfer ein solches Selbstbild von sich hat. Vielmehr ist allein die Einstellung des möglichen Täters dem Opfer gegenüber ausschlaggebend.

In der modernen Wohlstandsgesellschaft werden Vorbeugemaßnahmen gegen Raubüberfälle, Einbrüche, Haushalts-, Laden- und Betriebsdiebstähle weitgehend unterlassen. Die modernen Werbemethoden in der Konsumgesellschaft lösen im Gegenteil noch die unerlaubte Wegnahme aus. Es ist deshalb problematisch, ob man dem potentiellen Opfer, das für die viktimogene Situation weitgehend verantwortlich ist, auch die soziale Kontrolle überbürden kann. Diese Frage geht das Problem indessen nicht tiefgründig genug an. Denn letzten Endes muß der Konsument (über die Preisgestaltung) oder der Bürger (über erhöhte Steuern) die durch Vermögenskriminalität in der Wirtschaft entstandenen Schäden bezahlen. Der Betriebsdiebstahl macht ein Vielfaches des Ladendiebstahls aus. Die Angestellten werden zwar entlassen, aber sie werden der Polizei nicht angezeigt. Meist werden die Betriebsdiebstähle jedoch überhaupt nicht entdeckt. Die meisten Verluste durch „klassische" Delikte wie Diebstahl, Betrug, Raub und Erpressung erleiden die kleinen Handels- und Gewerbebetriebe.

Die Täter-Opfer-Beziehung ist für die Beurteilung einer Straftat besonders wichtig. Es gibt verschiedene Arten von Beziehungen. Wenn der potentielle Täter sein Opfer oder umgekehrt das mögliche Opfer seinen Täter kennt, handelt es sich um ein einseitiges subjektives Verhältnis, keine Beziehung. Eine objektive Beziehung ist gegeben, wenn Täter und Opfer in räumlicher und zeitlicher Nähe wohnen und arbeiten, ohne sich gegenseitig zu kennen. Die soziale Beziehung lebt in Gegenseitigkeit und Wechselwirkung, im sozialen Prozeß. Der Begriff des „Beziehungsverbrechens" ist indessen zu eng. Er meint, daß Rechtsbrüche ausschließlich oder vorwiegend aus einer bestimmten menschlichen Beziehung entstanden sein müssen. Der Begriff „soziale Beziehung" im Sinne viktimologischer Betrachtung bedeutet ein Verhalten, das — allen Beteiligten bewußt — deren eigenes Handeln sinnhaft am fremden Handeln orientiert. Es gibt graduell höchst unterschiedliche Beziehungen: Bekanntschaft, Nachbarschaft, gute Bekanntschaft, Freundschaft, enge Freundschaft, Verwandtschaft. Die Straftaten, die sich hauptsächlich gegen die Person richten (Auseinandersetzungs- und Konfliktdelikte), z. B. Tötung, Körperverletzung, Notzucht, Unzucht mit Kindern und Kindesmißhandlung, sind vor allen Dingen emotional, irrational bestimmt. Sie finden gewöhnlich in einer relativ engen sozialen Beziehung statt. Die Vermögensdelikte, z. B. Raub, Einbruch, Diebstahl, Betrug und Wirtschaftsdelikte, gehen vorwiegend rational und sachlich auf materiellen Gewinn. Sie ereignen sich in der Regel nicht in sozialen Beziehungen. Für die Aufklärung und Vorbeugung der Delikte gegen Personen oder Vermögen müssen unterschiedliche Strategien erarbeitet werden — je nach dem Vorhandensein einer sozialen Beziehung.

In den städtischen Bezirken der modernen Industrieländer ist die kriminelle Tötung ganz überwiegend ein Delikt, das im sozialen Nahraum unter Ehepartnern, Verwandten, Freunden und Bekannten begangen wird. Der Mann tötet oft seine Frau. Die Männer töten sich als Freunde und Bekannte gegenseitig. Der Alkohol spielt bei kriminellen Tötungen eine viktimogene Rolle. Der spielerisch-kindliche Kontakt zwischen kindlichen Opfern und erwachsenen Tätern ist für die Unzucht mit Kindern charakteristisch. Eine große Anzahl von Tätern stammt aus dem sozialen Nahraum des kindlichen Opfers der Sexualstraftat. Die Ausführungshandlungen sind meist leichterer Art. Nur wenige Fälle werden der Polizei angezeigt. Die Erscheinungsformen der Opferteilnahme sind überwiegend beiläufig. Mangelnde Intelligenz, abnorme Persönlichkeitsstruktur und instabile Familienverhältnisse kommen häufig bei den kindlichen Opfern vor. Die viktimelle Karriere des kindlichen Opfers beginnt meist mit der Familienpathologie. Etwa ein Drittel der weiblichen Opfer von Unzucht mit Kindern ist aktiv an der Sexualstraftat beteiligt. Offener Zwang oder Gewaltanwendung kommen indessen bei der Mehrzahl der Fälle nicht vor. Die Opfer von Exhibitionisten sind fast stets Fremde, weil der Exhibitionist gerade keine Beziehung anstrebt und das Opfer in der Regel erschrecken will. Der Widerstand des Opfers der Notzucht erhöht die Provokation, die der Täter ihr gegenüber empfindet. Das Notzuchtsopfer wird im Falle der Widerstandsleistung meist Objekt größerer physischer Brutalität und sexueller Erniedrigung. Eine große Anzahl, möglicherweise sogar die Mehrzahl der Notzuchtstäter, sind Männer aus dem sozialen Nahraum des Opfers (Bekannte, Nachbarn, Freunde, Verwandte). Je enger die Beziehung zwischen Opfer und Täter ist, desto größer ist die Gewalt, die gegenüber dem Opfer angewandt wird. Etwa 20 % der Notzuchtsfälle sind vom Opfer selbst herbeigeführt worden. Anbahnungsorte für Notzuchtsdelikte sind hauptsächlich die öffentlichen Straßen, Lokale, Bahnhöfe und die öffentlichen Verkehrsmittel. Exponierte Opfer, Prostituierte, Streunerinnen, Fürsorgezöglinge, Fortläuferinnen und Trinkerinnen sind besonders für Notzuchtshandlungen anfällig. Alkohol ist in der Notzuchtssituation ein bedeutsamer viktimogener Faktor. Mädchen und junge Frauen werden vermehrt Opfer von Notzuchtstaten, weil sie sich allzu leichtsinnig in viktimogene Situationen begeben, die ältere, erfahrenere Frauen vermeiden. Die interrassische Notzucht ist ein eigenes Problem. Bei ihr steht das Haßmotiv des Täters im Vordergrund, der zur unterdrückten rassischen Minderheit innerhalb einer Gesellschaft gehört. Über 90 % der interrassischen Notzuchtsfälle ereignen sich zwischen Fremden. Bei allen Notzuchtsfällen ist die Frau psychisch nicht darauf vorbereitet, sich selbst physisch in einem Nahkampf zu verteidigen. Touristen, Homosexuelle und Prostituierte sind für Raubtaten besonders opferanfällig. Dem Opfer unbekannte Täter machen die Mehrzahl der Fälle aus.

Jugendliche Prostituierte sind oft Opfer einer Notzucht bei ihrem ersten Geschlechtsverkehr. Sie beuten zwar ihre Freier aus, sind aber selbst Opfer des organisierten Verbrechens und ihrer Zuhälter. Überlebende von nationalsozialistischen Konzentrationslagern haben häufig rigide, egozentrische Persönlichkeitszüge erworben. Unterdrückung ist der Formung einer antisozialen Persönlichkeit förderlich. Personen mit einer solchen durch Viktimisierung maßgeblich beeinflußten Persönlichkeitsstruktur neigen zu Konflikten mit anderen Menschen und zu Verbrechen. Es spricht vieles für die Hypothese, daß das Opferwerden bahnend für und möglicherweise unterstützend auf zukünftiges kriminelles Fehlverhalten wirkt. Der Straftäter beschuldigt das Opfer. Es wird als wertloses menschliches Wesen definiert. Ihm wird die Eigenschaft, ein menschliches Wesen zu sein, überhaupt abgesprochen. Rechtfertigungen kriminellen Verhaltens finden sich weniger unter Vermögens-, Betrugs- und Straßenverkehrsstraftätern. Die Gewalt- und Sexualstraftäter geben indessen dem Opfer die alleinige Schuld. Diese Unterschiede sind mit einer Billigkeitstheorie zu erklären: Die kriminelle Schädigung eines anderen verletzt die ethischen Prinzipien und verursacht Konflikte mit den Selbsterwartungen des Rechtsbrechers. Je größer das tatsächliche Leiden und der Schaden sind, die das Opfer hatte, desto größer ist die Bedrängnis des Schädigers. Hieraus entsteht sein Bedürfnis, die psychische Billigkeit wiederherzustellen. Das tut er dadurch, daß er das Opfer für sein Mißgeschick selbst verantwortlich macht, daß er das Leiden des Opfers verneint und daß er sich weigert, es zu entschädigen. Diese Einstellung hängt mit der Schwere des Delikts zusammen. Je schwerer das Delikt vom Straftäter empfunden wird, desto ausgeprägter ist seine Einstellung, das Opfer verantwortlich zu machen. Zur Rechtfertigung des Täters kann schließlich mittelbar die Tendenz der Gesellschaft beitragen, das Opfer für die Straftat letztendlich verantwortlich zu machen.

2. Abschnitt: Viktimogene Situationen

1. Opferzeiten und -räume

Viktimogene Situationen sind soziale Lagen, in denen man leicht zum Opfer werden kann. Zur Veranschaulichung können zwei Beispiele genannt werden: Eine alte, aber gut gekleidete Frau geht nachts allein im Slumviertel einer Großstadt mit einer gefüllten Einkaufstasche langsam über einen Bürgersteig. Die Wahrscheinlichkeit, daß sie beraubt werden wird, ist in dieser Situation sehr hoch. Eine Bank mit einem schlechten Alarmsystem und einem unübersichtlichen Hinterausgang liegt unmittelbar an einer Autobahn. Auch hier wird die Wahrscheinlichkeit der Beraubung der Bank extrem hoch. Es gibt bestimmte Opferzeiten, in denen viktimogene Situationen vermehrt auftreten. Unmittelbar nach dem 2. Weltkrieg waren Tötungsdelikte an den Zonengrenzen des besetzten Deutschlands sehr häufig. Es handelte sich einmal um Niemandsland, in dem Tötungsdelikte schwer aufzuklären waren. Zum anderen wechselten viele notleidende, durch den Zusammenbruch entwurzelte und ihre nächsten Angehörigen suchende Menschen ohne die erforderlichen Personalpapiere und Passierscheine von einer Besatzungszone illegal in eine andere. Dasselbe taten schwerrückfällige Kriminelle. So entstand zeitlich und örtlich eine besondere Opferkonzentration durch bestimmte Opferkonstellationen. Schwarzhändler waren gegen Betrug, Raub, Diebstahl, ja kriminelle Tötung so gut wie ungeschützt; der Schwarzmarkt war eine illegale Zone ohne soziale Kontrolle. In unwegsamem Gebiet einsam liegende Gutshöfe waren Raub und Mord durch nach Deutschland während des 2. Weltkriegs verschleppte Personen und Deutsche wehrlos ausgesetzt. Räuberbanden bildeten sich. Die Geschäfte wurden geplündert. Eine soziale Kontrolle war durch die Besatzungsmächte nur mühsam aufrechtzuerhalten. Die Hungernden und Frierenden der Nachkriegsjahre und die Kriegerwitwen befanden sich in viktimogenen Situationen, weil sie ohne ausreichenden sozialen Schutz besonders verletzbar waren. Die durch den enormen Männerausfall verminderten Heiratschancen zahlreicher deutscher Mädchen wurden gerade von Berufs- und Gewohnheitsbetrügern ausgenutzt. Der für die damalige Zeit charakteristische Betrügertyp des Grußbestellers wandte sich an Frauen, die auf die Rückkehr ihres vermißten oder in Gefangenschaft lebenden Mannes warteten (Karl S. Bader 1949). Opferkonzentrationen gibt es in Opfergebieten. Jede Großstadt hat eine bestimmte viktimologische Struktur. So ereignen sich in New York City besonders viele Tötungs-, Raub- und Notzuchtsdelikte und in West-Berlin besonders viele Diebstähle (vgl. zur viktimologischen Struktur in New York City, London, West-Berlin und Tokio: Schaubild 3). Im Übergangsgebiet zwischen Slum und großstädtischer Nachbarschaft der Mittelschicht werden in den USA bemerkenswert zahlreiche Raubüberfälle begangen (Morton Hunt 1972). Je höher die Kriminalitätsbelastung in einem bestimmten Bezirk ist, desto größer wird die Wahrscheinlichkeit des Opferwerdens (M. K. Block, G. J. Long 1973). Delikte gegen die Person, z. B. Tötung, ereignen sich in New York City vermehrt in den Bezirken, in denen farbige Familien mit niedrigem Einkommen wohnen und in denen der Bevölkerungsanteil der 16- bis 21jährigen Arbeitslosen besonders hoch ist. Vermögensdelikte, z. B. Raub und Einbruch, kommen gehäuft in den Gebieten von New York City vor, in denen der Bevölkerungsanteil der über 65jährigen mit hohem Einkommen extrem groß ist. Die viktimogenen Situationen sind nicht immer im voraus klar zu bestimmen.

2. *Die viktimologische Dynamik der Tatsituation*

Sehr oft führen Schlägereien in Hafenkneipen zu Körperverletzungen und Tötungen, die in ihrer Entstehung fast zufällig sind. In solchen viktimogenen Situationen verschwimmen Unterscheidungen zwischen Täter und Opfer zumeist. Die Situation wird im nachhinein kriminalistisch aufgeklärt und strafrechtlich beurteilt, in ihrer vollen viktimologischen Dynamik aber nicht erfaßt. Es kommt für die kriminalistische und strafrechtliche Beurteilung allein darauf an, wer wen wann zuerst mit welcher Waffe getroffen hat, wie das Ereignis berichtet worden ist und welche unmittelbaren Entscheidungen durch die Polizei getroffen worden sind. In der Zeit vom 1. 1. 1961 bis 31. 12. 1965 sind die Tötungen in Belo Horizonte, der Hauptstadt des Staates Minas Gerais und der drittgrößten Stadt Brasiliens, untersucht worden (J. Homero E. Yearwood 1972). Es handelte sich um 252 getötete Opfer und um 291 Täter. Bei einer Situationsanalyse dieser Tötungen stellte sich heraus, daß die Täter die Möglichkeit zur Tötung nicht zu suchen und auch kein Opfer mühsam zu finden brauchten. Die Opfer waren leicht und schnell zur Hand. Bei der Untersuchung von

Schaubild 3: Viktimologische Struktur in vier Weltstädten (Angaben pro 100 000 Einwohner)

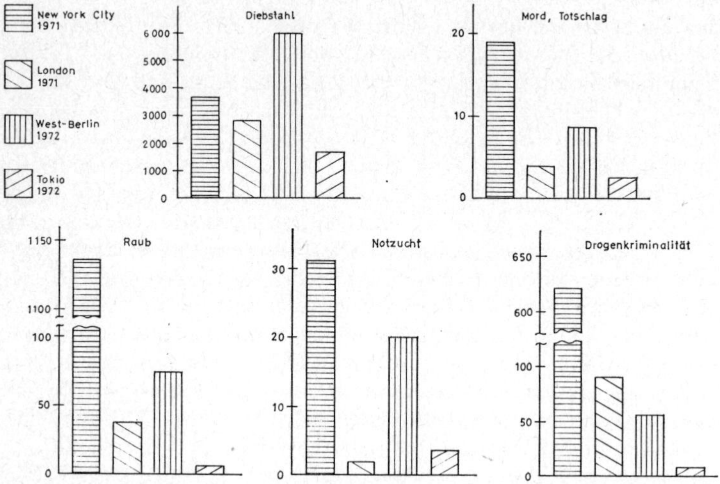

Quelle: Forschungsinstitut des Japanischen Justizministeriums (Hrsg.): Kriminalitätsweißbuch 1973. Tokio 1974, S. 121.

281 kriminellen Tötungen mit 296 Opfern in Slowenien/Jugoslawien in der Zeit von 1954 bis 1967 ermittelte Ante Carich (1973), daß bei 124 Delikten (45 %) eine dritte Person in bedeutsamer Weise beteiligt war. Ein solcher „in die Tat verwickelter Dritter" stiftet an; er erleichtert und unterstützt den Rechtsbruch. Er schafft eine „kriminelle Atmosphäre" unter den Teilnehmern, von denen das Verbrechen vorangetrieben wird. Aus dieser kriminologischen Dynamik werden bei der kriminalistischen Aufklärung und bei der strafrechtlichen Subsumtion nur der Straftäter als Subjekt und das Opfer als Objekt der Straftat herausgenommen. Damit wird der Wirklichkeit Gewalt angetan.

3. *Psychodynamik der Notzuchtssituation*

Gute Beispiele für viktimogene Situationen liefert die Phänomenologie der Notzuchtsdelikte. Um die viktimogene Situation richtig erkennen zu können, ist es notwendig, festzustellen, ob ein amoralisches Verhalten der Geschädigten in einer für sie riskanten Lage gegeben war. Dieser Sachverhalt muß sich dann adäquat im Bewußtsein des Täters widergespiegelt und Einfluß auf die Begehung der Tat gehabt haben. Der Notzuchtstäter legt sehr häufig die Situation und die Verhaltensweise des Opfers unrichtig aus. Nach einer Studie über Notzuchtsopfer in der Sowjetunion (W. S. Minskaja 1972) befanden sich 55 % der Opfer vor der Tat in einem betrunkenen Zustand. Eine typische viktimogene Situation entsteht für das Mädchen, das durch das Anhalten von Autos reisen will. Der Täter kann das Opfer isolieren, indem er für das Delikt einen geeigneten Tatort auswählt. Er ist ferner in der Lage, sicher mit dem Auto nach der Straftat zu entkommen. Die Opfer weigern sich zumeist, das Delikt bei der Polizei anzuzeigen. Falls sie Anzeige erstatten, geben sie keine vollständigen Einzelheiten über das Ereignis an. Sie zeigen sich an dem ganzen Fall meist uninteressiert. Ihr Mangel an Interesse ist teilweise darauf zurückzuführen, daß sie der Polizei mißtrauen und daß sie die Polizei nicht leiden mögen. Sie offenbaren schließlich einen fatalistischen Zug hinsichtlich der Straftat und erstatten Anzeige im Grunde nur, um die „männliche Ausbeutung“ zu beweisen. Das „Berkeley Police Department“ führte von Januar 1964 bis Dezember 1970 eine empirisch-viktimologische Untersuchung über Notzuchtsopfer durch, die per Anhalter reisten (Steve Nelson, Menachem Amir 1973). Die Notzucht mußte auf der freiwilligen Annahme durch das Opfer beruhen, eine Autofahrt mit einer Person oder mehreren Personen zu unternehmen, die ihr fremd waren. Der Kontakt mußte auf der öffentlichen Straße stattgefunden haben und daraus resultieren, daß das Opfer um die Fahrt dringend gebeten und den Fahrer angehalten oder daß der Täter dem Opfer die Fahrt angeboten und das Opfer die Fahrt akzeptiert hatte. Es wurden nur solche Delikte untersucht, die sich in der City von Berkeley ereignet hatten und die dem „Berkeley Police Department“ gemeldet worden waren. Das Widerstreben, das Delikt anzuzeigen, resultierte aus Verlegenheit, aus der Vermutung, daß die Polizei wenig zu tun in der Lage sein werde, um den Täter zu fassen, und bei einigen Opfern aus Feindschaft gegenüber der Polizei. Das Verhalten des Opfers trägt zu ihrem Opferwerden bei. Die Opfer sind regelmäßig unterwürfig, und es besteht ein Fatalismus bei ihnen im Hinblick auf die Wagnisse, Gefahren und Risiken, die sich aus ihrem Reisen per Anhalter ergeben. In 82 % der Notzuchtsfälle reiste das Mädchen per Anhalter allein. Sie begab sich hierdurch der Möglichkeit der Hilfeleistung. In 60 % der Fälle ging von dem Opfer der Kontakt aus, der zu ihrer Vergewaltigung führte. Das Reisen per Anhalter allein, das Anhalten des Fremden, um ihn zum Mitfahrendürfen zu bewegen, und die Art, sich nachlässig zu kleiden, vermitteln bei dem Täter ein bestimmtes Bild des Mädchens, das per Anhalter reist. Er hält es allzu leicht für eine Person mit lockeren, liederlichen Moralvorstellungen. In diesem Zusammenhang ist der Eindruck, den die potentiellen Täter haben, wichtiger als das Selbstbild, das das Mädchen von sich hat. Nur 15 % der Anhalterinnen leisteten dem Täter Widerstand. Es herrscht bei ihnen eine fatalistische, lässige, gleichgültige Einstellung vor, was die Risiken angeht, die Anhalterinnen eingehen. In nur 30,3 % der angezeigten Delikte wurden die Täter verhaftet oder identifiziert. Die meisten Täter bei Notzuchtsfällen an Anhalterinnen stammten aus der Unterschicht. Sie besaßen die Fähigkeit, das Opfer aufzufinden und auszusuchen, das Talent, den Tatort an einen für sie sicheren Ort zu verlegen, und das Geschick, das Opfer zu isolieren, seinen Widerstand zu brechen und einen sicheren Fluchtweg zu finden. Es ist verhältnismäßig leicht für den Täter, ein Opfer aus den Anhalterinnen auszusuchen, die am Rand der Straße stehen. Wenn das Opfer einmal freiwillig in das Fahrzeug des Täters eingestiegen ist, kann er einen sicheren Tatort für seinen Angriff auswählen und das Opfer zur selben Zeit von jeder Hilfe isolieren. Im Anschluß an die Tat ist die Flucht leicht dadurch zu erreichen, daß das Opfer am Tatort zurückgelassen oder daß es an einer ausgesuchten einsamen Stelle aus dem Auto herausgelassen wird. Bei Kontakten mit Anhalterinnen wurde herausgefunden, daß sich die meisten von ihnen der Wagnisse und Gefahren auf Grund von Warnungen ihrer Eltern, von Polizeibeamten oder gelegentlichen Zeitungsberichten voll bewußt waren.

4. Viktimologie des Einbruchs, des Betriebs- und Ladendiebstahls

Viktimogene Situationen entstehen auf Grund bestimmter ökonomischer Verhältnisse in einem sozialen System. In einer materiellen Überflußgesellschaft mit Vollbeschäftigung wird auf das eigene Eigentum nicht genügend geachtet und das Eigentum anderer nicht zufriedenstellend respektiert. Leicht erlangbare Konsumgüter werden in ihrem Wert nicht hoch genug eingeschätzt. Der Arbeitskräftemangel läßt Arbeitgeber über die Diebstähle ihrer Angestellten hinwegsehen. Bezüglich der eigenen Habe ist man sorglos, leichtsinnig. Trotz der Warnungen der Polizei vor Taschendieben, Autodiebstählen und Einbrüchen werden die einfachsten Verhütungsmaßnahmen nur wenig beachtet. Türen und Fenster bleiben unverschlossen. Eigentum bleibt unbewacht. Das gilt besonders für Autos, aus denen wertvolle Güter, z. B. Fotoapparate, gestohlen werden (Harry Elmer Barnes, Negley K. Teeters 1959, S. 595, 596). Allerdings besteht in den USA und in Kanada, in zwei Wohlstandsländern erster Ordnung, ein ziemlich großer Kontrast in den Verhaltensweisen der Menschen aus der Groß- und Mittelstadt einerseits und der Kleinstadt und vom Lande andererseits. Viele kleinstädtische und ländliche Gebiete Nordamerikas sind ökonomisch unterentwickelt und äußerst dünn besiedelt. Der Zug zu den Ballungsgebieten mit ihren hohen Verdiensten und ungleich größeren zivilisatorischen Möglichkeiten der Bequemlichkeit (Klimaanlage, Swimmingpool) und des Vergnügens ist stark ausgeprägt. Dort siedelt sich auch die Massenkriminalität an. Die Primärkontrolle, z. B. durch Familie und Nachbarschaft, wirkt indessen in kleineren überschaubaren Siedlungen durchaus noch. Zudem ist der Anreiz für Massenkriminalität, nämlich z. B. das Vorhandensein wertvoller Industriegüter in großer Menge, in den ökonomisch unterentwickelten Gebieten nicht gegeben. Deshalb läßt man Türen und Fenster unverschlossen. Die Kriminalität ist in den ländlichen und kleinstädtischen Gebieten Nordamerikas außerordentlich gering. Das ändert sich freilich, wenn die Bezirke industriell erschlossen werden. Als Beispiel kann der Staat Alaska dienen, der ein riesiges Freizeitgebiet zum Jagen und Fischen war. Die Natur war fast unberührt erhalten. Im Busch und in der Wildnis ereigneten sich so gut wie überhaupt keine Straftaten (persönliche Mitteilung der „Alaska State Troopers" während meines Aufenthaltes in Alaska im September 1974). Mit der sich weltweit anbahnenden Ölkrise und der Erschließung des Landes traten zahlreiche soziale Änderungen ein. Durch die Ölbohrungen und den Bau der Ölpipeline wurden viele Abenteurer von Alaska angelockt. In Anchorage und Fairbanks entstand eine Freizeitindustrie mit weitverbreiteter Prostitution und mit Alkoholismus. Die Einwohner von Alaska waren auf diese Entwicklung in keiner Weise vorbereitet. Dort, wo die Primärkontrolle großenteils ausfiel, z. B. in den weitgehend anonymen Villenvororten von Anchorage mit weit gestreuter Siedlungsweise, stiegen die Diebstähle,

Einbruchsdiebstähle, Raubüberfälle und Notzuchtstaten sprunghaft an. Das soziale Kontrollverhalten der Bevölkerung mußte sich in kürzester Frist der veränderten sozialen Situation anpassen. Die Einwohner der gefährdeten Gebiete waren völlig überfordert. Sie brauchten bisher Raubüberfälle und Einbrüche nicht zu befürchten und waren deshalb weitgehend ahnungslos. Sie fielen nunmehr auf die raffinierten Kriminalitätstechniken von Berufskriminellen leicht herein. Die Kriminalitätsquote stieg in den besonders gefährdeten Bezirken, z. B. den wohlhabenden Außenbezirken von Anchorage, stark an und die Aufklärungsquote fiel extrem ab. Die Kriminalpolizei war für diese Kriminalitätsentwicklung weder personell noch ausstattungsmäßig vorbereitet. In der Bevölkerung wurde aus sozialem Vertrauen Mißtrauen; aus einem relativ konfliktfreien Leben entstand übertriebene Kriminalitätsfurcht mit allen ihren schädlichen Nebenerscheinungen.

Bei einer Untersuchung von 313 Einbrüchen in Geschäfte in Washington D. C. wurde festgestellt, daß 21 (7 %) Täter das Geschäft durch die unverschlossene Tür und 70 (22 %) durch ungeschlossene Fenster betreten hatten (President's Commission 1967 a, S. 42). Das Streben nach immer höheren Verkaufsquoten, moderne Werbemethoden und Arbeitskräftemangel führen in Warenhäusern und Selbstbedienungsläden dazu, daß der Kunde und somit auch der potentielle Dieb der nahezu unbeaufsichtigten Ware gegenübersteht. Meist werden allerdings Artikel von geringem Wert gestohlen, obgleich der berufsmäßige Ladendieb teure Pelze und Juwelen entwenden mag. Die meisten Produkte, die sich Ladendiebe aneignen, sind Nahrungsmittel, Spirituosen und Kleidungsstücke in einem Wert von weniger als 10 US-Dollar (President's Commission 1967 b, S. 84). Nach einer empirischen Studie über Diebstahl aus Warenhäusern und Selbstbedienungsläden in der Hamburger Innenstadt (3622 Fälle mit 3815 Tätern aus dem Jahre 1970) betrug die Schadenssumme bei 54,9 % aller Fälle weniger als 20 DM und bei 78,8 % aller Fälle weniger als 50 DM (Wolfgang Kucklick, Josef Otto 1973). Dieser Wert der gestohlenen Gegenstände steht in krassem Mißverhältnis zum Arbeitsaufwand der Polizei, der Staatsanwaltschaft und der Gerichte. Dennoch stößt die Entkriminalisierung oder die Herabstufung als Ordnungswidrigkeit bei Ersttätern und geringer Schadenssumme auf Schwierigkeiten. Man kann zwar argumentieren, daß derjenige, der die modernen Werbemethoden einsetze, die geradezu zum Wegnehmen aufforderten, auch für die Kontrolle über seine Waren selbst sorgen müsse. Immerhin sind technische Einrichtungen, z. B. Fernsehübertragungsanlagen, in Verbindung mit fortgesetzt gleichbleibendem Einsatz von Hausdetektiven geeignet, die Zahl der Ladendiebstähle zu verringern. Hier bürdet man die Last der Sozialkontrolle ganz oder zum großen Teil dem potentiellen Opfer auf. Dennoch kann man das Kontrollproblem nicht nur auf den Kostenfaktor reduzieren. Die Kosten trägt nämlich stets der Konsument. Wenn man die Frage über technische Vorbeugungseinrichtungen löst, so werden die Ausgaben auf den Käufer umgelegt. Dasselbe geschieht, wenn man von seiten des potentiellen Opfers fast nichts unternimmt. Die durch Ladendiebstahl voraussichtlich eintretenden Verluste werden über die Preisgestaltung ausgeglichen. Löst man das Problem über den verstärkten offiziellen Einsatz der Kriminalpolizei, so muß der Bürger höhere Steuern aufbringen. Immerhin wäre dieser Weg der klarste und konsequenteste, weil er das Entstehen eines organisierten Ladendiebstahls am besten zu verhindern in der Lage wäre. Als schwerer Nachteil müßte freilich in Kauf genommen werden, daß „Kleinkriminelle" durch das Eingreifen der offiziellen Instanzen der Sozialkontrolle stigmatisiert und in eine kriminelle Rolle hineingedrängt werden könnten. Auf jeden Fall würde man die kriminalistischen und strafrechtlichen Abgrenzungsschwierigkeiten vermeiden. Es ist nämlich nicht leicht, festzustellen, wann eine Ersttat mit geringer Schadenssumme gegeben ist. Es ist schließlich nicht unproblematisch, wo man die Grenzen zur wiederholten Tat und zur höheren Schadenssumme zieht. Kleine Leute stehlen in Warenhäusern und Selbstbedienungsläden oft Sachen von geringem Wert. In Hamburg machten die Täter, die über kein eigenes Einkommen verfügen, 48 % aller Ladendiebe aus (Hausfrauen, Schüler und Studenten). Personen mit einem monatlichen Einkommen bis 500 DM begingen zu 48,5 % Ladendiebstahl. Der Angestelltendiebstahl macht indessen ein Vielfaches des Ladendiebstahls aus (President's Commission 1967 b, S. 84). Eine neuerliche Untersuchung vom „National Industrial Conference Board" fand heraus, daß 20 % aller 473 befragten Handels- und Industriegesellschaften und 30 % aller Gesellschaften mit mehr als 1000 Angestellten ein schweres Problem des Diebstahls von Werkzeugen, Ausrüstungen, Material und Produkten durch Angestellte hatten. 74 % berichteten der Polizei die Entdeckung der Diebstähle nicht, die durch eigene Angestellte begangen worden waren. Die Angestellten wurden zwar entlassen, aber der Polizei nicht angezeigt. Nur große Gesellschaften haben überhaupt die Möglichkeit, Angestelltendiebstähle zu entdecken, weil sie Kontrollen durchzuführen in der Lage sind. Selbst Firmen mit mehreren hundert Angestellten und Arbeitern bemerken deren Diebstähle nicht. Da Wiedergutmachung durch den Angestellten meist doch nicht erlangt werden kann, verzichtet der Arbeitgeber in der Regel auf weitere gerichtliche Schritte, um seine Viktimisierung nicht noch zu vergrößern (Gerald D. Robin 1970). Die meisten Verluste durch „klassische" Delikte wie Diebstahl, Betrug, Raub und Erpressung erleiden die kleinen Handelsgeschäfte. Nach einer empirisch-viktimologischen Studie des „U. S. Department of Commerce" sehen die Kriminalitätseinbußen nach den Einnahmenskategorien der Handelsgeschäfte folgendermaßen aus (U. S. Senate 1972, S. 373):

Geschäftseinnahmen	Index
Einnahmen aller Geschäfte	100
Einnahmen über 5 Millionen US-Dollar	9
Einnahmen zwischen 5 Millionen und einer Million US-Dollar	127
Einnahmen unter einer Million bis 100 000 US-Dollar	205
Einnahmen unter 100 000 US-Dollar	323

Kleine Geschäftsleute erleiden also einen Verlust durch Kriminalität, der 3,2mal höher als der Durchschnittsverlust und 35mal höher ist als der Verlust von Geschäften mit Einnahmen über 5 Millionen US-Dollar. Der kleine Geschäftsmann ist demnach besonders opferanfällig. In den kleinen Geschäften entwickeln sich ständig viktimogene Situationen, weil Kontrollen nicht effektiv durchgeführt werden können und weil die soziale Sichtbarkeit höher als in Warenhäusern und Supermärkten ist. Die Nachbarn eines kleinen Geschäftsmanns kennen seine Gewohnheiten (schwache Stellen) und wissen, wo er seine wertvollsten Güter aufbewahrt. Das Geschäft liegt ihnen einfach am nächsten. Die großen Handelsgeschäfte sind für den gewöhnlichen Dieb und Einbrecher fremder und furchteinflößender. Firmen, die in kleinen Stückzahlen hochwertige Konsumprodukte herstellen, erleiden mehr Einbußen als die Hersteller von industrieller Massenproduktion. In Restaurants, Hotels und Krankenhäusern werden Bestecke, Nahrungsmittel, Spirituosen, Silber und Wäsche gestohlen. Wäschereien und Reinigungen werden Opfer des Vandalismus, der auch ein erstrangiges Problem von 48 öffentlichen Organisationen ist, die in Boston, Chikago und Washington D. C. untersucht worden sind. Es handelte sich um Telefongesellschaften, Schulen, Büchereien, Verkehrs- und Autobahnabteilungen, Parkverwaltungen, öffentliche Transportunternehmungen und gemeinnützige Wohnungsunternehmen. Sie alle klagten über sinnlose Zerstörungen an Gebäuden, Einrichtungen und Ausrüstungen.

3. Abschnitt: Täter-Opfer-Beziehung

1. Arten sozialer Beziehungen

In der Viktimologie gibt es objektive und subjektive soziale Beziehungen. Objektive soziale Beziehungen verbinden Menschen in räumlicher und zeitlicher Nähe, ohne daß sie davon zu wissen brauchen. Um eine objektive soziale Beziehung handelt es sich z. B., wenn Täter und Opfer in derselben Nachbarschaft wohnen, ohne daß es ihnen beiden bewußt geworden ist. Wenn der potentielle Täter sein Opfer oder umgekehrt das mögliche Opfer seinen Täter kennt, so kann man zwar von einem einseitigen subjektiven menschlichen Verhältnis, nicht aber von einer zwischenmenschlichen Beziehung reden. Die soziale Beziehung lebt in Gegenseitigkeit und Wechselwirkung, im sozialen Prozeß. So können sich Täter und Opfer kurz vor der Tat kennengelernt haben. Soziale Beziehungen setzen wechselseitige Einwirkungen und Verhaltensformen voraus, einschließlich der dahinter stehenden Motivationen, Sinngebungen und Zwecksetzungen. Sie können zwischen Personen, zwischen Personen und Organisationen und zwischen Organisationen bestehen, wobei für Organisationen stets Menschen handeln. Der Begriff „soziale Beziehung" im Sinne viktimologischer Betrachtung meint ein Verhalten, das — allen Beteiligten bewußt — deren eigenes Handeln sinnhaft am fremden Handeln orientiert (Egon Rössmann 1969, S. 423). Diese Orientierung an Erwartungen, positiven und negativen Einstellungen des Partners und an der Einschätzung und Bewertung der gemeinsamen Situation durch den Partner ist wesentliches Kriterium der subjektiven sozialen Beziehungen. Hier ist Max Webers Definition „ein seinem Sinngehalt nach aufeinander gegenseitig eingestelltes und dadurch orientiertes Verhalten mehrerer" berücksichtigt.

Man kann die Opfer-Täter-Beziehungen graduell abstufen. Zwischen Fremden existierte kein vorheriger Kontakt; es wurde auch keine Bekanntschaft vor dem Delikt geschlossen. Der Täter kann dem Opfer von Ansehen bekannt sein, ohne daß ein persönlicher Kontakt zwischen ihnen bestand. Dieses einseitige soziale Verhältnis trägt bereits ein Mindestmaß an sozialer Nähe in sich. Der Täter wird dem Opfer unmittelbar vor dem Delikt bekannt, oder es hat einige vorherige Kenntnis über seine Wohnung, seine Arbeitsstelle, seinen Namen, seinen Spitznamen; aber es bestehen zwischen ihnen keinerlei soziale Beziehungen. Das Opfer sah den Täter vor der Straftat und begegnete ihm öfters. Es lernte ihn persönlich kennen, und es entwickelten sich verhältnismäßig oberflächliche soziale Kontakte als Nachbarn, Arbeitskollegen, Mitschüler, Sportskameraden usw. Die sozialen Beziehungen gehen ineinander über; sie können nicht graduell fein säuberlich voneinander getrennt werden. Die Übergänge sind fließend. Enge Freundschaft muß quantitativ an der Anzahl der sozialen Kontakte und qualitativ am Ausmaß der emotionalen Beteiligung der zwischenmenschlichen Beziehung gemessen werden. Der Täter kann ferner ein Freund eines Mitglieds der Familie des Opfers sein. Er kann z. B. die Familie öfters besuchen. Schließlich kann der Täter ein Verwandter der Familie sein. Die Beziehungen können auf Blutsverwandtschaft oder auf juristischer Verwandtschaft beruhen. Bekannte, enge Nachbarn, Freunde, Familienfreunde und Verwandte haben soziale Beziehungen miteinander. Der Begriff soziale Beziehung ist deshalb abstrakt und undifferenziert. Er bedeutet oft nur negativ, daß sich Opfer und Täter nicht völlig fremd waren. Positiv müßte er in Einzelfällen und bei empirisch-viktimologischen Forschungen allerdings näher umschrieben und scharf abgegrenzt werden.

In den empirisch-viktimologischen Untersuchungen, die referiert werden, geht man von unterschiedlichen Begriffsbestimmungen der „sozialen Beziehung“ aus, ohne daß dies immer in den Studien selbst klar zum Ausdruck kommt. Aus dieser begrifflichen Unklarheit mögen die sich zwar nicht widersprechenden, aber doch stellenweise sich graduell stark unterscheidenden Forschungsergebnisse herrühren. Der Begriff des „Beziehungsverbrechens“ (Hans Schultz 1956) wird nicht zugrunde gelegt. Er ist zu eng und bedeutet, daß Rechtsbrüche aus einer bestimmten menschlichen Beziehung erwachsen oder doch maßgeblich durch eine solche Beziehung bestimmt worden sein müssen. Die Beziehung muß zur Ursache oder zumindest Mitbedingung der Straftat geworden sein. „Die Beziehung zwischen Täter und Opfer ist kriminologisch nur dort gegeben, wo die einzelne konkrete Tat oder eine Mehrheit von Taten aus dieser Beziehung erwachsen, wo die unmittelbare, aktuelle Auseinandersetzung von Täter und Opfer zum in der Tat wirksamen Geschehen gehört" (Hans Schultz 1956, S. 179). Einerseits ist diese sehr enge Beziehung im folgenden nicht gemeint. Andererseits ist eine bloß objektive soziale Beziehung zu unbestimmt. Zur sozialen Beziehung gehört dynamische Wechselwirkung und gegenseitige subjektive aufeinander bezogene Orientierung. So plagt ein Alkoholiker jahrelang seine Frau, ohne daß sie etwas anderes tut, als zu klagen. Zwei in allen Einzelheiten polar entgegengesetzte Typen: ein vital-animalischer Mann und eine untätig-duldende Frau bilden eine fest gebundene Kontrastehe: die Trinkerehe. Zwei Menschen mit gleichartiger Neurose unter mehr oder weniger komplementären Formen begegnen sich und finden sich jahrelang auf ihnen unerklärliche Weise durch Haß-Liebe oder Haß aneinandergekettet. Dieses Eifersuchts- oder Haßpaar bildet den Kern, um den sich ein soziales Gebilde von unauffälligen Hetzern entwickelt, die diese Bindung noch fester und unauflösbarer machen. Viele Kriminologen haben bemerkt, wie unerklärlich leichtgläubig, duldend und passiv zahlreiche Opfer der Erpresser sind. Noch unerklärlicher wird es, wenn man berücksichtigt, daß sie sich manchmal für ein Delikt erpressen lassen, das sie gar nicht begangen haben (Henri Ellenberger 1954, S. 276/277).

2. *Soziale Beziehungen bei Gewaltdelikten*

1967 wurden in den 17 größten Städten der USA 608 Tötungsdelikte, 1493 Körperverletzungen, 617 Notzuchtsfälle, 509 bewaffnete und 502 unbewaffnete Raubüberfälle kriminologisch überprüft (Donald J. Mulvihill, Melvin M. Tumin, Lynn A. Curtis, Band 11, 1969, S. 207-258): Eine Subkultur der Gewalt wird charakterisiert durch schlechte, überbelegte Wohnungen, hohe Bevölkerungsdichte und ein System von Werten, das oft physische Aggression bei der Sozialisation von Kindern und bei zwischenmenschlichen Beziehungen Erwachsener einschließt, so daß sie manchmal im kriminellen Totschlag endet. Ein beträchtlicher Anteil von kriminellen Interaktionen schließt indessen Fremde ein.

Dieser Anteil ist bei krimineller Tötung mit 16 % niedrig; er steigt bei der Körperverletzung auf 21 % an und wird bei der Notzucht mit 53 % zur Mehrheit. Er herrscht bei bewaffnetem (79 %) und unbewaffnetem Raub (86 %) vor. Mitverursacht durch das Opfer wird die kriminelle Tötung in 22 % und die Körperverletzung in 14 % der Fälle. Der hohe Grad der Emotionalität und der Irrationalität der Tötung und Körperverletzung machen Warnungen gegen bevorstehende Angriffe ziemlich nutzlos. In der DDR erwies sich das Opferverhalten vor allem bei den Tötungsdelikten, den Körperverletzungen und den sexuellen Gewaltstraftaten als beachtlich. „Aber auch bei diesen Delikten gaben die meisten Opfer den Tätern keinen Anlaß zur Begehung des Delikts. Bei den Tötungsdelikten trifft diese Feststellung auf etwa 60 % der Opfer zu, bei den sexuellen Gewaltdelikten auf mehr als 75 %, bei den Körperverletzungen auf ca. 50 %“ (Wilfried Friebel, Kurt Manecke, Walter Orschekowski 1970, S. 184). Die Opfer kommen den Tätern oft bei der Herstellung des ersten Kontakts weitgehend entgegen. Sie gewähren Zärtlichkeiten oder erwidern diese. Sie folgen dem Täter an einen einsamen Ort. Sie begleiten ihn in seine Wohnung oder nehmen ihn mit in ihre eigene Wohnung. Mit dem tatsächlichen oder auch vermeintlichen Entgegenkommen des Opfers steigert sich das sexuelle Verlangen der Täter. „Gerade das Tötungsverbrechen, ähnlich auch die Notzucht ..., beweisen immer wieder, daß von der Person und vom Verhalten des Opfers Impulse ausgehen können, die bei der Entstehung der Tat, in der Motivation des Täters, in seinem Tatentschluß usw. eine erhebliche Rolle spielen. Diese Impulse können u. U. sogar die Qualität von Verbrechensursachen erlangen“ (Gerhard Feix 1967, S. 329). Im Saarland kommt bei den Delikten Mord und Totschlag ein erheblicher Prozentsatz der Opfer aus dem näheren Bekanntenkreis und aus der Verwandtschaft des Täters. Etwa zwei Drittel der durch diese Straftaten Geschädigten standen in unmittelbarer Umweltbeziehung zum betreffenden Straftäter. Bei der Analyse der Notzucht fällt der hohe Anteil der aus dem näheren Bekanntenkreis des Opfers stammenden Täter ebenfalls auf. In fast 30 % der statistisch registrierten Notzuchtsfälle bestand ein aus der engeren Umwelt herrührendes Verhältnis zwischen Opfer und Täter. Bei den im Saarland 1971 sexuell mißbrauchten 414 Kindern stammt ein Drittel aus der näheren Umgebung des Täters. Beim Raub schließlich macht die Täter-Opfer-Beziehung 16 % der registrierten Opfer aus (Pirmin Becker o. J.). Für das Jahr 1973 wurden in Schleswig-Holstein 9899 Opfer von Straftaten erfaßt (Innenminister des Landes Schleswig-Holstein, Kriminalpolizeiamt 1974): Für diese Fälle insgesamt war eine Täter-Opfer-Beziehung bei 18,5 % gegeben. Die folgenden Prozentzahlen geben die Anteile der Täter-Opfer-Beziehung bei den Einzeldelikten wieder: 65,5 % bei Mord (N = 58), 72,3 % bei Totschlag (N = 65), 42,5 % bei Gewalt- und Abhängigkeitsunzucht (N = 400), 37,6 % bei Notzucht (N = 258), 48,2 % bei Unzucht mit Kindern (N = 492), 23,9 % bei Raub (N = 460), 38,3 % bei gefährlicher und schwerer Körperverletzung (N = 1435), 96,3 % bei Mißhandlung von Kindern (N = 54) und 8,9 % beim Betrug (N = 6907) (vgl. Schaubild 4).

3. Soziale Beziehungen bei kriminellen Tötungen und Körperverletzungen

Die kriminellen Tötungen in Philadelphia hat Marvin E. Wolfgang (1958) vom 1. 1. 1948 bis 31. 12. 1952 untersucht. Es handelte sich um 588 Fälle mit 621 Tätern. Die kriminelle Tötung ist verschieden von den Morddarstellungen in der Literatur und in den Massenmedien. Getötet wird in der Regel plötzlich, brutal und ohne Umschweife. Die Waffen sind einfach. Bei 374 Fällen von 588 (64 %) spielt der Alkohol in der Tötungssituation mit. Es ist bedeutsam, daß bei sieben Zehnteln dieser 374 Fälle sowohl Täter wie Opfer alkoholische Getränke zu sich genommen hatten. Von 621 Tätern hatten 400 (64 %) Vorstrafen. Von 588 Opfern waren 277 (47 %) vorbestraft. Das Opfer ist eine zum Getötetwerden neigende Person, d. h. jemand, der ständig in Situationen gebracht wird oder sich selbst in Situationen bringt, die gewaltsame physische Angriffe fördern. Folgende Kriterien enger Kontakte zwischen Täter und Opfer bilden 65 % der Täter-Opfer-Beziehungen: enge Freundschaft, Familienzugehörigkeit, Liebschaft und homosexuelle Partnerschaft. Verhältnismäßig enge Freundschaft (28 %) und Familienzugehörigkeit oder Verwandtschaft (25 %) bilden die beiden häufigsten Beziehungen. Unter Frauen war die Familienbeziehung mit 52 % am weitesten verbreitet. Von den 588 Fällen waren 150 (26 %) durch das Opfer selbst hervorgerufen. In vielen Fällen hat das Opfer dieselben Persönlichkeitszüge wie der Täter. Man kann davon sprechen, daß häufig zwei potentielle Täter in einer Tötungssituation zusammenkommen und daß es nur dem Zufall überlassen bleibt, wer von beiden Täter oder Opfer

Schaubild 4: Anteil der Täter-Opfer-Beziehung an den aufgeklärten Fällen

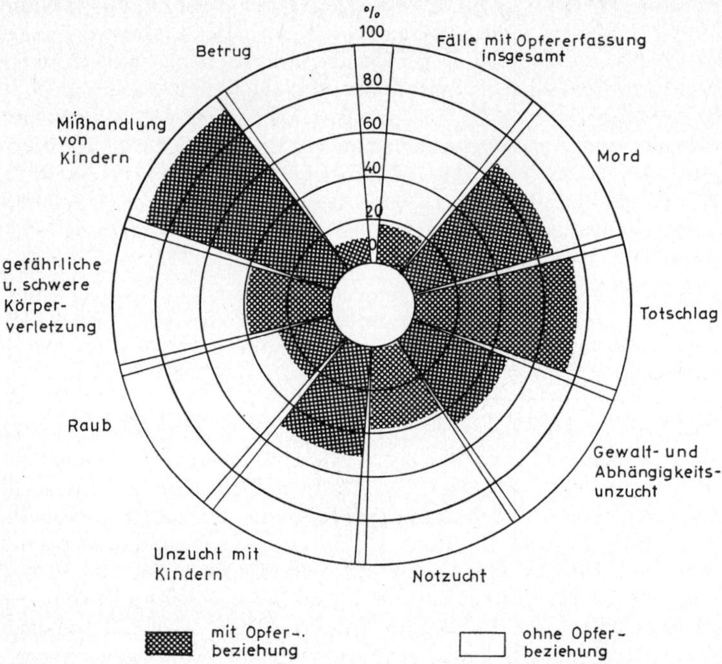

Quelle: Innenminister des Landes Schleswig-Holstein, Kriminalpolizeiamt (Hrsg.): Polizeiliche Kriminalstatistik 1973 für das Land Schleswig-Holstein. Kiel 1974, S. 87.

wird. Die Studie von Wolfgang zur kriminellen Tötung in Philadelphia wurde in Houston/Texas und in Chikago wiederholt und in ihren Ergebnissen bestätigt. In Houston wurden 438 Fälle mit 430 Tätern und 425 Opfern aus der Zeit vom 15. 3. 1958 bis 31. 12. 1961 erforscht (Alex D. Pokorny 1965). Die kriminelle Tötung ereignet sich viel öfter zwischen Menschen, die eine enge persönliche Beziehung miteinander haben, als zwischen Fremden. Angreifer und Opfer wohnen meist eng beieinander. In 65 % der Fälle wohnten Täter und Opfer weniger als eine Meile weit voneinander entfernt im weit ausgedehnten Stadtgebiet von Houston (objektive soziale Beziehung). In Chikago wurden 459 Fälle krimineller Tötung mit 395 Opfern und 429 Tätern aus dem Jahr

1965 analysiert (Harwin L. Voss, John R. Hepburn 1968). Opfer, die von Familienmitgliedern oder engen Freunden erschlagen wurden, machten 47,4 % aller Opfer aus. Bei den weiblichen Opfern wurden sogar 96 % von Familienmitgliedern, engen Freunden oder Bekannten getötet. Von 311 Fällen krimineller Tötung des Chikagoer Materials sind 118 (37,9 %) von den Opfern selbst verursacht worden. Die Prozentsätze der kriminellen Tötungen in Chikago, bei denen Täter und Opfer einander bekannt waren, machten für die folgenden Jahre aus: 1965: 76%, 1966: 73%, 1967: 73%, 1968: 73%, 1969: 63% und 1970: 62% (Richard Block, Franklin E. Zimring 1973). In 1972 betrug das Alter von 1433 Opfern von Tötungsdelikten in New York City über 21 Jahre. 161 Opfer waren 16 bis 20, 41 waren 7 bis 15 Jahre und 56 unter 7 Jahre alt. 1419 Opfer waren männlich und 272 weiblich (vgl. zur Alters- und Geschlechtsverteilung der Opfer von Tötungen in Kalifornien: Schaubild 5). Von 1691 der Polizei in New York City im Jahre 1972 bekanntgewordenen kriminellen Tötungen war bei etwa 70 % irgendeine soziale Beziehung zwischen Täter und Opfer vorhanden. 121 Opfer (eine von jeder 14. kriminellen Tötung) wurden von Familienangehörigen getötet. Das macht 7,1 % aller bekanntgewordenen Tötungen im Jahre 1972 aus. 182 Opfer (eine von jeder 9,3. kriminellen Tötung) wurden von jemandem getötet, mit dem sie eine enge persönliche Beziehung hatten, z. B. eine Familien- oder eine Freundschaftsbeziehung. Diese Fälle betragen 10,8 % der gesamten kriminellen Tötungen im Jahre 1972 in New York City (New York City Police Department 1973 a). In 1973 hatten 865 Opfer krimineller Tötungen in New York City nachweisbare Spuren von Alkohol oder Rauschgift in ihrem Blut. Das ist etwas mehr als die Hälfte aller Opfer krimineller Tötungen in New York City (1680). Bei 1334 Fällen (79,4 % aller bekanntgewordenen kriminellen Tötungen) war es möglich, festzustellen, ob zwischen Täter und Opfer eine Beziehung vor der Tat bestanden hatte. Von diesen Fällen ereigneten sich 685 (51,3 %) zwischen Freunden und Bekannten mit einer oberflächlichen Beziehung. 372 (27,9 %) trugen sich zwischen völlig Fremden und 277 (20,8 %) zwischen Personen mit enger sozialer Beziehung zu. Eine soziale Beziehung vor der Tat wurde bei 72,1 % von den 1334 Fällen in New York City im Jahre 1973 ermittelt (New York City Police Department 1974). Die Tatumstände bei den 1762 Opfern krimineller Tötungen im Jahre 1972 in Kalifornien ergeben sich aus Tabelle 11. Nach dieser Übersicht ist besonders

Schaubild 5: Opfer von kriminellen Tötungen pro 100 000 Einwohner im Jahre 1971 in Kalifornien (Alters- und Geschlechtsverteilung)

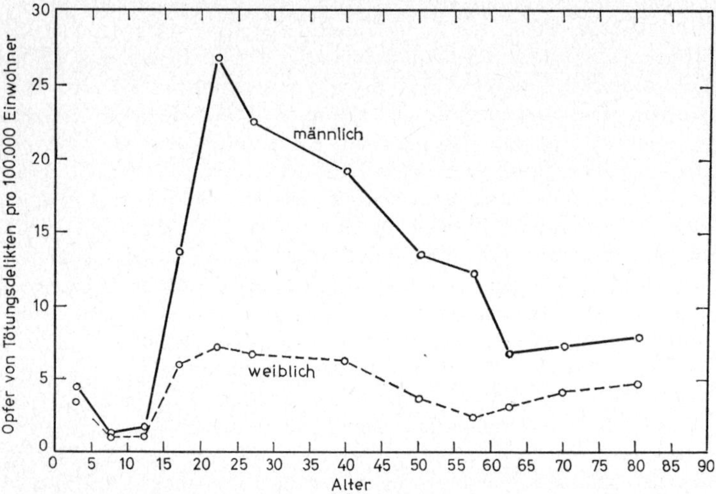

Quelle: State of California, Bureau of Criminal Statistics (Hrsg.): Homicides in California. Sacramento 1972, S. 10.

bemerkenswert, daß ein hoher Prozentsatz Ehemänner ihre Ehefrauen tötet (29,1 %) und daß bei Männern im Hinblick auf mögliche kriminelle Tötungen Freunde oder Bekannte (37 %) die gefährlichsten Personen sind. Pawel Horoszowski (1973) untersuchte 330 Fälle von Tötungsdelikten im Affekt in den Jahren 1932 bis 1936 in acht Gerichtsbezirken in Polen. Ein Viertel der Opfer der männlichen Straftäter waren Mitglieder der Familie des Täters, seiner Verwandten oder ähnlicher nahestehender Personen. Die weiblichen Opfer männlicher Täter waren nahezu 100prozentig solche Personen mit engen Beziehungen. Die verbleibenden Opfer (157 Männer und nur 3 Frauen) waren eng miteinander bekannt. Sie standen in Beziehungen der verschiedensten Art zu dem Täter oder hatten häufigen Kontakt mit ihm. An diesem Beispiel der Tötungen im Affekt wird deutlich, daß die kriminelle Tötung auf affektiv-emotionalem persönlichem Hintergrund den Endpunkt eines Interaktionsprozesses darstellt. Die Art der Täter-Opfer-Beziehung bei Mord und Totschlag in Schleswig-Holstein im Jahre 1973 stellt sich folgendermaßen dar: Von 123 Fällen mit Opferer-

Tabelle 11: Tatumstände bei den Opfern von Tötungsdelikten in Kalifornien 1972 nach Geschlecht

Tatumstände	Insgesamt	Prozent	Männlich	Prozent	Weiblich	Prozent
Insgesamt	1762	100,0	1325	100,0	437	100,0
Elternteil tötet Kind	63	3,6	40	3,0	23	5,3
Kind tötet Elternteil	18	1,0	12	0,9	6	1,4
Ehepartner tötet Ehepartner	208	11,8	81	6,1	127	29,1
Sonstige Tötung innerhalb der Familie	56	3,2	43	3,3	13	3,0
Tötung innerhalb von Freunden und Bekannten	554	31,4	490	37,0	64	14,6
Raubmord	185	10,5	153	11,5	32	7,3
Sexualmord	15	0,9	1	0,1	14	3,2
Tötung zur Verdeckung von Verbrechen	69	3,9	44	3,3	25	5,7
Sonstige Tatumstände	594	33,7	461	34,8	133	30,4

Quelle: California Department of Justice, Bureau of Criminal Statistics (Hrsg.): Homicide in California. Sacramento o. J., S. 16.

Schaubild 6: Art der Täter-Opfer-Beziehung bei Mord und Totschlag

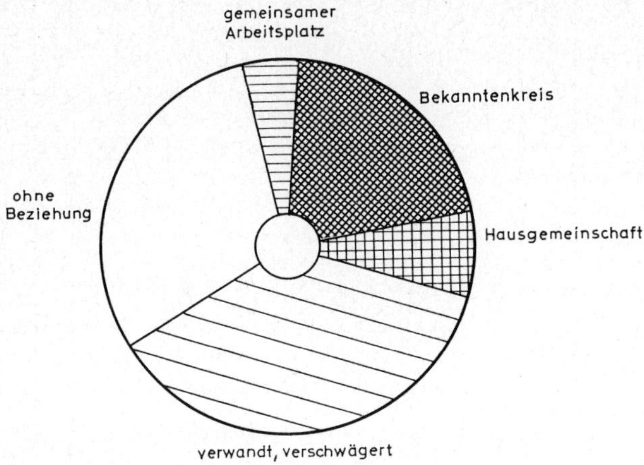

Quelle: Innenminister des Landes Schleswig-Holstein, Kriminalpolizeiamt (Hrsg.): Polizeiliche Kriminalstatistik 1973 für das Land Schleswig-Holstein. Kiel 1974, S. 99.

fassung waren Täter und Opfer verwandt oder verschwägert bei 45 kriminellen Tötungen (36,6 %). 9 lebten in Hausgemeinschaft (7,3 %). 26 Opfer gehörten zum Bekanntenkreis des Täters (21,1 %), und bei 5 Fällen (4,1 %) teilten Täter und Opfer den Arbeitsplatz gemeinsam. In keiner sozialen Beziehung standen 38 (30,9 %) Täter zu ihren Opfern (vgl. Schaubild 6). Im Material von Elisabeth Trube-Becker (1974, S. 50) standen 70 von 94 Opfern in verwandtschaftlicher Beziehung zu den Täterinnen. Die kriminellen Tötungen waren von Frauen in der Bundesrepublik Deutschland begangen worden.

In Japan wurden 275 Verwandtenmorde durchforscht. In 46 % war der Vater das Opfer. Er trug u. a. wegen einer aggressiven tyrannischen Persönlichkeit die Hauptschuld an seiner Tötung. Der älteste Sohn, der in den japanischen Familien eine ziemlich beherrschende Stellung einnimmt, geriet sehr oft ins Zentrum eines Familienkonfliktes und wurde getötet. Beim Geschwistermord waren in 60 % von 157 Fällen die Opfer für ihre Tötung verantwortlich (Koichi Miyazawa 1970). Selbst bei geisteskranken Tätern krimineller Tötung ist die soziale Beziehung von ausschlaggebender Bedeutung. Es wird allerdings fälschlicherweise immer noch behauptet, geistesgestörte Täter töteten ohne jeden Sinn und Zweck (so Elisabeth Trube-Becker 1974, S. 48). Das kann im Ausnahmefall einmal zutreffen. Der Ausnahmefall wird indessen durch die Massenmedien zum selbstverständlich akzeptierten Stereotyp gemacht. Der typische Fall einer kriminellen Tötung durch einen Geisteskranken besteht hingegen in Wirklichkeit gerade nicht darin, daß er sein Opfer unmotiviert — sozusagen „kalt lächelnd" und wie „aus heiterem Himmel" — überfällt und tötet. Wolfgang Böker und Heinz Häfner (1973) fanden heraus, daß die meisten Opfer der geistesgestörten Gewalttäter in der Bundesrepublik Deutschland aus dem Bereich der familiären oder intimpartnerschaftlichen Beziehungspersonen, dem sog. „Intimkreis", gewählt wurden. Lediglich etwa 30 % aus der Gesamtgruppe der geisteskranken Täter griffen ihnen weniger nahestehende Personen an, und nur in 9 % wurden fremde, dem Täter unbekannte Menschen, z. B. Straßenpassanten, Opfer einer Gewalttat. Die Opfer geistesgestörter Täter entstammen in auffallender Häufung dem Kreis der engsten menschlichen Beziehungen. Etwa 60 % der Opfer gehörten der Kernfamilie des Täters an — Ehepartner, Kinder, Eltern und Geschwister — oder waren in einer intimen Beziehung mit ihm verbunden. Nur etwa 9 % waren fremde, dem Täter unbekannte Personen, während etwa 7 % ihm in irgendeiner Autoritätsrolle, etwa als Ärzte, Richter, Polizeibeamte, begegnet waren. Die übrigen etwa 23 % der Opfer waren mit dem Täter befreundet oder bekannt. Daraus ist zu schließen, daß enge menschliche Beziehungen für die Tatmotive Geistesgestörter eine wichtige Rolle spielen. Vorzeichen drohender Gewalttätigkeit und der Gefährdung bestimmter Personen kommen im engsten Beziehungskreis des Täters vor. Dabei ist allerdings zu bedenken, daß die Beziehungspartner wegen ihrer Gefühlsbindung an den Täter oft nur unzureichend in der Lage sind, die ihnen drohende Gefahr zu erkennen. Der spätere Täter gibt nicht selten Hinweise in Gestalt von Drohungen und Andeutungen, wen er angreifen könnte. Er richtet sie häufig auch direkt an die bedrohte Person. In England ermittelte Norwood East, daß nur 6,6 % von 300 geistesgestörten und lediglich 16,5 % von 200 geistesgesunden Mördern ihnen fremde Personen töteten (vgl. im einzelnen Tabelle 12).

Der Ausdruck „Opfer-Präzipitation" wird bei kriminellen Tötungen angewandt, bei denen das Opfer ein unmittelbarer Vorläufer für die Tat ist (Marvin E. Wolfgang 1974). Ein betrunkener

Ehemann, der seine Frau in der Küche schlug, gab ihr ein Schlachtermesser in die Hand und forderte sie heraus, ihn damit zu erstechen. Sie warnte ihn, es nicht noch einmal zu wagen, sie zu schlagen. Daraufhin schlug er ihr erneut ins Gesicht, und sie erstach ihn mit tödlichem Ausgang. Frauen neigen weniger dazu, ihr eigenes Opferwerden mitzuverursachen als Männer. Enge Freunde, Verwandte und Bekannte sind als Opfer in 69 % derjenigen Tötungen verwickelt, die vom Opfer mitverursacht werden. In opfermitverursachten Fällen hatten die Opfer unmittelbar vor der Tat mehr Alkohol getrunken (69 %) als in den Fällen, in denen das Opfer die Tat nicht mitverursacht hatte (47 %). Ein höherer Prozentsatz der Opfer in opfermitverursachten Fällen (62 %) als in opfernichtmitverursachten Fällen (42 %) hatte Vorstrafen. Von 470 kriminellen Tötungen in Polen waren 49 % vom Opfer provoziert. In Afrika werden 16 bis 20 % der Fälle krimineller Tötungen als vorwiegend opferverursacht beurteilt (Lynn A. Curtis 1974).

Die Gerichtsakten von 144 Verurteilungen wegen krimineller Tötungen in Zentralindien in der Zeit von 1946 bis 1956 überprüfte Edwin D. Driver (1967). Er fand einen hohen Grad von Homogenität zwischen Kriminellen und ihren Opfern im Hinblick auf Religion, Kaste und Geschlecht. Die Opfer waren selten Fremde, meist Verwandte oder nahe Bekannte, z. B. Nachbarn, Freunde, Geliebte oder Mitarbeiter. Von allen Opfern waren 70 Verwandte, 61 nahe Bekannte, und nur 13 waren Fremde. Die kriminelle Tötung in Uganda im Jahre 1964 untersuchte R. E. S. Tanner (1970 a). Von 711 bekanntgewordenen kriminellen Tötungen führten nur 137 zur Verurteilung. Die Regierung von Uganda

Tabelle 12: Opfer-Täter-Beziehung bei geistesgestörten und geistig gesunden Tätern

Typ des Opfers	Geistig gesunder Täter	Geisteskranker Täter
Fremder	16,5	6,6
Bekannter, Freund	20,4	29,2
Geliebte	31,2	8,1
Ehefrau	16,5	26,5
Andere Beziehung	15,4	29,6
	100,0	100,0

Quelle: John M. MacDonald: The murderer and his victim. Springfield/Ill. 1961, S. 65.

definiert sich selbst als nicht in der Lage, die Kriminalität in ihrem Land wirksam zu kontrollieren. Keinerlei soziale Beziehungen wurden in 64 % der Fälle von kriminellen Tötungen in Uganda festgestellt. In den Fällen, in denen soziale Beziehungen ermittelt werden konnten, töteten Männer ihre Frauen in 72 % und Männer ihre engen Freunde und Bekannten in 23,6 %. Die Erkundung einer nachbarschaftlichen Beziehung ist in Uganda schwierig, weil der größte Teil der Bevölkerung nicht in Dörfern oder Städten wohnt. Die Besiedlung ist in einzelnen Häusern über das ganze Land verteilt, was die soziale Kontrolle des Verbrechens durch Nachbarn und Gemeinschaft, aber auch durch Polizei und Gericht außerordentlich erschwert (R. E. S. Tanner 1970 b). In den städtischen Bezirken der modernen Industrieländer ist die kriminelle Tötung hingegen ganz überwiegend ein Delikt, das im sozialen Nahraum unter Ehepartnern, Verwandten, Freunden und Bekannten begangen wird. Das zeigt der internationale Vergleich zwischen drei Bezirken in der Sowjetunion und zwei Gebieten in den Vereinigten Staaten (vgl. Tabelle 13). Bei 25 % der Tötungen in der Sowjetunion hatten sowohl Täter wie Opfer Alkohol getrunken. Die intrafamiliären kriminellen Tötungen sind in der Sowjetunion besonders hoch. Ungelernte oder angelernte Arbeiter mit niedrigem Erziehungsniveau sind hauptsächlich die Täter (Walter D. Connor 1974, S. 210).

Selbst bei Raubmorden ist der Anteil der Fälle mit „Opferbeziehung" nicht klein. Von 32 verübten Raubmorden wurden in der BRD nur 11 an Opfern begangen, die dem Täter unbekannt waren (Eduard Werner 1956). Die Fälle, in denen ein einseitiges subjektives Verhältnis, nämlich das Kennen des Opfers durch den potentiellen Täter, gegeben war, scheinen indessen zu überwiegen. 50 Fällen von Raubmord in Österreich mit 59 Tätern und 51 Opfern ist Ezzat Abdel Fattah (1971) nachgegangen. Er stellte drei Opfergruppen fest: In der ersten Gruppe befindet sich ein ganz bestimmtes Opfer. Es ist gerade seine Existenz und seine Anwesenheit, die beim Mörder die Idee zum Raubmord entstehen läßt. Eine zeitweise längere oder kürzere Phase, während der ein Tatplan ausgearbeitet wird, teilt die Verbrechensidee von ihrer Ausführung. Eine günstige Gelegenheit für die Tatausführung wird vom Täter ausgesucht. In der zweiten Gruppe ist ein ganz bestimmtes Opfer in einer speziell günstigen Situation für den Angriff vorhanden. Die Idee für das Verbrechen entsteht und die Wahl des Opfers wird inspiriert zur selben Zeit durch das Vor-

Tabelle 13: Opfer-Täter-Beziehungen bei Tötungsdelikten im internationalen Vergleich

Beziehungen	Moskau	Briansk, Vladimir, Kalinin	Rostov	Philadelphia	Houston
Ehepartner, Verwandter	42 %	40,8 %	36,2 %	24,7 %	22,9 %
Bekannter (Nachbar, Berufskollege)	33 %	42,3 %	43,2 %	51,0 %	51,1 %
Ein wenig Bekannter oder ein Unbekannter	25 %	16,9 %	20,6 %	14,4 %	26,0 %

Quelle: Walter D. Connor 1974, S. 208.

handensein des Opfers in dieser günstigen Situation. Der Mörder führt das Verbrechen kurze Zeit, nachdem ihm die Idee dazu gekommen ist, aus, indem er die Gelegenheit und die Situation ausnutzt, in der er sich mit Rücksicht auf das Opfer befindet. Bei diesen beiden Typen von Fällen stellt das Opfer selbst eine bestimmte Ursache für das Verbrechen dar. In der dritten Gruppe hat der Täter zwar die Idee für das Verbrechen. Sie wird aber unabhängig von der Person des Opfers geboren. Der Raubmörder macht ein Opfer ausfindig, gegen das er seine Idee ausführen kann, und er sucht eine Gelegenheit, um den Raubmord zu begehen. Nur in 8 von 50 Fällen stellte Fattah keine „Täter-Opfer-Beziehung" fest. In allen übrigen Fällen lagen persönliche, verwandtschaftliche, freundschaftliche, erotische, situative, bekanntschaftliche, nachbarschaftliche oder berufliche Beziehungen vor. Es konnte deshalb festgestellt werden, daß die Personen, die Raubmord begehen, nur in den seltensten Fällen Opfer aus Unbekannten auswählen, sondern daß sie vielmehr dahin tendieren, sie aus dem Kreis der Menschen auszusuchen, die sie kennen und mit denen sie mehr oder weniger enge Beziehungen unterhalten. Diese Opfer besitzen bestimmte Persönlichkeitszüge und Qualitäten, die sie für den Raubmord prädestinieren. Es handelt sich vor allem um alte Menschen, die in einem schlechten physischen Zustand sind und Geld oder Wertsachen bei sich haben. Der Alkohol spielt eine viktimogene Rolle in mancherlei Hinsicht: Das Opfer wird in gefährliche Situationen gebracht. Sein Widerstand wird abgeschwächt oder beseitigt. Seine Wachsamkeit wird vermindert. Seine Unvorsichtigkeit und Sorglosigkeit vergrößern sich, und sein kritisches Urteil wird vernebelt. Bestimmte Berufe, wie die des Taxifahrers und des berufsmäßigen Kassierers, sind besonders raubmordgefährdet. Asoziales Verhalten und räumliche Isolation sind Prädispositionen in der Sozialordnung, die bei der Wahl des Opfers zum Raubmord beitragen. Der Wunsch nach sexuellem Vergnügen und darüber hinaus nach sexuellen Ausschweifungen, wie Homosexualität, steigern das Risiko des Opferwerdens. Ebenso treffen bestimmte Charakterfehler, wie Bestechlichkeit und Geldgier, auf Individuen zu, die geneigter als andere sind, Opfer verschiedenartiger Delikte, unter ihnen speziell des Raubmordes, zu werden. Trifft die Annahme zu, daß kriminelle Tötungen häufig aus der Sozialbeziehung, aus dem interaktionistischen Sozialprozeß erwachsen, so liegt beim Raubmord doch die Hypothese näher, daß sehr oft ein einseitiges subjektives Verhältnis, nämlich das Kennen des Opfers durch den potentiellen Täter, gegeben ist. Bei der Körperverletzung überwiegt wieder eine andere Art der Sozialbeziehung, nämlich das kurzzeitige Kennenlernen von Täter und Opfer vor der Tat. 25 % der 965 schweren und gefährlichen Körperverletzungen in St. Louis aus dem Jahr 1961, also 241 Fälle, verfolgten David J. Pittman und William Handy 1964: Vor der Körperverletzung fand in der Regel eine Interaktion zwischen Täter und Opfer statt. Verbale Argumentationen gingen in 181 von 241 Fällen der Aggression voraus. Bei der Untersuchung von 131 Opfern der Körperverletzung in Washington D. C. wurde festgestellt, daß nur 25 (19 %) dem Angreifer nicht vorher begegnet waren. 14 (11 %) wurden von ihren Ehepartnern, 13 (10 %) durch andere Verwandte und 79 (60 %) von Personen angegriffen, mit denen sie oberflächlich und gelegentlich zusammengetroffen waren (President's Commission 1967 a, S. 40).

4. Soziale Beziehungen bei Unzucht mit Kindern und Exhibitionismus

In der Beurteilung der Bevölkerung herrscht über das Delikt der Unzucht mit Kindern das Stereotyp vor, daß ein ahnungsloses Kind in einer finsteren Allee von einem „Lustgreis“ angegriffen wird, der in der unzüchtigen Ausführungshandlung bis zur Notzucht, ja bis zum „Lustmord“ geht. Die Wirklichkeit sieht anders aus. In der japanischen Untersuchung von Kazunobu Yamaoka

(1974 a) waren 62,7 % der pädophilen Täter unter 30 Jahre alt. Ein spielerisch-kindlicher Kontakt zwischen kindlichem Opfer und erwachsenem Täter ist für die Unzucht mit Kindern charakteristisch. Die im Kinsey-Report veröffentlichten Zahlen, nach denen 24 % der befragten Frauen als Kinder der sexuellen Annäherung eines erwachsenen Mannes ausgesetzt gewesen sind, davon 80 % nur einmalig, sind ein Hinweis auf die weite Verbreitung derartiger Kontakte (Alfred C. Kinsey, Wardell B. Pomeroy, Clyde E. Martin, Paul H. Gebhard 1954, S. 117). 5 % der Frauen berichteten von neun und mehr Erlebnissen. Die erwachsenen Männer, die sich diesen Mädchen im Vorpubertätsalter in 609 berichteten Fällen genähert hatten, waren folgendermaßen identifiziert worden: Fremde 52 %, Freunde und Bekannte 32 %, Onkel 9 %, Väter 4%, Brüder 3%, Großväter 2% und andere Verwandte 5%. Folgende Formen von Annäherungen und Kontakten waren es, die nach den Berichten der Frauen in 1075 Fällen vorgekommen sind: nur Annäherung 9 %, Entblößung der männlichen Genitalien 52 %, Entblößung der weiblichen Genitalien 1 %, Streicheln ohne genitalen Kontakt 31 %, Manipulation an den weiblichen Genitalien 22 %, Manipulation an den männlichen Genitalien 5 %, oraler Kontakt, weibliche Genitalien 1 %, oraler Kontakt, männliche Genitalien 1 % und Koitus 3 %. Hier wird erneut deutlich, daß die leichteren Erscheinungsformen bei der Unzucht mit Kindern stark überwiegen. Von den 4441 Frauen und Mädchen, die John H. Gagnon (1965) in den USA gefragt hat, ob sie Opfer einer Sexualstraftat geworden seien, antworteten 1075 (24 %) in bejahendem Sinne. 1200 Probandinnen wurden ausführlicher interviewt. Von ihnen berichteten 333 (28 %) von einer Sexualerfahrung mit einem Erwachsenen vor ihrem 13. Lebensjahr. Von den 400 Delikten, die von 333 Frauen und Mädchen geschildert worden sind, waren — nach der Erinnerung der Probandinnen — nur 6 % der Fälle der Polizei angezeigt worden. Die Erscheinungsformen der Opferteilnahme waren ganz überwiegend beiläufig oder häufig zufällig (vgl. wegen der Einzelheiten Tabelle 14). Die soziale Beziehung zwischen Täter und Opfer variierte mit dem Typ des Opfers. Das beliebige Opfer mit nur einer Erfahrung hatte dieses Erlebnis in der Regel mit einem völlig Fremden, den es — nach seiner Erinnerung — vorher nicht gesehen hatte. Etwa ein Viertel (27 %) der Opfer war mit dem erwachsenen Täter bekannt. 8 % der Delikte ereigneten sich mit Verwandten. Thea Schönfelder (1968) zog 30 Mädchen aus eigenem Untersuchungsgut und 188 Fälle mit weibli-

Tabelle 14: Erscheinungsformen der Opferteilnahme

	Anzahl der Fälle Prozent		Häufigkeit der Vorfälle Prozent	
Zufall	77,2	(257)	64,2	(257)
Häufiger Zufall	13,5	(45)	26,2	(105)
Zwang	1,5	(5)	1,5	(6)
Einverständnis	7,8	(26)	8,0	(32)
	100,0	333	99,9	400

Quelle: John H. Gagnon: Female child victims of sex offenses. Social Problems 1965, S. 181.

chen Opfern aus Aktenmaterial (Landgericht Hamburg: 60 Verfahren mit 84 Mädchen, Landgericht Itzehoe: 76 Verfahren mit 104 Mädchen) für ihre Studie heran. Folgende Formen des Sexualkontakts kamen in ihrem Material vor: nichtgenitale Berührungen 18, genitale Berührungen 76, gegenseitige Manipulationen 16, beischlafsähnliche Handlungen, orale und anale Praktiken 42 und versuchter oder vollendeter Geschlechtsverkehr 36. Die Täter im sozialen Nahraum, der Nachbar, Bekannte, Freund der Familie, der angeheiratete oder blutsverwandte Familienangehörige und die Autoritätsperson, überwiegen auch in dem Material von Thea Schönfelder: 33 (18 %) waren Fremde, 74 (40 %) Bekannte, 19 (10 %) Autoritätspersonen, 21 (11 %) Stiefväter, 27 (14 %) Väter und 14 (7 %) sonstige Familienmitglieder. Mangelnde Intelligenz und abnorme Persönlichkeitsstruktur sind häufig. Instabile Familienverhältnisse und Verwahrlosung kommen ebenfalls oft unter den kindlichen Opfern vor. Der Anteil der aus sozial schwächeren Verhältnissen stammenden Mädchen ist höher als der Anteil aus günstigerem Sozialniveau. Nichtverwandte Täter finden sich häufiger bei stabilen als bei instabilen Verhältnissen des Opfers. Von 188 Mädchen mußten 70 (37 %) als aktiv an der Sexualstraftat mitbeteiligt eingestuft werden. Richtet der Mann sein freundlich-anteilnehmendes Interesse auf das Kind, vermeidet er jedes Spannungsmoment und entspricht er nicht dem Bilde des von den Eltern geschilderten „Kinderschrecks", so ist bei einem naiven Verhaftetsein des Kindes in einer Spiel- und Märchenwelt, bei kontaktfreudiger Zutraulichkeit, aber auch bei arglos-erwachsenengläubiger Unterwürfigkeit eine vorhandene Reserviertheit selbst vor einem fremden Mann leicht auszuräumen. Eine aktive Mitbeteiligung ist in über einem Drittel der Fälle anzunehmen. Die kindlichen Opfer kommen häufig aus einer emotionalen Mangelsituation. Von 600 kindlichen Opfern, die Elisabeth Nau (1962) untersuchte, standen 349 der Sexualstraftat gleichgültig bis innerlich bereit gegenüber. Vom echten Liebesverhältnis und sympathiegetragenen Experiment finden sich fließende Übergänge zu ungebunden verwahrlostem Verhalten. Der Aspekt des Spiels tritt oft in den Vordergrund. Aktive Abwehrmaßnahmen sind selten. Der Bekanntheitsgrad des Täters erschwert in der überwiegenden Mehrzahl der Fälle eine Ablehnung seiner Person.

Im Dane County (Wisconsin, USA) hat Charles H. McCaghy (1967) im Februar 1964 181 Fälle von Unzucht mit Kindern näher aufgeklärt. Die meisten Täter (68 %) waren mit dem kindlichen Opfer mindestens oberflächlich bekannt. Offener Zwang und Gewaltanwendung kamen bei der Mehrzahl der Fälle (76 %) nicht vor. Auch Rudolf Wyss (1967) hat an seinem schweizerischen Untersuchungsgut festgestellt, daß von den 119 Probanden, die sich nur an Mädchen oder nur an Knaben vergingen, 96 ihre Opfer unter Bekannten, Verwandten und Pflegebefohlenen suchten und nur 23 fremde Kinder mißbrauchten. Aus ihrem österreichischen Material bestätigt Anna Kainz (1967), daß es sich bei den Bekannten der Opfer meist um Nachbarn handelte, bei denen die Kinder zu Besuch weilten oder zum Fernsehen eingeladen waren, und auch um Geschäftsleute, zu denen die Kinder zum Einkaufen geschickt worden waren. Von 1199 Opfern, die Ilse Matthes (1961) in der Bundesrepublik Deutschland untersuchte, waren 887 (74%) weibliche und 312 (26%) männliche Minderjährige. Sie faßt ihre Ergebnisse dahingehend zusammen, daß insgesamt 257 Mädchen zwischen 2 und 20 Jahren (56,7 %) eine positive und 196 Mädchen (43,3 %) eine negative Einstellung zur Tat zeigten. Demnach überwiegen — wenn auch nicht in sehr erheblichem Maße — die weiblichen Minderjährigen, die der Handlung positiv gegenüberstanden und dem Täter die Begehung des Delikts relativ leicht machten. In der Studie von Ilse Matthes (1961) sind gleichfalls die Täter aus dem sozialen Nahraum in der Mehrheit (vgl. zu den Einzelheiten Tabelle 15). In der forensischen Untersuchungsstelle in Toronto studierten Johannes W. Mohr, R. E. Turner und M. B. Jerry (1964) in der Zeit von 1956 bis 1959 55 Pädophile und 54 Exhibitionisten. Besonders bei heterosexuellen Beziehungen zu Kindern stammte der Täter aus der näheren Umwelt des Opfers. Bei homosexueller Pädophilie spielte eine oberflächliche, gelegentliche Bekanntschaft die vorherrschende Rolle. Man kann argumentieren, daß Täter aus dem sozialen Nahraum des geschädigten Kindes leichter entdeckt werden können. Man kann aber auch sagen, daß sich Eltern eher scheuen, Angehörige und Freunde der Familie anzuzeigen als Fremde. Zudem erzählen die geschädigten Kinder sexuelle Erlebnisse mit Fremden eher zu Hause als solche mit Angehörigen oder Freunden der Familie. Die allgemeine Annahme, daß Kinder stets die schuldlosen Opfer und die Erwachsenen immer die schuldigen Täter sind, stimmt allein in strafrechtlichem Sinne. Der Erwachsene ist der Rechtsbrecher, weil er der verantwortliche Erwachsene ist. Das Kind ist das Opfer, weil es ein Kind ist und die Tragweite seiner Handlungen noch nicht so überschauen kann wie ein Erwachsener.

Tabelle 15: Soziale Beziehungen zwischen den 2- bis 20jährigen weiblichen Minderjährigen und den Beschuldigten

Formen der sozialen Beziehung	2- bis 20jährige weibliche Minderjährige	
	N	Prozent
Vater, Stief- und Pflegevater	73	8,2
Sonstwie verwandt	30	3,4
Hausgenosse	36	4,1
Näher bekannt	439	49,5
Flüchtig bekannt	30	3,4
Unbekannt	278	31,4
Summe	886	100,0

Quelle: Ilse Matthes: Minderjährige „Geschädigte" als Zeugen in Sittlichkeitsprozessen. Wiesbaden 1961, S. 27.

Selbst dort, wo die Initiative vom Kind ausgeht, bedarf es der Klärung, ob das Kind den Sexualpartner sucht oder die väterliche Ersatzperson und den Freund, bei dem die Sexualhandlung mit in Kauf genommen wird (Günther Kaiser 1974). Allerdings läßt sich solche geforderte Klärung schwer herbeiführen, weil die Motivation der initiativen Kinder meist höchst komplex und unentwirrbar verschlungen ist. Die Opfer von Exhibitionisten sind fast 100prozentig Fremde. Der Täter sucht keine Beziehung. Er will das Opfer in der Regel erschrecken und einschüchtern. Er hat selbst Angst vor dem Opfer, und er scheut die menschliche Beziehung (Johannes W. Mohr, R. E. Turner und M. B. Jerry 1964, S. 120, 121). Bei Untersuchungen über Sexualstraftaten haben sich die Opfer als kollaborativ in 8 % von 330 Fällen, als nichts einwendend in 40 % von 1994 Fällen, als teilnehmend in 60 % von 73 Fällen und als unterwürfig in 21 % von 185 Fällen erwiesen (LeRoy G. Schultz 1968, S. 137 m. w. N.). In den Kantonen Zürich, Bern und Solothurn hat Heinz Reinhardt (1967) an Hand der Strafakten in 150 Fällen die Täter-Opfer-Beziehung näher erforscht. Es handelte sich bei den Opfern um Mädchen im Alter zwischen 12 und 16 Jahren. Reinhardt kommt zu folgenden Ergebnissen: Die Mehrzahl der Opfer kann nicht als verführt oder mißbraucht gelten. Die meisten Mädchen sind, wenn auch nicht in allen Fällen die Treibenden, so doch die von sich aus alle sexuellen Handlungen bereitwilligst Duldenden. 54 % der Mädchen verfügten über sexuelle Erfahrungen vor der zur Strafverfolgung führenden Tat. 73,3 % verhielten sich provokatorisch oder duldeten bereitwilligst den Verkehr, wobei 50,9 % für den Täter Gefühle empfanden. 77,8 % stammten aus einem ungünstigen Milieu, und bei 82,2 % förderte mangelnde Beaufsichtigung das Delikt.

5. *Soziale Beziehungen bei der Notzucht*

Die gründlichste empirische Studie über die Täter-Opfer-Beziehung bei der Notzucht stammt von Menachem Amir (1971). Das Ziel seiner Arbeit ist, Prozesse und Charakteristiken der Notzuchtssituation zu analysieren. Er verfolgte in Philadelphia 646 Notzuchtsfälle, die der Polizei der Stadt in den Jahren 1958 und 1960 bekanntgeworden waren. 348 Fälle waren aus dem Jahr 1958 und 298 aus dem Jahr 1960. Auf Einzelnotzucht entfallen 370, auf Paarnotzucht (zwei Täter) 105 und auf Gruppennotzucht (mehrere Täter) 171 Fälle. Bestimmte Frauen gehen ein höheres Risiko ein, Opfer von Notzucht wegen ihres Berufes zu werden: z. B. Schwestern und Kellnerinnen. Das Risiko für Frauen der Unterschicht mit Berufen mit geringem Einkommen ist größer als das von Frauen der Mittelschicht. Betrachtet man die Eingangsinteraktion, so sind die gefährlichsten Treffpunkte die Straße (48 %). Die meisten Notzuchtstaten spielen sich in Wohnungen ab (67 %). 96 Fälle (15 %) wurden im Auto begangen. Bei 550 Fällen (85 %) wurde Zwang in der Notzuchtssituation angewandt. Bei nahezu einem Drittel der Fälle (29 %) bestand der Zwang in Form von

Rauheit und Grobheit. In einem Viertel der Fälle wurde das Opfer während der Notzuchtssituation geschlagen. In einem Fünftel der Fälle (20,5 %) wurde es brutal behandelt und in 12 % sogar gewürgt. Schwere Grade von Gewaltanwendung geschahen bei der Gruppennotzucht, während die Einzelnotzucht die geringste Gewalt bei der Notzuchtshandlung aufwies. Der Widerstand des Opfers erhöht die Provokation, die der Täter ihr gegenüber empfindet, und sie wird im Falle der Widerstandsleistung meist Subjekt größerer physischer Brutalität und sexueller Erniedrigung. In 173 Fällen (27 %) leistete das Opfer dem Täter vor und während der Notzuchtshandlung Widerstand, und in 116 Fällen (18 %) kämpfte das Opfer sehr stark gegen den Angreifer. Diese Ergebnisse machen die Naivität deutlich, von allen Frauen und Mädchen zu erwarten, für ihre sexuelle Selbstbestimmung zu kämpfen. Wenn das Opfer mit einer Bedrohung ihres Lebens oder ihres physischen Wohlbefindens rechnen muß, läßt sie davon ab, Widerstand zu leisten oder zu kämpfen. Unterwürfiges Verhalten wurde von den Opfern in etwa 60 % der Fälle gezeigt. Je höher das Ausmaß der Gewaltanwendung ist, desto größer ist der Grad des Widerstandsverhaltens. Es gibt eine These, daß jede Frau der Notzucht, insbesondere der Einzelnotzucht, widerstehen kann, weil sie aufgrund der Position ihrer Sexualorgane in einer unbezwingbaren Lage sei (Beniamin Mendelsohn 1963, S. 239, 240). Diese Argumentation übersieht, daß es nicht nur auf die Unverhältnismäßigkeit der physischen Stärke zwischen Opfer und Angreifer ankommen kann. Elemente der Überraschung in einer abnormen Situation, der Furcht vor körperlichem Schmerz, der Bedrohung können wesentliche Faktoren in der Notzuchtssituation darstellen. Das Opfer kann bewußtlos oder auf Grund von Alkoholkonsum weitgehend in seinem Widerstandspotential geschwächt sein. Der Täter kann seine soziale Überlegenheit mit ins Spiel bringen. Schließlich sind auch Mädchen und Frauen durch ihre Erziehung psychisch nicht ausreichend vorbereitet, männlichen Angreifern in der Notzuchtssituation physisch zu widerstehen. Das Mädchen wird in eine dienende, leidende, pflegende Rolle hineinsozialisiert. 676 Täter (53 %) von insgesamt 1292 waren in der Studie von Amir (1971) Bekannte, enge Nachbarn, Freunde, Familienfreunde und Verwandte des Opfers. 616 Täter (47 %) waren dem Opfer fremd. Es sollte beachtet werden, daß Mädchen, die ihren Freunden trauen, oder diejenigen, deren Familien Vertrauen in ihre Freunde und Verwandten haben, nicht davon verschont bleiben, Opfer von Notzuchtstaten zu werden. Der höchste Anteil des Vorhandenseins von Alkohol in der Notzuchtssituation betrifft die Fälle, in die Fremde verwickelt waren (69 %). Je enger die Beziehung zwischen Opfer und Täter war, desto größer war die Gewalt, die gegenüber dem Opfer angewandt worden ist. In 25 % der Fälle geschah der Angriff nach gemeinsamem Trinken, einer wilden Party oder einer erotischen Intimsituation zwischen Täter und Opfer in einem Auto. Die Psychoanalyse sieht jede Frau als potentielles Opfer an. Der psychopathologische Ansatz unterstreicht emotionale oder geistige Störungen bei den Frauen und Mädchen, die Opfer von Notzuchtshandlungen werden. Die soziologische Theorie legt Gewicht auf Jugend- und Statusprobleme der Mädchen. Die grundlegende Idee der psychoanalytischen Schule ist der Gedanke der Tendenz zum Opferwerden als einer universalen Bedingung jeder Frau. Mädchen, die aus Elternhäusern kommen, in denen sie zurückgewiesen werden, oder aus einer materiell wie personell defizitären Umgebung und Mädchen, die sexuelle Führung und Schutz innerhalb der Familie entbehren, tendieren dazu, schnell im negativen Sinne selbständig zu werden. Indem sie nach neuen Erfahrungen Ausschau halten, die ihnen Schutz, Beachtung und Status verleihen sollen, werden diese Mädchen leicht Beziehungen eingehen und sich in Situationen einlassen, die mit Gefahren der sexuellen Ausbeutung und Erniedrigung befrachtet sind. Wenn Mädchen zu Hause zurückgewiesen werden, wird Sexualität für sie ein Weg, um Liebe und Intimität zu erlangen. Das allgemeine Modell der Rolle des Opfers im Verbrechen ist das eines passiven, schwachen, verletzbaren Gegenüber zum Täter. Hans von Hentig (1948) entwickelte das Opfer-Täter-Opfer-Modell. Das Konzept der vorwiegenden Opferverursachung, der Opferpräzipitation nach Marvin E. Wolfgang (1958) basiert auf dem Opfer-Täter-Modell. Hier ist es das Opfer, das ausagiert, das die Interaktion zwischen ihr und dem Täter anbahnt. Durch ihr Verhalten schafft sie erst die Gelegenheit für kriminelles Verhalten des Täters. Sie löst diese Möglichkeit aus, wenn sie vorher in dem Täter angelegt war. Ihr Verhalten transformiert ihn dadurch in einen Handelnden, daß seine kriminellen Absichten vom Opfer gerichtet werden, das ihn nicht nur zur Tat führen, sondern auch die Erscheinungsform seiner Tat bestimmen kann. Das Verhalten des Opfers und seine Interpretation oder Mißinterpretation durch den Täter lassen es symbolisch oder tatsächlich in eine Situation eintreten, in der sein Handeln und die Situation „suggestiv“ werden und aus der der

Täter sexuelle Zugänglichkeit schließen kann. Auf diese Weise wird der Widerstand des Opfers, wenn er tatsächlich stattfindet, nicht ernst genommen, oder die Situation und die „Motive" des Täters werden in einer Weise beeinflußt, daß er sich über die Proteste des Opfers hinwegsetzt. Von 646 Notzuchtsfällen (Amir 1971) sind 122 (19 %) vorwiegend vom Opfer herbeigeführt. In der Mehrheit der Fälle (82 %) lebten Opfer und Täter in demselben Gebiet (objektive Beziehung). Die Analyse zeigte, daß 71 % der Notzuchtsfälle geplant waren. Bei über der Hälfte der Täter waren er und sein Opfer sich gegenseitig in einem Umfang bekannt, daß man von einer engen persönlichen Beziehung sprechen kann. Je enger die Beziehung zwischen Opfer und Täter war, desto größer war die Anwendung von physischer Gewalt gegen das Opfer. Nachbarn und Bekannte erwiesen sich als die gefährlichsten Menschen insoweit, als brutale Notzucht im Spiele war. Wenn das Opfer nicht allein verantwortlich für das ist, was ein „unglückliches Ereignis" (Menachem Amir 1967 a und b) genannt werden kann, so ist sie dennoch oft „ein ergänzender, ein komplementärer Partner". Opferpräzipitation bedeutet schnelle und eilige Handlung, unangemessene, ungebührliche, übermäßige, unkluge, unbesonnene Hast. Opferpräzipitation findet ihren Sinn darin, daß in einer besonderen Situation das Verhalten des Opfers von dem Täter interpretiert werden kann als unmittelbare Einladung zu sexuellen Beziehungen oder als ein Zeichen, daß sie für Sexualkontakte verfügbar sein wird, wenn er weiterhin danach drängt. Das Opferverhalten kann hierbei in einem Handeln bestehen. So kann sie damit einverstanden sein, mit ihm viel Alkohol zu trinken oder mit ihm im Auto mitzufahren. Es kann auch eine Unterlassung sein. So kann sie z. B. versäumen, stark genug gegen seine sexuellen Vorschläge und Vorspiele zu protestieren. Das Verhalten des Opfers kann als offene Unterwerfung verstanden werden. Ob dies tatsächlich der Fall ist, braucht indessen nicht so wichtig zu sein. Entscheidend ist die Interpretation der Handlungen des Opfers innerhalb der gerade vorhandenen Situation durch den Täter. Der Ausdruck „Opferpräzipitation" beschreibt solche Notzuchtssituationen, in denen das Opfer tatsächlich oder allem Anschein nach mit sexuellen Beziehungen einverstanden war, aber sich vor der eigentlichen Handlung zurückzog oder nicht stark genug gegen den Vorschlag reagierte, der von dem Täter ausging. Eine signifikante Beziehung wurde gefunden zwischen vorwiegend durch das Opfer verursachter Notzucht und Alkoholkonsum. In 53% der vorwiegend durch das Opfer ausgelösten Notzuchtssituationen wurde Alkoholkonsum festgestellt, und zwar entweder beim Opfer allein oder sowohl beim Täter wie beim Opfer. Demgegenüber wurde in nur 25 % der nicht durch das Opfer verursachten Fälle Alkoholkonsum gefunden. Enge persönliche Beziehungen, von Bekanntschaft bis zu verschiedenen Arten von Familienbeziehungen, machen 71 % der opferverursachten Notzuchtsfälle aus, aber nur 43 % der nichtopferverursachten. Ein Vergleich von 122 Fällen vorwiegend opferverursachter mit 524 Fällen von nichtopferausgelöster Notzucht ergibt signifikant höhere Anteile in den folgenden Charakteristiken bei den Fällen mit opferverursachter Notzucht: Alkohol in der Notzuchtssituation, speziell beim Opfer oder sowohl beim Opfer wie beim Täter, schlechtes Ansehen des Opfers, Wohnen von Täter und Opfer im selben Gebiet, Kennenlernen des Opfers durch den Täter in einer Bar, auf einem Picknick oder auf einer Party, Gebrauch von Zwang, um das Opfer gefügig zu machen, sexuelle Demütigung auf seiten des Opfers und Täter-Opfer-Beziehung, unter Einschluß aller Kategorien der engen persönlichen Beziehungen, mit Ausnahme von Familienbeziehungen.

In Hamburg wurden von Wolfgang Kucklick (1970) 221 Fälle von Notzucht auf die Täter-Opfer-Beziehung hin beurteilt. 75 Opfer standen zur Tatzeit unter Alkoholeinfluß. Anbahnungsorte waren hauptsächlich die öffentliche Straße (66 Opfer), Lokale (57 Fälle), Bahnhof und öffentliche Verkehrsmittel (6 Opfer). Bei 37 Opfern bestanden zu den Tätern soziale oder familiäre Beziehungen: Bekanntschaft, Nachbarschaft, Verwandtschaft und Zusammenarbeit im Betrieb. 30 Gruppennotzuchtsdelikte wurden ausgewertet. In 16 Fällen bestanden soziale Beziehungen zwischen einem und mehreren Tätern und dem Opfer vor der Tat. Folgende Annäherungshandlungen wurden festgestellt: Der Täter fällt eine Fußgängerin an (27 Fälle, davon 25 Versuche). Er lädt zur Spazierfahrt ein (25 Fälle, davon 12 Versuche). Der Rechtsbrecher knüpft ein allgemeines Gespräch an (21 Fälle, davon 10 Versuche). Er verfolgt das Opfer (19 Fälle, davon 14 Versuche). Er lädt in seine eigene Wohnung ein (14 Fälle, davon 5 Versuche). Er steigt in die Wohnung ein (6 Fälle, davon 3 Versuche). Er gibt sich als Autoritätsperson aus (5 Fälle, davon 2 Versuche). Mindestens 43 der 221 Notzuchtsopfer waren exponierte Opfer: 17 Prostituierte, 12 Streunerinnen, 6 Fürsorgezöglinge, 6 Vermißte und 2 Trinkerinnen; diese exponierten Opfer begeben sich an Orte, an denen sie Gefahr laufen, Opfer von Notzuchtverbrechen zu werden. Als Tatmittel wurden angewandt: Drohen mit Gewalt und Festhalten (59 Fälle), Schläge (53 Fälle), Würgen (34 Fälle), Mundzuhalten (27 Fälle) und Alkoholkonsum (15 Fälle). Engere Orte der Tatausführung waren: Kraftfahrzeuge (35 Fälle), Wohnung des Täters (29 Fälle), Wohnung des Opfers (25 Fälle), Lokale (13 Fälle), Privatgrundstücke (12 Fälle), Treppenhäuser (7 Fälle) und unbewohnte Häuser (4 Fälle). Besonders festzuhalten bleibt, daß jedes dritte Opfer zur Tatzeit unter Alkoholeinfluß stand und daß in jedem zweiten Fall Täter-Opfer-Beziehungen bestanden. Die Opfer waren zu leichtgläubig. In vielen Fällen ließen sie sich zum Mitfahren in Kraftfahrzeugen und zum Mitgehen in die Wohnung des Täters einladen. Die viktimologischen Beziehungen der Notzucht hat W. S. Minskaja (1972) für die Sowjetunion herausgearbeitet. 55 % der Opfer befanden sich vor der Tat in betrunkenem Zustand. In 47 % der Fälle waren Täter und Opfer betrunken. In 27 % der Fälle wurde die Notzucht im Hause des Täters begangen, in 10 % im Hause des Opfers. Anbahnungsorte waren in 52 % der Fälle die Straße, der Park oder die öffentlichen Verkehrsmittel. 25 % der Opfer hatten durch amoralisches Verhalten der Notzucht Vorschub geleistet. Sie besaßen Neigungen zu Alkoholkonsum und zu ausgelassenem Zeitvertreib, ohne bei dem Zusammentreffen mit Bekannten wählerisch zu sein. Aus einer empirisch-viktimologischen Studie, die in Washington D. C. gemacht worden ist (vgl. President's Commission 1967 a, S. 40), ergibt sich, daß nahezu zwei Drittel der 151 Notzuchtsopfer mit ihrem Täter beiläufig bekannt waren. Nur 36 % von 224 Angreifern waren ihren Opfern vollständig fremd. 16 Täter (7%) waren ihren Opfern von Ansehen bekannt, obwohl sie keinerlei vorherigen Kontakt hatten. 31 (14 %) der 224 Angreifer waren Verwandte, Familienfreunde oder Freunde der Opfer, und 88 (39 %) waren Bekannte oder Nachbarn. Bei den Opfern von Sexualdelikten gibt es eine Tendenz, ihren Täter zu ermutigen und willentlich am Sexualakt teilzunehmen. Das „Opfer“ ist oft ein zustimmender und manchmal ein durchaus unterwürfiger Sexualpartner (Paul H. Gebhard, John H. Gagnon, Wardell B. Pomeroy, Cornelia V. Christenson 1965, S. 794). Der Reiz von außen für ein Notzuchtsdelikt ist meist das leichtfertige Verhalten des Opfers. Nach japanischen empirisch-viktimologischen Studien (vgl. das Referat von Koichi Miyazawa 1970) handelt es sich bei fast 62 % der Fälle um zufällige Begegnungen auf der Straße. 38,6 % der Taten werden von Einzeltätern und 61,4 % von mehreren Tätern begangen. Die Opfer haben dem Täter oft eine stillschweigende Zustimmung zur Straftat gegeben. In 40,35 % der Fälle wurde das Opfer ohne Drohung oder Gewalt zum Begehungsort geführt. Es gibt viele leichtsinnige, fahrlässige Typen von Opfern, die nach längerer Zeitdauer, trotz der Veränderung der Situation, nichts tun und sogar die Gelegenheit nicht nutzen, dem Täter zu entfliehen. Den Opfern wird in 53,5 % der Fälle in Tokio, in 42,5 % in Utsunomiya, in 37,7 % in Yomagata und in 26,8 % in Kumamoto fahrlässiges Verhalten vorgeworfen. In der Studie von Kazunobu Yamaoka (1974 a) waren 72,6 % der Opfer von Einzelnotzucht und 83,4 % der Opfer von Gruppennotzucht unter 25 Jahre alt. Obgleich ältere Frauen ein wesentlich schlechteres physisches Resistenzpotential haben, vermeiden sie anscheinend in vermehrtem Umfang potentielle Notzuchtssituationen. Mädchen und junge Frauen sind — einmal abgesehen von ihrer größeren sexuellen Anziehungskraft — ebenso wie junge Männer leichter bereit, sich in viktimogene Situationen zu begeben. Wagemut und Unerfahrenheit der Jugend wirken sich hier negativ aus. Die Opfer vertrauen dem Täter nur allzu leichtfertig. Sie entfernen sich trotz Fluchtmöglichkeit nicht. Die junge Frau und das junge Mädchen führen in den japanischen großen Städten ein ungesundes Leben. Sie hören bis spät in die Nacht Jazzmusik. Sie verbringen ihre Zeit sinnlos, indem sie Betäubungs- und Schlafmittel nehmen. Sie geraten bewußt in gefährliche Situationen, weil sie das Abenteuer suchen.

Eine völlig andere Erscheinungsform der Notzucht haben Michael W. Agopian, Duncan Chappell und Gilbert Geis (1974) analysiert. Es handelte sich um die interrassische Notzucht, um 63 Fälle in Oakland/Kalifornien aus dem Jahr 1971, bei denen schwarze Täter weiße Frauen notzüchtigten. Sie taten dies meist aus einem Haßmotiv heraus: Ich habe dem Recht des weißen Mannes getrotzt; ich habe auf seinem Recht herumgetrampelt. Ich habe seine Frauen entweiht. Das hat mich am meisten befriedigt. Die meisten Opfer (57 %) berichteten selbst, daß sie sich in der Notzuchtssituation unterwürfig verhalten hätten. Von den Frauen, die kämpften, wurden mehr als die Hälfte (7 von 13) geschlagen. Die Annahme des Opfers, daß Gewaltanwendung durch den Täter bevorstehe, hat sie zu starker Widerstandsleistung veranlaßt, die ihrerseits die latente Gewalt des Täters ausgelöst hat (Interaktionsprozeß). In der Mehrzahl der Fälle waren sich Täter und Opfer gegenseitig bis kurz vor den Ereignissen unbekannt, die zur Notzucht führten. So bot z. B. ein Neger einem weißen Mädchen, das auf den Bus wartete, die Mitfahrt in seinem Wagen an. 90,4 % der interrassischen Notzuchtsfälle ereigneten sich zwischen Fremden. Das ist kein Widerspruch zu den Ergebnissen von Menachem Amir, da sich dessen Notzuchtsfälle in ganz überwiegender Mehrzahl intrarassisch zutrugen. Bei den interrassischen Fällen war überhaupt kein Alkohol mit im Spiel.

Ohne sich auf empirisch-viktimologisches Material zu stützen, haben Kurt Weis und Sandra S. Borges (1973) weitreichende hypothetische, zum Teil stark spekulative Thesen aufgestellt: Das Opfer werde als „Verlierer" mißachtet, nur weil es Opfer geworden sei. Man denke über das Opfer, daß es nach der Tat verlangt, „gefragt" habe und daß es das bekommen habe, was es verdient habe. Das Opfer eines Verbrechens gegen eine Person sei oft gebrandmarkt. Je mehr die Begegnung gesehen werde als ein Wettkampf zwischen gleichen Streitern, desto größer sei das Brandmal für den Verlierer oder das Opfer. In einer männlich beherrschten Gesellschaft sei die Frau das Eigentum des Mannes. Sie werde wie ein Sexualobjekt behandelt. Sexuell erfahrene Frauen und Mädchen und Notzuchtsopfer würden als „beschädigte Ware" und als unerwünscht angesehen. Die Frau sei psychisch nicht darauf vorbereitet, sich selbst physisch in einem Nahkampf zu verteidigen. Frauen und Mädchen würden unter dem Leitbild sexueller Objekte erzogen. Ihr Sozialisationsprozeß bestehe darin, die psychologischen Kennzeichen eines wehrlosen Opfers zu internalisieren. Der Frau und dem Mädchen werde ständig beigebracht, daß sie wehrlos und verantwortlich zugleich für ihr Opferwerden seien. Notzucht werde von den Männern weniger zu ihrer sexuellen Befriedigung begangen als zur Erniedrigung und Verletzung der Selbstbestimmung der Frau. Sie sei in Wirklichkeit ein Angriff auf die weibliche Persönlichkeit; sie habe die Bedeutung einer Depersonalisierung. Sie sei Teil der kollektiven Ausbeutung, der sexuellen Ausnutzung der Frau in einer männlich beherrschten Gesellschaft. Die Notzucht wirke sich als ein sozialer Kontrollmechanismus aus. Dieser Mechanismus habe den Zweck, die Frauen und Mädchen an ihrem Platz in der Gesellschaft zu halten oder sie dorthin zu stellen. Gemeint ist der angeblich geminderte soziale Status der Frau, nur weil sie eine Frau ist. Die Thesen von Kurt Weis und Sandra S. Borges (1973) stammen aus der Ideologie der nordamerikanischen Frauenrechtsbewegung, der sogenannten „Frauenbefreiung", die von der Mehrheit der nordamerikanischen Frauen und Mädchen nicht unterstützt wird. Hier wird der Vorgang der Notzucht mit ideologischen Gedanken befrachtet, die einer unvoreingenommenen viktimologischen Betrachtung nur schaden. Richtiges und Falsches werden geschickt vermischt. Eins ist z. B. zutreffend, daß zwischen Männern und Frauen in sexuellen Fragen ein sozial ungesundes Klima herrscht. Die Frau „verkauft sich" mit ihrer Sexualität; sie kämpft mit ihr im sozialen Wettbewerb. Sie gibt sich den heuchlerischen „moralischen" Anschein, keine sexuellen Bedürfnisse zu haben. Die meisten Frauen und Mädchen wollen deshalb von Männern „erobert" sein. Sie machen sich dadurch selbst zur „Ware". Sie genießen es, wenn Männer um sie kämpfen. Sie möchten bewußt oder unbewußt zum Geschlechtsverkehr gezwungen werden, um einen scheinheiligen „moralischen" Anspruch zu wahren. Die Frauen und Mädchen reizen die Männer sexuell beständig. In der Intimsituation spielen sie mit ihrer Sexualität. Der Mann, der sich auf dieses für ihn gefährliche kokette Spiel einläßt, trägt das Risiko, daß die Frau oder das Mädchen die Situation *nachträglich* als Notzucht definiert. „Um die Szene von der Verführung zur Notzucht zu verlagern, muß die Frau jenseits des Punktes Widerstand leisten, der normalerweise von Frauen erwartet wird, die einerseits Geschlechtsverkehr wünschen, aber andererseits ihren ‚moralischen' Anschein aufrechterhalten wollen" (Weis, Borges 1973, S. 92). Diese völlig verkrampfte soziale Situation wird als Verführung akzeptiert oder als Notzucht deklariert allein von der Frau, die stets „Opfer" spielt. Daß auch der Mann durchaus Opfer weiblicher Verführungskünste, Hinterlist und Verlogenheit werden kann, diese Feststellung wäre einer ausgewogenen Darstellung der Problematik bei Kurt Weis und Sandra S. Borges (1973) zugute gekommen. Ein Verharren in der aggressiven Ideologie der „Frauenbefreiung" läßt den Vorwurf der Befangenheit leicht aufkommen. Es ist heute genauso häufig, daß der Mann als Eigentum seiner Frau behandelt wird. Sexuelle Erfahrung der Frauen und Mädchen wird in der sexuell immer liberaler werdenden westlichen Gesellschaft nicht mehr in demselben Maße wie früher als Mangel bewertet. Der Sozialisationsprozeß der Mädchen gleicht sich immer mehr dem der Jungen an. Ehemals auch echt weibliche Werte wie Güte, Milde, Barmherzigkeit, Bewahrung moralischer Maßstäbe, sind heute in der Bundesrepublik

Deutschland fast nur noch der Lächerlichkeit preisgegeben. In Japan wird in den Massenmedien demgegenüber für eine weibliche Sozialisation der männlichen Jugend geworben. Niedrige und fallende Kriminalitätsraten geben den Befürwortern eines solchen Konzepts anscheinend recht. Weibliche Aggressivität kann allerdings verletzender als männliche sein. Frauen und Mädchen lernen sich in zunehmendem Maße genauso zu verteidigen wie Männer und Buben. Männer werden von Frauen in derselben Weise erniedrigt wie umgekehrt; sie können von Frauen ebenso finanziell ausgebeutet werden, wie Männer Frauen ausbeuten. Man kann durchaus sagen, daß viele Frauen und Mädchen heute ihre eigene Sexualität zum Schaden der Männer selbst „ausbeuten". Hier ist ein verhängnisvoller Sozialprozeß im Gange, der von Männern wie Frauen gleicherweise vorangetrieben wird. Daß Frauen und Mädchen sich unterdrückt fühlen, macht nur deutlich, daß sie nicht fähig sind, die ihnen eingeräumten gleichen Rechte und Möglichkeiten wahrzunehmen und auszufüllen.

6. Soziale Beziehungen beim Raub

Beim Opfer des Raubes ist ebenso wie beim Opfer des Raubmords das einseitige subjektive menschliche Verhältnis vorherrschend. In Hamburg wurden bei 679 Raubüberfällen in der Zeit vom 1. 2. 1969 bis 31. 1. 1970 858 Opfer geschädigt (Wolfgang Kucklick 1970). Davon wurden bei 547 vollendeten Taten 714 und bei 132 Versuchen 144 Personen als Opfer gezählt. Alleingehende Fußgänger waren die weitaus meisten Opfer des Raubes (425). Touristen, Homosexuelle und Prostituierte waren besonders opferanfällig. Das Opfer war angetrunken in 224 (26,6 %) und betrunken in 115 Fällen (13,7 %). Dem Opfer unbekannte Täter machen die Mehrzahl der Fälle mit 618 (72,9 %) aus. Vom Ansehen kannten 107 Opfer (12,6 %) ihre Täter. Flüchtig waren 36 Opfer (4,3 %) mit ihren Tätern bekannt. Namentlich kannten 75 Opfer (8,9 %) ihre Täter. Verwandt mit ihren Tätern waren 9 Opfer (1,1 %). Besonders auffallend ist, daß bei der Deliktsart Handtaschenraub unter 100 Opfern allein 29 verwitwete alte Frauen und bei der Erscheinungsform Raub in einem Geschäft 49 Opfer (52,7 %) 50 Jahre und älter waren. Die Täter suchen sich solche Geschäfte als Tatobjekte aus, bei denen sie wenig körperlichen Widerstand durch das Geschäftspersonal zu befürchten haben.

4. Abschnitt: Täter-Opfer-Abfolge

Eine Person kann nacheinander Täter und Opfer werden oder umgekehrt. Überprüft man die Lebensgeschichte Schwerkrimineller, so erfährt man häufig von Mißhandlungen, Ausbeutung und Verwahrlosung, die sie als Kinder erlebt haben. Nach japanischen Studien (Koichi Miyazawa 1970) verbirgt das Opfer von Roheitsdelikten latente Tätereigenschaften gleichartiger Straftaten. Opfer solcher Delikte begehen deshalb oft bei darauffolgenden Konfliktsfällen aggressive Rechtsbrüche. In der Untersuchung über den Werdegang jugendlicher Prostituierter von Yasuko Fujita, Juzaburo Hashimoto und Noriko Sato (1974) waren bei 222 Prostituierten 48,2 % Bekannte und 48,2 % Unbekannte Partner ihres ersten Geschlechtsverkehrs. Ohne ihre Zustimmung wurde der erste Geschlechtsverkehr bei 67,1 % der jugendlichen Prostituierten durchgeführt. Die durch Prostitution gefährdeten Mädchen begeben sich also anscheinend häufig leichtsinnig in viktimogene Situationen. Sie werden dann Opfer dieser gefährlichen sozialen Lagen und machen dann ihre „Kunden" zu ihren Opfern. Allerdings sind sie als Prostituierte selbst wieder Opfer entweder des organisierten Verbrechens oder ihrer Zuhälter oder beider. Denn 64,7 % der jugendlichen Prostituierten in Japan haben Beziehungen zum organisierten Verbrechertum und 58,8 % haben einen Zuhälter. Sowohl das organisierte Verbrechertum wie auch die Zuhälter beuten die jugendlichen Prostituierten in Japan rücksichtslos aus. Deshalb sind sie typische „Täter-Opfer". In Japan ist Prostitution eine Straftat. Vom 26. April bis 11. Juli 1946 hat Tadeusz Grygier (1954), selbst Opfer eines Konzentrationslagers, in einem Lager für verschleppte Personen in Kempten im Allgäu 4281 Probanden untersucht. Er benutzte zum Teil projektive psychologische Testmethoden. Die verschleppten Personen waren während des Krieges — aus allen Teilen Europas, hauptsächlich aus Polen — innerhalb des damaligen deutschen Reichsgebietes in der Industrie, in der Landwirtschaft und hauptsächlich in Konzentrationslagern der Unterdrückung unterworfen. Sie konnten als Opfer der nationalsozialistischen Gewaltherrschaft bezeichnet werden. Grygiers Hauptthese lautete, das Phänomen der Unterdrückung und die Opferatmosphäre hätten gravierende Persönlichkeitswandlungen zur Folge gehabt. Er fand folgende Hauptresultate: Seine Probanden zeigten keinerlei persönliche Einsicht in ihre emotionalen Probleme. Sie waren unfähig, psychische und soziale Situationen von verschiedenen Gesichtspunkten aus zu beurteilen und ihre Ansichten in einem Meinungsbildungsprozeß zu differenzieren. Grygier bezeichnet diese Eigenschaften als rigide und egozentrisch. Seine Probanden schoben alle Schuld auf andere. Die Kriminalitätsrate der Experimentalgruppe (unterdrückte, verschleppte Personen) war 45mal höher als die der „normalen" Kontrollgruppe (Tadeusz Grygier 1954, S. 295). Diese Ergebnisse können allerdings auch durch die abnorme Nachkriegszeit maßgeblich mitverursacht worden sein. Immerhin zieht Grygier folgende Schlußfolgerungen, an denen er auch gegenwärtig noch festhält (persönliche Mitteilung am 15. Juli 1974 in Oxford): Unterdrückung ist der Formung einer antisozialen Persönlichkeit förderlich. Personen mit einer solchen durch Viktimisierung maßgeblich beeinflußten Persönlichkeitsstruktur neigen zu Konflikten mit anderen Menschen und zu Verbrechen. Sie können charakterisiert werden durch Egozentrizität, durch ihre Einstellung, scharfe Unterschiede zwischen Innen- und Außengruppe zu machen, und durch Feindseligkeit und Voreingenommenheit gegenüber der Außengruppe. Die Hauptpersönlichkeitszüge dieser Menschen bestehen in mangelnder Einsicht und fehlender Selbstkritik und im Ausagieren ihrer Aggression. Sie betrachten die Welt als feindlich und bedrohend.

Terence P. Thornberry und Robert M. Figlio (1974) haben die Beziehung zwischen Opferwerden und Kriminalität in Philadelphia untersucht. Ausgebildete Sozialarbeiter interviewten 567 Probanden des Geburtsjahrganges 1945. Selbstberichtinformationen über Opferwerden und Gesetzesbrüche wurden auf Grund eines ausführlichen Fragebogens erhoben, und zwar innerhalb dreier Entwicklungsphasen: jünger als 12 Jahre, zwischen 12 und 18 Jahren und über 18 Jahre alt. Alle interviewten Probanden berichteten, daß sie mindestens bis zu ihrem 26. Lebensjahr Opfer eines Delikts geworden sind. Kein Proband erreichte das Alter von 26 Jahren, ohne nicht wenigstens einmal ein Opfer eines Delikts geworden zu sein. An den 567 Probanden sind 6213 Delikte verübt worden. Das bedeutet, daß im Durchschnitt nahezu 11 Delikte auf ein Mitglied der Stichprobe entfielen. Die Quoten des Opferwerdens wurden für 8 verschiedene Delikte (leichte und schwere Körperverletzungen, Raub, Erstechen, Erschießen, Taschendiebstahl, Diebstahl und Sachbeschädigung) und innerhalb dreier Entwicklungsphasen festgestellt: weniger als 12 Jahre, zwischen 12 und 18 Jahren und über 18 Jahre alt. Der klarste Unterschied ergab sich zwischen Gewalt- und Vermögensdelikten. Die Wahrscheinlichkeit, Opfer eines Gewaltdelikts zu werden (einfache und schwere Körperverletzung oder Raub), nimmt mit dem Älterwerden ab, während die Aussicht, Opfer eines Vermögensdelikts zu werden (Diebstahl, Taschendiebstahl und Sachbeschädigung), mit dem Älterwerden zunimmt. Ein Beispiel zeigt dies: Der Prozentsatz der Personen, die körperlich angegriffen werden, nimmt während der 3 Altersphasen von 68,8 % auf 60,3 % bis auf 18,3 % ab, während der Prozentsatz der Leute, die Diebstahlsopfer werden, während der 3 Altersphasen von 28,1% über 39,5% bis auf 53,4% zunimmt. Die Häufigkeit der Verhaftung steht in enger und beständiger Beziehung zum Opferwerden. Mit dem Grad der Beteiligung an krimineller Aktivität wächst auch die Wahrscheinlichkeit, Opfer einer Straftat zu werden. Es gibt bisher keinen Beweis dafür, daß kriminelle Aktivität zum Opferwerden führt. Umgekehrt geht allerdings das Opferwerden der kriminellen Aktivität voraus. Eine große Mehrheit der Probanden von Thornberry und Figlio berichtete, daß sie, bevor sie zum ersten Mal verhaftet worden ist, Opfer eines Delikts geworden ist. Es spricht vieles dafür, daß das Opferwerden bahnend für und möglicherweise unterstützend auf zukünftiges Fehlverhalten wirkt. So können Opferwerden und kriminelles Verhalten ein allgemeines Verhaltensphänomen der Jugend und der Jahre des frühen Erwachsenenalters sein.

5. Abschnitt: Die subjektiven Gründe des Täters

1. Die Opferbeschuldigung durch den Straftäter

Delinquentes Betragen wird wie das meiste soziale Verhalten gelernt. Es wird eingeübt in einem Prozeß sozialer Interaktion. Ein großer Teil der Kriminalität beruht darauf, daß diejenigen, die sich kriminell benehmen, dieses Verhalten zu rechtfertigen vermögen, ohne in radikaler Opposition zur geltenden Wertordnung zu stehen. Die Rechtfertigung findet nicht nach dem Rechtsbruch statt, sondern sie wird zum Motiv der Straftat. Diese „Techniken der Neutralisation“ (Gresham M. Sykes, David Matza 1968) werden von Kriminellen erlernt. Sie lehnen die Verantwortung ab, indem sie sich mehr von außen getrieben als selbst handelnd empfinden. Ihre Persönlichkeit entfremdet sich von der Tat. Sie verneinen ihr Unrecht. Sie lehnen das Opfer ab, indem sie sich selbst zum Rächer aufwerfen und das Opfer zum Übeltäter machen. Sie behaupten, das Opfer habe die Tat gewollt oder zumindest verdient. Sie weisen die Zurückweisenden zurück und verdammen die Verdammenden (z. B. die Instanzen der Sozialkontrolle). Sie berufen sich schließlich auf höhere Instanzen, indem sie vorgeben, höherrangigen Normen gefolgt zu sein. Das Opfer wird als wertloses menschliches Wesen definiert, oder ihm wird die Eigenschaft, ein menschliches Wesen zu sein, überhaupt abgesprochen (Hermann und Julia Schwendinger 1969). Das Opfer wird herabgewürdigt. Ihm wird ein schlechter Ruf nachgesagt. Es ist in einem kriminellen Beruf beschäftigt. Es hat Vorstrafen und legt unordentliches Benehmen an den Tag. Es prostituiert sich, trinkt gewohnheitsmäßig Alkohol und konsumiert Narkotika. Frühere Anzeigen des Opfers wegen erlittener Straftaten haben sich als unbegründet erwiesen.

Die Wahrnehmung des Opfers durch den Täter hat Simha F. Landau (1973) untersucht. 104 Probanden wurden in Israel individuell interviewt, während sie eine Freiheitsstrafe verbüßten. Unterschieden wurden folgende Gruppen: Gewalttäter (kriminelle Tötung und Körperverletzung): 37 Probanden; Vermögenstäter (Raub, Einbruch, Diebstahl, Hehlerei): 26 Probanden; Betrüger und Urkundenfälscher: 18 Probanden und Sexualtäter (Notzucht und Unzucht mit Kindern): 23 Probanden. Neutralisationstechniken werden weniger unter Vermögens- und Betrugstätern gefunden. Die überwiegende Mehrheit der Täter dieser Gruppen gibt zu, daß der Grund für ihre kriminellen Handlungen der Wunsch nach materiellem Gewinn war. Was die anderen beiden Gruppen anbelangt, so ist das Bild sehr unterschiedlich. Mehr als die Hälfte der Gewalttäter sieht situative Faktoren als Ursachen für das kriminelle Geschehen an. Die Opfer-Partner begannen mit dem Angriff. Ungefähr ein Viertel dieser Straftäter beschuldigte allein das Opfer für sein Opferwerden. Die Sexualtäter antworteten sehr verschieden. Die Hälfte von ihnen beschuldigte das Opfer: Sie wollte es, sie war verdorben. Nahezu alle anderen Straftäter in dieser Gruppe behaupteten eine Art verminderter Verantwortlichkeit, weil sie unter dem Einfluß von Rauschmitteln oder Alkohol gestanden hätten, weil sie impulsiv und depressiv oder nicht imstande gewesen seien, ihre eigenen Triebe zu kontrollieren. Unter den Gewalttätern, die ihre Opfer vorher nicht kannten, hätten mehr als 40 % die Tat begangen, selbst wenn sie das Opfer vorher gekannt hätten. Die Vermögenstäter wie die Sexualtäter behaupteten in ihrer Mehrheit, daß ihr kriminelles Verhalten keinerlei Leiden bei ihren Opfern hervorgerufen habe. Demgegenüber gaben die meisten Täter der zwei anderen Gruppen (Gewalt- und Betrugstäter) zu, daß ihre Opfer gelitten hätten. Selbst unter diesen Straftätern verneinten jedoch ungefähr 40 % ein Leiden ihrer Opfer. Diese Ergebnisse sind besonders erstaunlich, wenn man bedenkt, daß ungefähr drei Viertel der Gewalttäter ihre Opfer töteten. Auf die Frage nach ihrem eigenen Leiden gab die überwältigende Mehrheit der Straftäter an, daß sie unter ihrem Delikt gelitten habe. Der Straftäter nimmt sich demnach als das wirkliche Opfer seiner Handlungen wahr. Während noch die meisten Straftäter zugaben, daß sie ihren Opfern Leiden verursachten, waren sie alle der Meinung, daß sie der Familie des Opfers keinerlei Schäden zugefügt hätten. In allen Gruppen behaupteten die Straftäter demgegenüber, daß ihre eigene Familie unter ihrer Kriminalität und deren Folgen leiden würde. Die Anschuldigung des Opfers, die Straftat verursacht zu haben, ist eine gut bekannte Schutzbehauptung, die durch die Straftäter im Strafverfahren häufig aufgestellt wird. Eigentums- und Betrugsstraftäter gaben in den meisten Fällen ihre volle Schuld an ihrer Straftat zu. Im Gegensatz dazu nimmt nur ein Drittel der Gewalt- und Sexualstraftäter die volle Verantwortung für ihre Straftat auf sich. Die meisten Täter räumen eine Teilschuld ein, häufiger noch behaupten sie, sie seien völlig unschuldig. Mehr als die Hälfte der Gewalttäter behauptet, daß die alleinige Schuld auf der Seite des Opfers gelegen habe. Unter Sexualstraftätern beträgt der Anteil hierfür ungefähr ein Viertel der Fälle. 42 % von ihnen sehen das Opfer als teilweise schuldig an, und weniger als ein Drittel beschuldigt in dieser Gruppe das Opfer für die Straftat nicht. Von allen Straftätern in Landaus Studie machten nur fünf den Schaden wieder gut, den sie angerichtet hatten. Während die Mehrheit der Betrugsstraftäter willens war, den Schaden, der dem Opfer entstanden war, wiedergutzumachen, lehnten nahezu alle anderen Straftäter eine Schadensersatzleistung ab. Diese Absage war am höchsten unter den Gewalt- und Sexualstraftätern, während sie unter den Eigentumstätern ein wenig niedriger war. Die Gewalttäter (Tötungsdelikte und Körperverletzung) machten in ihrer überwiegenden Mehrheit situative Faktoren für ihre Straftat verantwortlich, oder sie gaben dem Opfer die alleinige Schuld. Ein beträchtlicher Anteil von denen, die ihr Opfer vorher nicht kannten, würde nichtsdestoweniger die Straftat begangen haben, wenn sie mit ihrem Opfer vorher bekannt geworden wären. Die Frage, ob der Täter das Opfer als schwächer, genauso stark wie er selbst oder als stärker wahrnahm, hatte auf die Begehung der Straftat keinen Einfluß. In zahlreichen Fällen wählte der Täter sein Opfer aus. Die meisten Sexualstraftäter beurteilten ihr Opfer entweder völlig oder teilweise als schuldig an ihrer Straftat. Nahezu alle Rechtsbrecher sind nicht bereit, dem Opfer oder seinen Verwandten Wiedergutmachung zu leisten. Für die Eigentumsstraftäter (Raub, Einbruch, Diebstahl, Hehlerei) war hauptsächlich materieller Gewinn Motiv ihrer Straftat. Die Mehrheit der Straftäter würde ihren Rechtsbruch nicht begangen haben, wenn sie das Opfer vorher gekannt hätte. Die meisten Rechtsbrecher in dieser Gruppe behaupteten, daß ihr Opfer nicht gelitten habe. Sie gaben ihre Schuld unumwunden zu, waren aber nicht bereit, das Opfer zu entschädigen. Auch bei den Betrügern und Urkundenfälschern war hauptsächlich ein materieller Grund Motiv für ihre Straftat. Von denen, die mit ihrem Opfer vor der Straftat nicht bekannt waren, würde nichtsdestoweniger ein Drittel die Straftat auch dann begangen haben, wenn sie das Opfer gekannt hätten. Die meisten Straftäter dieser Gruppe gaben zu, daß sie ihrem Opfer Leiden zugefügt hätten. Sie sahen sich selbst als allein schuldig an und waren auch durchaus gewillt, das Opfer zu entschädigen. Bei den Sexualstraftätern (Notzucht und Unzucht mit Kindern) würden diejenigen, die ihr Opfer vor der Straftat nicht gekannt hatten, das Delikt nicht begangen haben, wenn sie es vorher gekannt hätten. In den meisten Fällen wurde das Opfer als schwächer angesehen. Es wurde vom Straftäter ausgewählt. Die Mehrzahl der Täter verneinte, daß sie ihrem Opfer Leiden zugefügt hätte. Sie sahen das Opfer als völlig oder teilweise schuldig an und waren nicht bereit, es zu entschädigen. Simha F. Landau erklärt ihre nach Deliktstätertypen unterschiedlichen Forschungsergebnisse mit einer Billigkeitstheorie: Durch die Kriminalität gerät das Selbstkonzept des Straftäters in Bedrängnis. Es gibt allgemein anerkannte moralische Leitbilder, die darauf hinauslaufen, daß man fair und gerecht im Umgang mit anderen sein sollte. Die kriminelle Schädigung eines anderen verletzt die ethischen Prinzipien und verursacht Konflikte mit den Selbsterwartungen des Rechtsbrechers. Je größer das tatsächliche Leiden und der Schaden sind, die das Opfer hatte, desto größer ist die Bedrängnis des Schädigers. Hieraus entsteht sein Bedürfnis, die psychische Billigkeit wiederherzustellen. Das tut er dadurch, daß er das Opfer für sein Mißgeschick selbst verantwortlich macht, daß er das Leiden des Opfers verneint und daß er sich weigert, es zu entschädigen. Diese Einstellung hängt mit der Schwere des Delikts zusammen. Je schwerer das Delikt vom Straftäter empfunden wird, desto ausgeprägter ist seine Einstellung, das Opfer verantwortlich zu machen. Die Gewalttäter gaben mehr als jede andere Gruppe dem Opfer die Verantwortung für die Straftat. Es folgen die Sexual- und die Eigentumstäter. Kein Betrüger gibt dem Opfer die volle Schuld. Die niedrigste Bereitschaft zur Entschädigung des Opfers bestand bei den Gewalttätern. Es folgen die Sexualstraftäter. Die Eigentumsstraftäter sind erheblich eher bereit, das Opfer zu entschädigen, und die Betrüger sind fast alle geneigt, Schadensersatz zu leisten. Durch die Eigentums- und Betrugsstraftäter werden weniger Schäden und Leiden für ihre Opfer verursacht. Sie geraten deshalb auch weniger in psychische Bedrängnis. Unter diesen Gruppen mit „leichterer" Kriminalität, nämlich mit Eigentums- und Betrugsstraftaten, findet sich ein sehr viel höherer Anteil derjenigen, die die volle Schuld für ihre Straftat zugeben, während die zwei anderen Gruppen, nämlich die Gewalt- und Sexualstraftäter, ihre Schuld meistens verneinen, um die Billigkeit wiederherzustellen. Mit der Billigkeitstheorie von Simha F. Landau (1973) stimmen auch empirisch-viktimologische Forschungsergebnisse überein, die Juzaburo Hashimoto und Yoshihito Tachibana (1974) über Rechtsbrecher und ihre Opfer bei Straßenverkehrsdelikten in Japan erzielt haben. Die Straftäter bei Straßenverkehrsdelikten (fahrlässige Tötung und fahrlässige schwere Körperverletzung) sind in der Regel sozial integriert: Die Psychodynamik ihrer Familien ist sehr gut in über 80 % der Fälle. Ihr Verhältnis zu ihrem Vorgesetzten ist sehr gut bei 50,3 % und gut bei 31,1 %. Ihre Beziehung zu ihren Arbeitskollegen ist sehr gut in 73,6 % und gut in 19,2 %. Die Straßenverkehrstäter erkennen ihre Schuld an in 75,4 % der Fälle. Sie behaupten, daß Täter und Opfer an dem Straßenverkehrsdelikt schuldig seien in 18,6 % der Fälle. Dem Opfer allein geben nur 0,6 % der Straßenverkehrstäter die Schuld. Straßenverkehrsdelikte gelten in Japan als Kavaliersdelikte. Sie werden in der Öffentlichkeit als leicht und nicht stigmatisierend empfunden.

2. Die Herabwürdigung des Opfers durch die Gesellschaft als Täterrechtfertigung

Daß nicht nur bei den Rechtsbrechern, sondern auch in der Gesellschaft allgemein die Tendenz besteht, das Opfer herabzuwürdigen, es zu brandmarken und es als „Verlierer" in einem Wettbewerb zu beurteilen, wird von William Ryan (1971, 1974), Kurt Weis und Sanda S. Borges (1973) behauptet. Es bestehe ein allgemeiner kultureller Widerwille und eine Abneigung gegenüber dem Opfer. Die Mißachtung des Opfers werde bis zu einem Punkt vorangetrieben, bei dem dem Opfer allein die Schuld dafür gegeben werde, daß es Opfer geworden sei. Bei Notzuchtsprozessen stehe nicht der Täter, sondern das Opfer vor Gericht. Ryan spricht von „Opferbelastern". Bei der Opferbeschuldigung handele es sich um einen feinsinnigen Prozeß, der von Freundlichkeit und Sorge getragen sei und alle Fallen statistischer Tricks des Wissenschaftsbetriebes benutze. Der Prozeß des Opferbeschuldigens werde mit einer humanitären Einstellung bemäntelt. Für das Opfer werde eine tiefe Sorge empfunden. Die altmodische konservative Ideologie habe das Opfer einfach für minderwertig, erbbiologisch defekt und moralisch unfähig erklärt. Nach der neuen Ideologie handele es sich um ein sozial erworbenes Opferstigma. Es sei dem Opferbelaster nunmehr möglich, auf der einen Seite die sozialen Mängel zu verurteilen, die dem Opfer anhafteten, auf der anderen Seite aber die bestehenden Wirkungen der sozialen Kräfte zu ignorieren, die gerade zum Opferwerden führten. Eine Änderung des Opfers, aber kein Wandel der Gesellschaft sei beabsichtigt. So wolle man die Fähigkeiten und Einstellungen des Ghettokindes verbessern, um auf diese Weise die Schulen strukturell nicht ändern zu müssen. Der Opferbelaster blicke mit Sympathie auf diejenigen, die die Opferprobleme „hätten". Er sondere sie aus, um sie als eine besondere Gruppe zu definieren. Die opferanfälligen Personen, die sich von Normalpersonen unterschieden, seien weniger leistungsfähig, nicht so fachkundig, ungeübter, unwissender, kurz weniger menschlich. Das Opfer werde als ein Barbar und als ein Wilder identifiziert. Ryan bezeichnet die Entdeckung von Wilden als eine wesentliche Komponente und Voraussetzung für die Beschuldigung des Opfers. Die Kunst, Wilde zu entdecken, sei die bedeutsamste Fähigkeit, die man haben müsse, wenn man ein Opferbeschuldiger werden wolle. Man müsse nämlich nachweisen können, daß die Armen, die Farbigen, die Kranken, die Arbeitslosen und die Slumbewohner von den Normalpersonen unterschiedlich und ihnen fremd seien. Eine so verstandene viktimologische Forschung zeige, wie „diese Leute" in unterschiedlichen Formen denken, nach verschiedenen Leitbildern handeln, unterschiedlichen Wertvorstellungen anhängen, verschiedene Ziele zu erreichen suchen und unterschiedliche Wahrheiten lernen. Es handele sich hier um den geschickten Versuch des Sozialdarwinismus, die Sozialprobleme zu erkennen und ihre Verursachung denjenigen anzuhängen, die von ihnen betroffen seien. Der typische Opferbeschuldiger sei hierbei eine Person der Mittelschicht, die sich materiell gut stehe. Er habe einen ansehnlichen Beruf, ein zufriedenstellendes Einkommen, ein großes Haus und ein schönes Auto. Er nehme indessen die Armut, die Rassendiskriminierung, die Ausbeutung und das kriminelle Opferwerden wahr, und darüber hinaus möchte er etwas Konkretes tun, um die Bedingungen für die Armen, die Farbigen und die kriminell Geschädigten zu verbessern. Er weise schnell und selbstbewußt zwei extreme Alternativen zurück. Er könne sich nicht einverstanden erklären mit einer reaktionären und repressiven Position, die die fortwährende Unterdrückung und Ausbeutung als einen Preis für die privilegierte Position der eigenen Schicht akzeptiere. Das sei unvereinbar mit seiner individuellen Moralauffassung und mit seinen eigenen politischen Prinzipien. Andererseits sei er noch allergischer gegen die Radikalen. Er weise die extreme Lösung des revolutionären sozialen Wandels zurück, und das sei auch verständlich, weil eine solche radikale Änderung seine persönlichen Interessen und sein eigenes Wohlbefinden bedrohten. So befinde sich der Opferbeschuldiger in einem Dilemma, dessen Lösung in einem brillanten Kompromiß bestehe. Die Opferbeschuldiger wendeten ihre Aufmerksamkeit dem Opfer zu, nachdem es bereits Opfer geworden sei. Die Lösung liege in der Belastung des Opfers; Selbstkritik und Selbstbeschuldigung würden zurückgewiesen.

Neutralisationstechniken als Motive für Rechtsbrecher sind durchaus empirisch nachweisbar. Daß diese Neutralisationstechniken nach Deliktstätertypen verschieden sein können, hat Simha F. Landau (1973) an einer — allerdings zu heterogenen und deshalb zu kleinen — Stichprobe nachzuweisen versucht. Für die Behauptung, es bestehe in der Gesellschaft die Tendenz, das Opfer herabzuwürdigen und zu stigmatisieren, fehlt allerdings jede empirische Grundlage. Mannigfaltige Reaktionen verschiedener Teilgruppen der Gesellschaft auf Viktimisierungen liegen näher. Von übertriebenem Mitleid mit dem Opfer über Gleichgültigkeit bis zu Opferzurückweisung kommt eine große Variationsbreite von Reaktionen ins Spiel. Zu diesen Reaktionen können auch heuchlerische Sorge mit dem Opfer und Opferbeschuldigung zum Zwecke der Scheinlösung sozialer Probleme gehören. Die Figuren des „Verlierers“ (Kurt Weis, Sandra S. Borges 1973), des „Opferbelasters“ und „Opferbeschuldigers“ (William Ryan 1971, 1974) sind indessen überzeichnet. Die einseitige Übertreibung wird an Ryans Formulierung deutlich, das Opfer werde als ein Wilder, als ein Barbar identifiziert. Statisch-dogmatische Betrachtungsweise ist für diese Überzeichnungen verantwortlich. Schuld ist ein irrationaler Begriff, mit dem in der sozialwissenschaftlichen Viktimologie wenig zu erreichen ist. Die Mitverursachungslast an kriminellem Verhalten trifft nicht nur einseitig den Täter oder das Opfer oder die Gesellschaft. In den Sozialprozeß der Kriminalitätsverursachung sind Täter, Opfer und Gesellschaft gleichermaßen eingebunden. Aus diesem dynamischen Interaktionsprozeß ein Element herauszunehmen, ist verfehlt. Man kann deshalb beim Opfer nicht vom sozial herabgewürdigten „Verlierer“ reden. Ebenso einseitig ist die Reaktion der Opferbeschuldigung. Mit einer solchen Reaktion beim Täter zu rechnen, ist allerdings realistisch.

6. Abschnitt: Fälle, Fragen und Literaturhinweise

Fall 7

Am Freitag, dem 13. Juli 1974, gegen 21.10 Uhr, wurde der 45jährige Fabrikdirektor D vor seiner Villa in der Großstadt X niedergeschossen und schwer verletzt. Das Ehepaar D führte eine „moderne“ Ehe. Einer der Liebhaber der Frau D, der 25jährige berufs- und arbeitslose A, drängte seit Jahren die Frau D, sich von ihrem Ehemann zu trennen. Schließlich entwarfen A und die D Pläne, den Ehemann der D zu töten. An der Planung und den Mordversuchen war die 15jährige Tochter Angelika beteiligt, die ihren Vater haßte, weil er ihr den Umgang mit einer „Rocker-Bande“ untersagt hatte, die mehrfach wegen Vandalismus vor Gericht gestanden hatte. Zu Hause sprach Angelika in Gegenwart ihrer Mutter mit den jugendlichen Bandenmitgliedern ganz offen darüber, auf welche Weise und bei welcher Gelegenheit ihr Vater am besten umgebracht werden könnte. Eines Nachts schlichen sich A und die 15jährige Angelika in das Schlafzimmer des D und versuchten, ihn mit einer dafür vorbereiteten elektrischen Leitung zu töten. Der Versuch scheiterte, weil A nicht den Mut zur Tötung fand. Angelika beschimpfte A und ihre Mutter als „Feiglinge". Einige Zeit später bestellte A über eine in der Großstadt X ansässige chinesische Firma einen äußerst giftigen Fisch, der aus Hongkong mit Luftfracht geliefert wurde. Er ließ in einem chinesischen Restaurant die giftigen Teile herausschneiden. Er gab vor, er sei Student und benötige die Teile zu wissenschaftlichen Zwecken. Angelika mischte ihrem Vater das Gift mehrfach unter das Essen. Wegen des unangenehmen Fischgeruchs aß der D jedoch nichts von dem Gift. Mit Frau D kaufte A später im Ausland ein Gewehr, an das er ein Zielfernrohr und einen Schalldämpfer anbauen ließ. Danach versuchte A immer wieder, berufsmäßige „Killer" zu gewinnen, damit sie den D töteten. Durch Vermittlung eines Hotelportiers gelangte er schließlich an den mehrfach wegen Kuppelei und Zuhälterei vorbestraften 31jährigen K und dessen italienischen Freund I. Beide waren bereit, den D gegen Bezahlung von 25 000,-- DM umzubringen. Nach Schießübungen und Ortsbesichtigungen schossen K und I am 13. Juli 1974 auf D, als dieser vor seiner Villa aus seinem Mercedes stieg. Sie gaben insgesamt 18 Schüsse auf D ab, den sie allerdings nur einmal trafen. Der D war nämlich schwer verletzt neben seinem Auto zusammengebrochen und lag außerhalb des Schußfeldes in Deckung.

Fragen zu Fall 7:

1. Inwiefern stimmt der Tatverlauf mit den regelmäßigen Handlungsabläufen bei kriminellen Tötungen überein, inwiefern weicht er von solchen Verläufen ab?
2. Hat das Opfer etwas falsch gemacht und gegebenenfalls was?

Fall 8

In einer Gastarbeiterunterkunft eines größeren Industrieunternehmens wurde der 35jährige türkische Gastarbeiter T wegen des dringenden Verdachts der Zuhälterei von der Kriminalpolizei festgenommen. Er hatte zwei 17jährige Verkäuferinnen veranlaßt, der Gewerbsunzucht nachzugehen. Die Mädchen hatte er in einem Café kennengelernt. Beide ließen sich von ihm leicht dazu bringen, mit ihm zusammen in einem Hotelzimmer zu übernachten und dort den Geschlechtsverkehr mit ihm auszuführen. In der Folgezeit überredete er beide Mädchen, auch mit mehreren seiner Freunde geschlechtlich zu verkehren. Schließlich faßten der türkische Gastarbeiter T und zwei seiner türkischen Freunde den Plan, die Mädchen in verschiedenen Gastarbeiterunterkünften zum Geschlechtsverkehr „auszuleihen" und damit ihren Lebensunterhalt zu verdienen. Sie lockten die Mädchen unter dem Vorwand einer Spazierfahrt in ein Auto. Zunächst weigerten sich die Mädchen in der ersten Gastarbeiterunterkunft, wahllos mit beliebigen Männern geschlechtlich zu verkehren. Ihre drei türkischen „Freunde" drohten ihnen jedoch Schläge an und ohrfeigten sie mehrmals, wenn sie sich widerspenstig zeigten, weinten oder beim Geschlechtsverkehr — nach Ansicht ihrer „Freunde" — „zu passiv" verhielten. Die gemeinsamen Aktivitäten der drei Türken und der beiden deutschen Mädchen erstreckten sich über mehrere Wochen und zahlreiche Gastarbeiterunterkünfte. Die Mädchen, deren Väter kaufmännische Angestellte und deren Mütter ebenfalls berufstätig waren, wurden nur bei ihrer Arbeitsstelle vermißt. Die Eltern billigten ihren Töchtern ein „freies" Leben nach ihren „modernen" Erziehungsprinzipien zu. Durch die Aufmerksamkeit eines Wachmannes wurde die Betriebsamkeit der drei Türken und der beiden Mädchen in der Gastarbeiterunterkunft bekannt. Der T wurde festgenommen. Seine zwei türkischen Freunde konnten rechtzeitig fliehen. Man fand bei dem T einen Betrag von 950,-- DM. In seinem Zimmer wurden nochmals 15 000,-- DM sichergestellt, die er sich durch „ehrliche" Arbeit verdient und gespart haben wollte. Die beiden Mädchen erklärten bei ihrer kriminalpolizeilichen Vernehmung, ihre türkischen „Freunde" seien im Grunde „anständige Kerle", sie hätten sie stets gut behandelt und ihnen alle ihre Wünsche nach Kleidern, Schmuck und Süßigkeiten erfüllt. Sie hätten ein ganz abenteuerliches und lustiges Leben geführt. Geld hätten sie allerdings von ihren türkischen „Freunden" nicht erhalten.

Fragen zu Fall 8:

1. Aus welchen Umständen ergibt sich eine viktimelle Karriere der Mädchen?
2. Welche Tatsachen müßten erforscht werden, um die viktimellen Karrieren der Mädchen noch konkreter festzustellen?
3. Aus welchen Gründen waren die Mädchen opferanfällig?
4. Waren die Mädchen wirklich „Opfer"?
5. Auf welche Weise könnte ein Opferwerden der Mädchen — falls es überhaupt gegeben ist — in Zukunft vermieden werden?

Fall 9

In der Nacht zum 29. September 1974 hatten die Geschwister Brigitte (19) und Sabine (17) — von einer Tanzveranstaltung kommend — in der Großstadt X die letzte Straßenbahn verpaßt. Diesen Vorgang beobachteten zwei Männer in einem Personenkraftwagen. Sie boten sich an, die Geschwister nach Hause zu fahren. Nach anfänglichem Zögern entschlossen sich die Mädchen, das Angebot anzunehmen. Anstatt sie jedoch nach Hause zu bringen, fuhren sie mit ihnen in ein unwegsames Gelände in der Nähe eines Baggerlochs. Dort vergewaltigten sie die Mädchen, ließen sie an dem einsamen Ort zurück und entkamen unerkannt.

Fall 10

Am 25. September 1974 erstatteten die Eltern der 16jährigen Karin eine Anzeige wegen Notzucht. Die Täter konnten jedoch nicht ermittelt werden. Karin schilderte den Hergang wie folgt: Ich bin hier in der Stadt X als Friseuse im Frisiersalon F beschäftigt und wohne in der 8 km von der Stadt X entfernten Gemeinde Y. Heute suchte ich nach Arbeitsschluß die Kirmes auf dem K-Platz auf. Dort lernte ich im Laufe des Abends einen jungen Mann kennen, der mit zwei Freunden ebenfalls die Kirmes besuchte. Gegen 21 Uhr wollte ich die Kirmes verlassen, um mit dem Bus nach Hause zu fahren, weil ich spätestens bis 22 Uhr zu Hause sein muß. Der junge Mann überredete mich aber, noch etwas auf der Kirmes zu bleiben. Er sagte mir, daß einer seiner Freunde einen PKW habe und man mich nach Hause bringen würde. So käme ich immer noch pünktlich nach Hause. Ich stimmte zu. Kurz vor 22 Uhr verließen wir, die drei jungen Männer und ich, die Kirmes und bestiegen einen in der Nähe des Kirmesplatzes abgestellten PKW, von dem ich weder Typ noch Kennzeichen weiß. Man fuhr jedoch nicht mit mir nach Hause, sondern in ein einsames Waldgelände. Dort übten alle drei Männer nacheinander mit mir den Geschlechtsverkehr aus, indem mich jeweils immer zwei festhielten und einer den Geschlechtsverkehr ausübte. Später setzten mich die Männer am Ortsrand meiner Wohngemeinde ab und fuhren fort. Ich war gegen 24 Uhr in der elterlichen Wohnung, wo ich den Vorfall gleich geschildert habe. Mein Vater veranlaßte, daß die Polizei benachrichtigt wurde. Auf Befragen muß ich einräumen, daß ich weder die Namen noch die Wohnorte und Beschäftigungsstellen der drei Männer weiß. Mir ist auch sonst nichts Außergewöhnliches oder Besonderes an den Männern aufgefallen.

Fragen zu den Fällen 9 und 10:

1. Haben die Opfer zu ihrer Vergewaltigung beigetragen und — wenn ja — in welcher Weise?
2. Waren die Mädchen besonders opferanfällig und — wenn ja — in welcher Weise?

Fragen zum 3. Kapitel

1. Was versteht man unter einer viktimogenen Situation?
2. Warum treten in Opferzeiten und -räumen Opferkonzentrationen auf?
3. Was versteht man unter einer viktimologischen Struktur einer Großstadt? Wie erklärt sie sich?
4. Warum entsteht beim Reisen durch Anhalten von Autos für Frauen und Mädchen eine besondere Opferanfälligkeit?
5. In welcher Weise kann Laden- und Betriebsdiebstählen vorgebeugt werden?
6. Wer trägt letztlich die Kosten der Sozialkontrolle bei Laden- und Betriebsdiebstählen?
7. Welche Handels- und Gewerbebetriebe erleiden die größten Verluste bei klassischen Delikten wie bei Diebstählen, Betrug, Raub und Erpressung?
8. Was versteht man unter sozialer Beziehung im viktimologischen Sinn?
9. Welche Arten von viktimologischen sozialen Beziehungen gibt es?
10. Was ist ein Beziehungsverbrechen?
11. Welche Delikte sind durch eine soziale Beziehung zwischen Täter und Opfer gekennzeichnet und warum?
12. Welche Verbrechen sind nicht durch eine Beziehung zwischen Täter und Opfer charakterisiert und warum?
13. Welche Faktoren wirken sich in einer Tötungssituation viktimogen aus?
14. Sind Täter-Opfer-Beziehungen bei kriminellen Tötungen häufig? In welcher Weise können solche Beziehungen für die Verbrechensbekämpfung nutzbar gemacht werden?
15. Spielen enge menschliche Beziehungen bei Gewaltdelikten Geisteskranker eine wesentliche Rolle?
16. Welche Täter-Opfer-Beziehung liegt häufig beim Raubmord vor?
17. Welche Art der Täter-Opfer-Beziehung kennzeichnet die Körperverletzung?

18. Welche Erscheinungsform des Delikts herrscht bei Unzucht mit Kindern vor?
19. Welche Persönlichkeitszüge finden sich am meisten bei Opfern der Unzucht mit Kindern?
20. Aus welchem sozialen Nahraum kommen Opfer der Unzucht mit Kindern in ihrer Mehrzahl?
21. Wie hoch ist der Anteil der Mädchen, die als Opfer aktiv beim Delikt der Unzucht mit Kindern mitwirken?
22. Ist das Stereotyp des „Kinderschrecks", des „Lustgreises", des „Unholds", der Kindern in dunklen Alleen, in Parks, auf Spiel- und Rummelplätzen auflauert, viktimologisch richtig gesehen?
23. Wie häufig wird das Delikt der Unzucht mit Kindern im sozialen Nahraum begangen?
24. Gibt es Verlaufsanalysen der Notzucht? Wie sehen sie gegebenenfalls aus?
25. Welchen Rat kann man Frauen und Mädchen geben: Sollen sie sich in Notzuchtssituationen wehren oder nicht?
26. Ist die Notzucht ein Delikt des sozialen Nahraums?
27. Welche theoretischen Konzepte haben Psychopathologie, Psychoanalyse und Soziologie für die Entstehung der Notzucht entwickelt?
28. Durch welche Kennzeichen ist die opferverursachte Notzucht charakterisiert?
29. Welche Erscheinungsformen der Notzucht (Anbahnungshandlungen und -orte, Tatorte, -ausführungen) sind vorherrschend?
30. Werden in der Mehrzahl jüngere Mädchen oder ältere Frauen Opfer von Notzuchtsdelikten?
31. Was ist von der These zu halten, Notzucht werde weniger von den Tätern zu ihrer sexuellen Befriedigung, sondern zur Erniedrigung der Frau und zur Verletzung ihrer Selbstbestimmung begangen?
32. Ist die These zutreffend, Unterdrückung sei der Formung einer antisozialen Persönlichkeit förderlich?
33. Geht Opferwerden regelmäßig krimineller Aktivität voraus? Wirkt Viktimisierung bahnend für und unterstützend auf kriminelles Verhalten?
34. Die Opferbeschuldigung durch den Straftäter wird mit einer Billigkeitstheorie erklärt. Welchen Inhalt hat diese Theorie?

35. Ist die These berechtigt, in der Gesellschaft bestehe allgemein die Tendenz, das Opfer herabzuwürdigen, es zu brandmarken und es als „Verlierer" in einem Wettbewerb zu beurteilen?

Literaturhinweise zum 3. Kapitel

Lesen Sie folgende Literaturstellen:

I. Hermann Mannheim (1974, S. 806-813) geht auf die Täter-Opfer-Beziehung grundsätzlich ein.

II. Henri Ellenberger (1954, S. 261-280) diskutiert die psychologischen Beziehungen zwischen Täter und Opfer unter mannigfaltigen Gesichtspunkten. Er unterscheidet die reine neurotische Bindung von psychobiologischen und genbiologischen Bindungen. Er erörtert näher das Verbrechen in der Situation des Haustyrannen und in der Trinkerehe.

III. Ulrich Eisenberg (1971, S. 168-179) stellt die Probleme zum Opferbereich in der Kriminologie von der hier vertretenen Meinung etwas abweichend dar. Das gilt insbesondere für die Täter-Opfer-Beziehung.

IV. Hans Schultz (1956, S. 171-192) geht tiefschürfend auf das Beziehungsverbrechen ein: diejenigen Taten, die aus einer bestimmten menschlichen Beziehung erwuchsen oder doch maßgeblich durch eine solche Beziehung bestimmt wurden. Das Beziehungsverbrechen wird durch die aktuelle und gegenwärtige Auseinandersetzung zwischen Täter und Opfer gekennzeichnet.

V. Koichi Miyazawa (1970, S. 1-16) erläutert die Täter-Opfer-Beziehung am Beispiel der viktimologischen Forschung in Japan: Die Aufgabe des viktimologischen Studiums zur Erforschung der Täter-Opfer-Beziehung besteht darin, Mittel zur Vorbeugung der Straftat durch die Untersuchung des Opferwerdens zu finden, eine Abstufung der verschiedenen Fälle im Bereich des Opfers, vom völlig unschuldigen bis zum völlig schuldigen, herzustellen und den tatsächlichen Ablauf der Straftat festzustellen.

VI. Heinz Häfner und Wolfgang Böker (1973, S. 194/195 und S. 238-241) besprechen die bestehenden Bindungen zwischen geisteskrankem Gewalttäter und seinem Opfer und setzen sich mit der Opferwahl der geisteskranken Gewalttäter auseinander: „Die Gefährdung durch Geisteskranke ..., die zu Gewalttaten disponiert sind, ist am größten in Richtung ihrer stärksten Gefühlsbeziehungen. Sie sind häufig zugleich die intimsten und spannungsreichsten Beziehungen des Kranken."

VII. Wilfried Friebel, Kurt Manecke und Walter Orschekowski (1970, S. 184 und 186) stellen die Bedeutung der Täter-Opfer-Beziehung bei Gewalt- und Sexualdelikten in der DDR dar.

VIII. Ilse Matthes (1961, S. 26/27) diskutiert die sozialen Beziehungen zwischen ihren 2- bis 20jährigen weiblichen Opfern von Sexualdelikten und deren Tätern an Hand ihres Probandengutes aus der Bundesrepublik Deutschland.

IX. Thea Schönfelder (1968, S. 28-96) beschäftigt sich mit der aktiven Mitbeteiligung und Abwehr des Mädchens und mit ihrer Einstellung zum Täter und zur Tat. Ihre Monographie über die Rolle des Mädchens bei Sexualdelikten ist besonders lesenswert wegen der Fülle der instruktiven Fälle und informativen Beispiele, die in vorzüglicher Weise viktimologische Einsichten vermitteln.

X. Heinz Reinhardt (1967, S. 46-81) erörtert an Hand seines Probandengutes aus der Schweiz die viktimologische Seite der Unzucht mit Kindern. Sein vortreffliches Fallmaterial vermittelt wertvolle Einblicke in die Täter-Opfer-Beziehung.

XI. Rudolf Wyss (1967, S. 34/35) geht auf die Beziehungen zwischen Täter und Opfer bei der Unzucht mit Kindern ein. Er legt Probandengut aus der Schweiz seinen Aussagen zugrunde.

XII. Gustav Nass (1969, S. 46-56) stellt die Täter-Opfer-Beziehung bei Kindesmißhandlung an Hand von zahlreichen Fällen dar.

XIII. Jürgen Scharfenberg und Siegfried Schirmer (1972, S. 91 bis 96) setzen sich mit viktimologischen Gesichtspunkten beim Exhibitionismus auseinander. Sie führten ihre empirischen Untersuchungen in Berlin-Ost durch.

4. KAPITEL: OPFERSCHÄDEN UND WIEDERGUTMACHUNG

1. Abschnitt: Zusammenfassung des Kapitels

Materielle Schäden sind bei Opfern relativ leicht feststellbar. Moralische Schädigungen bei abstrakten Opfern, z. B. für die Rechtsordnung oder moralische Leitbilder, lassen sich fast überhaupt nicht messen. Psychische Schäden können bei Unzucht mit Kindern, bei Notzucht und bei Exhibitionismus entstehen. Die psychische Schädigung des Kindes hängt von der Schwere der Tatausführung, der Persönlichkeit des kindlichen Opfers, der Intensität der Täter-Opfer-Beziehung, der Reaktion des sozialen Nahraums des Opfers und der formellen Instanzen der Sozialkontrolle dem Opfer gegenüber, der Beteiligung des Opfers an der Sexualstraftat und der Erholungsfähigkeit des kindlichen Opfers ab. Insbesondere kommt es auf die Plastizität und Stabilität der kindlichen Psyche, auf das Resistenzpotential des Opfers an. Jede dramatisierende Reaktion ist zu vermeiden. Da das Kind häufig aus einem Mangelmilieu kommt, ist schwer feststellbar, ob eine emotionale Störung beim Opfer Ursache oder Wirkung der Straftat ist. Eine öffentliche Hysterie über Sexualdelikte an Kindern trägt oft zu psychischen Schädigungen bei. Die Behauptung der schädigenden Depersonalisation bei Notzuchtsopfern entbehrt jeder empirischen Grundlage. Das Notzuchtsopfer wird eher in einem Sozialprozeß geschädigt. Deshalb ist eine Verlaufsanalyse notwendig. Dem unmittelbaren Schock der Notzuchtstat folgt vielfach Bestürzung und psychische Hemmung: Meine Familie darf nichts erfahren. Dann kommt es zur Pseudoanpassung: Das hätte jedem passieren können. In der Endphase geht es um die Integration, die Lösung des psychischen Konflikts. Aus der Depression entsteht ein Bedürfnis nach Aussprache. Eine neue Identität muß gefunden werden. Das Opfer muß das sexuelle Widerfahrnis akzeptieren. Der Exhibitionismus läßt keinerlei ernsthaften psychischen Schädigungen entstehen. Wegen der Ungefährlichkeit und Geringfügigkeit der Rechtsgutverletzung steht diese Perversion zur Entkriminalisierung an. Sonst kann durch die wiederholte Verurteilung im individuellen Kriminalisierungsprozeß eine Sekundärabweichung entstehen. Auf Grund der verfehlten Reaktionen der formellen Instanzen der

Sozialkontrolle begeht der Exhibitionist nun auch andere Delikte, z. B. Vermögensdelikte.

In jüngster Zeit wird eine Täter-Behandlungs-Ideologie in der deutschen Kriminologie vertreten. Von Opferbehandlung ist fast nie die Rede. Eine Individualbehandlung des Opfers ist wenig erfolgversprechend. Es muß vielmehr auf den sozialen Nahraum des Opfers eingewirkt werden. Gegenüber unsachgemäßen Reaktionen der Kriminalpolizei und der Gerichte muß das Opfer in Schutz genommen werden. Eine vorherige Aufklärung des Opfers über den Verlauf der Gerichtsverhandlung kann sehr nützlich sein. Die Methode der Krisenintervention bei Raubopfern ist in Israel erfolgreich angewandt worden: Die rationalen Reaktionen des Opfers müssen verstärkt, seine emotionalen angegangen werden. Schuldgefühle wegen einer Mitbeteiligung müssen abgebaut werden.

Die Wiedergutmachung teilt sich in Entschädigung und Ersatzleistung. Die Entschädigung betrifft die Zahlungen durch den Staat an das Opfer. Die Ersatzleistung bezieht sich auf Beiträge des Täters an das Opfer. Die Bevölkerung ist in ihrer Mehrheit für die Entschädigung des Verbrechensopfers. Polizeibeamte, Richter, Bewährungshelfer und Strafvollzugsbedienstete sprechen sich sogar zu 90 % für seine Entschädigung aus. In der Bundesrepublik Deutschland muß sich das Opfer der Straftat selbst um seine Wiedergutmachung kümmern. Gesetze über die Entschädigung von Opfern sind in Neuseeland, England, Einzelstaaten der USA und Australiens und Provinzen Kanadas, in Nordirland und Österreich erlassen worden. In der Bundesrepublik ist das Gesetzgebungsverfahren über ein Opferentschädigungsgesetz im Gange. Der Staat ist für die Verhütung des Verbrechens verantwortlich. Er muß die Opfer entschädigen, wenn es ihm mißlingt, sie wirksam vor dem Verbrechen zu schützen. Die Entschädigung des Verbrechensopfers wird an bestimmte Voraussetzungen geknüpft; sie hat bestimmte Grenzen, die dargelegt werden. Die gesetzlich festgelegten Grenzen der Entschädigung sind nicht immer problemlos. Das gilt z. B. für die Entschädigung von Körper-, aber nicht von Vermögensschäden. Die Ersatzleistung des Täters kann als Rehabilitation durch Wiedergutmachung gegenüber dem Opfer einen guten Sinn haben. Es gibt zahlreiche Möglichkeiten der Ersatzleistung des Rechtsbrechers durch Strafvollzug. Ersatzleistung kann z. B. zur Bedingung für die Gewährung der Strafaussetzung zur Bewährung oder der bedingten Entlassung gemacht werden. Eine weitere Möglichkeit der Ersatzleistung durch den Täter ist die Abzweigung eines Teils der Geldstrafe. Die Ersatzleistung durch den Täter hat viele Vorteile. Sie erfordert z. B. seine aktive Teilnahme. Er ist nicht mehr bloß der passive Empfänger einer therapeutischen oder strafrechtlichen Behandlung zur Änderung seines Verhaltens. Im „Minnesota Restitution Center", einem Wohnheim in Freiheit, leben ausgewählte Strafgefangene. Im Brennpunkt ihres Behandlungsprogramms steht die Wiedergutmachung. Das Opfer schließt mit dem Täter einen Wiedergutmachungsvertrag. Der Strafgefangene bekommt bedingte Entlassung. Er muß im Gruppenwohnheim leben, an Gruppentherapiesitzungen teilnehmen und in der Freiheit arbeiten.

2. Abschnitt: Schädigung des Opfers

1. Arten von Opferschäden

Personen und Organisationen können Opfer sein. Materielle Schäden sind bei beiden relativ leicht festzustellen. „Moralische" Schädigungen sind bei abstrakten Opfern überhaupt nicht zu erkennen. Hier wird der Schaden fiktiv; eine Gefährdung genügt. Zu den psychischen Schäden sagt Hans Göppinger (1973, S. 316): „Ohne Zweifel führt bei manchen Opfern das Verbrechen zu einem oftmals längere Zeit wirksamen seelischen Trauma. Doch sollte man diesbezüglich *grundsätzlichen* Behauptungen gegenüber kritisch sein." Diese Aussage ist so allgemein und unentschieden gehalten, daß aus ihr keinerlei praktische Folgerungen gezogen werden können. Viktimologische Forschungsergebnisse über Opferschädigungen liegen zur Unzucht mit Kindern, zur Notzucht und zum Exhibitionismus vor.

2. Opferschäden bei Unzucht mit Kindern

Lange Zeit fortgesetzte unsittliche Handlungen an Kindern sollen nach Erika Geisler (1959, S. 74—89) in der Regel die schwersten seelischen Folgen haben. Nicht nur sensitive, sondern auch triebhafte Kinder könnten besonders nachhaltig durch sexuelle Erlebnisse negativ beeindruckt werden. Geisler stützt ihre Aussagen auf die Begutachtung von 100 minderjährigen Opfern von Sexualdelikten, die sie in der Zeit von 1950 bis 1953 an der Universitäts-Nervenklinik der Charité Berlin untersucht hat, und auf Einzelfälle sexuell auffälliger und durch Sittlichkeitsdelikte psychisch geschädigter klinisch behandelter Kinder der Universitätsklinik Würzburg aus der Zeit von 1954 bis 1958. Über dieses nicht auswahlfreie Probandengut sagt Geisler (1959, S. 79): Nur wenige Kinder begegneten uns, die sexuelle Widerfahrnisse verarbeiteten oder wenigstens so weit verdrängten, daß diese Erlebnisse keine Beunruhigung erzeugten. Geisler (1962) räumt ein, daß ihre Beobachtungen statistisch unzulänglich seien. Die folgenden Symptome psychischer Störungen stützt sie auf das Studium von Einzelfällen: Steigerung sexueller Erregbarkeit, Fixierung an die sexuelle Sphäre mit nur schwer steuerbarer Triebbefriedigung und der Gefahr sexueller Entgleisungen bis zur Verwahrlosung, gestörte Entwicklung der Liebesfähigkeit infolge unbewußter Widerstände gegen eine früh als bedrohlich erlebte Sexualität, Konfliktneurosen und psychosomatische Störungen aus dem subjektiven, oft überwertigen Gefühl des Mitverschuldens bei den verwerflichen Handlungen und Kurzschlußreaktionen und schwere Konflikte in der Auseinandersetzung mit dem Täter, mit Sühnemaßnahmen und sozialen Komplikationen. Weil das Kind noch nicht fähig ist, sexuelle Triebe mit reifen Arten interpersönlicher Beziehungen zu integrieren, kann es nach Seymour L. Halleck (1965) gestörte emotionale Reaktionen und Fixierungen entwickeln. Aus ihnen können wiederum schwierige Probleme in seinem späteren Sexualleben entstehen, die von Frigidität mit Furcht vor Geschlechtsverkehr bis zu zielloser Promiskuität reichen können. Jede wirkliche sexuelle Befriedigung und Freude an heterosexuellen Beziehungen werden schwierig.

Eine psychische Schädigung von Kindern durch Sexualdelikte verneinen demgegenüber grundsätzlich John H. Gagnon (1965), Reinhart Lempp (1968) und Rudolf Wyss (1963). Von den 1075 Opfern, die Gagnon untersuchte, hatten 75 % keine erkennbaren Schäden, 9 bis 12 % unbedeutende Beschwerden und lediglich 4 bis 7 % wichtige psychische Störungen. Lempp räumt zwar ein, daß für ein Kind das Erlebnis einer überraschenden Gewaltanwendung, vor allem von seiten einer fremden erwachsenen Person, zu einem seelischen Schock und darüber hinaus zu einer anhaltenden Veränderung seiner Umweltbeziehungen führen kann. Bei einer Reihenuntersuchung an 97 kindlichen Opfern von Sexualdelikten ließ sich jedoch in keinem Fall eine sichere und zweifelsfreie Schädigung der Kinder unmittelbar durch die sexuelle Handlung nachweisen. Das Belastende für die Kinder war vielmehr die Reaktionsweise der sie umgebenden Erwachsenen, angefangen von den manchmal vorwurfsvollen bestürzten Eltern bis hin zu den mißtrauischen jugendpsychiatrischen Gutachtern und den oft quälenden Befragungen der Richter. Schuldgefühle entstanden, wenn ein gewisses eigenes Entgegenkommen oder auch nur eine befriedigte Neugier mit im Spiele war. Die zum Teil positive Stellungnahme zur Tat wurde hierbei auch dadurch begründet, daß manche dieser Kinder einem echten Kontakt- oder einem besonderen Zärtlichkeitsbedürfnis nachgegeben hatten. Wyss hebt hervor, daß die Ertragungsfähigkeit, die Stabilität und Plastizität der kindlichen Psyche sexuellen traumatisierenden Einwirkungen gegenüber außerordentlich hoch sind. Das kindliche Opfer erleidet wegen seiner großen Widerstandskraft und seiner schnellen Erholungsfähigkeit nach vorübergehender Erschütterung des Persönlichkeitsgefüges im guten Familienverband keine Dauerschäden. Viele Kinder reagieren auf sexuellen Kontakt mit Erwachsenen akut mit Schock, Angst und Schuldgefühlen. Diese Reaktion klingt bei vernünftigem Verhalten der Umgebung rasch ab. Ungünstiges, d. h. aufgeregtes, anschuldigendes, strafendes Verhalten der Umgebung, polizeiliche und gerichtliche Vorgänge wirken oft traumatisierender als das erlebte Sexualdelikt. Spätschäden nach in der Kindheit erlittenen Sexualdelikten sind empirisch nicht zu beweisen. Nach einer Studie von Elisabeth Nau (1965) hatten von 1441 Mädchen, die Opfer von Sexualdelikten geworden waren, 75 % sexuelle Vorerlebnisse. Wenn man die Fälle von Unzucht mit Kindern aussondert, in denen der Täter Gewalt anwandte, so beruht der Grad der psychischen Schädigung nicht unwesentlich auf der emotionalen Stabilität und dem Intaktsein der Familie des Opfers. Diese Faktoren wirkten indessen bereits bei der Viktimisierung entscheidend mit. Es ist deshalb schwierig, herauszufinden, ob die emotionale Störung des Opfers Ursache oder Wirkung des Sexualdelikts gewesen ist, dem das Kind zum Opfer gefallen ist. Kinder und Jugendliche können schon vor ihrer Begegnung mit Sexualdelinquenten triebhaft enthemmt oder mit Schuldgefühlen, Angst und anderen neurotischen Symptomen behaftet sein. Karl Josef Groffmann (1962) unterscheidet die unmittelbaren, aber vorübergehenden Störungen oder Reaktionen von den Fehlentwicklungen und Dauerschädigungen und den indirekten sozialpsychischen Auswirkungen. Bei den Dauerschädigungen soll es bisweilen zu triebhafter Enthemmung, z. B. zu sexueller Verwahrlosung, oder zu neurotischer Hemmung, z. B. Frigidität, kommen können. Insgesamt wagt Groffmann allerdings die Hypothese, daß psychisch gesunde Kinder und Jugendliche, die gleichzeitig in ihrer Umwelt verständnisvollen Halt finden, durch Sexualdelikte nicht anhaltend aus ihrer Entwicklungsbahn geworfen werden. Der Schweregrad des sexuellen Traumas richtet sich indessen auch nach den Erlebnisqualitäten des Opfers. Ein wohlbehütetes kleines Mädchen mag mehr durch den Vorfall selbst als durch die digitale Berührung seines Genitals traumatisiert sein; der freiwillig ausgeübte Geschlechtsverkehr einer verwahrlosten Pubertierenden wiegt demgegenüber unter Umständen weniger schwer (Thea Schönfelder 1968, S. 17). Schließlich ist die kulturelle Prägung von entscheidender Bedeutung. Falls das Kind nicht kulturell geprägt wäre, ist es nach Alfred C. Kinsey (1954, S. 120/121) zweifelhaft, ob es durch die sexuellen Annäherungen überhaupt geschädigt würde. Es ist schwer zu verstehen, warum ein Kind darüber verstört sein sollte, daß man seine Genitalien berührt oder daß es die Genitalien anderer Personen zu sehen bekommt. Wenn die Kinder beständig durch Eltern und Lehrer vor Kontakten mit Erwachsenen gewarnt werden und doch keine genaue Auskunft über die Art der verbotenen Kontakte erhalten, so kann es leicht geschehen, daß sie hysterisch reagieren, sobald sich ihnen irgendeine ältere Person nähert, stehenbleibt und mit ihnen auf der Straße spricht, sie streichelt oder ihnen etwas schenken will, obwohl der Erwachsene keinerlei sexuelle Absichten haben mag. Die emotionalen Reaktionen der Eltern, der Polizeibeamten und anderer Erwachsener, die den Fall entdecken, schädigen das Kind seelisch mehr, als es die Sexualakte selbst tun. Die ständige öffentliche Hysterie über Sexualvergehen kann sehr wohl ernste Auswirkungen auf die spätere sexuelle Anpassungsfähigkeit vieler Kinder haben. Es gibt freilich Fälle, in denen Erwachsene den betreffenden Kindern physischen Schaden zufügen. Aber diese Fälle sind in der Minderheit. Die Öffentlichkeit sollte lernen, zwischen solchen ernsten Fällen und den sonstigen sexuellen Annäherungen zu unterscheiden, aus denen dem Kind mit großer Wahrscheinlichkeit keine nennenswerten Schäden erwachsen würden, wenn sich die Eltern nicht so entsetzt zeigen würden. Unter den 4441 Frauen, die Kinsey befragte, befand sich nur ein einziger Fall einer wirklich schweren als Kind erlittenen Schädigung.

3. Psychische Schädigung bei Notzuchtsopfern

Über die psychischen und sozialen Schäden bei Notzuchtsopfern haben Kurt Weis und Sandra S. Borges (1973) entschiedene Auffassungen. Die verbreitetsten Empfindungen seien Gefühle des Schocks, des Vertrauensbruchs und der Erniedrigung mit selbstanklagender Schuld dafür, daß sich das Opfer in eine Opfersituation gebracht habe. Weis und Borges berichten von ihren Interviews mit weiblichen Probanden. Sie glauben, eine Beziehung zwischen Notzucht und Selbstmord festgestellt zu haben. Einige weibliche Versuchspersonen beriefen sich darauf, daß der Notzuchtsakt eine Verminderung ihrer Selbstachtung zur Folge gehabt habe. Diese Verminderung habe zur Unfähigkeit geführt, normale heterosexuelle Beziehungen anzuknüpfen. Schließlich habe dann diese Unfähigkeit Selbstmordversuche verursacht. Der Täter, der die Gefühle, Wünsche und Proteste des Opfers nicht beachte, betrachte es als bloßes Objekt; er depersonalisiere das Opfer. Diese Depersonalisation wirke sich auf die Psyche des Opfers im negativen Sinn aus. Sandra Sutherland und Donald J. Scherl (1970) haben ein Jahr lang 13 Notzuchtsopfer in den USA beobachtet. Es handelte sich um weiße Frauen im Alter von 18 bis 24 Jahren, die in eine Gemeinschaft mit niedrigem Einkommen gezogen waren, um ihre Überzeugung, etwas wirklich Nützliches zu tun, in der gegenwärtigen Gesellschaft in die Tat umzusetzen. Sutherland und Scherl beobachteten drei Phasen eines Sozialprozesses der Reaktion des Opfers auf Notzuchtsakte. Die erste Phase betraf die momentane Reaktion. In den Augenblicken, Stunden und Tagen unmittelbar nach der Notzucht bestand die akute Reaktion des Opfers in einer Vielfalt von Formen, die Schock, Unglaube, Zweifel, Schrekken und Bestürzung einschlossen. Oft war das Opfer unfähig, über das zu sprechen, was ihr zugestoßen war, oder den Mann zu beschreiben, der sie angegriffen hatte. „Meine Eltern dürfen davon nichts erfahren", war meist ihre unmittelbare Reaktion. In der Mehrzahl der Fälle trat eine bemerkenswerte Abnahme in der Angst und anderen Symptomen der weiblichen Probanden ein, nachdem sie die Möglichkeit hatten, den Vorfall mit ihrer Familie zu besprechen. Eine speziell ausgebildete Sozialarbeiterin sollte deshalb dem Notzuchtsopfer helfen, ihre Familie in Kenntnis zu setzen. Sie sollte das Opfer auf die Polizeistation begleiten, und sie sollte für rechtliche und medizinische Beratung Sorge tragen. Die zweite Phase des Sozialprozesses, eine Zeit der Pseudoanpassung, stellt keine letzte Lösung des traumatischen Erlebnisses und der widerstreitenden Gefühle dar, die im Opfer geweckt wurden. „Es hätte jedem passieren können", ist eine Art Abwehrmechanismus in dieser Phase. Die dritte Phase der Integration und Lösung beginnt, wenn das Opfer ein Gefühl der Depression und das Bedürfnis nach einer Aussprache entwickelt. Zunächst muß das Opfer ein neues Selbstbild integrieren. Es muß das Ereignis akzeptieren und zu einer realistischen Einschätzung ihrer Mitschuld kommen. Sodann muß das Opfer ihre Gefühle für den Angreifer und ihre Beziehung zu ihm lösen. Ihre frühere Einstellung, nämlich „des Mannes Probleme zu verstehen", weicht einem Zorn auf ihn dafür, daß er sie „gebraucht" hat, und einem Unwillen sich selbst gegenüber, daß sie es erlaubt hat, „benutzt" worden zu sein.

4. Psychische Opferschädigung bei Exhibitionismus

Das Sexualdelikt mit den harmlosesten Folgen für das Opfer ist der Exhibitionismus (Eberhard Schorsch 1971, S. 98). Von Februar bis November 1970 befragten Jürgen Scharfenberg und Siegfried Schirmer (1972) in Ost-Berliner Jugend- und Studentenklubs (Gruppe 1) und in einigen Ost-Berliner Schulen (Gruppe 2) Mädchen im Alter zwischen 14 und 21 Jahren danach, ob sie jemals ein gewaltloses exhibitionistisches Erlebnis gehabt hätten, welche Reaktionen es gegebenenfalls hervorgerufen habe, ob sie es Erwachsenen berichtet hätten und ob es zu polizeilichen Ermittlungen gekommen sei. Insgesamt befragten sie 903 Jugendliche, 703 in Klubhäusern und 200 in verschiedenen Schulen. Von den 703 in Klubhäusern Befragten hatten 300 einen Exhibitionisten erlebt. 37 der Befragten hatten eine solche Begegnung sogar mehrmals. Von den 200 in Schulen Befragten hatten 87 eine Erfahrung mit einem Exhibitionisten. Drei Befragte waren mehrmals mit diesem Verhalten konfrontiert worden. Fast jedes 2. Mädchen hatte ein solches Erlebnis. Bemerkenswert ist, daß insgesamt nur 71 Probanden das Vorkommnis Erwachsenen berichteten. Als Gründe für das Verschweigen wurden Scham, Gleichgültigkeit und Vergessen angegeben, wobei das Vergessen auch auf eine wenig nachhaltige Reaktion schließen läßt. Zu einer polizeilichen Anzeige und Ermittlung kam es nur in 22 Fällen. Das durch die Befragung ermittelte Dunkelfeld liegt sowohl bei der ersten als auch bei der zweiten Gruppe der Befragten bei weit über 90 %. Die Erlebnisreaktionen waren sehr unterschiedlich. Sie reichten von unbestimmter Furcht und Erschrecken über ein bisher nicht gekanntes Verhalten, Neugier, ängstliches Wegrennen bis zu kindisch-läppischem Kichern, insbesondere dann, wenn die Kinder und Jugendlichen einen Exhibitionisten in einer Gruppe Gleichaltriger erlebt hatten. Schäden, ernsthafte psychische Verhaltensstörungen oder körperliche Reaktionen auf das Erlebte verneinten alle Befragten. Bei denjenigen, die kurze Zeit zurückliegend ein solches Erlebnis hatten, überwog in den meisten Fällen eine sachlich nüchterne Verarbeitung des Erlebten. Einige sagten, daß sie solche Männer, die sie aus der Literatur, Erzählungen der Bekannten und Eltern bildhaft zu kennen glaubten, in ihrer Phantasie immer als schmutzige, ungepflegte und brutale Gestalten gesehen hätten, jedoch in der Realität mit durchaus gepflegten und durchschnittlich aussehenden Exhibitionisten konfrontiert worden seien. Geschädigt fühlte sich keines der Mädchen. Im Hinblick auf die Ungefährlichkeit des Exhibitionisten und die objektive Geringfügigkeit der Rechtsgutgefährdung stellt sich die dringliche Frage, ob sich nicht Wege außerhalb des Strafrechts finden lassen, die zur Bewältigung dieses heute noch als „Sexualverbrechen" von der Umwelt verkannten perversen Verhaltens führen. Eine Entdramatisierung ist zu empfehlen.

5. Die Problematik der psychischen Opferschädigung

Generell kann man nicht sagen, daß Sexualdelikte die Opfer psychisch schädigen oder daß sie keinerlei Schaden anrichten. Es muß zunächst geklärt werden, was unter Schaden zu verstehen ist. Vorübergehende psychische Störungen sind von Dauerschäden, z. B. psychischen Hemmungen oder Enthemmungen, und sozialpsychischen Wirkungen, z. B. auf die Familienbeziehungen des Opfers, zu unterscheiden. Sodann ist wichtig, um welche Art von Delikt es sich handelt und in welcher Weise es ausgeführt worden ist. Das Delikt selbst und die Art seiner Ausführung (z. B. Gewaltanwendung) können freilich nur einen wichtigen Stellenwert innerhalb eines dynamischen Geschehens, eines Sozialprozesses bilden. In diesem Sozialprozeß sind viele Elemente, die dynamisch zusammenwirken, von großer Bedeutung: die Persönlichkeiten des Opfers und des Täters, die Täter-Opfer-Beziehung, die sozialen Nahräume, in denen Täter und Opfer leben, die Beteiligung des Opfers an der Tat, die Vorerlebnisse des Opfers, die Reaktionen des sozialen Nahraums des Opfers auf die Tat und schließlich die Handlungsweisen der Instanzen der Sozialkontrolle, der Kriminalpolizei und Gerichte, dem Opfer gegenüber.

3. Abschnitt: Behandlung des Opfers

1. Vernachlässigung der Behandlung des Opfers

In der täterorientierten Kriminologie, die Kriminalität auf Individualpathologie zurückführt, hat sich eine Behandlungsideologie entwickelt. Man glaubt, den Rückfall dadurch verhindern zu können, daß man den Täter in der künstlichen Atmosphäre einer Strafanstalt chirurgisch, medikamentös, psychiatrisch oder psychotherapeutisch behandelt. Empirisch-kriminologische Forschungen haben ergeben, daß die Rückfallquote bei der Massenkriminalität durch keine dieser Behandlungsmethoden in den Strafanstalten im Sinne der Verminderung beeinflußt werden kann. Während man beim Täter beharrlich am Behandlungsgedanken festhält und keine noch so hohen Kosten scheut, um ihn durchzusetzen, bleibt die Behandlung des Opfers vergessen und unerörtert. Man diskutiert nicht einmal die Frage, ob das Opfer behandlungsbedürftig ist. Es wird in unglaublicher Weise vernachlässigt.

2. Behandlung der Opfer von Sexualdelikten

Kurt Weis und Sandra S. Borges (1973) sind der Auffassung, daß die traumatisierende Depersonalisation des Notzuchtsopfers vermieden werden könnte, wenn es sich als Nicht-Person und Nicht-Handelnde zu definieren in der Lage sehe. Das Opfer könne weiterhin den personalen Aspekt des Vorgangs verneinen, wenn es fähig sei, den Täter als Nicht-Person und auf diese Weise den Notzuchtsakt als nicht-sexuelle Begegnung zwischen Nicht-Personen anzusehen. Es ist zweifelhaft, ob man den Schäden, die ein Notzuchtsakt im komplizierten sozialpsychischen Feld des Opfers zu verursachen vermag, durch solch einfache „philosophisch-dogmatische Selbsthilfe“ wirksam zu begegnen vermag. Weis und Borges empfehlen darüber hinaus eine Art „Gruppengespräch“, bei dem sich die Notzuchtsopfer gemeinsam darüber einigen sollen, daß der Notzuchtsakt einen Teil einer kollektiven Ausbeutung der Frauen in einer männlich beherrschten sexualisierten Gesellschaft darstellt. Eine solche Indoktrination verschlimmert die möglichen Notzuchtsschäden noch und erscheint in keiner Weise hilfreich. Ob der Vorschlag, viktimologische Kliniken einzurichten (Beniamin Mendelsohn 1973), die notwendige Behandlung des Opfers ermöglichst, ist höchst unsicher. Es kommt weniger auf die Therapie der physischen und psychischen Krankheiten einzelner Opfer an als auf die Beseitigung negativer Beeinträchtigungen in den sozialpsychischen Bereichen der Opfer.

Bei der Unzucht mit Kindern hängen Art, Intensität und Dauer der Schädigung von folgenden Faktoren ab: Persönlichkeit des Opfers, Täter-Opfer-Beziehung, Alter des Opfers, Art der sexuellen Handlungen und ihrer Intensität, Reaktion der Umgebung nach Tataufklärung, psychische Belastung des Opfers im Ermittlungs- und Strafverfahren, negative Umweltfolgen, z. B. Diskriminierung des Tatopfers in der Familie, in der Nachbarschaft und in der Schule, und unangebrachte fürsorgerische Maßnahmen nach Aufdeckung der Tat. Die therapeutischen Eingriffe müssen diese verschiedenen Arten der Schädigungen berücksichtigen. Das kann am besten dadurch geschehen, daß das Opfer viktimologisch nicht nur in seinem sozialen Nahraum, sondern daß der soziale Nahraum des Opfers selbst viktimologisch behandelt wird. Das Kind darf im Ermittlungs- und Strafverfahren nicht zu sehr psychisch belastet werden. Der Jugendschutz darf sich nicht dadurch in sein Gegenteil verkehren, daß das geschädigte Kind zusätzlich traumatisiert wird (Hedwig Wallis 1965). Die Opferbehandlung muß schnell eintreten, wirksam sein, von kompetenter Seite gegeben werden und auf lange Frist geplant sein. Die Aufklärung der durch Sexualstraftaten betroffenen Kinder über Ablauf und Regeln einer Hauptverhandlung kann ebenso ratsam sein wie eine kurzfristige Erholung, die darauf abzielt, das Kind sein Erlebnis „vergessen“ zu lassen.

3. Krisenintervention als viktimologische Behandlungsmethode

Durch Befragungen von 200 Universitätsstudenten und 530 Jugendlichen im Alter von 17 und 18 Jahren erbrachte Yona Cohen (1973) in Israel den empirischen Beweis, daß zwischen der Einstellung der Öffentlichkeit nach Tatvergeltung und schneller Wiedergutmachung und angemessener Behandlung der Opfer unterschiedlicher Delikte eine signifikante Beziehung besteht. Die erhaltenen Antworten zeigen deutlich, daß die Vergeltung für die Straftat bei den Versuchspersonen weniger ausgeprägt war, wenn die Verbrechensopfer geeignete Hilfe erhalten hatten. 35 Raubopfer betreute Yona Cohen (1973) in Tel Aviv von Juni 1972 bis Januar 1973 mit der Methode der Krisenintervention, die durchaus eine praktikable Behandlungsmethode für Verbrechensopfer darstellt. Die Raubopfer reagierten in höchst unterschiedlicher Weise auf die Straftat. Einige vermieden es, größere Geldsummen bei sich oder in ihrer Wohnung zu haben. Andere schafften sich für ihre Selbstverteidigung Waffen an. Einige installierten neue Schlösser an ihren Türen und Gitter an ihren Fenstern. Zahlreiche Opfer hielten Kontakt mit der Polizei, um gegen zukünftige Notfälle gesichert zu sein. Einige Raubopfer entwickelten aber auch Angstzustände zu Hause und bei der Arbeit. Sie vermieden es, nachts auszugehen. Sie hielten sich von dem Platz fern, wo der Raub stattgefunden hatte. Sie verdrängten ihre Erfahrung. Etliche Raubopfer entwickelten paranoide regressive Tendenzen. Sie fürchteten die Rache der Räuber, weil sie zur Polizei gegangen waren. Die Wirklichkeit erschien ihnen verzerrt: Alle schauten sie so seltsam an. Sie konnten sich auf ihre Arbeit nicht konzentrieren, nicht mehr klar denken. Ihr Gedächtnis war geschwächt. Die Angst wurde ferner somatisch verarbeitet. Sie bekamen hohe Temperaturen nach dem Schock. Sie litten unter Schlaflosigkeit und an Magen- und Kopfschmerzen. Auch Verhaltensänderungen in signifikanten Bereichen kamen vor. Einige Probanden entwickelten Spannungssymptome mit ihren Familienmitgliedern. Andere wechselten ihre Arbeit oder zogen um. Viele Raubopfer beschuldigten die Polizei und alle Behörden, ineffektiv zu sein. Die Ignoranz der Nachbarn wurde ebenfalls beklagt: Ich erzählte meinen Nachbarn, was geschehen war, aber sie vergaßen es sofort wieder. Für Überlebende von nationalsozialistischen Konzentrationslagern lebten die Erfahrungen, die sie dort gemacht hatten, die alten Erinnerungen und Befürchtungen nach dem Raubüberfall wieder auf. Die Methode der Krisenintervention beabsichtigt, die rationalen Reaktionen auf die Viktimisierung zu verstärken und die sozial wie psychisch Krankhaften therapeutisch anzugehen. Es handelte sich meist um eine Behandlungszeit von 3 bis 6 Wochen. Selbst bei kurzfristigen Schäden bestand die Gefahr, daß sie sich zu Dauerschäden entwickelten, wenn die Krise nicht überwunden wurde. Das Ereignis einer Krise kann frühere Krisen wieder aufleben lassen, die nicht vollständig überwunden worden sind. Die Behandlungsmethode der Krisenintervention versucht, die Ereignisse psychisch zu verarbeiten, die die Krise hervorgerufen haben. Sie kennt keine scharfe Unterscheidung zwischen einer diagnostischen und einer therapeutischen Phase. Sie besteht in psychischer wie materieller Hilfe. Zur Unterstützung werden auch andere Personen, Verwandte, Freunde, religiöse Betreuer in einer integrativen Art herangezogen. Die Krisenintervention trägt den unterschiedlichen Erfordernissen der verschiedenen Opfer Rechnung. Es gibt kein starres Modell. Zunächst fragt der Therapeut nach den Einzelheiten des Tathergangs. Er versucht, sich über die gegenwärtige Lage des Opfers ein Bild zu machen. Er bemüht sich z. B. zu klären, ob das Opfer sich schämt, Opfer geworden zu sein. In dieser Phase unterstützt der Therapeut und klärt, aber er interpretiert nicht (positive Übertragung). Sodann trachtet der Therapeut danach, etwas über den Täter zu erfahren. Das Opfer soll auf diese Weise seine Gefühle der Aggression und Wut gegen die Personen ausdrücken können, die es verletzt haben. Der Therapeut fragt danach, wie der Raub hätte verhindert werden können. Auf diese Weise bemüht er sich, herauszufinden, ob Schuldgefühle beim Opfer wegen seiner Leichtfertigkeit oder gar Mitbeteiligung vorhanden sind. Es wird Unterstützung angeboten, um Schuldgefühle und Selbstvorwürfe zu verringern. Der Therapeut schlägt realistische Vorbeugungsmaßnahmen für die Zukunft vor. Er fragt nach den Vorstellungen des Opfers für seine Gesundheit, seine Familie und seinen Beruf. Dieser Ansatz ermöglicht es, den globalen Schock in handliche und wirklichkeitsorientierte Aufgaben aufzuteilen. Schließlich strebt der Therapeut danach, die Selbsthilfe des Opfers und die Unterstützung des Opfers durch andere zu aktivieren. Endlich bringt der Therapeut einen Ablösungsprozeß in Gang, da das Opfer durch den Schock der Straftat keine „Sekundärgewinne“ erzielen soll.

4. Abschnitt: Wiedergutmachung

1. Terminologie und Geschichte der Wiedergutmachung für Verbrechensopfer

Es geht dem Strafrecht vor allem darum, den Kriminellen zu fassen und zu bestrafen. Eine wachsende Aufmerksamkeit wird der Resozialisierung des Täters gewidmet. Abgesehen von allgemeinen

Wohlfahrtserwägungen wird wenig oder nichts getan, um dem Opfer des Verbrechens zu helfen, das psychisch und physisch unfähig gemacht oder finanziell durch die Tat ruiniert worden ist und dessen Familienangehörigen seiner Unterstützung ermangeln, wenn es getötet worden ist oder einen physischen oder psychischen Dauerschaden erlitten hat. Es geht um die Rehabilitation von Täter *und* Opfer. Hierbei muß die öffentliche Apathie dem Täter und Opfer gegenüber überwunden werden. Die Strafe muß aus der abstrakten Weltferne, in die sie durch Kant, Hegel und Feuerbach gerückt worden ist, wieder auf den Boden der Realitäten geholt werden (Hans Kühler 1969, S. 64). Es geht um die lebensbewahrende Versöhnung des Delinquenten mit seinem Opfer und mit der Gesellschaft. Der Ausdruck Entschädigung hat Zahlungen durch den Staat an das Opfer des Verbrechens oder an seine Familienangehörigen für erlittene Verluste zum Gegenstand. Das Wort Ersatzleistung bezieht sich auf Beiträge, die dem Opfer durch den Täter geleistet werden. Die Wiedergutmachungsfrage war bereits im Gesetzbuch des Hammurabi (1728/1686 v. Chr.) für Babylonien angesprochen. In diesem Gesetz heißt es: Wenn ein Mann einen Raubüberfall begeht und gefangen wird, soll er die Todestrafe erleiden. Wenn der Räuber nicht gefaßt wird, soll der Mensch, der beraubt worden ist, in der Gegenwart Gottes eine ins einzelne gehende Aufstellung seiner Verluste angeben und die Stadt oder der Gouverneur, innerhalb dessen Provinz und Jurisdiktion der Raub verübt worden ist, soll ihm ersetzen, was immer er verloren hat. Wenn er sein Leben verloren hat, soll die Stadt oder der Gouverneur seinen Hinterbliebenen einen bestimmten Betrag in Silber bezahlen. Die Hebräer, die Griechen, Römer und Germanen kannten die Wiedergutmachung des Opfers durch den Täter als Reaktion auf dessen Straftat. Der germanische Mörder im 1. Jahrhundert n. Chr. wurde z. B. verurteilt, als Strafe eine bestimmte Anzahl von Vieh an die Sippe seines Opfers abzugeben. Später wurde die Hälfte der Strafe dem König zugesprochen, die andere Hälfte der Person, für die Gerechtigkeit verlangt wurde, oder für seine Verwandten.

In den frühen Gesellschaften wurde das Verbrechen als eine private Missetat angesehen, die durch die Familie oder eine andere soziale Gruppe, zu der das Opfer gehörte, gerächt wurde. Nachdem die Gesellschaften seßhaft geworden waren, ersetzte man die Rache durch die Bezahlung des Schadens in Geld oder Vieh von seiten des Täters an das Opfer auf Grund eines Maßstabes für die

Bezahlung, der von der Gesellschaft bestimmt wurde. Als die Macht des Herrschers immer größer wurde, sah man das Verbrechen als eine Verletzung des „Königsfriedens" an. Es wurde angenommen, daß der Herrscher das Recht habe, unmittelbar einzugreifen. Eine Zeitlang fuhr man zwar fort, das Opfer direkt mit einem zusätzlichen Betrag zu entschädigen, der dem Staat bezahlt werden mußte. Im Laufe der Zeit hörte man aber auf, für den Schaden dem Opfer Ersatz zu leisten. Alle Schäden mußten dem Staat wiedergutgemacht werden. Das hatte den Vorteil, daß alle Elemente der persönlichen Rache aus der Lösung des Konfikts verbannt wurden. Das Opfer wurde indessen mit seinen Verlusten allein zurückgelassen. Man verwies es auf die Genugtuung, die es dadurch erlangte, daß es den Täter bestraft sah. Gegenwärtig steht dem Opfer im wesentlichen eine Zuflucht zum Zivilverfahren offen. Ein solcher Prozeß ist jedoch selten erfolgreich. Die internationalen Strafvollzugskongresse in Paris im Jahre 1895 und in Brüssel im Jahre 1900 setzten sich mit Nachdruck für die Wiedergutmachungsleistung an das Opfer ein. Ihre Resolutionen blieben in den nationalen Gesetzgebungen allerdings bis in die Neuzeit hinein unberücksichtigt. In einer repräsentativen Meinungsumfrage im Jahre 1965 sprachen sich in den USA 62 % der Befragten für eine Entschädigung des Verbrechensopfers aus. Über 90 % von 1700 befragten beruflichen Mitgliedern des „National Council on Crime and Delinquency" (Polizeibeamte, Richter, Bewährungshelfer, Strafvollzugsbedienstete) befürworteten 1967 eine Entschädigung des Opfers.

2. *Wiedergutmachungsregelungen im In- und Ausland*

In der Bundesrepublik hat das Adhäsionsverfahren nach §§ 403 ff StPO, in dem der durch eine Straftat Verletzte oder sein Erbe einen aus dem Rechtsbruch erwachsenen vermögensrechtlichen Anspruch im Strafverfahren geltend machen kann, keine praktische Bedeutung erlangt. Armin Schoreit (1973, S. 10) kennzeichnet die Lage in der Bundesrepublik mit folgenden Worten: Das Opfer der Straftat muß sich um seine Wiedergutmachung selbst kümmern. Falls ihm kein Armenrecht zusteht, muß es Anwälte suchen, Vorschüsse zahlen, das Prozeßrisiko tragen und die Vollstreckung betreiben. Es muß mit der Gefahr rechnen, fruchtlos zu vollstrecken. Gänzlich machtlos ist der durch die Straftat Geschädigte, wenn der Täter nicht ermittelt werden kann oder flüchtig ist. Selbst wenn er aber im Strafverfahren verurteilt wird, ist dem Opfer damit nicht gedient; je strenger die Strafe und je länger der Freiheitsentzug sind, desto geringer ist die Aussicht, jemals wegen des Schadens befriedigt zu werden. Das ganze Ausmaß an Ungerechtigkeit, das die geltende Rechtsordnung Opfern von Straftaten bereiten kann, offenbart sich besonders deutlich in denjenigen Fällen, in denen die Straftat so schwere körperliche Folgen für das Opfer hat, daß seine Handlungsfähigkeit, sein Lebenswille und seine für die Führung von Zivilprozessen notwendige Kampfbereitschaft zerstört wurden. Hirnschäden können das Opfer völlig hilflos machen. Der Verlust der Arbeitsfähigkeit kann Mittellosigkeit verursachen. Der Straftäter profitiert dann dank unserer Zivilrechtsordnung davon, daß er das Opfer unschädlich gemacht hat. Gewiß wird durch die Allgemeinheit für hilflose Mitbürger gesorgt. Jedoch kann es oft nur als schwere Ungerechtigkeit angesehen werden, wenn ein arbeitsamer, gut verdienender Mensch unschuldig durch eine Straftat zum Krüppel wird, alles verliert, was er als Lebensinhalt betrachtete, und nur auf Grund der Sozialhilfe das sogenannte Existenzminimum erhält.

Gesetze über die Entschädigung von Opfern sind in folgenden Staaten erlassen worden: zuerst in Neuseeland 1963, sodann in England im Jahre 1964. Es folgten in der gesetzlichen Entwicklung die folgenden Einzelstaaten der USA: Kalifornien 1965, New York 1966, Hawaii 1967, Maryland und Massachusetts 1968, Nevada 1969, New Jersey 1971, Rhode Island und Alaska 1972. Eine Regelung auf bundesstaatlicher Ebene ist in den USA durch den „Victims of Crime Act 1973“ vorgesehen. Gesetze über die Wiedergutmachung der Opferschäden gibt es auch in zwei Provinzen Kanadas: Saskatschewan 1967 und Neufundland 1968 und in zwei Staaten Australiens: Neusüdwales 1967 und Queensland 1968. Schließlich sind Gesetze in folgenden Ländern zu nennen: Nordirland von 1968 und Österreich von 1972. In anderen Ländern befinden sich Gesetze in Vorbereitung, so z. B. in Italien. In der Bundesrepublik Deutschland haben sich im Oktober 1970 die Justizminister und -senatoren des Bundes und der Länder für eine gesetzliche Regelung der Wiedergutmachung des Schadens der Verbrechensopfer ausgesprochen. Die CDU/CSU-Fraktion des Deutschen Bundestages brachte im Juli 1971 den Initiativantrag eines Gesetzes über Hilfe für Opfer von Straftaten ein. Im September 1972 behandelte die sozialrechtliche Arbeitsgemeinschaft des 49. Deutschen Juristentages Fragen der sozialen Entschädigung und damit auch der Entschädigung für Opfer von Straftaten. Schließlich liegt ein Gesetzentwurf der Bundesregierung (Kabinettsvorlage) betreffend ein Gesetz über die Entschädigung für Opfer von Gewalttaten (OEG) gegenwärtig vor.

3. Grundprobleme und Lösungsversuche der Wiedergutmachung

Nur eine Minderheit der Straftäter wird gefaßt und verurteilt. Sie gehören zum größten Teil den niedrigsten sozioökonomischen Schichten an. Die Verdienste in den Strafanstalten reichen kaum aus, um auch nur einen Teil der Kosten für den Aufenthalt der Strafgefangenen zu bezahlen. Der Widerstand der Gesellschaft gegen die Wiedereingliederung der entlassenen Strafgefangenen und ihr Mangel an beruflichen Fähigkeiten verhindern, daß sich ihre Beschäftigung nach ihrer Entlassung als lohnend genug erweist, um eine Wiedergutmachung, es sei denn eine symbolische, in Geld zu ermöglichen. Die Kosten, die dem Staat entstehen würden, um ein System der Verwaltung zu schaffen, in dem die Straftäter den Schaden für die Opfer wiedergutmachen, würde die Ausgaben übersteigen, die verursacht würden, wenn der Staat selbst die Opfer für ihre Schäden und Verluste schadlos halten würde. Der Staat ist für die Verhütung des Verbrechens verantwortlich. Er muß die Opfer entschädigen, wenn es ihm mißlingt, sie wirksam vor dem Verbrechen zu schützen. Für eine staatliche Entschädigung der Verbrechensopfer sprechen viele Gründe: die Mitverantwortung der Gesellschaft für zahlreiche Verbrechensfaktoren, der zwangsläufig unzureichende staatliche Schutz vor Straftaten, die Wertlosigkeit privater Ansprüche des Opfers gegen den oft nicht zu ermittelnden und meistens vermögenslosen Täter und die moralische Pflicht des sozialen Rechtsstaates, Opfer von Unglücksfällen nicht einfach ihrem Schicksal zu überlassen (Eike von Hippel 1971). Die Gesellschaft ist eine Gefahrengemeinschaft, in der menschliche Solidarität verwirklicht werden muß. Da jedes Individuum als Mitglied der Gesellschaft ein potentielles Verbrechensopfer ist, muß dafür gesorgt werden, daß jedermann zu den Kosten des Verbrechens beiträgt. Eine Versicherung durch die Versicherungswirtschaft ist unzulänglich. Da das Versicherungsrisiko relativ gering ist, lohnt es sich nicht, von jedermann einen Beitrag einzuziehen. Der Weg über die allgemeinen Steuern ist einfacher und billiger. Kein Opfer einer Straftat ist sinnlos geschädigt. Denn es ist das Opfer eines für alle notwendigen Sozialkontaktes. Seine

Berührung mit dem Täter ist nicht ohne Wert. Der Schaden aus der Straftat wurde dem Opfer als Dienst an der Gemeinschaft abverlangt. Nicht nur die Anerkennung der positiven Bedeutung der Opferrolle liegt in einer Entschädigungsregelung. Sie stellt auch eine Belohnung für eine aktive Leistung dar. Der sich Wehrende handelt im eigenen Interesse, aber zwangsläufig auch im Interesse aller. Mit der Abwehr der Straftat, ja selbst mit nutzlosem Widerstand, erfüllt er einen gemeinnützigen Zweck (Armin Schoreit 1973, S. 76 und 84). Das Opfer hat daher einen Wiedergutmachungsanspruch als Rechtsanspruch. Die Zahlung einer Entschädigung auf dem Gnadenwege ist abzulehnen.

4. Voraussetzungen der Wiedergutmachungsleistungen

Wiedergutmachung wird in der Regel für einen Schaden geleistet, der sich als körperliche Schädigung unter Einschluß einer Schwangerschaft, eines geistigen und nervösen Schocks darstellt. Durch die Entschädigung werden Ausgaben abgedeckt, die sich aus dem Tod (z. B. Bestattungskosten) oder der Verletzung des Opfers (Verminderung seiner Erwerbsfähigkeit) ergeben. Ferner sind in der Regel folgende Hilfeleistungen vorgesehen: therapeutische Kosten, insbesondere ärztliche Hilfe, Heilmittel, Anstaltspflege, Zahnbehandlung, Aufenthalt in Kurbädern und Heilstätten, orthopädische Versorgung, ferner Förderungsmaßnahmen für Kinder der Geschädigten sowie für Witwen und Waisen, Erholungs- und Wohnungsfürsorge, Hilfe in besonderen Lebenslagen und ergänzende Hilfe zum Lebensunterhalt. Schließlich werden der Verdienstausfall und die Kosten für Kinderpflege erstattet. Wiedergutmachung wird in der Regel nur für Schäden durch bestimmte Delikte gezahlt, die in den Gesetzen nach dem Enumerationsprinzip genannt sind. Es handelt sich meist um Delikte gegen die Person: Tötung, Körperverletzung, Sexualdelikte; Gewaltdelikte: Raub, Einbruch, Entführung, Aufruhr und gemeingefährliche Delikte: Brandstiftung, Überschwemmung, Sprengstoffanschläge und Vergiftung.

5. Grenzen der Wiedergutmachung und deren Problematik

Keine Wiedergutmachung wird für Schäden geleistet, die sich aus Verletzungen von Straßenverkehrsgesetzen ergeben. Eine Ausnahme bildet ein krimineller Angriff, bei dem das Fahrzeug selbst als Angriffswaffe benutzt worden ist (Donal E. J. MacNamara,

John J. Sullivan 1973). Opfer, die Anlaß zu dem kriminellen Akt gegeben oder ihn gar provoziert haben, können für ihr Opferwerden keine Wiedergutmachung bekommen. Dasselbe gilt für Täter und Komplizen. Bisweilen wird in den Gesetzen Bedürftigkeit des Opfers oder seiner Angehörigen gefordert. Da das Opfer indessen einen Rechtsanspruch auf Entschädigung hat, ist das Erfordernis der Bedürftigkeit abzulehnen. Immaterielle Schäden für Schmerzen und Leiden werden in zahlreichen Gesetzen ausgeschlossen. Opfer, die nicht das ihnen Mögliche zur Aufklärung des Sachverhalts und zur Verfolgung des Täters getan haben, sind von der Entschädigung gleichfalls ausgenommen. In zahlreichen Gesetzen sind Ausschlußfristen von einem Jahr nach der Straftat festgelegt, die das Opfer erlitten hat. Entschädigung für Opfer von Eigentumsdelikten, Vermögensstraftaten oder Sachbeschädigung wird gesetzlich meist nicht geleistet. Man argumentiert, solche Straftaten könnten von dem Opfer beliebig provoziert oder auch nur untätig erduldet werden, wenn eine lohnende Entschädigung winke. In Wirklichkeit will der Gesetzgeber die finanziellen Lasten für die Wiedergutmachung von Verbrechensopfern begrenzen. Nichtgewaltsame Delikte können schwerere und längere Schädigungen für Opfer und Angehörige verursachen als Gewaltdelikte. Die Begründung, Eigentum könne heute ziemlich leicht versichert werden, ist gleichfalls zweifelhaft, weil gegenwärtig sowohl das Leben wie auch der Körper ebenso leicht versichert werden können. Es gibt keinen statistischen Beweis dafür, daß das gestohlene Gut dem Eigentümer gewöhnlich zurückgegeben wird. Aber selbst wenn dies so sein sollte, sind die Fälle nicht gering, in denen das Eigentum in einem beschädigten Zustand zurückerstattet wird. Freilich gehören die Sympathien der Öffentlichkeit dem mehr, der körperliche Schäden zu erdulden hat, als dem, der Vermögensschäden erlitten hat. Obwohl dies grundsätzlich richtig ist, kann es sehr wohl sein, daß die Öffentlichkeit auch Sympathien mit demjenigen hat, der Eigentum verliert, das einen besonderen Wert für ihn hat, oder der sein gesamtes Hab und Gut einbüßt. Die Argumentation, bei Verbrechen, die in großem Umfang Eigentum beträfen, sei die Gefahr der mißbräuchlichen Anträge groß, ist unannehmbar, weil auch bei Gewaltdelikten die Möglichkeit falscher Anträge gegeben ist. Es ist zwar richtig, daß ein Körperschaden vorhanden sein muß. Dieser Körperschaden kann aber eine andere als eine deliktische Ursache haben. Die Begründung, physischer Schaden sei schwerer als Eigentumsschaden, ist zu allgemein. Sie ignoriert die vielen Fälle, in denen Eigentumsschädigung sehr schwere Folgen haben kann und im Gegensatz dazu Körperschäden sehr leicht sein können. Ein Ausschluß der Entschädigung für Vermögensdelikte ist daher ungerechtfertigt. Von den Unternehmen der gewerblichen Wirtschaft kann allerdings erwartet werden, daß sie sich gegen kriminelle Vermögenseinbußen selbst versichern. Viele Gesetze sehen Mindest- und Höchstsummen für die Beantragung der Entschädigung vor. Die Notwendigkeit der Beantragung eines Mindestschadens sollte entfallen. Denn bisweilen kann ein Schaden unter dem Mindestbetrag für ein bestimmtes Opfer einen sehr schweren Verlust bedeuten. Eine Maximalgrenze sollte im Prinzip bestehen bleiben. Aber es sollte die Möglichkeit geschaffen werden, in besonderen Fällen eine höhere Summe zu gewähren. Die Wiedergutmachung für Schäden, die durch den Täter innerhalb seiner Familie verursacht worden sind, sollte nicht für alle Fälle ausgeschlossen werden. Es sollten vielmehr Schritte unternommen werden, damit der Täter keinen Vorteil aus der Wiedergutmachungszahlung erlangen kann, die als Ergebnis seines Verbrechens geleistet wird. Notwiedergutmachung sollte in dringenden Fällen gewährt werden können (Uzy Hasson, Leslie Sebba 1973).

6. *Schwierigkeiten in der Verwirklichung der Wiedergutmachung*

Einige Schwierigkeiten sind bei der praktischen Verwirklichung der Gesetze zur Wiedergutmachung von Schäden der Verbrechensopfer entstanden. Die Öffentlichkeit ist in ihrer Gesamtheit und die Opfer, die Anspruch auf Wiedergutmachung haben, sind speziell nicht ausreichend über ihre Möglichkeiten zur Erlangung der Entschädigung informiert. Der Entwurf der CDU/CSU-Fraktion im Deutschen Bundestag sah deshalb vor, daß die Staatsanwaltschaften und Gerichte verpflichtet sein sollten, den Verletzten und seine Erben auf ihr Recht hinzuweisen, Entschädigungsansprüche geltend machen zu können. Die Antragsteller werden für gewöhnlich durch die Kompliziertheit der gesetzlichen Regelung und durch die langen Verzögerungen abgeschreckt, die bei der Verfolgung ihrer Anträge entstehen. Schließlich hat sich gezeigt, daß die Honorare für medizinische Ausgaben von Ärzten, Krankenhäusern und Apotheken in den meisten Fällen außerordentlich übersetzt waren.

7. Wiedergutmachungsverfahren

Für das Verfahren zur Erlangung von Wiedergutmachung für Verbrechensschäden sind Anträge des Opfers, seines Ehegatten, seines Kindes oder einer anderen Person erforderlich, die von der Hilfe und Unterstützung des Opfers abhängig war. Meist ist eine eigenständige Behörde vorgesehen (im Staate New York z. B. der „Crime Victims Compensation Board"). Allerdings könnten auch die Strafgerichte wie in Australien die Wiedergutmachungsanträge bearbeiten. Das Verfahren sollte möglichst unbürokratisch und informell gehandhabt werden, damit das Verbrechensopfer schnell entschädigt werden kann.

8. Wirkungen der Freiheitsstrafe und der Wiedergutmachung

Mörder und Totschläger haben in ihrer Mehrheit den Wunsch, den Hinterbliebenen ihrer Opfer Wiedergutmachung zu leisten (Stephen Schafer 1964). Dieser Wunsch besteht allerdings meist nicht bei den anderen Kriminellen. Die Strafe zielt auf die Wiedergutmachung der abstrakten Verletzung des Ordnungssystems der Gesellschaft. Ihr abstrakter „moralischer" Schaden ist nicht ersetzbar. Der individuelle Schaden des Opfers kann indessen erstattet werden. Ursprünglich suchten der Herrscher und später die Gesellschaft, die nur im abstrakten Sinne geschädigt war, strafrechtlichen Rückgriff zu nehmen, um den Täter abzuschrecken und Rachegefühle zu befriedigen. Das bestehende Strafrechtssystem sieht die Bestrafung des Täters als die einzige Genugtuung und Belohnung des Opfers vor. Wenn der Kriminelle seine Zeit im Strafvollzug mit sehr erheblichen Kosten der Gesellschaft herumgebracht hat, glaubt er, seine Schuld gebüßt zu haben. Je schwerer das Verbrechen war, desto länger wird der Täter im Strafvollzug gehalten, desto größer sind die Kosten für den Steuerzahler und desto geringer ist die Wahrscheinlichkeit, daß er jemals in der Lage sein wird, der Gesellschaft und seinem Opfer die Schäden zu ersetzen, die er verursacht hat. Die Idee, daß der Straftäter durch seine Tat abstrakte Werte der Gesellschaft verletzt hat, kann von den Rechtsbrechern auf Grund ihrer geistigen Ausstattung kaum begriffen werden. Die Ersatzleistung des Täters kann als Rehabilitation durch Wiedergutmachung gegenüber dem Opfer einen guten Sinn haben. Der ausgestoßene, degradierte Strafgefangene kann dadurch seine Selbstachtung zurückerlangen und seinen guten Willen in der Gemeinschaft unter Beweis stellen, daß er den Schaden wiedergutmacht, den er konkret dem Opfer zugefügt hat (David J. Bentel 1968). Hierbei kann keine Rede davon sein, daß die Errichtung eines Gemeinschaftsfonds für eine Versicherung gegen das Verbrechen die Verurteilung zu lebenslanger Zwangsarbeit voraussetze (so Moussa Prince 1964). Es ist auch völlig unrealistisch, vorzuschlagen, die verurteilten Straftäter sollten nicht nur für ihre eigenen Delikte schadensersatzpflichtig sein, sondern auch für diejenigen der größeren Gruppe der nichtentdeckten oder nichtüberführten Straftäter (vgl. Burt Galaway, Joe Hudson 1972). Der Betrag, den der Täter dem Opfer schuldet, sollte dadurch vermindert oder ganz eliminiert werden, daß der Täter erfolgreich geltend macht, das Opfer habe das Delikt mitverursacht oder zu ihm beigetragen. Ersatzleistung durch den Täter kann einen sehr konstruktiven Zweck verfolgen und praktische Hilfe für das Opfer darstellen. Das Zentralproblem ist, sicherzustellen, daß die Beträge für solche Zahlungen der Leistungsfähigkeit des Täters entsprechen. Dem ehemaligen Strafgefangenen darf nach seiner Entlassung aus der Strafanstalt die erfolgreiche Eingliederung in die Gemeinschaft durch drückende unrealistische Schuldenlasten nicht erschwert oder unmöglich gemacht werden. In vielen Fällen wird deshalb nur eine teilweise Ersatzleistung durch den Täter möglich sein. Dies spricht um so mehr für eine Entschädigung des Opfers durch den Staat.

5. Abschnitt: Strafvollzug

1. Möglichkeiten der Ersatzleistung durch Strafvollzug

Das Opfer kann durch den Strafvollzug in mannigfaltiger Weise Ersatzleistung erlangen (vgl. Gerhard O. W. Mueller, H. H. A. Cooper 1973). Strafvollzug wird in diesem Zusammenhang nicht als Freiheitsentzug allein verstanden. Behandlung in Freiheit ist u. a. auch eine Form des Strafvollzugs. Die Herstellung einer bedeutsamen Beziehung zwischen Täter und Opfer ist ein nützlicher Gesichtspunkt im Rahmen der Resozialisierung des Täters. Ersatzleistung durch den Täter kann zur Bedingung für die Gewährung der Strafaussetzung zur Bewährung oder der bedingten Entlassung gemacht werden. Diese Alternativen sind sinnvoll vom viktimologischen Standpunkt aus, weil sie den Straftäter konstruktiv zur

Arbeit für eine frühe Entlassung motivieren, während sie seine Aufmerksamkeit unmittelbar auf den Schaden richten, den er angerichtet hat. Er wird gezwungen, sich mit den Folgen seines antisozialen Verhaltens auseinanderzusetzen; denn seine Freiheit wird in ein Gleichgewicht zu seiner Bereitschaft und Fähigkeit gebracht, angemessene Wiedergutmachung für seine schädigenden Handlungen oder Unterlassungen zu leisten. Ihm wird auf diese Weise nahegelegt, über sein Opfer in einer unmittelbaren Weise nachzudenken und die Wiederherstellung der sozialen Position des Opfers als einen Teil seiner eigenen Rehabilitation zu sehen. Das Opfer hat auf der anderen Seite keine Möglichkeit, naheliegende Rachegefühle zu pflegen; denn sein Interesse besteht hauptsächlich darin, eine adäquate Ersatzleistung zu erhalten. Eine weitere Möglichkeit der Ersatzleistung durch den Täter ist die Abzweigung eines Teils der Geldstrafe. Jede Ausweitung des Geldstrafensystems begegnet zwar der Kritik, daß sie denjenigen, die die Möglichkeit dazu haben, sich freizukaufen, den Weg aus der Strafanstalt in die Freiheit eröffnet. Es soll indessen Sinn des Strafvollzugs sein, das Bewußtsein des Täters für seine Verantwortlichkeiten dem Individuum gegenüber zu schärfen, das er geschädigt hat. Gegenwärtig ermangelt der Täter, der eine Geldstrafe bezahlt, eines solchen Gefühls für sein Opfer; denn er weiß, daß das Opfer keinen direkten Nutzen von der Geldstrafe hat, die auf diese Weise ganz einfach als eine unpersönliche Unbequemlichkeit, als eine Belästigung, wenn nicht als ein Ausweg aus etwas Schlechterem, nämlich aus dem Freiheitsentzug, empfunden wird. Es gibt einen bemerkens- und begrüßenswerten Unterschied dort, wo der Staat selbst zum Opfer wird. In Steuerangelegenheiten z. B. kümmert sich das Gesetz weniger darum, den Rechtsbrecher zu bestrafen, als vielmehr darum, daß er den Schaden wiedergutmacht, den er dem Staat zugefügt hat. Es ist erwägenswert, daß die Ergebnisse der Arbeit des Strafgefangenen in der Vollzugsanstalt oder die Zahlungen aus einem Tagesbußensystem, unter dem der Straftäter in angemessener Weise arbeitet, dem Opfer zugute kommen. Was hier vorgeschlagen wird, ist eine Modifikation des Tagesbußensystems in einer Weise, daß das Opfer unmittelbar Nutznießer der Bemühungen des Täters wird. Der Schaden, den der Täter verursacht hat, ist gewöhnlich weit höher als seine ökonomische Möglichkeit, eine realistische Wiedergutmachung zu leisten. Das Opfer muß deshalb die Wiedergutmachung in Abschlagzahlungen erhalten. Die zivile Bindung des Strafvollzugsverdienstes des Täters zum Zwecke der

Ersatzleistung an das Opfer kann allein dann wirksam funktionieren, wenn der Täter für seine Arbeit in der Strafvollzugsanstalt angemessen bezahlt wird. Bei der zivilen Bindung von Verdiensten des Täters außerhalb der Strafanstalt ist es ebenfalls notwendig, eine konkrete Übereinkunft vorzusehen, etwa die Ersatzleistung als Auflage zur Strafaussetzung zur Bewährung oder zur bedingten Entlassung, um für den Straftäter eine Notwendigkeit zu schaffen, seine Verpflichtungen zu erfüllen und seine Zahlungen fortzusetzen. Die Wiedergutmachung für das Opfer kann garantiert werden durch eine Bedingung bei der Verurteilung, daß der Verlust der Freiheit nämlich automatisch einer vorsätzlichen Verletzung der Zahlungsverpflichtungen mit der Konsequenz folgt, dann den Schaden durch den Verdienst in der Strafvollzugsanstalt wiedergutmachen zu müssen.

2. *Vorteile der Ersatzleistung durch den Täter*

Die Sanktion der Ersatzleistung durch den Täter hat viele Vorteile (Burt Gallaway, Joe Hudson 1973b). Sie wird rational und logisch zu den Schäden in Beziehung gesetzt, die der Täter verursacht hat. Das ist nicht der Fall, wenn er in einen „Käfig" eingesperrt und das Opfer durch das Strafvollzugssystem ignoriert wird. Sie ist klar und bestimmt, so daß der Täter immer weiß, wo er in Beziehung zu den Zielen steht, die er erreichen soll. Wiederum trifft dies nicht zu, wenn der Täter in eine Strafvollzugsanstalt eingewiesen wird und das Ziel seiner Rehabilitation bestenfalls vage und schlechtestenfalls irreführend ist. Sie erfordert eine aktive Teilnahme des Täters, der nicht mehr bloß der passive Empfänger einer therapeutischen oder strafrechtlichen Behandlung zur Änderung seines Verhaltens ist. Seine aktive Beteiligung daran, das getane Unrecht ungetan zu machen, wird im Gegenteil seine Selbstachtung und sein Selbstbild als verantwortliches und wertvolles Mitglied der Gesellschaft stärken. Die Sanktion der Ersatzleistung sieht einen konkreten Weg vor, auf dem der Täter sein Unrecht büßen und wiedergutmachen kann. Dieser Weg sollte eine konstruktive sozialnützliche Methode für ihn sein, um mit der Schuld fertig zu werden, die aus seiner Straftat erwachsen sein mag. Schließlich sollte die Ersatzleistung eine positivere Reaktion der Mitglieder der Gemeinschaft dem Täter gegenüber zum Ergebnis haben. Der Täter sollte angesehen werden als eine Person, die zwar illegale Handlungen begangen hat, die aber nunmehr versucht, ihr Unrecht wiedergutzumachen. Er sollte nicht mehr als krank oder schuldig oder unwiderleglich unmoralisch beurteilt werden.

3. Das „Minnesota Restitution Center" als Beispiel für ein auf Wiedergutmachung gegründetes Behandlungsprogramm

Ein Beispiel, wie die Sanktion der Ersatzleistung verwirklicht werden kann, ist das „Minnesota Restitution Center", das dem „Minnesota Department of Corrections" untersteht und das eine auf die Gemeinschaft gegründete Wohnmöglichkeit darstellt (Burt Gallaway, Joe Hudson 1973b). In diesem Wohnheim in Freiheit leben ausgewählte Strafgefangene aus dem Staatsgefängnis von Minnesota. Im Brennpunkt des Behandlungsprogramms steht die Wiedergutmachung. Die Probanden haben alle nach einer Strafverbüßung von vier Monaten in dem Staatsgefängnis bedingte Entlassung erhalten. Die Zusammenarbeit zwischen Täter und Opfer beim Abschluß einer vertraglichen Vereinbarung ist wesentliche Grundlage dieses Behandlungsprojektes. Das Personal ist aus ehemaligen Strafgefangenen zusammengesetzt. Für das Behandlungsprojekt werden erwachsene Vermögenstäter ausgewählt, die nicht im Besitz einer Schußwaffe oder eines anderen gefährlichen Werkzeugs während der Ausführung ihrer Tat waren. Den Opfern wird eine Möglichkeit geboten, an dem Ersatzleistungsprogramm teilzunehmen; wenn sie es wünschen, können sie zur Strafanstalt kommen, um den Wiedergutmachungsvertrag mit dem Straftäter auszuhandeln. Nach dem erfolgreichen Abschluß einer Wiedergutmachungsvereinbarung wird dem „Parole Board" eine Abschrift dieser Vereinbarung übersandt. Er entscheidet dann über die bedingte Entlassung. Seit September 1972 wurden im ersten Jahr der Durchführung insgesamt 31 Ersatzleistungsverträge abgeschlossen. Die Zusammenarbeit zwischen Täter und Opfer bringt in der Regel gewandelte Einstellungen auf beiden Seiten mit sich. Sie erkennen sich gegenseitig als Menschen mit ähnlichen Bedürfnissen und Problemen. Der tatsächliche Prozeß der Vertragsverhandlung zwischen Täter und Opfer verursacht Angst beim Zusammentreffen und Unbehagen bei beiden, wenn sie miteinander sprechen. Die Insassen zeigten Gefühle der Scham und der Schuld. Nur wenige Probleme entstanden im Hinblick auf eine gegenseitig annehmbare Ersatzleistung. Der Einfluß des Opfers auf den Täter kann allerdings unterschiedlich sein, wenn das „Opfer" ein Repräsentant einer großen Gesellschaft ist. In der Anfangsphase des Programms erhoben sich ernsthafte Zweifel über das Ausmaß, in dem Opfer aufgeschlossen genug sein würden, ihre Zeit dafür aufzuwenden, zum Staatsgefängnis zu reisen, um dort mit dem Straftäter Rückerstattungskontrakte auszuhandeln. Es zeigte sich indessen, daß die Opfer im allgemeinen bereit waren, an den direkten Vertragsverhandlungen teilzunehmen. Es erhob sich die Frage, ob Straftäter in den Fällen vom Programm ausgeschlossen werden sollten, in denen das Opfer eine Teilnahme verweigerte oder in denen keine Schäden entstanden waren. Als eine Alternative für die unmittelbare Zahlung der Wiedergutmachung an ein Opfer wurde eine symbolische Ersatzleistung entwickelt, bei der der Täter eine bestimmte Anzahl von Dienststunden für eine Dienststelle der Gemeinschaft leistete. Verbrechen wird in diesem Zusammenhang formell als ein Akt gegen die Gemeinschaft definiert. Die Ersatzleistungsverpflichtungen, die durch die Straftäter eingegangen wurden, waren relativ leicht. Sie betrafen verhältnismäßig kleine Schadensbeträge. Bei der Zusammensetzung der Population für das Behandlungsprojekt (Vermögenstäter) ging man von folgenden Hypothesen aus: Die Opfer, die Vermögensverluste erlitten hätten, würden leichter gewillt sein, mit den Tätern persönlich zu verhandeln, als die Opfer von Raubüberfällen und Körperverletzungen. Es würde relativ leicht sein, den Geldwert bei Vermögensdelikten zu bestimmen. Bei diesen Delikten stellt sich die komplizierte Frage nach immateriellen Schäden für Schmerzen und Leiden nicht. Ebenfalls kann hier kaum zweifelhaft sein, in welchem Umfang das Opfer zu seinem eigenen Opferwerden beigetragen hat. Schließlich ging man bei den sehr begrenzten Sicherheitsvorkehrungen in dem Wohnheim davon aus, daß der am wenigsten sozial sichtbare Typ des Straftäters, nämlich der Vermögenstäter, am wenigsten Widerstand und Feindschaft in der Gemeinschaft hervorrufen würde. Das würde jedoch bei allen Gewalttätern der Fall sein. Fast alle Männer, die für das Programm zugelassen wurden, hatten lange kriminelle Karrieren mit einem Lebensstil häufiger und langer Aufenthalte in Strafvollzugsanstalten hinter sich. Kritisch wurde eingewandt, es handele sich in Wirklichkeit um ein „Schuldgefängnis". Konventionelle Formen der Hilfe in Strafanstalten haben sehr geringen, wenn überhaupt einen dokumentierten Einfluß auf die Probanden. Die Männer, die an dem

Programm teilnehmen, müssen in einem Gruppenwohnheim leben. Sie müssen an obligatorischen Gruppensitzungen teilnehmen. In diesem Behandlungsprogramm ist das Opfer eine angesehene Partei im Strafvollzugssystem geworden.

6. Abschnitt: Fall, Fragen und Literaturhinweise

Fall 11 (NJW 1966, S. 1824):
Frau M. war in zweiter Ehe mit dem Metzger H. M. verheiratet. H. M. war ein hünenhafter Wüterich und Trunkenbold, der seine ganze Familie tyrannisierte und häufig schlug. Insbesondere die 15jährige Tochter der Frau M. aus erster Ehe, Chr. M., hatte unter den Wutanfällen von H. M. besonders zu leiden. Sie suchte Hilfe und Unterstützung bei ihrer Mutter; diese war aber schwach und hilflos und wußte sich und ihrer Tochter nicht zu helfen. Sie erstattete mehrfach Strafanzeigen bei der Ortspolizei, aber gegen H. M. wurde nicht ernstlich eingeschritten. Mit zunehmender Trunksucht des H. M. wurden seine Wutanfälle für die Familienangehörigen immer gefährlicher.

Chr. M. befand sich in großer Verzweiflung und Erregung, als H. M. wieder einmal schwer betrunken nach Hause kam und mit einem seiner Wutanfälle zu rechnen war. Sie stellte sich mit einer verborgen gehaltenen schweren Bratpfanne hinter H. M. und schlug ihm damit heftig dreimal auf den Kopf. H. M. ging zu Boden, und Chr. M. ging fort, um die Polizei zu rufen.

Frau M. schlug sodann auf den am Boden Liegenden ein. Als Chr. M. zurückkam, schlug sie dem noch Röchelnden heftig mit der Pfanne ins Gesicht; danach starb M.

Fragen zu Fall 11:
1. Wer ist Täter und wer Opfer?
2. Können Frau M. und Chr. M. staatliche Entschädigungsleistungen als Verbrechensopfer erhalten?

Fragen zum 4. Kapitel
1. Welche Umstände machen die Beurteilung psychischer Schäden bei kindlichen Opfern von Sexualdelikten methodologisch so schwierig?
2. Was ist von der These zu halten, daß emotionale Reaktionen der Eltern, der Polizeibeamten und anderer Erwachsener das kindliche Opfer seelisch schwerer belasten als das Sexualdelikt selbst?

3. In welcher Weise kann sich ein Notzuchtsdelikt psychisch schädigend auf das Opfer auswirken?
4. Verursacht der Exhibitionismus psychische Schäden bei demjenigen, der Anstoß nimmt?
5. In welcher Weise kann das Opfer von Sexualdelikten am besten behandelt werden?
6. Was versteht man unter Krisenintervention im viktimologischen Sinne?
7. Welche Bedeutung haben die Begriffe Entschädigung und Ersatzleistung?
8. Wie äußert sich die Bevölkerung und wie äußern sich Praktiker der Strafrechtspflege zur Möglichkeit der staatlichen Entschädigung für Verbrechensopfer?
9. Welche Gründe sprechen für eine staatliche Entschädigung der Verbrechensopfer?
10. In welcher Weise kann die staatliche Entschädigung für Verbrechensopfer geregelt werden?
11. Gibt es Grenzen der staatlichen Entschädigung für Verbrechensopfer?
12. Welche Möglichkeiten bestehen für das Opfer, durch den Strafvollzug vom Täter Ersatzleistung zu erlangen?
13. Welche Vorteile bestehen bei der Ersatzleistung durch den Täter?
14. In welcher Weise wird die Ersatzleistung durch den Täter im „Minnesota Restitution Center" verwirklicht?
15. Welche Vor- und Nachteile hat dieses Behandlungsprogramm?

Literaturhinweise zum 4. Kapitel

Lesen Sie die folgenden Literaturstellen:

I. Erika Geisler (1959) kommt auf Grund ihres Probandengutes zu dem Ergebnis, daß sexuell mißbrauchte Kinder seelisch geschädigt werden. Ihre Monographie enthält zahlreiche gute Beispiele und Fälle. Sie macht zur Art der Schädigung differenzierte Angaben. Ihre Forschungsergebnisse sind allerdings methodologisch angreifbar.

II. Reinhart Lempp (1968, S. 2265—2268) geht aus jugendpsychiatrischer Sicht dem Problem nach, inwieweit ein Kind durch gewaltlose Sexualdelikte seelisch geschädigt werden kann. Er neigt dazu, diese Frage zu verneinen.

III. Karl Josef Groffmann (1962, S. 148—181) erörtert aus jugendpsychologischer Sicht und unter Heranziehung vieler Fälle die psychischen Auswirkungen von Sittlichkeitsverbrechen bei jugendlichen Opfern. Er kommt zu dem Ergebnis, daß im Normalfall keine ernsthaften seelischen Schäden entstehen.

IV. Rudolf Wyss (1963, S. 273—292) setzt sich mit der Frage auseinander, ob Spätschäden bei kindlichen Opfern von Sexualdelikten entstehen. Er verneint diese Frage für die übergroße Mehrzahl der Fälle.

V. Eike von Hippel (1971, S. 5—7) stellt kurz, aber anschaulich die Hauptprobleme der staatlichen Entschädigung für Verbrechensopfer dar.

VI. Armin Schoreit (1973) beschäftigt sich an Hand von vielen instruktiven Beispielen und Fällen mit den kriminologischen, soziologischen und juristischen Grundlagen der Entschädigung der Verbrechensopfer.

VII. Hans Kühler (1969, S. 56—65) stellt die Schadensersatzregelung nach Gewaltverbrechen am Beispiel des englischen Gesetzes kritisch dar.

5. KAPITEL: VERBRECHENSVORBEUGUNG UND -AUFKLÄRUNG

1. Abschnitt: Zusammenfassung des Kapitels

Ein aktives Handeln des potentiellen Opfers bei der Vorbeugung gegen Eigenstumsdelikte ist notwendig, weil die Instanzen der Sozialkontrolle sich personell wie finanziell außerstande sehen, die moderne Massenkriminalität, die Vermögenskriminalität ist, vollständig zu kontrollieren. Die Aufklärung der Öffentlichkeit über Verbrechenstechniken bei Vermögensdelikten durch das Fernsehen ist nicht unbedenklich, weil man nicht nur potentielle Opfer warnt, sondern auch möglichen Tätern neue Anregungen gibt. Eine hundertprozentige Einschaltquote wird nicht erreicht. Die Zuschauer, die die vorbeugenden Aufklärungssendungen nicht sehen konnten, kommen dann als Opfer in Betracht. Vorbeugungsmaßnahmen gegen Straftaten, etwa gegen Raubüberfälle, werden von Rechtsbrechern durch neue Verbrechenstechniken immer wieder umgangen. Eine vorbeugende Wirkung gegen Raubüberfälle ist nur dann gewährleistet, wenn die potentiellen Täter ein hohes Risiko eingehen. Gegenüber zu allem entschlossenen Terroristen können sich jeder Staat und jede Gesellschaft nur wehren, wenn sie bedingungslos kämpfen. Humanitäre Maßnahmen gegenüber politischen Überzeugungstätern sind fehl am Platze, weil solche Maßnahmen von den Tätern nur als Schwäche des Staates ausgelegt und rücksichtslos ausgenutzt werden. Potentiellen Notzuchtsopfern sollte man vorbeugend nahelegen, sich nicht in viktimogene Situationen zu begeben. Es ist bei der Unzucht mit Kindern völlig falsch, die möglichen Opfer vor dem „fremden bösen Onkel“ (Kinderschreck) zu warnen, der ihnen auf Spiel- und Rummelplätzen auflauere. Eine undramatische, realistische und ehrliche Aufklärung, die sich auf viktimologisch-empirische Forschungsergebnisse stützt, ist den Eltern und Erziehern anzuraten. Für die Verbrechensaufklärung ist die Täter-Opfer-Beziehung von entscheidender Bedeutung.

2. Abschnitt: Vermeiden viktimogener Situationen

Die Vorbeugungsmaßnahmen sind — vom viktimologischen Standpunkt aus — nach den verschiedenen Erscheinungsformen der Delikte höchst unterschiedlich. Einfache „Patentrezepte“ gibt es nicht. Selbst wenn man eine einzelne Erscheinungsform eines bestimmten Delikts berücksichtigt, können viktimologische Vorbeugungs- und Aufklärungsmaßnahmen in der Regel nicht generell und für alle Fälle empfohlen werden. Es kommt viel auf die jeweilige Situation an, in der das Verbrechen geschieht. Viktimologisch im voraus analysierte Bekämpfungsmöglichkeiten können allerdings vorbeugend durchaus wirksam sein. Man kann nicht sagen, daß irrational und affektiv-emotional motivierten Delikten durch rationale Aufklärung potentieller Opfer nicht vorzubeugen sei. Eine Vorbeugung gegenüber solchen Delikten kann in einer Weise geleistet werden, daß potentielle Opfer auf die Gefahren und Risiken aufmerksam gemacht werden, die sie dadurch eingehen, daß sie sich in viktimogene Situationen begeben. Im folgenden können lediglich einige Gesichtspunkte viktimologischer Vorbeugung anhand von Beispielen deutlich gemacht werden.

3. Abschnitt: Vorbeugung bei Diebstahl und Einbruch

Es kommt für den Diebstahl und Einbruch nicht nur darauf an, daß sich die potentiellen Opfer versichern, sondern auch darauf, daß sie aktiv daran mitwirken, ihre Viktimisierung zu vermeiden. Begangene Eigentumsdelikte, für die die Versicherungen einstehen, schädigen zwar das individuelle Opfer nicht, sie fügen aber der Volkswirtschaft Schaden zu. Ein aktiveres Handeln des potentiellen Opfers bei der Vorbeugung gegen Eigentumsdelikte ist auch deshalb notwendig, weil die Instanzen der Sozialkontrolle (z. B. Kriminalpolizei und Gerichte) sich personell und finanziell außerstande sehen, die moderne Massenkriminalität, die Vermögenskriminalität ist, noch vollständig zu kontrollieren. Eine legale oder illegale Entkriminalisierung hat bei kleineren Eigentumsdelikten aus Personalmangel oder ineffektivem Handeln der Kriminalpolizei bereits in kapitalistischen wie sozialistischen Ländern eingesetzt. Diese Entwicklung ist indessen nicht ungefährlich für die Gesellschaften, weil auch Kleindiebstähle organisiert werden können und dann der Volkswirtschaft erheblichen Schaden zufügen. Die Aufklärung der Öffentlichkeit über Verbrechenstechniken bei Vermögensdelikten (z. B. bei Diebstahl, Betrug, Erpressung) durch das Fernsehen ist nicht unbedenklich. In der Bundesrepublik Deutschland denkt man fast ausschließlich an das potentielle Opfer, nicht aber an den potentiellen Täter. Eine 100%ige Einschaltquote kann nicht erreicht werden. Wenn Verbrechenstechniken vorgeführt werden, so warnt man nicht nur potentielle Opfer, sondern es werden auch potentiellen Tätern neue Anregungen gegeben, zumal immer neue Verbrechenstechniken auf der Grundlage der alten entwickelt und überholte Verbrechenstechniken modifiziert werden können. Die Zuschauer, die die vorbeugenden Aufklärungssendungen nicht sehen konnten, kommen dann als Opfer in Betracht. Wie unterschiedlich die Auffassungen unter den Kriminologen sind, zeigt ein Beispiel aus Polen. Eine empirisch-kriminologische Studie über Taschendiebstahl in Breslau ist nicht veröffentlicht worden, weil sie u. a. auch Ausführungsarten des Taschendiebstahls beschrieb. Obgleich dieser Teil der kriminologischen Untersuchung von nur untergeordneter Bedeutung war, verbot man die wissenschaftliche Publikation. Hier dachte man ausschließlich an potentielle Täter, nicht aber an potentielle Opfer, die durch die Aufklärung über Techniken des Taschendiebstahls hätten gewarnt werden können. Die Studie wurde nicht einmal kriminologischen Forschern zugänglich gemacht.

4. Abschnitt: Vorbeugung bei Raub

Beim Delikt des Raubes nützen technische Vorrichtungen (Alarmanlagen, kugelsichere Scheiben) nicht viel. Denn die Straftäter lassen sich immer neue Begehungsformen einfallen. So werden beim Bankraub mit Geiselnahme alle technischen Vorbeugungsmaßnahmen hinfällig. Hier öffentlich zu empfehlen, das Leben der Geiseln in jedem Falle zu schützen, ist viktimologisch nicht zu vertreten, weil solche Empfehlung zu Anschlußtaten Anlaß geben kann. Der Schutz des Lebens der Geiseln ist auch nicht stets von der Kriminalpolizei durchhaltbar. Die Vorbeugungsmaßnahmen der Geldinstitute gegenüber Raubüberfällen werden in ähnlicher Weise dadurch von den Tätern umgangen, daß sie sich z. B. nachts durch Einbruch Zugang zum gesicherten Bereich verschaffen und dann die ersten Bankangestellten morgens erwarten, die leicht zu überwältigen sind und die dann zur Herausgabe des Geldes gezwungen werden. Hierdurch vermeidet man das aufwendige und risikoreiche „Geldschrankknacken“ mit Schweißgeräten. Eine vorbeugende Wirkung gegen Raubüberfälle ist nur dann gewährleistet, wenn die potentiellen Täter ein hohes Risiko eingehen. Mehr Gelassenheit ist auf der Seite der Opfer ratsam. Viele Räuber sind dafür bekannt, daß sie in hohem Maße nervös sind und daß sie bei einem Raubüberfall den Finger am Abzug haben. Sie wollen eigentlich die Pistole oder die Maschinenpistole nicht benutzen. Aber Pistolen haben die unheilvolle Eigenschaft, nach Abfeuern zu rufen. Es ist die nervöse Spannung in einer Raubsituation, die oft nach gewaltsamer Lösung schreit. Die Räuber sind in furchtbarer Angst, von der Polizei gefaßt oder vom Opfer verletzt zu werden. Ein halbherziger Versuch zu kämpfen, der den Angreifer nicht sofort und völlig entwaffnet und überwältigt, und bloße Drohungen sind geeignet, die Kriminalstatistiken anstelle eines schweren Raubes durch einen zusätzlichen Raubmord zu vergrößern (so schon Hans von Hentig 1948, S. 438).

5. Abschnitt: Vorbeugung bei politisch motivierten Gewaltdelikten

Mannigfaltige Bekämpfungsmaßnahmen, die auch vorbeugend wirken sollen, werden für Flugzeugentführungen oder Bombenanschläge aus „politischen" Gründen empfohlen. Es wird z. B. geraten, mit den Flugzeugentführern überhaupt nicht zu verhandeln und sie auf diese Weise sozial zu isolieren und zu entmutigen. Andere befürworten demgegenüber langdauernde Verhandlungen, um die Flugzeugentführer „mürbe" zu machen. Die Geiseln sollten sich möglichst bemühen, mit den Attentätern gut bekannt zu werden, mit ihnen sozusagen ins Gespräch zu kommen. Denn man geht davon aus, daß kein noch so verhetzter Mensch einen anderen Menschen umbringt, wenn er ihn gut kennt oder sich gar mit ihm angefreundet hat. Alle diese Empfehlungen machen die staatliche und gesellschaftliche Ohnmacht gegenüber rücksichtslosen Attentätern deutlich. Am besten wäre eine internationale Vereinbarung zur Bekämpfung von Flugzeugentführungen und die Beseitigung von sozialen und politischen Problemen, aus denen solche Gewaltakte erwachsen. Eine gute soziale Kontrolle aller Passagiere vermag schon vorbeugend in vielen Fällen zu wirken. Aber auch sie versagt, wenn die Attentäter mit Maschinenpistolen die Kontrollkräfte unmittelbar angreifen. Hier stoßen selbst Vorbeugungsmaßnahmen meist ins Leere, die echte Risiken für die Attentäter bedeuten. Denn die Angreifer haben oft ihren eigenen Tod bereits mit einkalkuliert. Die internationale Luftfahrt ist leicht verletzbar. Man sollte für die gefaßten Flugzeugentführer eine Wiedereinführung der Todesstrafe erwägen, damit man wenigstens keine neuen Flugzeugentführungen und sonstigen Terrorakte (z. B. Diplomatenentführung) zur Befreiung der eingesperrten Attentäter riskiert. Zwar sind Gegenschläge der Terroristen bei Vollstreckung der Todestrafe zu befürchten. Die Abschaffung der Todesstrafe sollte aber kein unumstößliches Dogma darstellen, wenn es gilt, unschuldige Menschen zu retten. Gegenüber zu allem entschlossenen Terroristen können sich jeder Staat und jede Gesellschaft nur wehren, wenn sie bedingungslos kämpfen. Das setzt allerdings einen Widerstandswillen voraus. Jede Milde und Nachgiebigkeit gegenüber fanatisierten politischen Überzeugungstätern kann verheerende Folgen für völlig unschuldige Menschen haben. Letztlich hat der Staat die Wahl, unschuldige (Geiseln) oder schuldige Menschen (Flugzeugentführer) zu opfern. Diese Wahl dürfte ihm nicht schwerfallen. Denn jeder Staat hat die Pflicht, seine Bürger vor kriminellen Handlungen zu schützen. Humanitäre Maßnahmen gegenüber politischen Überzeugungstätern sind fehl am Platze, weil solche Maßnahmen von den Tätern nur als Schwäche des Staates ausgelegt und rücksichtslos ausgenutzt werden.

6. Abschnitt: Vorbeugung bei Notzucht

Die Notzucht ist im Rahmen der viktimologischen Vorbeugung ein schwieriges Delikt. In jedem Fall ist es richtig, daß man den potentiellen Notzuchtsopfern nahelegen soll, sich nicht in viktimogene Situationen zu begeben. Dies schließt die Darlegung ein, welches viktimogene Situationen im Hinblick auf die Notzucht sind. Mitunter können oder wollen jedoch Mädchen und Frauen viktimogene Situationen nicht umgehen. Sie suchen sie oder nehmen sie zumindest in Kauf. Darüber hinaus legen sie in ihrer Mehrheit eine ambivalente Haltung an den Tag. Auf der einen Seite stimulieren sie das männliche Geschlecht durch ihre Kleidung und Haltung sexuell. Auf der anderen Seite benehmen sie sich auch ihren Freunden und Bekannten gegenüber abwehrend, um ihr „moralisches“ Ansehen nicht einzubüßen. Diese verkrampfte Haltung macht es den potentiellen Sexualpartnern nicht leicht. Es liegt ganz bei der Frau, den Akt als für sie und ihren Partner befriedigende „Eroberung“ oder als kriminelle Handlung im nachhinein zu definieren. Nicht selten kommt es vor, daß Mädchen und Frauen Notzuchtanzeige erstatten und daß sie später diese

Anzeige zurückziehen, wenn sich die persönlichen Beziehungen zu ihrem Partner für sie befriedigender gestalten oder wenn zumindest der Sexualakt keine Folgen hatte. Ob sich eine Frau oder ein Mädchen in einer tatsächlichen (z. B. überfallartigen) Notzuchtssituation wehren soll oder nicht, kann allgemein nicht entschieden werden. Falls sie keinen oder geringfügigen Widerstand leistet, hat sie möglicherweise vor Gericht als Zeugin einen schweren Stand. Wenn sie wirklich kämpft, geht sie das Risiko ein, sich schwerer Verletzungen oder gar einer Tötung durch den Täter auszusetzen. Das Ausmaß des Widerstandes bei der Notzucht ist oft entscheidend für die Überlegungen des Gerichts (Lynda Lytle Holmstrom, Ann Wolbert Burgess 1973a). Ob es indessen sinnvoll ist, sich zu wehren, kann allein das Opfer in der jeweiligen aktuellen Notzuchtsituation entscheiden. Diese Entscheidung ist abhängig von der richtigen Einschätzung dreier Hauptfaktoren durch das Opfer: der Persönlichkeit des Täters, insbesondere seiner Neigung zur Aggressivität, dem sozialen Umfeld der Notzuchtsituation, insbesondere Tatort und -zeit, und der Persönlichkeit des Opfers, insbesondere ihrer Durchsetzungsfähigkeit. Widerstand ist oft sinnlos und gefährlich. Er kann den sexuell stimulierten Täter zum äußersten reizen. Es ist besser für das potentielle Opfer, das Sich-Bringen oder Gebracht-Werden in eine viktimogene Situation zu vermeiden, in der ihr keine oder nur unter äußerst schwierigen Bedingungen Hilfe geleistet werden kann.

7. Abschnitt: Vorbeugung bei Unzucht mit Kindern

Es ist bei der Unzucht mit Kindern völlig falsch, die potentiellen Opfer vor dem „fremden bösen Onkel" (Kinderschreck) zu warnen, der ihnen auf Spiel- und Rummelplätzen auflauere und den sich die Kinder als einen ungepflegten, schmutzigen Menschen mit „Verbrechervisage" (Unhold, Lustgreis) vorstellen. Vage Andeutungen und Warnungen, keine Geschenke von Fremden anzunehmen, nützen nichts. Sie schaden eher. Denn sie lenken die Aufmerksamkeit des Kindes von den Gefahren ab, die ihm im sozialen Nahraum von Verwandten, Familienfreunden und Nachbarn drohen. Wenn die Eltern und Erzieher nicht deutlich und in kindergemäßer Weise sagen, worum es eigentlich geht, wird eher die Neugier des Kindes geweckt. Eine undramatische, realistische und ehrliche Aufklärung, die sich auf viktimologisch-empirische Forschungsergebnisse stützt, ist den Eltern und Erziehern anzuraten. Alle unklaren, verschleiernden Andeutungen machen den Gegenstand für Kinder nur „interessant“. Falsche Anschuldigungen kinderfreundlicher Menschen werden dann in unnötiger Weise provoziert. Ein verkrampftes Verhältnis der Familie zur Sexualität erschwert eine sachgerechte und angemessene Vorbeugung. Zur Dramatisierung des Delikts der Unzucht mit Kindern besteht kein Anlaß. Nach der polizeilichen Kriminalstatistik des Bundeskriminalamtes für das Jahr 1973 sind von 2 559 974 registrierten Verbrechen und Vergehen im Bundesgebiet 15 566 Delikte der Unzucht mit Kindern. Diese Straftat wird vorwiegend in Klein-, Mittel- und Großstädten begangen. Die Aufklärungsquote lag im Jahre 1973 mit 70,5 % relativ hoch. Unzucht mit Kindern wird schon von Heranwachsenden und Jungerwachsenen begangen. Der Schwerpunkt der Begehung liegt mit 34,8 % allerdings bei Tätern der Altersgruppe zwischen 25 und 40 Jahren und mit 18,6 % bei Rechtsbrechern der Altersgruppe zwischen 40 und 60 Jahren. Straftäter über 60 Jahre machen nur einen Anteil von 8,6 % aus. Die Unzucht mit Kindern wird zu 72,2 % von Tätern begangen, die in der Tatortgemeinde wohnen. Es handelt sich also um Delikte mit geringer Täter- und Opfermobilität. Der Anteil der Ausländer ist mit 15,3 % und der Berufs- und Gewohnheitsverbrecher mit 1,6 % niedrig. Die Begehungsweisen sind überwiegend leicht und schädigen das Kind in der Regel nicht schwer und nicht nachhaltig. Alles kommt auf die verständnisvolle Reaktion des sozialen Nahraums des Kindes (z. B. seiner Familie, der Schule, seiner Nachbarschaft) und der Instanzen der Sozialkontrolle (z. B. der Kriminalpolizei und der Gerichte) an. Die Straftat der Unzucht mit Kindern darf allerdings auch nicht bagatellisiert werden.

8. Abschnitt: Täter-Opfer-Beziehung und Verbrechensaufklärung

Für die Verbrechensaufklärung ist die Täter-Opfer-Beziehung oft von entscheidender Bedeutung. Der Kriminalist muß fast stets bei seiner Aufklärungsarbeit von einem lebenden oder toten Opfer ausgehen. Auch ein totes Opfer kann durch Spuren, Indizien und Angaben von Personen seines sozialen Nahraums sprechen. Gerade für die Delikte mit hoher Täter-Opfer-Beziehungsquote (Mord, Totschlag, Unzucht mit Kindern, Notzucht und gefährliche und schwere Körperverletzung) ist es wichtig, bei der Aufklärungsarbeit vom Opfer — seiner Persönlichkeit, seinen Einstellungen und Gewohnheiten, seinem sozialen Nahraum — auszugehen. Innerhalb des möglicherweise sehr ausgedehnten Kontaktbereichs des Opfers können sich Spuren *einer Beziehung* finden, die sich zusammen mit dem möglichen Tatmotiv und unter Berücksichtigung von Zeit, Ort und modus operandi als tatrelevant erweist. Das hat Paul Grob (1964) an zahlreichen Beispielen von Mordfällen verdeutlicht. Er kommt zu folgenden Schlußfolgerungen: Beziehungslose Kapitalverbrechen gegen Leib und Leben sind ebenso selten wie motivlose. Je enger die Täter-Opfer-Beziehung war, je länger sie gedauert hat, desto weniger bleibt sie in der Regel dem sozialen Nahraum verborgen, desto eher findet sich ihr Niederschlag in Briefen, Tagebüchern, Aufzeichnungen, Mitteilungen des Opfers gegenüber Drittpersonen, Gegenständen, Andenken, Geschenken, Amuletten, Fotografien, testamentarischen Vorkehrungen oder irgendwelchen anderen Auswirkungen. Die Methodik, mit der Aufklärungsarbeit zunächst beim Opfer zu beginnen und systematisch weiter vorzudringen, wird die Chancen der Verbrechensaufklärung erhöhen.

9. Abschnitt: Fragen

1. In welcher Weise kann affektiv-emotional motivierten Delikten vorgebeugt werden?
2. Was versteht man unter legaler, was unter illegaler Entkriminalisierung?
3. Auf welche Weise kann man dem Diebstahl vorbeugen? Wie kann man Raubüberfälle verhindern?
4. Was kann man bei Raub mit Geiselnahme tun?
5. Welche Vorbeugungs- und Bekämpfungsmaßnahmen empfehlen sich gegen Flugzeugentführungen oder Bombenanschläge?
6. Kann man der Notzucht überhaupt vorbeugen?
7. Soll man Frauen und Mädchen generell raten, sich in einer Notzuchtssituation zu wehren?
8. Welche Aufklärung muß Kindern gegen das Delikt der Unzucht mit Kindern zuteil werden?
9. Warum ist die Täter-Opfer-Beziehung für die kriminalpolizeiliche Aufklärungsarbeit von großer Bedeutung?
10. Gibt es allgemeine Regeln für die Vorbeugung gegen Kriminalität?

6. KAPITEL: STRAFRECHT UND STRAFVERFAHREN

1. Abschnitt: Zusammenfassung des Kapitels

Die Strafe berücksichtigt die Schuld des Täters. Schuld ist ein metaphysischer, nicht meßbarer Begriff. Die Täter-Opfer-Beziehung kann die Entstehung des Verbrechens erklären und zu einem gerechteren und zutreffenderen Verständnis des Sozialprozesses beitragen, der in der Straftat endete. Die traditionelle Schuldbeurteilung ist nur auf die Tat, insbesondere auf deren „Schwere" (eine subjektive Bewertung), und auf den Täter gerichtet. Sie greift das allerletzte Stück aus einem Sozialprozeß heraus, an dem auch Opfer und Dritte maßgeblich beteiligt sein können. Das funktionale Zusammenspiel der kausalen Elemente ist von entscheidender Bedeutung. Vergeltungs- und Behandlungsstrafvollzug haben versagt. Die Verantwortlichkeit für die Verhinderung von Straftaten muß mehr auf die sozialen Gruppen (z. B. Familie, Schule, Nachbarschaft) und das potentielle Opfer übergehen. Das Verhalten des Opfers kann die strafrechtliche Reaktion mitbestimmen. So kann beispielsweise ein Strafgesetzbuch vorsehen, daß der Angeklagte Strafaussetzung zur Bewährung bekommen soll, wenn das Opfer die Tat veranlaßte oder ihre Durchführung erleichterte. Viktimologische Elemente müssen zwar grundsätzlich in die Strafzumessungsbeurteilung eingehen, sie dürfen aber nicht losgelöst und unabhängig von den anderen Strafzumessungselementen gesehen werden. Mit ihnen zusammen bilden sie Strafzumessungskonstellationen, die für die Milderung oder Verschärfung der Strafe ausschlaggebend sind. Sowohl die Persönlichkeit des Angeklagten wie auch die des Opfers sind wichtige Variablen bei der Schwere der Verurteilungen. Die Richter in einem Strafverfahren werden durch die Persönlichkeitszüge und sozialen Verhältnisse des Täters und des Opfers beeinflußt. Sie haben die Tendenz, milder in ihrer Entscheidung zu sein, wenn der Angeklagte positive und das Opfer negative Persönlichkeitszüge besitzen. Sie sind strenger, wenn der Täter negative und das Opfer positive Persönlichkeitszüge haben und in entsprechend ungünstigen oder günstigen sozialen Verhältnissen leben.

Im Gegensatz zum streitigen Verfahren gewährleistet das Vergleichsverfahren die volle Beachtung der Interessen des Opfers und die Notwendigkeit seiner Entschädigung. Eine der schärfsten

Kritiken des formellen Strafverfahrens und der strafrechtlichen Verurteilungen überhaupt besteht darin, daß sie dahin tendieren, die Jungen, die Armen, die Machtlosen und die Ungelernten am härtesten zu treffen. Das Entfernthalten vom Gerichtssystem ist nicht nur ratsam wegen der Gefahr der Brandmarkung, sondern auch durchführbar. Es verringert die Kosten für die formelle Sozialkontrolle des Verbrechens und gewährleistet zufriedenstellende Entscheidungen, die den Rückfall vermindern. Der Ausgleichs- und Schlichtungsprozeß unterstützt die Werte der Gesellschaft. Eine aktive und informierte Teilnahme des Opfers an einem solchen Verfahren ist unbedingt notwendig. Ein Vermittlungs-, Schlichtungs- und Ausgleichsverfahren sollte unbedingt dem formellen Strafverfahren vorgeschaltet werden.

Opfereignung und -neigung, viktimogene Situationen und vor allem die Täter-Opfer-Beziehung erlangen in der Beurteilung der Glaubhaftigkeit der Aussage wesentliche Bedeutung. Die viktimologische Fragestellung ist weit umfassender als die bisherige sehr enge forensisch-psychologische. Es muß der gesamte Sozialprozeß aufgedeckt werden, der zur Straftat geführt hat. Die Untersuchung der Aussagefähigkeit, -willigkeit und -bereitschaft und die psychologische Beurteilung der aussagenden Persönlichkeit können die strafrechtliche Verurteilung eines Angeklagten nicht tragen. Dafür sind die psychologischen Testverfahren und die bisher entwickelten Methoden der Aussagepsychologie nicht zuverlässig genug. Mit den neueren viktimologischen Forschungsergebnissen eröffnen sich erstmalig überlegene wissenschaftliche Möglichkeiten, die geeignet und in der Lage sind, die Zeugenaussage auf ihren objektiven Wahrheitsgehalt hin zu überprüfen. Daß Kinder vor Gericht in Einzelheiten über einen Vorgang berichten müssen, den sie als unangenehm und traumatisch empfinden, mag für viele von ihnen eine Wiederbelebung der gemachten Erfahrung bedeuten. Oft haben Kinder Schwierigkeiten, diese Erfahrung wieder durchzugehen, und es geschieht nicht selten, daß ihr Gedächtnis blockiert ist, daß sie das Ereignis „vergessen“ haben (Verdrängung) und daß sie falsche Beschreibungen geben. Die Vernehmung des kindlichen Opfers durch einen Jugenduntersuchungsführer außerhalb des Strafverfahrens ist ein Weg, das Kind vor seelischen Schäden zu schützen. Die Notwendigkeit der Bestätigung der Aussage des Opfers durch zusätzliche Beweismittel trägt den Rechten des Angeklagten ausreichend Rechnung.

2. Abschnitt: Strafrechtliche Verantwortlichkeit

1. Das Opfer als Objekt

Während die Strafe als eine Angelegenheit des Staates betrachtet wird, sieht man das verletzende Ergebnis des Verbrechens, nämlich der dem Opfer entstandene Schaden, als eine Privatangelegenheit des Opfers an. Nach einem Verbrechen wird die gesamte Schuld auf den Täter geschoben, also auf denjenigen, der im letzten Abschnitt des Entstehungsprozesses der Kriminalität strafrechtlich in Erscheinung getreten ist. Der dynamische Aspekt der Straftat wird nicht in Betracht gezogen. Das mitverursachende Verhalten des Opfers, das die gesamte Entwicklung zum Verbrechen hin stark beeinflußt haben kann, wird nicht beachtet. Im Gegensatz zum Verständnis des Verbrechens als einer Verletzung der Interessen des Opfers entwickelte sich durch das Erstarken des Staates eine andere Interpretation, nämlich die der Störung der Gesellschaftsordnung. Als Ergebnis wurde das Opfer der Kriminalität vergessen. Der Staat interessierte sich nur noch für die Verantwortlichkeit des Straftäters. Das machte die Verantwortlichkeit so einseitig. Das Opfer blieb eine Ursache, ein Grund für das Strafverfahren, also ein bloßes Objekt.

2. Funktionale Verantwortlichkeit

Während das Opfer keine Möglichkeit hat, auf die Ergebnisse des Verfahrens einzuwirken, während es kein Recht hat, Rache oder Wiedergutmachung zu fordern, während es nicht riskiert, in die Verantwortlichkeit für das Verbrechen einbezogen zu werden, ist das Strafverfahren gleichwohl formell zu seinem Schutz, seiner Sicherheit und Integrität bestimmt; die Strafe berücksichtigt die individuelle Schuld des Täters. Die Täter-Opfer-Beziehung kann indessen die Entstehung des Verbrechens in vielen Fällen besser erklären und zu einem gerechteren und zutreffenderen Verständnis des Sozialprozesses beitragen, der in der Straftat endete. Hier ist das funktionale Zusammenspiel der kausalen Elemente von entscheidender Bedeutung. Wenn die Verantwortlichkeit funktional verstanden wird (Stephen Schafer 1968), kann sie nicht innerhalb eines isolierten und objektivierten Gebietes starrer Formalität angewandt werden. Sie geht über die Grenzen der Persönlichkeit des

Täters und der strikten Legaldefinitionen der kriminellen Rechtsbrüche hinaus. Es ist auch die Aufgabe des Opfers, seine Viktimisierung zu verhindern. Es ist verpflichtet, alles zu tun oder zu unterlassen, um andere nicht in die Versuchung der Begehung einer Straftat zu führen. Gleichzeitig wird von ihm — im Rahmen seiner Möglichkeiten — erwartet, daß es kriminellen Versuchen möglichst aktiv begegnet. Das ist die funktionale Verantwortlichkeit des Opfers, der eine funktionale Verantwortlichkeit des Täters entspricht. Der Täter kennt die gesetzlichen Verbote und Gebote und rationalisiert sein eigenes von ihnen abweichendes Verhalten. Die Ausdehnung des formalistischen und individualistischen Strafurteils in die Richtung auf ein Verständnis eines dynamischen kriminellen Geschehens deckt die sich ergänzenden funktionalen Verantwortlichkeiten des Opfers und des Täters auf. Die strafrechtliche Verantwortlichkeit des Täters bleibt auch bei Mitberücksichtigung der möglichen Beteiligung des Opfers an der Straftat grundsätzlich bestehen. Ihre Beurteilung wird freilich durch Anwendung viktimologischer Forschungsergebnisse realistischer und damit gerechter. Das Opfer wird an der Kontrolle der Kriminalität maßgeblich mitbeteiligt. Das muß auch so sein. Denn der Massenkriminalität kann gegenwärtig nicht mehr nur durch den Einsatz der Instanzen der Sozialkontrolle (z. B. der Kriminalpolizei und der Gerichte) begegnet werden. Vergeltungs- und Behandlungsstrafvollzug haben versagt. Die Verantwortlichkeit für die Verhinderung von Straftaten muß mehr auf die sozialen Gruppen (z. B. die Familie, Schule, Nachbarschaft) und das potentielle Opfer übergehen. Das Opfer wird zwar in der Regel strafrechtlich nicht zur Verantwortung gezogen, wenn es seiner sozialen Verantwortlichkeit nicht in ausreichendem Maße nachkommt. Die viktimologische Bewertung seines Verhaltens hat aber maßgeblichen Einfluß auf die Bemessung der Verantwortlichkeit des Täters für den Rechtsbruch.

3. Abschnitt: Strafrechtliche Reaktion

Das Verhalten des Opfers kann die strafrechtliche Reaktion mitbestimmen. Zwar darf es nicht so sein, daß beispielsweise die Zustimmung oder Mitwirkung des Kindes beim Delikt der Unzucht mit Kindern zur Folge hat, daß die Strafbarkeit des Täters entfällt. Das Kind übersieht die Tragweite seiner Entscheidung noch nicht. Es kann über sein Verhalten noch nicht eigenverantwortlich bestimmen. Der Erwachsene ist auf Grund Legaldefinition Täter und das Kind Opfer, weil bei dem Sexualakt der Erwachsene ein Erwachsener und weil das Kind ein Kind ist. Hieran kann auch eine viktimologische Betrachtungsweise nichts ändern (vgl. auch Thea Schönfelder 1965 und Johannes W. Mohr u. a. 1964, S. 34 oben). Immerhin ist es aber ein wesentlicher Unterschied, ob der Erwachsene dem Kind seine Erwachsenensexualität aufzwingt und durch massive Handlungen physische Verletzungen beim Opfer verursacht oder ob das Kind sexuellen Berührungen des Erwachsenen in kindgemäßer Weise zustimmt. Solche Begehungsformen von Delikten und das entsprechende Verhalten des Opfers sollten nicht nur für die Frage der Strafzumessung, sondern auch für die Auswahl der strafrechtlichen Reaktion (z. B. für die Gewährung von Strafaussetzung zur Bewährung) von maßgeblicher Bedeutung sein. Der Entwurf eines Amerikanischen Musterstrafgesetzbuches (Richard M. Honig 1965, S. 77) sieht in Sektion 7.01 Absatz 2 vor, daß der Angeklagte Strafaussetzung zur Bewährung bekommen soll, wenn das Opfer die Tat veranlaßte oder ihre Durchführung erleichterte. Solche Modifizierung von Strafrechtsfolgen auf Grund viktimologischer Erkenntnisse können durchaus erweitert werden. Denn das Opferverhalten beeinflußt und formt das Täterverhalten im Interaktionsprozeß mit.

4. Abschnitt: Strafzumessung

1. Strafzumessungskonstellationen

Es kann keine Rede davon sein, im Opfer den eigentlich Schuldigen gefunden zu haben. Das Verhalten des Opfers bei der Strafzumessung des Täters zu berücksichtigen, ist indessen allein schon aus Gerechtigkeitsgesichtspunkten und zum Zwecke der Individualisierung seiner Verurteilung angezeigt. Das Problem besteht freilich auch hier — wie allgemein bei der Strafzumessung — im Ausgleich „gegenläufiger Wertungen". Horst Schüler-Springorum (1970, S. 210) fragt mit Recht, wie man die Leichtgläubigkeit des Betrugsopfers oder die lange Bekanntschaft zwischen Täter und Opfer bei Sexualdelikten werten soll. Die Konstruktion viktimologischer Gegentatbestände schließt er aus. Auf Opfereignungen und -neigungen kann es allein nicht ankommen. Macht sie sich der

Täter allerdings systematisch zunutze, so muß dieser subjektive Umstand strafschärfend wirken. Ob das Betrugsopfer einfältig ist oder nicht, ist für sich allein gesehen irrelevant. Nutzt der Täter diese Einfalt jedoch plan- und zweckvoll aus, so handelt es sich um einen Strafschärfungsgrund. Das Verhalten des Opfers kann bei der Strafzumessung allein dynamisch in Beziehung zum Verhalten des Täters gesehen werden. So fällt z. B. die Gewaltanwendung gegenüber dem Opfer besonders schwer ins Gewicht. Berücksichtigt man zum Zwecke der besseren Systematisierung der Strafzumessung nur einmal das Verhalten des Opfers — also losgelöst vom Verhalten des Täters, was an sich unzulässig ist —, so kann man folgende grobe Regeln aufstellen: Die vorsätzliche oder fahrlässige Mitverursachung der Tat durch das Opfer oder gar seine Provokation wirken strafmildernd für den Täter. Wenn sich das Opfer vorsätzlich oder fahrlässig in viktimogene Situationen begibt, so ist dieser Umstand ebenfalls strafmildernd zu berücksichtigen. Das Opfer darf den Täter nicht ernstlich in Versuchung führen. Die Art der Täter-Opfer-Beziehung kann — für sich allein betrachtet — als Strafzumessungsgrund nicht ausreichen. Es kommt stets auf die Tatausführung und die Persönlichkeiten von Täter und Opfer an. Man kann zwar generell sagen, daß die Tat um so verwerflicher bewertet werden muß, je näher die Beziehung zwischen Täter und Opfer ist. Denn der Täter nutzt hier regelmäßig das Vertrauen des Opfers aus. Ist die gesamte Tatausführung trotz enger Täter-Opfer-Beziehung aber leicht und trägt das Opfer nicht unwesentlich zur Mitverursachung des Rechtsbruchs bei, so spricht diese Strafzumessungskonstellation eher für eine Strafmilderung. Sind sich Täter und Opfer völlig fremd, überfällt der Täter das Opfer und wendet er brutale physische Gewalt an, so handelt es sich bei dieser Strafzumessungskonstellation demgegenüber um eine Strafschärfung. Viktimologische Elemente müssen zwar grundsätzlich in die Strafzumessungsbeurteilung eingehen, sie dürfen aber nicht losgelöst und unabhängig von den anderen Strafzumessungselementen gesehen werden.

2. *Entscheidungsbeeinflussung des Richters durch viktimologische Faktoren*

Wie wichtig die Tatausführung und die Persönlichkeiten von Täter und Opfer für die Strafzumessung sind, zeigen die experimentellen Untersuchungen von David Landy und Elliot Aronson (1974).

116 Studenten und Studentinnen der Universität Texas wurde ein fiktiver Fall zur Beurteilung vorgelegt. Die Versuchspersonen wurden aufgefordert, auf der Grundlage eines Falles einen Angeklagten zu verurteilen. Es handelte sich um einen Fall mit zwei verschiedenen Opfern — einem attraktiven und einem unattraktiven — und drei unterschiedlichen Tätern — einem attraktiven, einem unattraktiven und einem neutralen. Der Fall lautete folgendermaßen: Der Angeklagte fuhr am Heiligen Abend, dem 24. Dezember, nach einer Weihnachtsfeier aus seinem Büro nach Hause und tötete unterwegs fahrlässig einen Fußgänger. Er hatte auf der Weihnachtsfeier stark getrunken. Einer seiner Kollegen hatte ihm angeboten, ihn nach Hause zu bringen. Er fühlte sich indessen durchaus fahrtüchtig. Nach dem Ende der Feier hatte er sich ans Steuer seines Autos gesetzt. Sechs Blocks von seiner Garage entfernt wurde er von einem Polizisten wegen rücksichtslosen Fahrens angehalten. Wegen des Weihnachtsabends sah der Polizist jedoch von einer Anzeige ab. Er forderte den Angeklagten allerdings auf, sein Auto zu parken und mit einem Taxi nach Hause zu fahren. Der Angeklagte stimmte zu. Er rief ein Taxi. Nachdem er mit dem Taxi um die Ecke gefahren war, ließ er es anhalten, zahlte den Taxifahrer und ging zu seinem Wagen zurück. Er setzte sich wiederum ans Steuer. Vier Blocks von der Straße, wo ihn der Polizist angehalten hatte, überfuhr er ein Rotlicht. Er fuhr einen Fußgänger an, der gerade die Straße überquerte. Der Fußgänger starb auf dem Weg ins Krankenhaus. Der Angeklagte stand nun wegen fahrlässiger Tötung vor Gericht.

Diesem Fall wurden ein attraktives und ein unattraktives Opfer zugeordnet. Das attraktive Opfer wurde wie folgt geschildert: Es war ein bekannter Architekt und ein prominentes Mitglied seiner Gemeinschaft. Er hatte viele gutbekannte Gebäude innerhalb seines Staates entworfen. Er war ein aktives Mitglied im Wohlfahrtskomitee seiner Gemeinschaft. Zur Zeit des Unfalls war er mit Weihnachtsgeschenken auf dem Weg in ein Waisenhaus, zu dessen Gründungsmitgliedern er gehörte. Er ließ seine Frau und zwei Kinder im Alter von 11 und 15 Jahren zurück. Die persönlichen und sozialen Verhältnisse des unattraktiven Opfers wurden folgendermaßen dargestellt: Es war ein notorischer Gangster und Boß eines Syndikats, der um die Macht in seinem Syndikat wetteiferte, um die Unterweltaktivitäten in seinem Staat völlig zu kontrollieren. Er war dafür bekannt, daß er für ein Massaker an fünf Männern aus der Unterwelt verantwortlich gewesen war. Zur

Zeit des Unfalls trug er einen geladenen Revolver bei sich. Gegen Sicherheitsleistung war er auf freiem Fuß in Erwartung eines Verfahrens mit doppelter Anklage wegen Scheckbetrugs und Einkommenssteuerhinterziehung. In dem Experiment wurden ferner drei verschiedene Angeklagte vorgestellt. Der attraktive Angeklagte wurde folgendermaßen beschrieben: Er war ein 64 Jahre alter Versicherungsfachmann, der in derselben Firma bereits 42 Jahre arbeitete. Er war freundlich mit jedermann und als guter Kollege bekannt. Er war ein Witwer. Seine Frau war ein Jahr zuvor an Krebs gestorben. Er wollte seinen Weihnachtsabend mit seinem Sohn und seiner Schwiegertochter zusammen verbringen. Als sich der Unfall ereignete, stieß der Angeklagte mit seinem Bein gegen das Steuerrad. Dieses Ereignis verschlimmerte eine Schußwunde aus dem Krieg, die ihm schon lange starke Schmerzen bereitet hatte. An Verkehrsvorstrafen hatte er drei Anzeigen in fünf Jahren erhalten. Zwei davon betrafen Geschwindigkeitsübertretungen. Der unattraktive Angeklagte war ein 33jähriger Portier. In dem Gebäude, in dem er in den letzten zwei Monaten gearbeitet hatte, kannten ihn nicht viele Firmenangestellte. Er war gleichwohl zur Weihnachtsfeier eingeladen worden. Der Angeklagte war zweimal geschieden. Er besaß drei Kinder aus seiner ersten Ehe. Seine erste Frau war wieder verheiratet. Er wollte seinen Weihnachtsabend mit seiner Freundin in ihrem Appartment verbringen. Die Wirkung des Unfalls auf den Angeklagten war unbedeutend. Er war durch das Ereignis leicht benommen, aber er litt unter keinen größeren Verletzungen. Er hatte zwei Vorstrafen während der letzten fünf Jahre in seinem Strafregister: einen Einbruch und ein Rauschgiftvergehen. Sein Verkehrsstrafregister zeigte drei Eintragungen in derselben Zeit. Schließlich wurde von dem neutralen Angeklagten folgendes Bild entworfen: Er war in einer Versicherungsgesellschaft angestellt. Er ging kurz nach Beginn der Feier dorthin. Nach der Weihnachtsfeier wollte er nach Hause. Als sich das Unglück ereignete, war er durch das Ereignis leicht benommen, aber er litt unter keinen größeren Verletzungen. Sein Verkehrsstrafregister zeigte drei Eintragungen in den letzten 5 Jahren. Zwei der Eintragungen betrafen Geschwindigkeitsübertretungen.

Die Experimentalpersonen wurden gebeten, ihre Eindrücke von den Angeklagten und Opfern auf einer Skala mit 9 Punkten anzugeben. Der Punkt 9 bedeutete extrem negativ, ungünstig, der Punkt 1 extrem positiv, günstig. Die durchschnittliche Eindruckseinstufung im Hinblick auf eine Verurteilung des Angeklagten war bei den attraktiven Opfern 2,52, während die durchschnittliche Eindruckseinstufung bei den unattraktiven Opfern 7,64 war. Dieser Unterschied war sehr signifikant auf der Wahrscheinlichkeitsgrundlage von .001. Die durchschnittlichen Einstufungen der Eindrücke bei den Angeklagten waren im Hinblick auf ihre Verurteilung folgendermaßen: der attraktive Angeklagte 5,53, der neutrale Angeklagte 6,04 und der unattraktive Angeklagte 7,08. Es ergaben sich Signifikanzen auf den Wahrscheinlichkeitsgrundlagen von .001. Die Persönlichkeitsbeschreibungen der Angeklagten und der Opfer hatten ihre beabsichtigten Wirkungen. Sowohl die Persönlichkeit des Angeklagten wie auch die Persönlichkeit des Opfers sind wichtige Variablen bei der Schwere der auferlegten Verurteilungen. Das Experiment unterstützt die allgemeine Beobachtung, daß die Richter in einem Strafverfahren durch die Persönlichkeitszüge und sozialen Verhältnisse des Angeklagten und des Opfers beeinflußt werden. Sie haben die Tendenz, milder in ihrer Entscheidung zu sein, wenn der Angeklagte positive und das Opfer negative Persönlichkeitszüge besitzen. Sie sind strenger, wenn der Angeklagte negative und das Opfer positive Persönlichkeitszüge haben und in entsprechend ungünstigen oder günstigen sozialen Verhältnissen leben. Die Persönlichkeitszüge und sozialen Verhältnisse der Täter und der Opfer brauchen mit dem Delikt und dem Umfeld des Delikts, in dem es begangen worden ist, nichts zu tun zu haben.

5. Abschnitt: Das Opfer im Ermittlungs- und Strafverfahren

1. Der Ausgleichs- und Schlichtungsprozeß

Im Ermittlungs- und Strafverfahren ist das Opfer ein Beweismittel, ein Objekt. Es muß das Ziel zukünftiger Ausgestaltung des Ermittlungs- und Strafverfahrens sein, dem Opfer eine eigenständige Stellung einzuräumen, es zum Subjekt der Verfahren zu machen. Zwar ist durch den Rechtsbruch auch die Gesellschaftsordnung verletzt, vor allem trifft die Straftat aber das Opfer, das größere Berücksichtigung seiner Rechte und Pflichten verdient. Die Masse der Arbeit der Strafgerichte besteht in der Verhandlung und Aburteilung minderer Verletzungen von Vermögenswerten oder solcher Probleme wie Fahren ohne Führerschein oder Fahren in angetrunkenem Zustand. Diese Fragen könnten ökonomischer und wirksamer in einem informellen Verfahren erledigt werden. Der finanzielle und personelle Aufwand eines formellen Strafverfahrens und die soziale Brandmarkung als Auswirkung der Verurteilung wegen einer Straftat sind nicht in allen Fällen notwendig. Im Familienrecht, im Jugendrecht, im Arbeitsrecht und in vielen anderen Rechtsgebieten werden die Werte, die durch das Recht geschützt und gefördert werden, nicht unbedingt in einem streitigen Verfahren ausgefochten, sondern sie werden in einem Ausgleichsverfahren zu lösen versucht. Im Gegensatz zum streitigen Verfahren gewährleistet das Vergleichsverfahren die volle Beachtung der Interessen des Opfers und die Notwendigkeit seiner Entschädigung. Eine der schärfsten Kritiken des formellen Strafverfahrens und der strafrechtlichen Verurteilungen überhaupt besteht darin, daß sie dahin tendieren, die Jungen, die Armen, die Machtlosen und die Ungelernten am härtesten zu treffen. Wirtschaftsbetrüge werden oft im Wege des privaten Ausgleichs erledigt. Menschen ohne Geld und Einfluß gibt man, wenn sie wegen Bagatelldiebstählen gefaßt werden, oft keine Gelegenheit zur Wiedergutmachung. Eine große Zahl von ihnen wird direkt vor den Strafgerichten angeklagt. Die Erfahrung lehrt, daß das Entfernthalten vom Gerichtssystem nicht nur ratsam und durchführbar ist, sondern daß es auch die Kosten verringert und zufriedenstellende Entscheidungen gewährleistet, die den Rückfall vermindern. Bei einer einverständlichen Lösung der Probleme unter den Beteiligten gibt es keine Verurteilungen. Gleichwohl hat auch das einverständliche Verfahren einen abschreckenden Erfolg. Denn es stellt einen wertvollen Lernprozeß für den Täter dar. Als Reaktion auf die Anklage muß er erscheinen. Er muß dem Opfer begegnen. Er muß seine Verantwortung oder Teilverantwortung für den Rechtsbruch eingestehen oder sich entsprechend verteidigen. Er muß die Herausforderung bestehen, einige konkrete Vorschläge zu unterbreiten, um die Straftat wiedergutzumachen. Der Ausgleichs- und Schlichtungsprozeß (settlement process) unterstützt die Werte der Gesellschaft. Ein Richter müßte allerdings die Vorabentscheidung darüber treffen, ob ein Fall vor einem Gericht nach dem klassischen Verfahren verhandelt oder im Ausgleichs- und Schlichtungsprozeß gelöst werden soll. Die Zustimmung des Opfers und des Täters sind Vorbedingungen für den Ausgleichs- und Schlichtungsprozeß.

Die Rolle des Opfers im Strafverfahren muß neu überdacht werden. Die Straftat, die ein geschütztes Gemeinschaftsinteresse verletzt hat, findet ihre Ursprünge in der Verletzung der Rechte und Erwartungen des Opfers. Eine aktive und informierte Teilnahme des Opfers am Ausgleichs- und Schlichtungsverfahren ist unbedingt nötig. Selbst in einem formellen Gerichtsverfahren sollte den Sorgen um die Verletzung der Interessen des Opfers in verschiedener Weise Rechnung getragen werden: Man sollte das Wohlbefinden des Opfers dadurch respektieren, daß man — wenn eben möglich — beantragte Vertagungen zugesteht. Das Opfer sollte eine Möglichkeit erhalten, seine Ansicht über eine geeignete Reaktion auf die Straftat dem Gericht kundzutun. Der Entscheidung über die Wiedergutmachung des erlittenen Verlustes sollte Vorrang eingeräumt werden. Wenn die Fakten unstreitig sind, sollte der Täter ermutigt werden, sich mit dem Opfer in weniger bedeutenden Fällen unmittelbar zu treffen und eine Lösung des Konflikts selbst auszuhandeln. Der Täter sollte seinen Anteil an der Verantwortung für das begangene Unrecht dadurch übernehmen, daß er einen fairen und gerechten Ausgleich vorschlägt. Ein Vermittlungs-, Schlichtungs- und Ausgleichsverfahren sollte unbedingt dem formellen Strafverfahren vorgeschaltet werden. Die formellen Strafverfahren sollten den Fällen schwerer Kriminalität vorbehalten bleiben. Bei vielen Straftaten kann es sich der Staat heute leisten, seine überragende Einflußnahme zurückzunehmen und dem Opfer zu erlauben, eine aktive Rolle im Ausgleich und in der Vermittlung zu übernehmen. Selbst in den Fällen, in denen es zum formellen Strafverfahren kommt, sollte der Rolle und den Interessen des Opfers größere Priorität eingeräumt werden (vgl. Law Reform Commission of Canada 1974).

2. *Das kindliche Opfer von Sexualdelikten im Strafverfahren*

Eine besonders schwierige Stellung hat das Kind als Zeuge in Sittlichkeitsprozessen. Es muß auf der einen Seite geschützt und geschont werden, um psychische Schäden nicht entstehen zu lassen oder bereits entstandene nicht zu vertiefen. Auf der anderen Seite muß der Angeklagte seine ihm zustehenden Rechte voll ausschöpfen können, um Falschaussagen und darauf sich stützende Fehlurteile zu vermeiden. Eine Lösung dieses Konflikts zugunsten einer Seite ist verfehlt. Gleichwohl wird sie immer wieder vorgeschlagen und sogar praktiziert. Ohne nähere Begründung behauptet Serwe (1970, S. 73/74): „Es wäre fehlerhaft, sich bei der Vernehmung von Opfern, auch kindlichen Opfern, von der Vorstellung leiten zu lassen, das Opfer könne bei der Befragung seelischen Schaden nehmen und aus diesem Grunde der Aufklärung der Sache dienliche Fragen zu unterlassen. Die Sachaufklärung muß im Interesse des Angeklagten und einer möglichst wirklichkeitsnahen Rekonstruktion der Ereignisse oberstes Ziel bleiben." Anton Roesen (1964, S. 443) sieht den Konflikt, den auch er einseitig lösen will: „Selbst die Rücksicht auf das Seelenleben eines Kindes tritt in dem Konflikt zurück." Der Preis der Wahrung der Rechte des Angeklagten wäre zu teuer bezahlt, würde man psychische Schäden der Opfer in Kauf nehmen. Die Teilnehmer am 1. Internationalen Symposium über Viktimologie, das vom 2. bis 6. September 1973 in Jerusalem stattfand, haben einstimmig beschlossen: „Es müssen institutionelle Verfahren vorgesehen werden, um das Opfer gegen unbeabsichtigte schädliche Folgen des Gerichtsverfahrens zu schützen." Die gesamte rechtliche Ausgestaltung des Strafverfahrens ist auf die Bedürfnisse, Rechte und Pflichten des Erwachsenen ausschließlich zugeschnitten. Man mag in der Realität noch so sehr versuchen, dieses Verfahren kindgemäß auszugestalten. Es wird nicht gelingen, die „selbstverständlich akzeptierende, gefühlsgesättigte Zuwendung" (Elisabeth Müller-Luckmann) aller Beteiligten im Gerichtssaal zu erzeugen, die das Kind für seine Existenz notwendigerweise braucht. „Dieser Mangel an unverhüllter liebender Geneigtheit und die Fülle rationaler Skepsis, die das Kind zwangsläufig oft im Gerichtssaal spürt, kann von ihm als krasse Abweichung von der ihm gemäßen Lebenssituation durchaus in Gestalt einer sein Dasein gefährdenden Aggression erlebt werden" (Elisabeth Müller-Luckmann 1963, S. 18). In der Schweiz ist die Regelung der Einvernahme von Kindern und Jugendlichen im Strafverfahren höchst unterschiedlich (vgl. dazu Judith Stamm 1967). Im Kanton Basel-Stadt soll die Vernehmung von Kindern und Jugendlichen in einem Strafverfahren gegen Erwachsene — wenn möglich — außerhalb der gewöhnlichen Diensträume und in Abwesenheit von erwachsenen Angeschuldigten und Zeugen durchgeführt werden. T. C. N. Gibbens und Joyce Prince (1963) betonen für England, daß der Streß, der wochen-, monate- und jahrelang vor der Gerichtsverhandlung auf dem Kind lastet, psychisch schädigend wirkt; das Erscheinen vor Gericht sei hauptsächlich wegen der Situation verletzend, die es hervorrufe. Es sei ebenso schädigend, wenn das Kind durch die Verhandlung seelisch belastet werde wie wenn es sich über die Publizität freue. In der Bevölkerung herrsche das falsche Stereotyp eines ahnungslosen Kindes vor, das von einem Täter, der bis zur Notzucht, ja bis zum Mord gehe, auf einem dunklen Weg angefallen werde. Demgegenüber beurteilen Gibbens und Prince für England zwei Drittel der von ihnen untersuchten Fälle als harmlos. Die Opfer, deren Täter aus ihrem sozialen Nahraum stammten, nahmen an der Tat teil. Der wesentliche Gesichtspunkt für Gibbens und Prince ist, daß das Kind sich im Strafverfahren an Vorstellungen wieder orientieren muß, die auf Interpretationen der Erwachsenen von der Straftat und ihrer Bestrafung beruhen. Die Wirkung der Gerichtsverhandlungen auf 82 Kinder — 24 Jungen im Alter von 8 oder 9 Jahren und 58 Mädchen im Alter zwischen 6 und 16 Jahren — haben sie 1963 untersucht: 56 % der Kinder einer Kontrollgruppe, die nicht vor Gericht aussagen mußten, erholten sich sehr schnell. Demgegenüber traf dies nur für 18 % der Experimentalgruppe zu. Im Falle der Erwachsenen mag es einleuchten, daß die Belastung des Erscheinens vor Gericht dazu beitragen kann, die Wahrheit zu erfahren. Aber ob das Verhalten des Kindes vor Gericht irgendeine zuverlässige Indikation seiner Gefühle und der Wahrheit zu geben vermag, ist außerordentlich zweifelhaft. Es ist ferner höchst problematisch, ob das Auftreten des Kindes vor Gericht einige Wochen oder Monate nach der Tat wirklich dazu beiträgt, die Wahrheit herauszufinden.

Zur Beurteilung der Glaubhaftigkeit der Zeugenaussage genügt im übrigen die Entwicklung von Gütekriterien nicht, die an die Aussage zu stellen sind. Die Zugrundelegung einer dynamischen Konzeption der Persönlichkeit des Zeugen reicht nicht aus (vgl. demgegenüber Udo Undeutsch 1967, Friedrich Arntzen 1970, Arne Trankell 1971). Die Straftat, über die der kindliche Zeuge oder die kindliche Zeugin aussagt, muß vielmehr in größere sozialpsychische und viktimologische Zusammenhänge gestellt werden. Opfereignung und -neigung, viktimogene Situationen und vor allem die Täter-Opfer-Beziehung erlangen — um nur einige Beispiele zu nennen — in der Beurteilung der Glaubhaftigkeit der Aussage wesentliche Bedeutung. Die viktimologische Fragestellung ist weit umfassender als die bisherige sehr enge forensisch-psychologische. Es muß der gesamte Sozialprozeß aufgedeckt werden, der zur Straftat geführt hat (ähnlich bereits Werner Villinger 1962, S. 57). Die Untersuchung der Aussagefähigkeit, -willigkeit und -bereitschaft und die psychologische Beurteilung der aussagenden Persönlichkeit (so Hildegard Hiltmann 1962, S. 74) können die strafrechtliche Verurteilung eines Angeklagten nicht tragen. Dafür sind die psychologischen Testverfahren und die bisher entwickelten Methoden der Aussagepsychologie (Arntzen, Trankell, Undeutsch) nicht zuverlässig genug. Mit den neueren viktimologischen Forschungsergebnissen, die weiterzuentwickeln sind, eröffnen sich nunmehr erstmalig überlegene wissenschaftliche Möglichkeiten, die geeignet und in der Lage sind, die Zeugenaussage auf ihren objektiven Wahrheitsgehalt hin zu überprüfen.

3. Die Alternative des Jugenduntersuchungsführers

Daß Kinder vor Gericht in Einzelheiten über einen Vorgang berichten müssen, den sie als unangenehm und traumatisch empfinden, mag für viele von ihnen eine Wiederbelebung der Erfahrung bedeuten. Oft haben Kinder Schwierigkeiten, diese Erfahrung wieder durchzugehen, und es geschieht nicht selten, daß ihr Gedächtnis blockiert ist, daß sie das Ereignis „vergessen" haben (Verdrängung) und daß sie falsche Beschreibungen geben. Im Jahre 1955 ist in Israel ein Gesetz erlassen worden, das das Zeugnis der von Sexualverbrechen geschädigten Kinder regelt und den Schutz solcher Kinder bezweckt (David Reifen 1966, 1973). Ein Jugenduntersuchungsführer wird ernannt, nachdem eine Beratung mit einem Komitee herbeigeführt worden ist, das sich mit seiner Ernennung befaßt. Dieses Komitee besteht aus einem Jugendrichter, der Vorsitzender ist, einem Sachverständigen in Sozialhygiene, einem Lehrer, einem in Kinderpsychologie erfahrenen Sozialarbeiter und einem Polizeioffizier hohen Ranges. Keine Person wird allein auf Grund des Zeugnisses des Jugenduntersuchungsführers verurteilt. Dieses Zeugnis muß vielmehr durch andere Beweismittel unterstützt werden. Es gibt zwei wichtige Neuerungen nach dem israelischen Gesetz: Die Untersuchung des kindlichen Opfers wird in die Hände von Sachverständigen gelegt, die in Vernehmungstechniken und Sozialhygiene geschult sind. Das kindliche Opfer unter 14 Jahren gibt kein Zeugnis vor Gericht, es sei denn, der Jugenduntersuchungsführer hätte entschieden, daß es dort erscheinen soll. Kandidaten als Jugenduntersuchungsführer sind psychiatrische Sozialarbeiter, klinische Psychologen, Kinderpsychiater, Bewährungshelfer und Kinderfürsorger. Es ist schwieriger für Menschen, die in juristischen Konzepten geschult sind, wirkliche Gefühle und Verständnis für die Dynamik menschlichen Verhaltens zu entwickeln und Interviewtechniken zu erlernen. Die Anwesenheit des Jugenduntersuchungsführers gibt dem Kind vor Gericht die notwendige Hilfe und das Vertrauen. Die Erfahrung hat gezeigt, daß Jugenduntersuchungsführer fähig sind, mehr Informationen von den Opfern zu erlangen als der erfahrenste Polizist. Im Jahre 1962 ist ein Zusatz zu dem Gesetz von 1955 in Israel verabschiedet worden. Nach diesem Gesetz kann in den Fällen, in denen der Untersuchungsführer das Zeugnis des Kindes oder Jugendlichen vor Gericht erlaubt hat, das Gericht entscheiden, daß die Zeugenaussage abgebrochen wird, wenn der Jugenduntersuchungsführer der Auffassung ist, daß die Fortsetzung der Aussage beim Kind oder Jugendlichen seelischen Schaden verursachen kann. Das Recht des Angeklagten, seine Unschuld zu beweisen und eine Anklage zu widerlegen, wird als eines der fundamentalen Menschenrechte angesehen. In einzelnen Fällen kann es nur dann verwirklicht werden, wenn der Angeklagte vor Gericht mit dem Zeugen konfrontiert wird. Aber der Angeklagte kann ebenso Vorteile aus der Furcht des Kindes ziehen, die ganze Geschichte vor Gericht in seiner Anwesenheit erzählen zu müssen. Er kann Zweifel an der Aussage des Kindes dadurch erwecken, daß er es in Widersprüche verwickelt, um so seinen Freispruch zu erwirken. Auf diese Weise kann es geschehen, daß das Kind, das Opfer eines Sexualdelikts geworden ist, vor Gericht erneut zum Opfer gemacht wird und daß es dort als ein Lügner gestempelt wird, weil es durch die Fragen, die man ihm stellt, verwirrt ist und weil es mit dem Gerichtsverfahren der Erwachsenen nicht fertig wird. Die Erfahrungen in Israel haben bewiesen, daß Täter oft Kinder mit Rache bedrohen, wenn sie irgendwelche Einzelheiten aufdecken, und daß die Kinder diese Bedrohungen sehr ernst nehmen. David Reifen (1973) hat Kinder im Alter von 10 bis 13 Jahren vor Gericht beobachtet, denen man das Erscheinen wegen der Stärke ihrer ruhigen ausgewogenen Seelenlage erlaubt hatte, die sie bei der Vernehmung durch den Jugenduntersuchungsführer gezeigt hatten. Vor Gericht und in Anwesenheit des Täters reagierten sie indessen völlig anders. Einige konnten auf Fragen nicht antworten. Andere vergaßen sehr bedeutungsvolle Einzelheiten, andere zitterten und wurden unruhig. Solche Reaktionen vermindern den Wert ihrer Aussage erheblich. 1097 Fälle von Kindern, die Opfer von Sexualstraftaten geworden waren, untersuchte David Reifen (1973). Er kam zu dem Ergebnis, daß etwa ein Drittel der Täter vor Gericht gebracht worden ist, weil es genügend prima facie Material gegen sie gab. 25 % von ihnen bekannten sich in der ersten Sitzung des Gerichts schuldig. Unter diesen Umständen war es nicht notwendig, weitere Zeugen zu hören. 65 % wurden von den Gerichten schuldig befunden und 10 % freigesprochen, weil die Beweisführung ungenügend war und weil der Beweis nicht über jeden Zweifel erhaben erschien. In den Fällen, in denen der Beweis den Gerichten anheimgegeben worden war, erlaubten die Jugenduntersuchungsführer 20 % der kindlichen Opfer, selbst Zeugnis vor Gericht abzulegen. In diesen Fällen war der Jugenduntersuchungsführer während der Gerichtssitzung anwesend, und es konnte beobachtet werden, wie wichtig dies für das Kind selbst war. Das Opfer zog moralische Hilfe und Sicherheit aus seiner Anwesenheit. Der Täter ist oft ein Verwandter des Opfers, ein Freund der Familie, ein Nachbar oder guter Bekannter. In den Fällen, in denen der Täter gefaßt wurde, waren 59 % der Täter dem Kind bekannt. Diese Bekanntschaft wirkt sich vor Gericht dahingehend aus, daß die Aussage dem Kind außerordentlich peinlich ist. Seit dem Gesetz, das im Jahre 1955 in Israel in Kraft trat, haben mehr Menschen den Behörden Sexualdelikte an Kindern angezeigt als früher. Man versuchte vordem vielmehr, diese Delikte zu verbergen. Das Ansteigen der Anzeigebereitschaft in Israel ist auf den verbesserten Schutz des Kindes und die größere Effektivität der Gerichte zurückzuführen.

4. Die Notwendigkeit der Bestätigung der Aussage des Opfers

Unter israelischem Recht kann eine Person für eine Sexualstraftat nur verurteilt werden, wenn diese Tat durch zusätzliche Beweismittel bestätigt wird. Wenn der Angeklagte also leugnet, kann er nicht allein auf der Grundlage des Zeugnisses des Opfers verurteilt werden. Nach englischem Recht ist dies Erfordernis etwas weniger rigoros: Der Richter muß nur die Geschworenen vor der Gefahr warnen, den Angeklagten in zweifelhaften Fällen ohne Bestätigung zu verurteilen. Die Wirksamkeit des Erfordernisses der Bestätigung hat Leslie Sebba (1974) in Israel an Opfern von schweren Sexualdelikten, an Opfern von Notzucht, versuchter Notzucht und unzüchtigen Angriffen, untersucht. Alle Anzeigen dieser drei Delikte, die die Polizei zwischen dem 1. 4. 1961 und dem 31. 3. 1963 erreichten, wurden auf der Grundlage der Polizeiakten, der staatsanwaltschaftlichen Akten und der Gerichtsakten überprüft. Während der Mangel an Beweisbestätigung der einzige erklärte Grund für die Einstellung des Verfahrens in nur 26 von 83 Fällen war (31 %), spielte die Bestätigung bei der Verurteilung in 56 Fällen (67 %) teilweise eine Rolle. Um die Verurteilung wegen eines sexuellen Angriffs zu unterstützen, ist die Bestätigung der gesamten materiellen Fakten notwendig. Es gibt in der Praxis drei Elemente, die nachgewiesen werden müssen: die Identität des Täters, die Begehung der angeblichen Handlung und der Mangel an Übereinstimmung zwischen der Aussage des Täters und der des Opfers. Die Abwesenheit der Bestätigung in einem dieser Elemente kann zu folgenden Ergebnissen führen: Einstellung des Verfahrens bei der Staatsanwaltschaft (oder auch schon mangelnde Anzeigeverfolgung bei der Polizei), Modifikation der Anklage durch die Staatsanwaltschaft (z. B. die Änderung in eine Anklage, die keiner Bestätigung bedarf oder für die sich der Angeklagte schuldig bekennt), Einstellung des Verfahrens durch das Gericht und Modifikation des Delikts, für das der Angeklagte durch das Gericht verurteilt wird. In den Fällen, in denen die Abwesenheit der Bestätigung teilweise eine Rolle spielte, war es die Begehung der physischen Handlung, die am meisten der Bestätigung ermangelte. Der Mangel an Bestätigung für fehlende Übereinstimmung zwischen den Aussagen des Täters und des Opfers war weniger verbreitet, während die fehlende Bestätigung für die Identität des Verdächtigten vergleichsweise selten war. Das Prinzip hinter der gesetzlichen Regelung liegt in dem Umstand, daß der Richter nicht sicher sein kann, ob das Opfer auf der alleinigen Grundlage seiner eigenen Angaben und seiner eigenen Geschichte ehrlich ist. Denn solche Sicherheit kann nicht durch das traditionelle Gerichtsverfahren erlangt werden, selbst wenn Sachverständigengutachten vorliegen. Im Rahmen dieses Verfahrens existiert kein adäquater Schutz ohne die Forderung nach tatsächlicher Bestätigung des Zeugenbeweises durch das Opfer.

6. Abschnitt: Fall, Fragen und Literaturhinweise

Fall 12:

Am Freitag, den 13. September 1974, verurteilte die Jugendschutzkammer des Landgerichts in S den 38jährigen Architekten B wegen eines vollendeten Verbrechens der Notzucht zu einer Freiheitsstrafe von 10 Jahren. Sie zog seinen Kraftwagen Marke BMW 3.0

Si, Farbe Fjord metallic ein. Der Verurteilte ist verheiratet und hat drei Kinder im Alter von 2, 4 und 8 Jahren.

Die Verurteilung stützt sich auf folgende Aussagen. Der 58jährige Polizeimeister P der Polizeistation K erklärte: Am Nachmittag des 18. Januar 1974, gegen 16 Uhr, rief mich Frau A an. Sie war sehr aufgeregt und forderte mich auf, sofort in ihre Wohnung zu kommen; an ihrer Tochter sei ein furchtbares Verbrechen verübt worden. Bei meinem Eintreffen in der Wohnung der Frau A fand ich diese und ihre beiden 12- und 17jährigen Töchter verstört und weinend vor. Was im einzelnen gesprochen worden ist, weiß ich nicht mehr. Ich habe zwischenzeitlich wegen eines Schlaganfalls im Krankenhaus gelegen und fast alles vergessen. Was ich in meinem Vernehmungsprotokoll geschrieben habe, stimmt allerdings unbedingt. Denn ich mache niemals einen Fehler. Als ich die Wohnung der Frau A betrat, fand ich sie und ihre beiden Töchter so verwirrt vor, daß ich sofort davon überzeugt war, daß hier ein schweres Verbrechen verübt worden sein mußte. Der im selben Haus wohnende Rentner R hat einen auffallenden großen BMW mit metallischer Farbe und einem Kennzeichen des Landkreises M vor dem Haus halten sehen. Ich habe sofort die Fahndung nach diesem Kraftwagen eingeleitet.

Der Angeklagte B sagte aus: Ich habe in der norddeutschen Kreisstadt M ein Architektenbüro. Ich bin glücklich verheiratet und habe weder familiäre noch geschäftliche Sorgen. Mit meinem Kraftwagen Marke BMW 3.0 Si, Farbe Fjord metallic fuhr ich am Morgen des 18. Januar 1974 in die etwa 200 km entfernt gelegene Großstadt G, um dort über einen behördlichen Auftrag zu verhandeln. Nachdem ich meine geschäftlichen Angelegenheiten gegen 13 Uhr erledigt hatte, aß ich in einem Restaurant in G zu Mittag. Ich fuhr dann von G in die nahegelegene kleine Gemeinde K, weil dort eine Autobahneinfahrt ist. Ich erreichte über die Autobahn gegen 17 Uhr wieder mein Büro in M. Am Morgen des 19. Januar 1974 stand in unserer Zeitung, daß ein BMW gesucht werde, wie ich ihn fahre. Ich ging daraufhin sofort zur Polizei, wo ich verhaftet wurde. Ich kenne die Schülerin A aus der Gemeine K überhaupt nicht. Ich habe sie niemals in meinem Leben gesehen. In der Gemeinde K habe ich mich am 18. Januar 1974 nachmittags auf der Rückfahrt nach M etwa eine Viertelstunde aufgehalten. Vor der Autobahnfahrt habe ich mir noch Zigaretten gekauft und einige kleinere Besorgungen für meine Frau gemacht.

Die 17jährige Schülerin A aus der norddeutschen Gemeinde K erklärte: Am Freitag, den 18. Januar 1974, kam ich nach 13 Uhr aus der Schule nach Hause. Meine 12jährige Schwester war bereits zu Hause. Meine Mutter ist berufstätig. Meine Schwester und ich gingen zum Supermarkt, um einzukaufen. Auf dem Rückweg fiel uns der Wagen des B auf, der in der Nähe der Bushaltestelle nach G stand. Nachdem wir wieder zu Hause waren, klingelte es gegen 14.15 Uhr an unserer Wohnungstür. Vor mir stand der B. Er gab sich als Beschäftigter der Elektrizitätswerke aus und erklärte, er bringe uns Geld zurück, das wir zuviel gezahlt hätten. Er bat, ihm die elektrischen Geräte in der Wohnung zu zeigen. Nachdem B alle Geräte aufgeschrieben hatte, verließ er wieder die Wohnung. Danach rief mich meine Freundin an und fragte, ob ich Lust hätte, mit zum Schlittschuhlaufen zu gehen. Ich antwortete ihr, ich hätte keine Zeit und keine Lust; ich wolle aber meine jüngere Schwester schicken. Etwa 14.45 Uhr kam der Z in unsere Wohnung. Meine Mutter schreibt nach Geschäftsschluß noch für einige Herren eines Universitätsinstitutes aus G. Der Z brachte ein Manuskript und verließ nach fünf Minuten wieder die Wohnung. Kurz danach läutete der B erneut an der Wohnungstür. Er fragte, ob er in unserer Wohnung auf den Hausmeister warten könne. Ich ließ den B herein. Er erkundigte sich nach meinem Plattenspieler. Ich führte ihn in mein Zimmer. Er bat mich, den Plattenspieler anzustellen, ein Handtuch über ihn zu legen und ihn laut aufzudrehen. Er ging hinaus auf den Flur und schloß die Zimmertür. Danach kam er wieder in mein Zimmer zurück. Als ich ihm den Rücken zukehrte, legte er seinen Arm um meine Schulter und hielt mir ein Messer an den Hals. Er verband mir dann mit einem Handtuch die Augen und befahl, mich auf meine Couch zu legen. Der B hat mir dann meinen Pulli hochgeschoben, meinen Büstenhalter ausgezogen und meine nackte Brust berührt. Er hat mir meinen Schlüpfer heruntergezogen und verlangt, ich solle die Beine spreizen. Er versuchte, den Geschlechtsverkehr auszuführen. Als ich darüber klagte, daß es mir weh tue, ließ er von mir ab. Er fragte, ob wir Geld im Hause hätten. Ich verneinte dies. Mit der Verlängerungsschnur für meinen Plattenspieler fesselte er meine Hände auf meinem Rücken. Ich mußte mich auf einen Stuhl setzen, und er band meine Beine mit meinen Strümpfen an dem Stuhl fest. Er drohte mir mehrmals, ich solle niemandem von dem Vorgefallenen erzählen. Wenn ich es dennoch tun würde, so werde es mir, meiner Schwester und meiner Mutter schlecht ergehen. Er erklärte, er wolle sich mit dem, was er mir angetan habe, an meiner Mutter rächen. Sie solle sich an einen Freddy vor sieben Jahren erinnern. Als Knebel steckte er mir ein Tempotaschentuch in den Mund. Nachdem B gegangen war, löste sich das Handtuch von selbst von meinen Augen. Das Tempotaschentuch spuckte ich aus. Von der Fesselung konnte ich mich selbst befreien. Gegen 15.45 Uhr rief ich meine Mutter im Büro an. Sie war furchtbar erschrocken und kam sofort mit zwei Bürokollegen nach Hause. Sie hatte auch schon die Polizei alarmiert, die einige Zeit später in unserer Wohnung erschien und mich vernahm.

Frau A sagte aus: Meine Ehe ist seit einem Jahr aus beiderseitigem Verschulden geschieden. Ich muß einräumen, daß ich auch schon mal freundschaftliche Beziehungen zu Männern hatte und habe. Ein Freddy hat jedoch in meinem Leben nie eine Rolle gespielt. Meine beiden 12- und 17jährigen Töchter wohnen bei mir. Ich bin in einem Handelsgeschäft als Schreibkraft tätig. Nach Geschäftsschluß arbeite ich noch für einige Herren eines Universitätsinstituts aus G. Am 18. Januar 1974 rief mich meine 17jährige Tochter gegen 15.45 Uhr im Büro an. Sie schluchzte und konnte zunächst keine Worte hervorbringen. Sie sagte: „Mutti, da war ein Mann. Ich muß dir etwas sagen. Etwas Schlimmes ist passiert." Ich war so erschrocken, daß ich den Telefonhörer fallen ließ, so daß das Gespräch unterbrochen war. Ich wußte sofort, daß meine Tochter von einem fremden Mann vergewaltigt worden war. Ich rief deshalb unverzüglich die Polizei an. Alle meine Kolleginnen und Kollegen kamen gelaufen und erkundigten sich, was denn los sei. Ich war furchtbar erregt. Zwei Kollegen brachten mich sofort nach Hause. Kurz nach meinem Eintreffen kam die Polizei. Der Polizeibeamte P hat meine Tochter in meiner Anwesenheit vernommen.

Die Jugendschutzkammer des Landgerichts in S hat keinen psychologischen Sachverständigen hinzugezogen. Sie führte in den Urteilsgründen u. a. aus: Die Darstellung der Schülerin A ist glaubhaft, weil sie wirklichkeitsnah und anschaulich ist. Frau A hat zudem erklärt, daß ihre Tochter nie lüge. Die Jugendschutzkammer glaubt Frau A, da sie in der Hauptverhandlung sicher auftrat. Auch die 63jährige Realschullehrerin R hat glaubhaft ausgesagt, daß ihre Schülerin A, die zweimal sitzengeblieben sei, ehrlich und ein anständiges Mädchen sei, das sich für sexuelle Fragen nicht interessiere. Die berufsrichterlichen Mitglieder der Jugendschutzkammer sind zum Teil schon mehrere Jahre in Jugendschutzsachen tätig, und sie besitzen deshalb ausreichende psychologische Sachkunde, um die Gaubhaftigkeit der Aussage der Schülerin A zu beurteilen. Für die Täterschaft des B spricht zusätzlich, daß weißliche Flecke im Bettbezug der Schülerin A nach dem Ergebnis der mikrochemischen und mikroskopischen Untersuchung von Sperma herrühren. Schließlich hat die Prostituierte P aus G glaubhaft in der Hauptverhandlung erklärt, sie habe mit dem B zweimal in dessen BMW auf den Vordersitzen bequem den Geschlechtsverkehr ausgeübt.

Fragen zu Fall 12:

1. War die Tatsachengrundlage auf Grund des Beweisergebnisses ausreichend, um den B zu verurteilen?
2. Durfte sich das Gericht als psychologisch sachverständig ansehen?
3. Welche viktimologischen Fragestellungen könnten zur besseren Erhellung des wirklichen Sachverhalts beitragen?

Fragen zum 6. Kapitel

1. Was versteht man unter funktionaler Verantwortlichkeit?
2. In welcher Weise können viktimologische Gedankengänge für die strafrechtliche Reaktion Bedeutung erlangen?
3. Was ist eine Strafzumessungskonstellation? Aus welchen Elementen kann sie sich beispielsweise zusammensetzen?
4. In welcher Weise beeinflussen viktimologische Faktoren richterliche Entscheidungen?
5. Ist das Entfernthalten des Straftäters vom Legalsystem wünschbar? Wenn ja, warum?
6. In welchem Verfahren könnte man den Rechten und Interessen des Opfers und des Täters besser gerecht werden?
7. Wird das kindliche Opfer von Sexualdelikten durch die Reaktionen seines sozialen Nahraums und der formellen Instanzen der Sozialkontrolle (z. B. der Kriminalpolizei und der Gerichte) psychisch geschädigt? Wenn solche Schäden entstehen können, warum werden sie verursacht?
8. In welcher Weise kann dem Schutz des kindlichen Opfers im Strafverfahren Rechnung getragen werden?
9. Wie können die Rechte des Angeklagten gewahrt bleiben, wenn seine Verurteilung von der Aussage des Opfers eines Sexualdelikts wesentlich abhängt?

10. Warum können viktimologische Fragestellungen besser als die bisherigen aussagepsychologischen Kriterien die Glaubhaftigkeit einer Zeugenaussage ermitteln?

Literaturhinweise zum 6. Kapitel

Lesen Sie folgende Literaturstellen:

I. Stephen Schafer (1968, S. 137—152) entwickelt das Konzept der funktionalen Verantwortlichkeit.

II. Horst Schüler-Springorum (1970, S. 210—214) unternimmt den interessanten Versuch, in das Strafzumessungsdunkel und in die Strafzumessungsverwirrung einige viktimologische Schlaglichter zu werfen.

III. Die „Law Reform Commission of Canada" (1974) stellt die Möglichkeiten und Notwendigkeiten eines Ausgleichs- und Schlichtungsverfahrens dar.

IV. Judith Stamm (1967) setzt sich mit den Möglichkeiten des Schutzes kindlicher Opfer im Strafverfahren nach schweizerischem Recht auseinander.

V. Werner Villinger hat bereits 1962 die Notwendigkeit einer tiefgreifenderen viktimologischen Begründung der Glaubwürdigkeit überzeugend dargelegt. Er schreibt (1962, S. 57): Die Glaubwürdigkeit „ist eine ebenso komplexe wie variable Größe und weithin abhängig von der Persönlichkeit des Zeugen, seiner allgemeinpsychischen wie charakterlichen Entwicklung, vor allem aber von seinen Beziehungen zur Umwelt und zum Täter (nebst dessen Umwelt), von der Eigenart des fraglichen Falles, von der Entstehung der Aussage und von den befragenden Personen und ihrer Methodik und Erfahrung mit solchen Zeugen."

VI. Hildegard Hiltmann (1962) will demgegenüber nur oberflächlich und für die Glaubhaftigkeit der Zeugenaussage höchst fragwürdig auf die Aussagefähigkeit, -willigkeit und -bereitschaft abstellen. Diese Prüfung und Beurteilung der Aussagefunktionen will sie zwar — statisch — durch eine Untersuchung und Beurteilung der aussagenden Persönlichkeit ergänzen. An Hand von Beispielen und Fällen macht sie aber deutlich, wie wirklichkeitsfern und unwirksam ihre Methode ist.

VII. David Reifen (1972, S. 69—81) gibt vorzügliche Informationen über den Schutz des kindlichen Opfers im Strafverfahren. Er legt neue beachtenswerte Vorschläge für einen verbesserten Schutz des kindlichen Opfers im Strafverfahren vor.

7. KAPITEL: VIKTIMOLOGIE DES VÖLKERMORDES

1. Abschnitt: Zusammenfassung des Kapitels

Viktimisierung kann nicht nur als einseitige, sondern sie muß als eine zweiseitige Form kollektiven Verhaltens gesehen werden, bei der man Täter und Opfer als interdependente, wechselseitig abhängige Elemente unterscheidet. Völkermord ist ein besonderer Prozeß der Interaktion, durch den eine potentielle Täter- und eine potentielle Opfergruppe auf Grund der Entwicklung eines Konflikts in eine aktuelle Täter- und eine aktuelle Opfergruppe umgewandelt werden. Die Tätergruppe definiert die Opfergruppe nicht mehr als Menschen. Sie fühlt sich durch sie bedroht. Es hat sich eine ruchlose Symbiose gebildet. Parasitäre Beziehungen mit der herrschenden Gruppe entwickelten sich, auf Grund deren sich die Opfergruppe auf Berufe konzentrierte, die zur selben Zeit im sozialen System funktional wichtig, finanziell lohnend, auffallend, sozial deutlich sichtbar und verächtlich waren. Durch solche Berufskonzentrationen erlangte die Opfergruppe in einem wichtigen sozialen Sektor eine beherrschende Rolle, durch die sich die Tätergruppe bedroht fühlte. In seiner Analyse des Prinzips der Herrschaft bestand Georg Simmel darauf, daß sie ein Fall der Interaktion ist und daß sie in den Fällen der unterdrückenden und grausamen Unterordnung immer noch ein gewisses Maß an persönlicher Freiheit für die Unterdrückten offen läßt, nämlich ihren Willen, sich nicht zu beugen und der Zwangsherrschaft zu widerstehen.

2. Abschnitt: Viktimologie des Völkermords an Armeniern und Juden

Mit der Viktimologie des Völkermordes hat sich Vahakn N. Dadrian (1973, 1974) besonders auseinandergesetzt. Selbst ein Amerikaner armenischer Abstammung, hat er die beiden größten Völkermorde des 20. Jahrhunderts, den Völkermord an den Armeniern durch die Jungtürken während des 1. Weltkrieges und den Völkermord an den Juden durch die Nationalsozialisten während des 2. Weltkrieges, sorgfältig analysiert. Völkermord ist nach seiner Definition der erfolgreiche Versuch, durch eine herrschende Gruppe, die mit formeller Autorität oder mit überwiegendem

Zugang zu den umfassenden Machtpositionen ausgestattet ist, die Zahl einer Minderheitsgruppe durch Zwangsherrschaft oder Zufügung tödlicher Gewalt zu reduzieren, deren letztendliche Vernichtung für wünschenswert und nützlich gehalten wird und deren entsprechende Verletzbarkeit ein Hauptfaktor ist, der zur Völkermordentscheidung beiträgt. Beim absoluten Völkermord ist der Zerstörungsprozeß massiv. Er bezieht alle Opferkategorien ein. Er wird lange Zeit aufrechterhalten, und er bezweckt die totale Ausrottung der Opfergruppe. Dieser Prozeß erfordert eine einzigartige Kombination von drei Bedingungen: der höchste Grad der Verletzbarkeit des Opfers, die begleitende Auffassung des Täters, das Opfer sei eine akute unmittelbare und ernste Gefahr, und die völlige Konzentration der Macht in den Händen der Tätergruppe. Die wichtigsten Gesichtspunkte des Völkermordes an den Armeniern und an den Juden können — nach Dadrian — wie folgt zusammengefaßt werden: Beide Akte des Völkermordes wurden geplant und ausgeführt während der dringenden Notlagen eines Weltkrieges. In beiden Fällen waren die Hauptinstrumente für die Planung und Ausführung der Völkermorde politische Parteien (Jungtürken und Nationalsozialisten), die sich mit dem Monopol der Macht versehen und die wichtigsten Funktionen ihrer Staaten übernommen hatten. Die Kriegsministerien und ausgewählte Organe der zugeordneten Militärstrukturen wurden unterworfen und für die mannigfaltigen Zwecke des Völkermords benutzt. Ökonomische Betrachtungen, die sowohl offizielle als auch einige persönliche Pläne der Bereicherung auf Kosten der relativ reicheren Mitglieder der Opfergruppe betrafen, spielten eine bedeutsame Rolle. In beiden Fällen waren die Opfergruppen Minderheiten, deren allumfassende Verletzbarkeit dem Grad der Leichtigkeit entsprach, mit der die herrschende Gruppe ihre Pläne der Ausrottung ausführte. Kulturelle, religiöse und rassische Unterschiede trennten die Opfergruppen von den Tätergruppen. Nach der Definition der Jungtürken spielten die Armenier vor allen Dingen die Rolle der Verräter des Reiches. Sie wurden nicht nur in Verbindung gebracht mit Separatistenplänen, sondern sie wurden auch gebrandmarkt als Saboteure der türkischen Kriegsanstrengungen. Hätten die Armenier sich organisiert, in konzertierten Aktionen den Autoritäten getrotzt und Widerstand gewagt, wäre der Definitions- und Interpretationsprozeß in einer anderen Weise verlaufen. Wahrscheinlich wären die Täter vorsichtiger und umsichtiger zu Werke gegangen. Die Nationalsozialisten sahen die Juden als unmittelbare Bedroher für die arische Rasse an. Der Krieg gab ihnen eine einzigartige Gelegenheit, den Völkermord auszuführen, eine passende Zeit zur „Endlösung der Judenfrage".

Viktimisierung kann nicht nur als eine einseitige, sondern sie muß als eine zweiseitige Form kollektiven Verhaltens gesehen werden, bei der man Täter und Opfer als interdependente, wechselseitig abhängige Elemente unterscheidet. Völkermord ist ein besonderer Prozeß der Interaktion, durch den eine potentielle Tätergruppe und eine potentielle Opfergruppe auf Grund der Entwicklung eines Konflikts in eine aktuelle Täter- und eine aktuelle Opfergruppe umgewandelt werden. Der Höhepunkt des Völkermordes an den Armeniern fiel zusammen mit dem Zusammenbruch des ottomanischen Weltreichs. Der landläufige Ausdruck, den die Türken für die armenischen Christen gebrauchten, war „Hund". Das bedeutete einen geringeren Wert, als sie ihren Haustieren zumaßen. Das Zeugnis der armenischen Christen vor Gericht war von geringem Wert. Sie waren vom Militärdienst ausgeschlossen. Das Prinzip ihrer Unterjochung war institutionalisiert. Die Armenier waren im großen und ganzen der Gnade und Barmherzigkeit der Mitglieder der herrschenden Gruppe ausgeliefert. Diese ungeschützte Lage, die sie aufrechterhielten, ermutigte die herrschende Gruppe nicht nur, sie in mannigfaltiger Weise zu mißbrauchen, sondern sie entmutigte die Minderheit und ließ sie hilflos und als willkommenes Ziel für Ausbeutung (hohe Steuern) und in Zeiten der nationalen Krise als Sündenböcke erscheinen. Es gibt Wege für eine machtlose und unterjochte Minderheit, den Plänen einer mächtigeren herrschenden Gruppe zu widerstehen, die auf ihre Ausrottung abzielen. Die herrschenden Türken schätzten jahrhundertelang solche Berufe wie Militärdienst, Regierung und Beamtenschaft oder Landbesitz sehr hoch. Diese Kriterien für einen hohen sozialen Status wurden noch verstärkt durch die entsprechende Geringschätzung für Berufe, die mit Handel und Industrie zu tun hatten. Türkische Verachtung für den Handel ließ ein ernstes Vakuum in der Wirtschaft entstehen. Es war für die Türken degradierend, sich für Handel und Finanzen zu interessieren. Das Wort Händler war für einen typischen Türken mit einem sozialen Unwerturteil verbunden. Obwohl sie nur 12 % der Gesamtbevölkerung im ottomanischen Weltreich ausmachten (ungefähr 18 Millionen zusammen), beherrschten die Armenier die Gebiete des Bankgeschäfts und des Geldverleihs vollständig. Darüber hinaus kontrollierten sie in der zweiten Hälfte des 19. Jahrhunderts die Kleiderherstellung, den Bergbau, die Reedereien und die Mühlen. Die armenischen Eigenschaften waren wirklich unerläßlich für ihre türkischen Herren, und die anerkannte Beachtung dieser Tatsache zeigte sich in der alltäglichen Tolerierung, die sie von den Türken erhielten. Es bildete sich eine ruchlose Symbiose. Parasitäre Beziehungen mit der herrschenden Gruppe entwickelten sich, auf Grund deren sich die Armenier auf Berufe konzentrierten, die zur selben Zeit funktional wichtig, finanziell lohnend, auffallend, sozial deutlich sichtbar und verächtlich waren. Das Entstehen des türkischen Nationalismus und der armenische Ethnozentrismus, der der Assimilation durch Konversion vom Christentum zum Moslemglauben widerstand, förderte den Völkermord. Unter der ziemlich törichten, zum Konservativismus neigenden türkischen Bevölkerung gab der armenische kommerzielle Genius ihnen ein wirkliches Monopol im Handel und einen großen Anteil am Wohlstand des Landes. Es ist kein Zufall, daß die beiden größten Völkermorde dieses Jahrhunderts mit zwei Weltkriegen zusammenfallen. In seiner Analyse des Prinzips der Herrschaft bestand Georg Simmel darauf, daß sie ein Fall der Interaktion ist und daß sie in den Fällen der unterdrückenden und grausamen Unterordnung immer noch ein gewisses Maß an persönlicher Freiheit für die Unterdrückten offenläßt, nämlich ihren Willen, sich nicht zu beugen und der Zwangsherrschaft zu widerstehen. Im Falle der Erhaltung eines solchen Willens tendiert die Interaktion danach, sich selbst aufrechtzuerhalten und sich wechselseitig zu bestimmen. Das Fehlen eines solchen Willens lädt zur Anwendung von Gewalt auf der Seite der herrschenden Gruppe ein und beendet auf diese Weise die Beziehung. Gegenseitig bestimmte Interaktionen kristallisieren sich im Nationalismus der übergeordneten und im Ethnozentrismus der Untergeordneten. Die herrschende türkische Gruppe wollte die Gesellschaft aus einer heterogenen in eine homogene Einheit verwandeln. Hier wurde der Völkermord ein Mittel zum Zweck für eine radikale strukturelle Veränderung des Sozialsystems. Die Vereinigungs- und Fortschrittspartei der Jungtürken war eine monolithische politische Einheit. Ein mächtiger potentieller Täter kann leicht im Rahmen seiner Verteidigung die Pläne und Handlungen des Völkermords rationalisieren. Die Abwesenheit einer tatsächlichen und effektiven Abschreckung oder einer Furcht vor zukünftigen Vergeltungsmaßnahmen können als Ermutigung dienen. In den Jahren 1915/1916 wurden über eine Million Armenier in der Türkei getötet. In der Besprechung über den geplanten

Massenmord an polnischen Juden bemerkte Adolf Hitler die Bestürzung einiger seiner Generale. Um ihre Befürchtungen zu beschwichtigen, sagte er: „Wer spricht nach alledem heute noch von der Vernichtung der Armenier? Die Welt glaubt an den Erfolg allein." Die nationalsozialistische Judenverfolgung begann mit dem Jahre 1933. Jüdische Geschäfte wurden boykottiert; eine Greuelhetze wurde gegen die Juden in Szene gesetzt. Sie wurden aus allen öffentlichen Ämtern im Reichsgebiet entfernt. Ärzten und Rechtsanwälten entzog man ihre Zulassung. Zu Staatsprüfungen wurden Juden nicht mehr zugelassen. Die Nürnberger Gesetze aus dem Jahre 1935 sollten angeblich „deutsches Blut" und „deutsche Ehre" schützen. In der „Reichskristallnacht" vom 9. zum 10. November 1938 setzte man Synagogen in Brand und plünderte jüdische Geschäfte. Etwa 20 000 Juden wurden verhaftet und in Konzentrationslager gebracht. Ab Herbst 1941 mußten die Juden einen sogenannten Judenstern tragen. Sie waren gebrandmarkt und wurden in jeder Hinsicht diskriminiert. Zu Beginn des Jahres 1941 hatte Adolf Hitler dem Reichsführer der SS und Chef der deutschen Polizei Heinrich Himmler den Befehl gegeben, die „Endlösung der Judenfrage" durch die physische Vernichtung aller Juden im deutschen Einflußbereich Europas vorzubereiten. Im Juli 1941 richtete Hermann Göring einen Erlaß an den Chef der Sicherheitspolizei und des Sicherheitsdienstes Reinhard Heydrich, in dem er ihn beauftragte, alle erforderlichen Maßnahmen in organisatorischer, sachlicher und materieller Hinsicht zu treffen. Auf einer Konferenz im Januar 1942 erläuterte Heydrich in Berlin die Pläne zur Endlösung der europäischen Judenfrage. Im Zuge dieser Endlösung sollten elf Millionen Juden physisch vernichtet werden.

3. Abschnitt: Fälle und Fragen

Fall 13:
Das Vernichtungslager Treblinka, das hauptsächlich für die Vernichtung der im Ghetto von Warschau lebenden Juden zuständig sein sollte, wurde im Sommer 1942 eingerichtet. Es lag auf einer länglichen mit Wald bewachsenen Anhöhe, die so ausgewählt worden war, daß dank der natürlichen Geländebeschaffenheit weder von der zur nördlichen Lagergrenze parallel verlaufenden Landstraße noch von der zur westlichen Lagergrenze parallel verlaufenden Eisenbahnlinie eine Einsichtsmöglichkeit in das Lager bestand.

Das gesamte etwa 600 Meter lange und 400 Meter breite Lager war mit einem etwa drei bis vier Meter hohen Stacheldrahtzaun umgeben, in den aus Tarnungsgründen Reisig eingeflochten war. Dahinter lag ein etwa drei Meter breiter Graben, auf den ein etwa 40 bis 50 Meter breiter völlig freier Geländestreifen folgte, der wiederum mit Stacheldraht und spanischen Reitern nach Art einer Panzersperre von der Umgebung abgegrenzt war. An allen vier Ecken des Lagers standen etwa acht Meter hohe, mit Scheinwerfern ausgerüstete Wachttürme, die Tag und Nacht mit ukrainischen Wachtposten besetzt waren. Der gesamte Lagerkomplex kann in drei etwa gleichgroße Teile aufgeteilt werden: in das Wohnlager, das Auffanglager und das Totenlager. In dem Wohnlager befanden sich die Baracken für das deutsche Lagerpersonal, Verwaltungs- und Wirtschaftsgebäude, Unterkünfte für die ukrainischen Wachmannschaften und — durch einen Stacheldraht nochmals abgetrennt — das Ghetto mit den Wohnbaracken und dem Appellplatz für die „Arbeitsjuden“. Von der westlich an dem Lager vorbeiführenden Eisenbahnstrecke führte etwa nach 300 Metern ein Nebengleis durch ein besonderes Tor in das Auffanglager und endete hier an einer langen Rampe, die zu einem richtigen Bahnsteig ausgebaut worden war. Eine Baracke wurde so hergerichtet, daß sie den Eindruck eines Bahnhofsgebäudes vermittelte. Neben einer Bahnhofsuhr, Fahrkartenschaltern und ausgehängten Fahrplänen waren Fahrtrichtungshinweise in die nächsten größeren Städte angebracht. Im Auffanglager befand sich auch das „Lazarett“. Im Inneren des Raumes, den man durch einen Eingang auf der der Eisenbahnrampe zugewandten Seite betreten konnte, befand sich eine große Grube zur Aufnahme von Leichen. In dieser brannte fast ständig ein Feuer. Um den Namen Lazarett für diese Einrichtung, die in Wirklichkeit eine Genickschußanlage war, zu rechtfertigen, trugen die hier beschäftigten jüdischen Häftlinge Armbinden mit dem Zeichen des Roten Kreuzes und weiße Arztkittel. Von einer Frauenauskleidebaracke und einem großen „Umschlagplatz“, auf dem sich die Männer und Jugendlichen ausziehen mußten, führte ein Weg, der als „Schlauch“, „Weg ohne Rückkehr“, „Himmelfahrtsstraße“ oder „-allee“ bezeichnet wurde, in den oberen Teil des Lagers. Der Weg war etwa 80 bis 90 Meter lang und viereinhalb bis fünf Meter breit. Er lief zunächst etwa 30 Meter auf die östliche Lagerseite zu, machte dann einen fast rechtwinkligen Knick und endete genau vor dem Mittelgang des Gaskammergebäudes im Totenlager. Den Mittelpunkt des Totenlagers bildeten die Gaskammern, in denen die Juden durch die Auspuffgase eines Dieselmotors getötet wurden. Zu Beginn der Massentötungen gab es nur das alte Gashaus. Das aus Ziegelsteinen auf einem Betonfundament errichtete Gebäude enthielt drei Gaskammern, die etwa vier mal vier Meter groß und zweieinhalb Meter hoch waren, sowie einen Maschinenraum für den Dieselmotor. Sämtliche Räume lagen an einem dem Steingebäude vorgebauten Holzkorridor, zu dem man über mehrere Treppenstufen gelangte. Von diesem Korridor aus führten etwa 1,80 Meter hohe und 90 Zentimeter breite Türen in die Gaskammern, die nach Art von Luftschutztüren so gearbeitet waren, daß sie die Kammern nahezu luftdicht abschlossen. Ihnen gegenüber befanden sich in jeder Gaskammer an der Außenwand aus dicken Holzbohlen gefertigte Klapptüren. Diese waren etwa 2,50 Meter breit und etwa 1,80 Meter hoch und konnten nach Art der modernen Garagentüren bei der Öffnung hochgeklappt werden. Sie mündeten auf eine das Gebäude umziehende etwa 70 Zentimeter über dem Erdboden gelegene Betonrampe. Der Boden der Gaskammern war gekachelt und zur Rampe hin abgeschrägt. An den Decken der einzelnen Kammern befanden sich Rohrleitungen und Brauseköpfe. Durch sie sollten die Gaskammern den Eindruck von Duschräumen hervorrufen. In Wirklichkeit dienten die Rohrleitungen jedoch zum Einführen der von dem Dieselmotor im Maschinenraum erzeugten Abgase. Kurz nach Inbetriebnahme stellte sich heraus, daß die Kapazität des alten Gashauses nicht ausreichte. Man baute deshalb im September 1942 ein neues großes Gashaus, das 10 Gaskammern enthielt. Die neuen Gaskammern hatten ein etwa doppelt so großes Fassungsvermögen wie die Kammern des alten Gashauses. Der Giebel an der Stirnwand des neuen Gashauses war mit einem großen Davidstern verziert. Der Eingang selbst wurde abgeschlossen durch einen schweren dunklen Vorhang, der aus einer Synagoge stammte und in hebräischer Schrift und Sprache die Inschrift trug: „Dies ist das Tor, durch das die Gerechten eingehen." Zur Aufnahme der aus den Gaskammern kommenden Leichen dienten zunächst riesige Gruben, in denen sie reihenweise abgelegt und mit einer dünnen Sand- oder Chlor-Kalkschicht abgedeckt wurden. Jedes dieser Massengräber enthielt etwa 80 000 Leichen. Im Frühjahr 1943 änderte man die Bestattungsart. Eine große Verbrennungsanlage wurde errichtet. Die Leichen wurden nunmehr in einer Anzahl von etwa 3000 auf Verbrennungsroste gepackt und verbrannt. Da sich dieses System bewährte, wurden auch die in den vorhergegangenen Monaten in den Massengräbern beerdigten Leichen mit Hilfe großer Greifbagger wieder aus den Leichengruben herausgeholt und verbrannt. Das Lagerpersonal bestand aus 35 bis 40 Deutschen, die die feldgraue Uniform der Waffen-SS trugen und mit Pistolen, Maschinenpistolen und langen Lederpeitschen ausgerüstet waren. Sie wurden unterstützt durch 90 bis 120 ukrainische Hilfswillige, die den Wachdienst versahen und mit Karabinern und Gewehren bewaffnet waren. Den Ukrainern standen in einer besonderen Waffenkammer auch Maschinengewehre und Handgranaten zur Verfügung.

Die zur Ermordung bestimmten Juden wurden aus den Ghettos der polnischen Städte, insbesondere aus Warschau, mit der Eisenbahn nach Treblinka gebracht. Es wurden fast ausnahmslos Güterzüge verwendet. Die Züge bestanden durchweg aus 50 bis 60 Waggons. Da der Bahnsteig des Lagers nur zur Aufnahme von 20 Waggons ausreichte, wurden die Züge geteilt und jeweils 20 Waggons mit einer Rangierlokomotive rückwärts über das Nebengleis an die Rampe des Lagers gedrückt. Der restliche Teil des Zuges verblieb zunächst auf dem Bahnhof Treblinka. Sobald die Lokomotive mit dem abgekoppelten Zugteil durch einen Pfiff ihre Ankunft im Lager gemeldet hatte, bezogen die Wachmannschaften und jüdischen Arbeitskommandos ihre Plätze. Die Lagerleitung und alle SS-Leute gingen zur Bahnhofsrampe. Dort hatte auch ein Teil der Ukrainer Aufstellung genommen. Nach Einlaufen der Waggons wurden die verplombten Wagentüren geöffnet und die Insassen aufgefordert, so schnell wie möglich auszusteigen. Alten, Kranken und Gebrechlichen und aus sonstigen Gründen nicht mehr gehfähigen Personen wurde befohlen, sich zum Lazarett zu begeben, wo ihnen ärztliche Hilfe zuteil werden würde. Im Vertrauen auf diese Erklärung meldeten sich nach der Ankunft jedes Transports zahlreiche Personen für eine Behandlung im Lazarett. Sobald diese Menschen dort jedoch angekommen waren, mußten sie sich nackt ausziehen. Sie wurden entweder nebeneinander auf einen sich an der Längsseite der Grube entlangziehenden Erdwall gesetzt oder an den Rand der Grube gelegt und dann durch die im Lazarett beschäftigten Wachmannschaften erschossen. Die auf dem Erdwall nebeneinander sitzenden Opfer hatten ihr Gesicht der Grube zugewandt und mußten auf diese Weise noch vor ihrer Tötung mit ansehen, wie die Leichen der vorangegangenen Opfer in der Grube brannten. Diejenigen Opfer, die nicht für eine Sonderbehandlung im Lazarett in Betracht kamen, wurden nach dem Verlassen des Waggons auf den „Umschlagplatz“ gebracht. Durch Befehle der Wachmannschaften, die ihren Anweisungen durch Schreien, Schlagen und häufig auch durch Abfeuern von Schüssen Nachdruck verliehen, wurden die Frauen und kleinen Kinder von den Männern und Jugendlichen getrennt. Die Frauen und Kinder wurden in die Auskleidebaracke getrieben, während Männer und Jugendliche auf dem Umschlagplatz verblieben. Alle Ankömmlinge mußten sich entkleiden. Die Frauen, die man häufig mit dem Hinweis, das Wasser werde kalt, zur größten Eile antrieb, wurden sodann in den Schlauch getrieben. In der Zwischenzeit waren auf dem Umschlagplatz die kräftigsten und stärksten Männer ausgesucht und in verschiedene Arbeitskommandos eingeteilt worden. Die nicht selektierten Männer wurden ebenfalls in den Schlauch getrieben. Um den Menschen keine Zeit zur Überlegung zu lassen, wurden sie von den im Schlauch postierten Wachmannschaften mit Stöcken und Peitschen, Kolbenhieben und Faustschlägen durch den Schlauch gejagt, den sie in Vierer- oder Fünferreihen völlig nackt und mit erhobenen Händen durchlaufen mußten. Anschließend wurden sie in die Gaskammern gepfercht. Das Fassungsvermögen der Gaskammern wurde bis zum letzten Zentimeter ausgenutzt. Unter ständigen Schlägen und Mißhandlungen wurden so viele Menschen hineingepreßt, daß für sie überhaupt keine Bewegungsfreiheit mehr blieb. Säuglinge und kleine Kinder wurden über die Köpfe der in der Kammer stehenden Erwachsenen einfach in die Räume hineingeworfen. Wenn niemand mehr hineinging, wurden die Türen der Kammern geschlossen. Der deutsche Kommandoführer gab mit dem Zuruf: „Iwan Wasser!“ dem Ukrainer im Motorraum den Befehl, den Motor anzuwerfen, dessen Abgase dann in die Kammern geleitet wurden. Der Vergasungsvorgang dauerte 30 bis 40 Minuten. Dann wurde der Motor abgestellt und durch Abhören an den Türen festgestellt, ob sich im Innern der Kammern noch Leben regte. War das nicht der Fall, wurde der Befehl zum Öffnen der an den Außenwänden angebrachten Klapptüren gegeben. Die Leichen wurden auf den Verbrennungsrosten verbrannt. Während der Ausräumung der Gaskammern und deren Reinigung durch ein „Säuberungskommando“ mußten die nachfolgenden Opfer in einer Entfernung von etwa 50 bis 60 Metern vor den Gaskammern darauf warten, daß auch sie an die Reihe kamen. Das Warten auf die nächste Füllung der Kammern war während des Vergasungsvorgangs besonders qualvoll, da die nachfolgenden Opfer die Schreckensschreie und das Jammern der in den Kammern Befindlichen hörten und über ihr eigenes, ihnen unmittelbar bevorstehendes Schicksal nicht mehr den geringsten Zweifel haben konnten. Diese Qual erreichte ihren Höhepunkt, wenn der Motor versagte und es geraume Zeit bis zur Wiederinbetriebnahme dauerte.

Der Tagesablauf der Arbeitsjuden begann mit dem Wecken kurz nach Sonnenaufgang. Nach der üblichen Barackenreinigung und einem kärglichen Morgenkaffee folgte der Morgenappell auf dem Appellplatz. Er bestand im wesentlichen in einer umständlichen Zählprozedur. Die Arbeitszeit dauerte vom frühen Morgen bis zum Abend. Sie wurde durch eine etwa einstündige Mittagspause unterbrochen. Am Abend fand der von allen Häftlingen gefürchtete Abendappell statt, der häufig mehrere Stunden dauerte. Während des Abendappells wurden die Kranken und Schwachen und die während des Tages „Gestempelten", d. h. diejenigen Häftlinge, die tagsüber durch Schläge mit der Peitsche oder auf andere Weise durch Striemen und Verletzungen gekennzeichnet worden waren, aussortiert und zur Liquidierung ins Lazarett geschickt. Auch die Prügelstrafen wurden während des Abendappells auf einem Prügelbock vollzogen, auf den der betreffende Häftling geschnallt wurde. Er mußte die Schläge laut mitzählen. Verzählte er sich oder konnte er vor Schmerzen nicht mehr weiterzählen, begann die Prozedur von Neuem, bis es klappte. Die Prügelstrafen wurden für nichtige Gründe verhängt. Der Häftling hatte beispielsweise einen Unterführer nicht ordentlich gegrüßt, oder er hatte das sogenannte Treblinka-Lied nicht singen können. Das von einem Lagerleiter verfaßte Lied hatte folgenden Wortlaut:

> „Frei in die Welt geschaut, marschieren Kolonnen zur Arbeit. Für uns gibt es heute nur Treblinka, das unser Schicksal ist. Wir hören auf den Ton des Kommandanten und folgen dann auf seinen Wink. Wir gehen Schritt und Tritt zusammen für das, was die Pflicht von uns verlangt. Die Arbeit soll hier alles bedeuten und auch Gehorsamkeit und Pflicht. Bis das kleine Glück auch uns einmal winkt."

Auch während der Arbeit waren die Arbeitsjuden ihres Lebens nicht sicher. Sie schwebten ständig in der Gefahr, aus den fadenscheinigsten Gründen von ihren Aufsehern geprügelt oder mißhandelt, erschlagen oder erschossen zu werden. Die Angehörigen des Aufsichtspersonals konnten hierbei völlig willkürlich vorgehen.

Im Lager gab es ein Orchester aus zehn Berufsmusikern. Sie trugen eine frackähnliche Einheitskleidung aus weißer und blauer Seide. Während der ersten Zeit nach der Inbetriebnahme des Lagers spielte das Orchester in der Nähe des Schlauchs flotte Operettenmelodien, um die Schreie der in den Gaskammern befindlichen Opfer zu übertönen. Später wurde das geändert. Das Orchester mußte dann meist beim Abendappell Märsche und polnische oder jiddische Volkslieder spielen.

Am frühen Nachmittag des 2. August 1943 gelang es etwa 400 jüdischen Häftlingen mit Hilfe von Karabinern, Pistolen, Eierhandgranaten und anderen Waffen die ukrainischen und deutschen Wachmänner zu überrumpeln und aus dem Lager zu flüchten. Dieser von einem mehrköpfigen Lagerkomitee seit Monaten sorgfältig vorbereitete Aufstand wurde gerade an diesem Tage durchgeführt, weil sich ein großer Teil der Ukrainer wegen großer Hitze zum Baden im Bug außerhalb des Lagers befand. Die Waffen hatten sich die jüdischen Häftlinge durch die Bestechung von Ukrainern mit Geld und Wertsachen besorgt, während sie sich die Munition mit Hilfe eines Nachschlüssels aus dem Munitionsbunker verschafft hatten.

Fall 14:

Ein Lagerkommandant X des Vernichtungslagers Majdanek in der Nähe von Lublin hatte folgende Lebensgeschichte: Als Sohn eines Kaufmanns besuchte er acht Jahre lang in einer rheinischen Großstadt die Volksschule. Nach seiner Entlassung war er zunächst als Laufbote tätig. Danach machte er eine Bäckerlehre. Er meldete sich 1933 zum Freiwilligen Arbeitsdienst. Seinen Militärdienst schloß er mit dem Dienstgrad Obergefreiter ab. Er bewarb sich um die Aufnahme in die SS-Wachtruppe und wurde einer SS-Totenkopf-Standarte zugeteilt. Er leistete Wachdienst im Konzentrationslager Buchenwald und wurde bei der nationalsozialistischen Euthanasieaktion eingesetzt. Zu Beginn des 2. Weltkrieges arbeitete er in der Küche der Kanzlei des Führers Adolf Hitler in der Wilhelmstraße in Berlin. In Majdanek übte er zunächst untergeordnete Funktionen als Mitglied der SS-Wachtruppe aus. Er stieg durch seine außerordentliche Brutalität bald zum Mitarbeiter des Lagerkommandanten auf, wurde dann sein Stellvertreter und schließlich selbst Lagerkommandant. Er erhielt den Rang eines SS-Hauptsturmführers.

Die Juden bezeichnete er als Dreck und Hunde. Seinen kalbsgroßen Hund hetzte er auf jüdische Häftlinge mit den Worten: „Mensch, faß den Hund!" Mit dem Wort „Mensch" meinte er den Hund, mit dem Wort „Hund" den betreffenden Häftling. Der Hund zerfleischte die Häftlinge vor seinen Augen bis zur Unkenntlichkeit. Er war besonders stolz darauf, Säuglinge und Kleinkinder töten zu können, indem er sie an den Füßen packte, ausholte und mit voller Wucht mit dem Kopf gegen eine Barackenwand schlug. Er machte sich einen Spaß daraus, Häftlinge, die auf der Latrine hockten, von hinten abzuschießen. Er erwürgte Häftlinge eigenhändig oder schlug sie auf dem Prügelbock mit seiner Lederpeitsche tot. Auf seinen Kontrollgängen im Lager schoß er aus Mutwillen sinnlos umher. Wurde ein Häftling verletzt, ließ er ihn erschießen, oder er erschoß ihn auch kurzerhand selbst. Er betrieb mit den Häftlingen „Sport". Die Schwachen und Kranken mußten mit ihm solange laufen, bis sie erschöpft zusammenbrachen. Er erschoß sie dann.

Der Lagerkommandant X wurde wegen gemeinschaftlichen Mordes in mindestens 700 000 Fällen und wegen eigenhändiger krimineller Tötungen in mindestens 145 Fällen (Exzeßtaten) zu lebenslanger Freiheitsstrafe verurteilt. In der Strafanstalt machte er geltend, er habe als deutscher Offizier nur seine Pflicht gegenüber dem Staat getan. Er sei nie mit den Gesetzen in Konflikt gekommen. Er lasse sich seine „Offiziers- und Soldatenehre" nicht nehmen. Er lehne es ab, sich als kriminelles Element einstufen zu lassen. Er betrachte sich als „Opfer der Nation", als Opfer der Kriegsereignisse. Der Anstaltspsychologe schreibt in einem Bericht: Es fällt einem schwer, sich vorzustellen, daß dieser Mann die schrecklichen Taten begangen hat. Trotz der von ihm verübten grauenhaften Straftaten wirkt er auf seine Mitmenschen eher sympathisch.

Fragen zu den Fällen 13 und 14:

1. Welche sozialen Bedingungen schafften im nationalsozialistischen Deutschland die Voraussetzung für die kriminelle Vernichtung der Juden?
2. Durch welche Haltung trugen die jüdischen Opfer zu ihrer Viktimisierung bei?
3. War es den Juden überhaupt möglich, der nationalsozialistischen Mordmaschinerie Widerstand entgegenzusetzen?

4. Wie war es möglich, daß man Menschen zu Handlangern des Völkermords an den Juden machen konnte?
5. Welche sozialen und psychischen Besonderheiten lagen bei den SS-Mannschaften in den Konzentrationslagern häufig vor?

Fragen zum 7. Kapitel
1. Was ist Völkermord?
2. Welche sozialen Bedingungen können einen Völkermord verursachen und auslösen?
3. Was erleichtert den unmittelbar Ausführenden die Begehung von Akten des Völkermords?
4. Warum empfinden sich die unmittelbar Ausführenden von Akten des Völkermords nicht als Kriminelle?
5. Was ist ein Schreibtischtäter?

8. KAPITEL: GESELLSCHAFTLICHE EINFLÜSSE

1. Abschnitt: Zusammenfassung des Kapitels

Die Strafgefangenen haben ein starkes Opfergefühl. Sie empfinden sich als Opfer ihrer eigenen emotionalen Schwierigkeiten. Sie werden in ihrem sozialen Nahraum übermäßig in Versuchung geführt. Ihre Eltern haben keine ausreichende Kontrolle über sie ausgeübt. Die Strafanstalt vermindert ihre Selbstachtung. Sie werden degradiert. Strafgefangene werden durch andere Strafgefangene zu Opfern gemacht. Die Viktimisierungen beziehen sich auf die Wegnahme von Nahrungsmitteln, von Kleidung und Zigaretten und auf Masturbation und Homosexualität. Die Erkennbarkeit des Opfers ist eine wesentliche Voraussetzung für die Verhütung und Bekämpfung der Wirtschaftskriminalität. Die ehrlichen Konsumenten sind letztlich die Opfer, die die Schäden der verschiedenen Formen der Wirtschaftskriminalität bezahlen müssen. Die kleinen Geschäfte werden als Opfer bevorzugt. Die Diebe wählen das geringste Risiko. Beim Betrug gilt der Satz: Man ist nie so nahe daran getäuscht zu werden, als wenn man täuschen will. Zwei potentielle Betrüger schaffen eine viktimogene Situation. Bei der politischen Straftat ist die Gesellschaft letztlich Opfer. Es geht bei der politischen Kriminalität um ein Definitionsproblem. Die Täter selbst definieren ihre Handlungen nicht als kriminell, sondern sie setzen ihr persönliches, ihr Partei- oder Regierungsinteresse gleich mit dem Interesse ihres Staates, ihrer Staatengemeinschaften oder gar der Menschheit. Politik ohne Humanismus, ohne Gewaltverzicht und ohne die strenge Einhaltung rechtsstaatlicher Prinzipien schafft viktimogene Situationen großen Ausmaßes für die Begehung politisch-kriminellen Verhaltens. Krieg und kriegsähnliche Handlungen sind stets schwere Verbrechen. Jede Seite definiert sich als Angegriffener und Verteidiger, als zur Anwendung kriegerischer Gewalt berechtigt. Gesellschaften können andere Gesellschaften durch Währungsmanipulationen ausbeuten. Sie können ihre wirtschaftliche Macht (technisches Wissen und Können oder Rohstoffreserven) derartig ausnützen, daß andere Gesellschaften Opfer werden. Durch ihre Definitionsmacht über die Maßstäbe der Normalität trägt die Medizin zur Viktimisierung von sozialen Gruppen bei, die zu Randgruppen werden. Der Prozeß der Benennung ermöglicht die Unterdrückung sozialabweichender Gruppen in einer subtilen Art. Die Frauen und Mädchen sind in einer weitgehend männlich orientierten Gesellschaft aus leitenden Positionen der Wirtschaft, der Politik und der akademischen Welt verdrängt. Die Alten, die Jungen, die Armen werden völlig zu Unrecht diskriminiert und aus der Gesellschaft ausgeschlossen. In zahlreichen Gesellschaften gilt dies auch für rassische Minderheiten (z. B. Farbige, Juden). Aus Machtlosigkeit, Furcht, Indifferenz, Resignation und Apathie kann ein soziales Klima der Permissivität entstehen, das durch ein weitverbreitetes Fehlen einer Reaktion auf nichtkonformes Verhalten gekennzeichnet ist. Die sozialen Gruppen, die sich am meisten konform verhalten und die Gesellschaft durch ihre Leistungsbereitschaft und -fähigkeit tragen, sind dann die Opfer der Gesellschaft.

2. Abschnitt: Täter als Opfer

1. Die Viktimisierung durch die Gesellschaft

Eine dynamische, realitätsbezogene Viktimologie geht nicht nur vom Strafgesetz und seiner Anwendung aus. Nach dem Strafgesetz und seiner Anwendung werden bestimmte Personen als Opfer und andere als Täter definiert. Täter können gleichfalls Opfer sein oder zu Opfern gemacht werden. Sie können zunächst einmal vor Begehung ihrer Straftaten Opfer von Rechtsbrüchen geworden sein. Sie können ferner Opfer der sozialen Bedingungen sein, unter denen sie aufwachsen und leben mußten. Sie können schließlich durch Degradierungs- und Stigmatisierungsprozesse nach ihrer Ergreifung durch die Instanzen der Sozialkontrolle (Kriminalpolizei, Gerichte, Strafvollzug) zu Opfern gemacht werden. Newman und Litt (1973) haben in ihrer Studie „Der Täter als Opfer" folgende Hypothesen überprüft: Die mögliche Ansicht des Täters, selbst ein Opfer zu sein, mag hervorgerufen oder veranlaßt sein durch eine Verurteilung. Der Täter sieht sich möglicherweise besonders dann als Opfer an, wenn er lange Freiheitsstrafen erhält. Jede Person hat einen bestimmten Umfang unfairen Opferwerdens zu ertragen. Die Ertragungsfähigkeit, die viktimelle Toleranz der Straftäter, ist eventuell besonders gering. Aus einer offiziell kriminellen und institutionalisierten Population von 217 Personen meldeten sich 74 Probanden freiwillig. Den Strafgefangenen wurden 16 Fragen gestellt. Fünf direkte Fragen wurden näher analysiert. Auf die

Frage, ob der Straftäter vor seiner Tat Opfer geworden ist, antworteten 61 von 74 positiv, 12 negativ und einer unentschieden. An den 61, die Opfer geworden waren, wurden 174 Straftaten verübt. Diebstahl und Betrug machten 55 % aus. Nur 3 von 61 Opfern berichteten über Sexualstraftaten. Die Straftäter wurden ferner gefragt, ob sie während der Begehung einer Straftat das Gefühl gehabt hätten, daß sie das von der Gesellschaft zurück bekämen, was die Gesellschaft ihnen schulde. Auf diese Frage gaben nur 14 zu, daß sie einen Groll auf die Gesellschaft hätten, während 54 antworteten, daß sie zumindest bewußt und wissentlich keinerlei Beschwerden gegen die Gesellschaft vorzubringen hätten. Von 174 Straftaten, die gegen 61 Straftäter begangen worden waren, wurden nur 15 Fälle vor die Strafjustiz gebracht. 91,4 % der Straftaten blieben ungesühnt. Die Antworten auf alle Fragen zeigten eine Betonung auf einem starken Opfergefühl von seiten der Strafgefangenen. Aus der Beantwortung sogenannter offener Fragen geht hervor, daß viele Straftäter sich als Opfer ihrer eigenen emotionalen Schwierigkeiten empfinden. Zahlreiche Straftäter gaben ein Gefühl der Rache zu, oder sie beklagten sich darüber, übermäßig in Versuchung geführt worden zu sein. Auf die Frage, wie man ihnen am besten nach der Entlassung helfen könne, antworteten: 22, sie möchten nicht zu Opfern gemacht werden, 21, sie möchten eine gute Stellung bekommen und 15, den Entlassenen sollte mehr Vertrauen entgegengebracht werden. Viele fühlten sich nicht genügend ausgerüstet für eine Welt des scharfen Wettbewerbs. Andere sagten, ihre Eltern hätten keine ausreichende Kontrolle über sie ausgeübt. Viele gaben an, daß sie im Anstaltsstrafvollzug wie Kinder behandelt würden und daß dies ihre Selbstachtung vermindere und ihren Glauben an sich selbst zerschlage. Zahlreiche Stimmen erhoben sich, die die Meinung äußerten, daß lange Freiheitsstrafen überhaupt keinem Zweck dienten. Sie würden die Person lediglich degradieren, so daß sie den Rest ihres Lebens in Institutionen verbringen müsse. Ein Gefühl des Opferwerdens kann bei 55 % der Straftäter, die antworteten, festgestellt werden.

2. *Die Viktimisierung in der Strafanstalt*

Strafgefangene werden durch andere Strafgefangene zu Opfern gemacht. Eine Subkultur der Strafanstalt in dem Sinne, daß alle Strafgefangenen einmütig zusammenarbeiten, gibt es nicht. Simon

Dinitz, Stuart J. Miller und Clemens Bartollas (1973) haben die Ausbeutung von jugendlichen Strafgefangenen durch andere Strafgefangene in einer Jugendstrafanstalt im Staate Ohio untersucht. In dieser Anstalt befanden sich feindselige und aggressive männliche Jugendliche im Alter von 15 bis 18 Jahren. Die Anstalt verfügte über 8 Pavillons. In jedem Bungalow lebten 24 Jugendliche. Die Institution kann 192 Jungen beherbergen, obwohl sie während der Untersuchungszeit tatsächlich nur 159 Jugendlichen Wohnung bot. Die 150 Jungen, von denen eine vollständige Information erlangt werden konnte, hatten ein Durchschnittsalter von 16,9 Jahren. Sie hatten durchschnittlich 2,4 Vorstrafen. Sie wurden danach gefragt, anzuzeigen, ob und in welcher Weise ein Junge gewöhnlich in der Jugendstrafanstalt zum Opfer werde. Die Viktimisierungen bezogen sich auf die Wegnahme von Nahrungsmitteln, von Kleidung, Zigaretten und auf Masturbation und Homosexualität. 18 % der Probanden beuteten andere aus, wurden aber selbst nicht ausgebeutet. Ein Drittel nutzte andere aus und wurde selbst gelegentlich ausgenutzt. 10,7 % waren keine Opfer, aber auch keine Täter innerhalb der Anstalt. 20,7 % wurden gelegentlich und 17,3 % oft erpreßt. Reine Opfer beliefen sich deshalb auf nahezu 2 von jeweils 5 Jungen. Nahezu 90 % der Probanden waren in irgendeiner Weise an dem Ausbeutungsspiel beteiligt. 16 % der Jungen wurden sexuell für gewöhnlich auf einer chronischen Basis mißbraucht, weil sie schon stigmatisiert waren und deshalb ein leichtes Spiel für andere boten. 86 Jungen von 150 wurden ausgenutzt, indem man ihnen Nahrung, Kleidung oder Zigaretten wegnahm. Nur etwa 35 % der Probanden waren nicht eingeschüchtert und in die Rolle eines Opfers zu irgendeiner Zeit gezwungen. Bestimmtheit gepaart mit manipulativer verbaler Geschicklichkeit schützten einige der physisch Schwachen davor, Opfer zu werden.

Die rassenspezifischen Besonderheiten der Viktimisierung in dieser Jugendstrafanstalt im Staate Ohio arbeiteten Clemens Bartollas und Stuart J. Miller (1973b) heraus. 46 % der Jungen der Anstalt waren schwarz, 54 % weiß. Die Jugenderzieher waren zu 97 % Schwarze. Weiße waren die am schwersten ausgebeuteten Opfer dieser Institution. Von 16 Jungen, die man sexuell mißbrauchte, waren z. B. 13 weiße. In jedem Cottage, selbst dort, wo die Weißen etwas die Schwarzen zahlenmäßig übertrafen, waren die Weißen klar am Ende der Hackordnung. In dieser Institution nützten schwarze Insassen nicht nur weiße im Hinblick auf Zigaretten, Nahrungsmittel, Kleidung und Sexualität aus, sondern die schwarzen Insassen sozialisierten die weißen auch in eine schwarze Subkultur hinein. Die Schwarzen hatten durch ihre Machtposition die Möglichkeit, zu kontrollieren, welche Musik gespielt und welches Fernsehprogramm angesehen wurde. Sie diktierten zusätzlich die Art der Nahrung, den Stil der Kleidung und der Sprache, die in den Pavillons gesprochen wurde. Die beherrschende Stellung der Schwarzen rührte daher, daß sie aggressiver waren, daß sie als Gruppe mehr zusammenhielten, und schließlich aus dem Umstand heraus, daß sie durch die Weißen in der freien Gesellschaft zu Opfern gemacht worden waren. Der Weiße der Unterschicht ist nicht so leicht zum Opfer zu machen wie der Weiße der Mittelschicht. Der weiße Junge der Mittelschicht weiß nicht, wie er sich physisch zu verteidigen hat. Das Bezahlen von Schutz ist der einzige Ausweg für ihn. Er gibt Dinge weg, die er von zu Hause geschickt bekommt. Einer der wenigen weißen Jungen, der eine beherrschende Stellung in seinem Bungalow besaß, gab vor, einen Bankraub begangen zu haben. Das schützte ihn davor, erpreßt zu werden. Wichtig war auch die Zahl der Freunde, die ein Neuankömmling in einem Bungalow hatte. Wenn er einen oder zwei Freunde hatte, besonders solche, die angesehen waren, bekam er Unterstützung für den Fall, daß feindliche Gleichaltrige ihn zum Opfer machen wollten. Die wichtigsten Variablen von allen waren die Persönlichkeitscharakteristiken der Weißen. Wenn ein weißer Junge in den Bungalow mit einem Ausdruck der Furchtsamkeit kam, wenn er Fragen nicht sofort beantwortete, wenn er mit der Antwort zögerte, warum er in die Strafanstalt geschickt worden war, wenn er verbale und physische Beweise dafür bot, daß er passiv war, wurde er sehr schnell als einer erkannt, der sexuell ausgebeutet werden konnte, und er kam unter einen beträchtlichen Druck der schwarzen Jungen, die an einem sexuellen Mißbrauch des weißen Jungen interessiert waren.

3. Abschnitt: Das Opfer der Wirtschaftskriminalität, der politischen Straftat und des organisierten Verbrechens

1. Opfer der Wirtschaftskriminalität

Bei der Wirtschaftskriminalität von einer sich „verflüchtigenden Opfereigenschaft“ (Günther Kaiser 1974) zu reden, ist nicht nur falsch, sondern gefährlich. Denn es sollte gerade die Aufgabe der kriminologischen Wissenschaft sein, das bei der Wirtschaftskriminalität sozial schwer sichtbare Opfer erkennbar zu machen. Die Erkennbarkeit des Opfers ist der erste und wesentlichste Schritt zur Verhütung und Bekämpfung der Wirtschaftskriminalität. Zunächst können Einzelpersonen, Angestellte (z. B. Betriebsdiebstahl, Veruntreuungen) oder „Käufer" (z. B. Ladendiebstahl), aber auch organisierte Gruppen von Einzelpersonen Delikte gegen Wirtschaftsunternehmen begehen. Ferner kann sich die Wirtschaftskriminalität auch gegen Mitbewerber, also andere Wirtschaftsunternehmen, richten. Schließlich kann die Wirtschaftskriminalität durch Nichteinhaltung von Wirtschaftsgesetzen die Wirtschaftsordnung schädigen und im äußersten Falle völlig untergraben. Bei allen Formen der Wirtschaftskriminalität ist letztlich die Gesellschaft das Opfer; also es sind die ehrlichen Konsumenten Opfer, die die Schäden der verschiedenen Formen der Wirtschaftskriminalität immer bezahlen müssen. Wenn eine Bank durch kriminelle Machenschaften ihrer Eigentümer oder Mitbewerber zusammenbricht, so haben nicht nur die Bankkunden, sondern es haben alle am Wirtschaftsprozeß Beteiligten den Schaden. Die Schäden, die durch Betriebs- und Ladendiebstähle entstehen, werden auf die Preise umgelegt, so daß wieder letztlich der ehrliche Konsument das Opfer ist. Er merkt und sieht nicht, daß und wie er Opfer der Wirtschaftskriminalität wird. Die Anonymität des Opfers macht die Vorbeugung gegen Wirtschaftskriminalität und ihre Bekämpfung so schwer. Unmittelbar geschädigt sind hierbei vor allem die kleinen Betriebe. 212 erwachsene Einwohner von Bloomington/Indiana wurden in ihren Häusern befragt (Erwin O. Smigel 1956). Man gab ihnen 15 hypothetische Situationsfragen. Thema war das Stehlen aus Regierungsbetrieben, großen und kleinen Geschäften. Die kleinen Geschäfte werden als Opfer bevorzugt. Die Diebe wählen das geringste Risiko. Selbst wenn die Täter gefaßt würden, meinten die Befragten, seien die kleinen Geschäftsleute, die in persönlichem Kontakt mit ihren Kunden stünden, milder als die Manager der großen Kaufhäuser oder die Regierungsangestellten. Beim Betrug gilt der Satz: Man ist nie so nahe daran getäuscht zu werden, als wenn man täuschen will. Zwei potentielle Betrüger schaffen eine viktimogene Situation. Der Täter sucht den Gewinnsüchtigen und nutzt dessen auf Eigennutz bedachten Willenszustand aus. Wenn man den ganzen Prozeß dieses Geschehens objektiv betrachtet, sieht es zuweilen so aus, als ob das Opfer selbst den Täter betrügen wolle, indem es sich der vermeintlichen Unerfahrenheit und Unwissenheit des Täters heimtückisch bedienen wolle. Zwar spielt das Opfer zunächst die Rolle des Täters. Aber der Täter seinerseits ist klüger und tüchtiger als das Opfer. Letzten Endes gelingt dem Täter sein arglistiger Plan (Koichi Miyazawa 1970, Henri Ellenberger 1954). Derjenige, der falschspielen will, unterliegt ganz besonders der Gefahr, von einem noch geschickteren Falschspieler betrogen zu werden. Täter und Opfer werden weitgehend austauschbar. Das Risiko, übervorteilt zu werden, wird bewußt in Kauf genommen sowohl aus Angst, ein anderer könne das Geschäft machen, als auch eingedenk der eigenen gelegentlich riskierten Methoden (Horst Schüler-Springorum 1970).

2. *Opfer der politischen Kriminalität*

Bei der politischen Straftat ist gleichfalls die Gesellschaft letztlich immer das Opfer. Denn ihre Wertordnung und ihre Leitbilder werden stets schwer geschädigt. Straftaten gegen ein soziales System (Hochverrat, Landesverrat, Staatsgefährdung, aber auch Bombenanschläge aus politischen Motiven) sind wohlbekannt. Politische Kriminalität, die im Auftrag und für ein soziales System oder innerhalb eines sozialen Systems begangen wird, ist zwar weit verbreitet, entzieht sich aber der kriminologischen Erforschung, weil die Kriminologen innerhalb sozialer Systeme leben müssen, die Täter indessen für gewöhnlich weit mächtiger als kriminologische Forscher sind und weil die Täter wegen ihrer Mächtigkeit innerhalb des sozialen Prozesses die Möglichkeit haben, ihre kriminellen Handlungen und Unterlassungen wirksam zu verschleiern. Im allgemeinen kommt es der Masse der Bevölkerung auch mehr darauf an, für übersehbare kurze Zeit ein angenehmes Leben zu führen, als auf weitere Sicht hin ein Staatswesen ohne kriminelle Elemente zu besitzen. Diese kurzsichtige Betrachtungsweise führt allerdings in der Regel zu den größten und schmerzlichsten Schäden im materiellen und personellen Bereich. Markantestes, wenn auch keineswegs einziges Beispiel ist das kriminelle System des Nationalsozialismus. Unter diesem System haben nicht nur andere Gesellschaften und deren Gruppen (z. B. Konzentrationslager, Geiselerschießungen und andere kriminelle Übergriffe während der Kriegshandlungen im 2. Weltkrieg), sondern es hat auch die deutsche Gesellschaft bis heute schwer gelitten. Sichtbarstes Zeichen sind die Gebietsverluste und die deutsche Teilung. Schmerzlichste Verluste sind Verluste an Menschen, seien es Polen, Juden, Russen, Amerikaner, Deutsche oder Angehörige aller anderen Staaten. Zwar kann und soll der Faschismus nicht mit den sozialen Systemen der westlichen Demokratie und der sozialistischen Länder verglichen werden. Es muß aber darauf hingewiesen werden, daß auch diese sozialen Systeme nicht frei von politischer Kriminalität waren noch sind. Sie kann im Krieg durch kriminelle Ausschreitungen beider Seiten (Vietnam) oder im Frieden durch kriminelles Verhalten gegenüber dem Mitbewerber im demokratischen Willensbildungsprozeß (Watergate) begangen werden. Sie kann gegenüber anderen Gesellschaften verübt werden (Besetzungen von Ungarn, 1956 und der Tschechoslowakei, 1968). Sie kann sich gegen wehrlose, völlig unbeteiligte Menschen richten (Terrorakte palästinensischer Untergrundorganisationen). Es handelt sich bei allen diesen kriminellen Gewaltakten stets um Überzeugungstäter, d. h. um Menschen, die das Recht zu haben meinen, Gewalt anzuwenden. Leidtragende Opfer sind in der Regel die Täter oder deren Gegner nicht selbst, sondern völlig unschuldige, macht- und wehrlose Menschen. Es geht bei der politischen Kriminalität um ein Definitionsproblem. Die Täter selbst definieren ihre Handlungen nicht als kriminell, sondern sie setzen ihr persönliches, ihr Partei- oder Regierungsinteresse gleich mit dem Interesse ihres Staates, ihrer Staatengemeinschaft, ihres Volkes oder gar der Menschheit. Sie alle sind mehr oder weniger überzeugt, Gutes zu tun und für das von ihnen für gut erkannte Ziel auch kriminelle Mittel einsetzen zu dürfen. Sie definieren jeden, der sich ihnen in den Weg stellt, als kriminell, um ihn geistig, seelisch und körperlich vernichten zu können. Politik ohne Humanismus, ohne Gewaltverzicht und ohne die strenge Einhaltung rechtsstaatlicher Prinzipien schafft viktimogene Situationen großen Ausmaßes für die Begehung politisch-kriminellen Verhaltens.

3. *Die Opfer des organisierten Verbrechens*

Die Opfer des organisierten Verbrechens machen es erst möglich. Zwar gibt es auch deutlich sozial sichtbare Opfer des organisierten Verbrechens: lästige Angehörige der Syndikate oder bestochene Polizeibeamte und Gewerkschaftsführer, die dem organisierten Verbrechen als Zeugen gefährlich werden können und deshalb beseitigt werden. Hierbei geht es allerdings nur um die Opfer der sogenannten Begleitkriminalität. Die Opfer der eigentlichen kriminellen Aktivitäten des organisierten Verbrechens (z. B. illegales Spiel, Darlehnsgewährung zu Wucherzinsen, Rauschgifthandel usw.) sind insofern seine „Ursachen", als das organisierte Verbrechertum die illegalen Bedürfnisse der Opfer befriedigt und gerade auf ihre Mitwirkung angewiesen ist. Es handelt sich also regelmäßig um übereinstimmende Opfer, die aus der kriminellen Aktivität persönlichen Gewinn ziehen wollen. Anders ist es indessen bei den Opfern von organisierten Auto-, Juwelen- und Pelzdiebstählen.

4. Abschnitt: Die Gesellschaft als Opfer

1. Die Möglichkeiten der Viktimisierung der Gesellschaft

Die Kriminellen machen die Gesellschaft stets zum Opfer. Denn die Gesellschaft muß letztlich für die Schäden aufkommen, die durch Kriminalität verursacht werden. Sie muß die Kosten für die soziale Kontrolle der Kriminalität tragen. Gesellschaften können freilich auch andere Gesellschaften zu Opfern machen. Das gilt für Krieg und kriegsähnliche Handlungen (Besetzungen, Bürgerkriege). Krieg und kriegsähnliche Handlungen sind stets schwere Verbrechen. Denn jede Seite definiert sich als Angegriffenen und Verteidiger, als zur Anwendung kriegerischer Gewalt berechtigt. Es ist deshalb verfehlt, Pazifisten als unrealistische Schwärmer lächerlich zu machen. Sie sind die einzigen Realisten in einer ideologisch-verhetzten, inhumanen Welt. Gesellschaften können andere Gesellschaften durch Währungsmanipulationen ausbeuten. Sie können einfach völlig über ihre wirtschaftlichen Möglichkeiten leben und deshalb angesichts der starken internationalen wirtschaftlichen Verflechtung Störfaktoren bilden, daß andere wirtschaftlich-disziplinierte Gesellschaften ihnen im Eigeninteresse helfen müssen und so zu Opfern werden. Sie können ferner ihre wirtschaftliche Macht (technisches Wissen und Können oder Rohstoffreserven) derartig ausnützen, daß andere Gesellschaften Opfer werden.

2. *Viktimisierungen bei kriegerischen Auseinandersetzungen*

Beispiele, wie Gesellschaften zu Opfern gemacht werden können, bilden anschaulich die kriminellen Ausschreitungen während kriegerischer Auseinandersetzungen. Da nicht alle Fälle in diesem Zusammenhang dargestellt werden können, muß betont werden, daß das folgende Modell keineswegs besonders hervorgehoben werden soll. Immerhin werden schwere kriminelle Ausschreitungen während kriegerischer Auseinandersetzungen von der Weltöffentlichkeit sehr schnell vergessen. Das wäre nicht weiter schlimm, wenn nicht ständige Wiederholungen von kriminellen Massenausschreitungen durch solches Vergessen mitverursacht würden. In der Zeit vom 25. März bis 7. Dezember 1971 verübten die pakistanischen Truppen Massennotzuchtsakte an wehrlosen Frauen und Mädchen in Bangladesh. Die Befehle zu solchen kriminellen Handlungen waren vom höchsten Stab der pakistanischen Truppen ausgegangen. Sie verfolgten den politischen Zweck, ein Volk zu demütigen und zu unterjochen. Sie lagen deshalb ganz auf der Linie der militärischen Strategie. Es wurden nahezu 200 000 Frauen und Mädchen genotzüchtigt. Roy (1973) ließ 109 Opfer verschiedener Altersgruppen durch Sozialarbeiterinnen in Bangladesh interviewen. Die Notzuchtsfälle ereigneten sich an Frauen aus den unteren Schichten mit niedrigem sozialen Status und geringem Einkommen weit häufiger als an Frauen aus der Mittel- und Oberschicht. Wenn die Truppen überstürzt fliehen mußten, wurden die genotzüchtigten Opfer, die teilweise in Sammellagern bis zu 500 Frauen und Mädchen gefangengehalten wurden, niedergeschossen, um auf diese Weise zu verhindern, daß der Feind Informationen erhalte. In allen Fällen wurde das Opfer von einem oder zwei Tätern festgehalten, während ein dritter sie notzüchtigte. Der militärische Kommandeur nahm selbst selten an solchen Gruppennotzuchtsakten teil. Er wählte für sich gewöhnlich ein Opfer aus, das ihm attraktiv und unterwürfig erschien, und vergewaltigte sie in seinem eigenen privaten Raum. Täter und Opfer kannten sich vorher nicht. Die Opfer hatten mit den pakistanischen Truppen vorher keinerlei Kontakt. Nahezu 55 % der Opfer wehrten sich verzweifelt. Fast 27 % protestierten nur mit Worten. Die Opfer akzeptierten die Viktimisierung, um ihr Eigentum und ihre Familien zu schützen. Gleichwohl mußten zahlreiche Opfer während des Notzuchtsaktes zusehen, wie ihre Häuser niedergebrannt wurden, wie ihr Eigentum geplündert wurde und wie ihre Kinder vor ihren Augen getötet wurden. Man riß ihnen ihre Babys aus den Armen, warf sie in die Luft und spießte sie zum Spaß mit den Bajonetten auf. Die Frauen, die auf Grund von Notzuchtsakten schwanger geworden waren, erstickten viele Kinder während der Geburt, oder sie ertränkten sie in den Flüssen, Brunnen und Wasserlöchern in Bangladesh.

5. Abschnitt: Die Opfer der Gesellschaft

1. Die Definitionsmacht der Medizin

Die sozial Abweichenden (Seymour L. Halleck 1974) wie die sozial Konformen (Chanoch Jacobsen 1973) können die Opfer der Gesellschaft sein. Durch ihre Definitionsmacht über die Maßstäbe der Normalität trägt die Medizin zur Viktimisierung von sozialen Gruppen bei, die zu Randgruppen werden. Der Prozeß der Benennung ermöglicht die Unterdrückung sozialabweichender Gruppen in einer subtilen Art. Die Glaubenssätze der Gemeinschaft werden dadurch gestärkt, daß diejenigen, die in irgendeiner Weise unterschiedlich sind, als gefährlich oder minderwertig definiert werden. Die von der Psychopathologie angewandten Begriffe „emotional gestört", „psychopathisch", „sozial konflikthaft", „verhaltensgestört" und „sozial unreif" sind keine medizinischen Fachausdrücke, sondern Definitionen des Arztes über Normalität, die mehr oder weniger willkürlich sind und die im Einzelfall dazu dienen, Menschen zu unterdrücken. Sie sollen die Unterdrückten davon überzeugen, daß sie mit Recht unterjocht werden, weil sie gefährlich oder minderwertig seien.

2. Frauen und Mädchen als Opfer der Gesellschaft

Die Frauen und Mädchen sind in einer weitgehend männlich orientierten Gesellschaft aus leitenden Positionen der Wirtschaft, der Politik und der akademischen Welt verdrängt. Das weibliche Geschlecht ist genauso intelligent und leistungsfähig wie das männliche. Die Frauen sind sogar widerstandsfähiger und sexuell leistungsfähiger als Männer. Die moderne Sexualforschung hat herausgefunden, daß Frauen fähig sind, den Sexualakt genauso gern zu mögen und mitunter sogar mehr als Männer. Normale

Frauen sind sexuell leistungsfähiger als Männer, weil sie den Orgasmus viel leichter mehrfach erleben können als Männer. Frauen werden daher von ihrem Geschlecht und ihrer Sexualität her zu Unrecht als „schwaches" Geschlecht bezeichnet. Frauen sind biologisch und sozial nicht minderwertiger als Männer.

3. Die Alten und Jungen als Opfer der Gesellschaft

Die Alten, die Jungen, die Armen werden ebenfalls völlig zu Unrecht diskriminiert und aus der Gesellschaft ausgeschlossen. In zahlreichen Gesellschaften gilt dies auch für rassische Minderheiten (z. B. Farbige, Juden). Es gibt keine soziale Rolle für alte und junge Menschen in unserer rapide sich wandelnden Gesellschaft. Die Jungen müssen lernen, die Alten müssen sich ausruhen. Die „Erwachsenen", die Wirtschaft und Gesellschaft tragen, sind mit Arbeit und Vergnügen völlig überfordert und überlastet. Für Junge wie Alte gibt es keine Arbeit, kein Gefühl der Nützlichkeit und der Würde. Eine kinder- und jugendgemäße Arbeit und eine soziale Verantwortlichkeit für die Jugend wären wesentliche Faktoren für eine Integration in die Gesellschaft. Diejenigen, die alt und arm sind, gehören zu den elendesten. Sie sind nahezu völlig sozial isoliert und verbringen — gelangweilt und in großstädtischen Ghettos verborgen — ihre Zeit mit dem Warten auf ihren Tod. Selbst in relativ komfortablen Gemeinschaften von Pensionären haben alte Menschen nichts zu tun und leben sinn- und zwecklos in den Tag hinein. Wenn alte und junge Menschen bedeutsame Plätze in der Gesellschaft hätten, könnten sie mit Anstand und Würde leben. Die Jungen brauchten nicht zu rebellieren. Die Depression der Alten würde wegfallen. Daß das Altern ein Hauptgrund für Depressionen ist, muß als Mythos bezeichnet werden.

4. Die sozial Konformen als Opfer der Gesellschaft

Eine falsche Reaktion auf das Anderssein von Menschen ist ebenso sozialschädlich wie keinerlei Reaktion. Aus Machtlosigkeit, Furcht, Indifferenz, Resignation und Apathie kann ein soziales Klima der Permissivität entstehen, das durch ein weitverbreitetes Fehlen einer Reaktion auf nichtkonformes Verhalten gekennzeichnet ist. Die sozialen Gruppen, die sich am meisten konform verhalten, sind dann die Opfer der Gesellschaft. Denn sie tragen die Gesellschaft, ohne einen Nutzen oder Wertgewinn davon zu haben. Das Anderssein, das soziale Abweichen wird nicht mehr negativ gebrandmarkt, sondern in falsch verstandener Toleranz fast schon als Verdienst, jedenfalls als völlig gerechtfertigt empfunden. Toleranz besteht in dem Ausdehnen und Spannen der normativen Grenzen eines Wertsystems. In dem zuletzt beschriebenen permissiven Sozialprozeß ist indessen überhaupt keine normative Spannung mehr vorhanden. Die Normen sind vielmehr so sehr pervertiert, daß derjenige, der sozial Nützliches und Wertvolles leistet, zum Opfer der Gesellschaft gemacht wird. Eine so handelnde und wertende Gesellschaft geht ihrem völligen Zusammenbruch entgegen.

6. Abschnitt: Fälle und Fragen

Fall 15:
Vom 31. Januar bis zum 2. Februar 1971 fand in Detroit/Michigan ein öffentliches Hearing über Kriegsverbrechen in Vietnam statt. Hundertfünfundzwanzig ehemalige Soldaten berichteten über Kriegsverbrechen und Grausamkeiten, an denen sie beteiligt oder deren Zeuge sie geworden waren: Gefangene wurden aus fliegenden Hubschraubern geworfen. Dörfer wurden „aus Spaß" beschossen. Es herrschte die allgemeine Ansicht: Du kannst mit diesen Leuten alles machen, du darfst es nur nicht in Gegenwart eines Zeugen tun. Die Vietnamesen wurden als eine niedere Art von Menschen angesehen. Frauen und Kinder wurden getötet, um die tägliche „Leichenquote" zu halten und zu erhöhen. 19 Frauen und Kinder wurden als Folge eines Tagesbefehls getötet, der besagte: Alles töten, was sich bewegt!

Fragen zu Fall 15:
1. Wie versucht man, Kriegsverbrechen zu rechtfertigen?
2. Welche Werteorientierung ermöglicht Kriegsverbrechen?
3. Welches sind die Ursachen für Kriegsverbrechen?
4. Was haben Kriegsverbrechen mit Viktimologie zu tun?
5. Ist das Opferwerden in der Ausnahmesituation des Krieges „normal"?

Fall 16:
Vor dem Amerikanischen Strafvollzugskongreß, der in Seattle/Washington vom 12. bis zum 16. August 1973 stattfand, sagten

drei ehemalige amerikanische Kriegsgefangene in Vietnam aus. Der Major der Luftwaffe Kile Berg verbrachte sieben Jahre und acht Monate in nordvietnamesischen Gefängnissen. Der Flottenkommandeur Richard Stratton wurde sechs Jahre und zwei Monate in einer Strafanstalt in Hanoi festgehalten. Der Unteroffizier des Heeres Dan Pitzer war einer der wenigen Gefangenen des Vietkong, der grundsätzlich keine Gefangenen machte. Er wurde vier Jahre im südvietnamesischen Dschungel in einem Käfig eingesperrt gehalten. Alle drei ehemaligen Kriegsgefangenen bezeugten, daß sie schwer gefoltert worden seien. Sie äußerten die Ansicht, niemand könne bestraft werden, der nicht bestraft werden wolle. Die Strafe trage zur Änderung des Menschen in gutem Sinne nichts bei; sie führe nur zu stärkeren Aggressionen gegenüber den Bestrafenden. Alle drei wurden in strenger Einzelhaft gehalten. Sie fühlten sich unschuldig eingesperrt. Deshalb leisteten sie aktiven und passiven Widerstand und suchten nach Wegen für ihre Flucht. Nach 45 Tagen Dunkelhaft war Berg bereit, jedes Geständnis abzulegen. Er bezeichnete sich in einem Schauprozeß in Hanoi als Kriegsverbrecher. Kurze Zeit später widerrief er das erzwungene Geständnis. Berg sagte: „Nach 45 Tagen der völligen Isolierung in audiovisueller Hinsicht verliert man seinen Geist." Alle drei äußerten die Ansicht, der erste Schritt für eine wirksame Resozialisierung sei das Eingeständnis der eigenen Schuld. Den Umerziehungsversuchen in kommunistischem Sinn beugten sie sich nicht, weil die Propaganda zu einseitig gewesen sei. Eine Beeinflussung könne überhaupt nur wirksam werden, wenn man dem zu Beeinflussenden mehrere Möglichkeiten der Wahl lasse. Am bedrückendsten wurden von allen dreien die Umstände empfunden, daß sie das Ende ihrer Inhaftierung nicht kannten, daß sie keinerlei Kontakt zu ihren Familien hatten und daß sie sich geistig kaum betätigen konnten. Sie bekamen keinerlei Informationen mit Ausnahme der kommunistischen Propaganda. Versuchen, ihre Persönlichkeiten physisch und psychisch zu brechen, konnten sie erfogreich widerstehen. Allen Behandlungsversuchen in der Strafanstalt standen die drei ehemaligen Kriegsgefangenen skeptisch gegenüber. Niemand könne ohne seine eigene Mitarbeit therapiert werden. Therapie setze Einwilligung und Mitarbeit voraus. Die Strafgefangenen suchten sich in einem Anpassungsprozeß indessen alles das aus den psychischen Beeinflussungsversuchen heraus, was sie für gut hielten.

Fragen zu Fall 16:

1. Inwiefern sind Kriegsgefangene Opfer?
2. Werden Strafgefangene zu Opfern gemacht?
3. Sind Menschen in der Strafanstalt psychisch beeinflußbar?
4. Kann man Menschen psychisch und physisch brechen? Läßt sich solche Brechung — falls möglich — rechtfertigen?
5. Was versteht man unter einem Prisonierungsprozeß?

Fragen zum 8. Kapitel

1. Können Straftäter Opfer sein?
2. Was versteht man unter viktimeller Toleranz?
3. Warum haben Strafgefangene ein Opfergefühl?
4. Ist die Freiheitsstrafe in Anstalten sinnvoll?
5. Gibt es in Strafanstalten Subkulturen?
6. Wer ist letztlich Opfer der Wirtschaftskriminalität?
7. Inwiefern ist die Gesellschaft Opfer der Kriminellen?
8. Warum werden Teile der Gesellschaft (die Frauen, die Jungen, die Alten, die Armen) zu Opfern gemacht?
9. In welcher Gesellschaft werden die sozial Konformen zu Opfern?
10. Kann die Gesellschaft als Opfer und können die Opfer der Gesellschaft überhaupt Gegenstände der Viktimologie sein?

SCHLUSS: DER OPFER-OMBUDSMANN

Um die Forschungsergebnisse der Viktimologie in der Praxis nutzbar zu machen, empfiehlt sich die Einrichtung der Stellung eines Opfer-Ombudsmanns (vgl. hierzu insbesondere John Dussisch 1973). Der psychische Zusammenbruch einer Person, die körperlich verletzt worden ist, eines Mädchens, das genotzüchtigt worden ist, einer Familie, die eines ihrer Mitglieder durch Mord verloren hat, wird vom Kriminalrechtssystem im wesentlichen unbeachtet gelassen. Spezialbehandlung muß z. B. den Opfern der Notzucht zuteil werden können, und zwar im Hinblick auf ihre unmittelbaren wie auch im Hinblick auf ihre Langzeitprobleme. Die kindlichen Opfer von erwachsenen Sexualtätern sind die am wenigsten geschätzten Kinder der Gemeinschaft. Die zweite Dimension bezieht sich auf den Schutz des Opfers vor sozialer Belastung. Sie kann sich ergeben aus unmittelbarer Ausbeutung durch die Massenmedien, z. B. durch sensationelle Darstellung, oder aus der Zurückweisung durch die Gemeinschaft auf Grund verzerrter Information, die sich um das Ereignis bildet, und schädigenden Stereotypisierungen von bestimmten Opfertypen. Die dritte Dimension betrifft die Täter-Opfer-Beziehung. Die Berücksichtigung dieser Beziehung kann einen präventiven Wert haben. Opferakten müßten angelegt werden. In vielen Fällen benötigen die Opfer therapeutische Dienste, um ihr viktimogenes Verhalten zu ändern. Es wird vorgeschlagen, jede Gemeinschaft mit einem Opfer-Ombudsmann auszustatten, der den Opfern helfen soll, ihre Krisen zu überwinden, und der es ermöglichen soll, dem Opfer die Hilfsquellen der Gemeinschaft zugänglich zu machen. Während eines Eingangsinterviews würde der Ombudsmann die Opfer dahingehend beraten, welche Dienste in der Gemeinschaft für sie bereitstehen und auf welche Weise sie im Einzelfall nutzbar gemacht werden können. In den Fällen, in denen das Opfer unfähig ist, sich auf Grund psychischer und physischer Schäden selbst zu helfen, würde der Ombudsmann es ermöglichen, mit den Behörden in der Gemeinschaft, die dem Opfer helfen können, Kontakt aufzunehmen und zu veranlassen, daß das Opfer diesen Behörden und Agenturen vorgestellt wird. Auf Anfrage hin würde der Ombudsmann die Massenmedien mit genauer Information über das Opfer versorgen, und wenn es notwendig erscheint, als ein sozialer Puffer zwischen dem Opfer und den Massenmedien auftreten. Der Ombudsmann müßte sich mit allen

Bundes-, Staats- und kommunalen Gesetzen vertraut machen, die eine Entschädigung des Opfers vorsehen und auf diese Weise als eine Auskunftsperson für die Opfer dienen, die Information über das Erlangen solcher Entschädigung benötigen. Die Aktivitäten des Ombudsmanns würden darin bestehen, als ein zeitweiliger Helfer und Freund für das Opfer zu handeln, um den Schaden, den es durch das Verbrechen erlitten hat, zu verringern und um die Möglichkeit einer Wiederholung eines weiteren Opferwerdens zu verhüten. Das Einstellen des Opfer-Ombudsmanns ist der erste Schritt in der ersten Phase des Aufbaus eines viktimologischen Dienstes, Der Bewerber sollte wenigstens einen akademischen Grad in Sozialwissenschaften oder einem benachbarten Gebiet haben. Er sollte die Gemeinschaft kennen und sollte wenigstens zwei Jahre Erfahrung in der Sozialarbeit in einer Gemeinschaft mitbringen. Er sollte sich bemühen, den enthumanisierenden Einfluß des juristischen Prozesses auf das Opfer zu vermindern. Er sollte das Opfer vor unangemessenen, ungebührlichen emotionalen Belastungen schützen, die aus dem Erscheinen des Opfers vor Gericht herrühren. Er sollte das Gericht ermutigen, dem Opfer als ein Teil des Urteils Wiedergutmachung zuzugestehen. Er sollte die Massenmedien informieren. Diese Information sollte sich darauf beziehen, bei den Massenmedien ein Verständnis für die Täter-Opfer-Beziehung zu ermöglichen. Er sollte die Grunddaten für den sozialen Hintergrund des Opfers zum Zweck der Forschung sammeln. Der Opfer-Ombudsmann sollte eng mit der Kriminaljustiz und den Wohlfahrtsbehörden in der Gemeinschaft zusammenarbeiten. Die Personalhilfsquellen würden logischerweise das Personal für den Opfer-Ombudsmann einschließen und das Personal der Behörden und Hilfsorganisationen, die mit ihm zusammenarbeiten, z. B. Ärzte, Schwestern, Psychiater, Polizei, Staatsanwälte, Richter, Journalisten, ferner freiwillige Helfer, die in den Fällen wirken könnten, in denen Hilfsquellen der Gemeinschaft entweder nicht bestehen oder zu teuer sind. Finanzielle Hilfsquellen beziehen sich auf die Gelder, die benötigt werden, um das Büro des Opfer-Ombudsmanns einzurichten und zu unterhalten, und auf die Gelder, die benötigt werden, private Dienste in Anspruch zu nehmen. Das Geld sollte aus verschiedenen Quellen kommen: Gelder der Gemeinde, private Spenden, Staatszuschüsse und Zuschüsse des Bundes. Die zwei Dienststellen, die benötigt würden, um eine Kooperation und damit die Wirksamkeit des Projektes zu ermöglichen, würden sein: die örtliche Polizei und der örtliche Gesundheitsdienst. Das Programm hat drei Komponenten: der unmittelbare Schaden, der Medienpuffer und die Opfer-Täter-Analyse. Der Opfer-Ombudsmann könnte durch seine praktische Erfahrung wesentlich dazu beitragen, die viktimologische Forschung empirisch weiterzuentwickeln: durch Anstöße aus seiner praktischen Erfahrung, durch Sammeln von Material und durch enge Zusammenarbeit mit viktimologischen Forschern.

LITERATURVERZEICHNIS

I. Lehrbücher, Monographien und Sammelwerke

Abbiateci, André; Billacois, François; Castan, Yves; Petrovitch, Porphyre; Bongert, Yvonne; Castan, Nicole: Crimes et criminalité en France sous l'ancien régime 17e - 18e siècles. Paris 1971 (S. 251-255).

Abdou, Antoun Fahmy: Le consentement de la victime. Paris 1971.

Amelunxen, Clemens: Das Opfer der Straftat. Hamburg 1970.

Amir, Menachem: Patterns in forcible rape. Chikago — London 1971 (S. 229-276).

Amir, Menachem: Theoretische und empirische Entwicklungen in der Viktimologie (hebräisch). Jerusalem 1973.

Arntzen, Friedrich: Psychologie der Zeugenaussage — Einführung in die forensische Aussagepsychologie. Göttingen 1970.

Bader, Karl S.: Soziologie der deutschen Nachkriegskriminalität. Tübingen 1949.

Barnes, Harry Elmer; Teeters, Negley K.: New horizons in criminology. 3. Aufl. Englewood Cliffs/N. J. 1959 (S. 595-597).

Becker, Pirmin: Victimologische und präventive Aspekte in der Polizeilichen Kriminalstatistik. Kriminalpolizeiamt des Saarlandes o. J.

Biderman, Albert A.; Johnson, Louise A.; McIntyre, Jenni; Weir, Adrianne W.: Report on a pilot study in the district of Columbia on victimization and attitudes toward law enforcement. Washington D. C. 1967.

Blatt, Burton: Souls in extremis — an anthology on victims and victimizers. Boston 1973.

Böker, Wolfgang; Häfner, Heinz: Gewalttaten Geistesgestörter — eine psychiatrisch-epidemiologische Untersuchung in der Bundesrepublik Deutschland. Berlin — Heidelberg — New York 1973.

Cameron, Mary Owen: The booster and the snitch — department store shoplifting. London 1964.

Castro, Lola Aniyar de: La victimologia. Maracaibo 1969.

Centre d'Étude de la Délinquance Juvénile (Hrsg.): Les enfants victimes de mauvais traitements. Brüssel 1971.

Clinard, Marshall B.; Quinney, Richard (Hrsg.): Criminal behavior systems — a typology. New York u. a. 1967.

DeCourcy, Peter und Judith: A silent tragedy — child abuse in the community. Port Washington/N. Y. 1973.

Drapkin, Israel; Viano, Emilio (Hrsg.): Victimology. Lexington — Toronto — London 1974.

Dreiser, Theodore: An American tragedy. New York 1925.

Edelhertz, Herbert; Geis, Gilbert: Public compensation to victims of crime. New York — Washington — London 1974.

Ehrlich, Camillo: Betrüger und ihre Opfer — die Technik des Betrugs und seine Spezialisten. Hamburg 1967.

Ennis, Philip H.: Criminal victimization in the United States — a report of a national survey. Washington D. C. 1967 a.

Exner, Franz: Kriminologie. Berlin — Göttingen — Heidelberg 1949.

Fattah, Ezzat Abdel: La victime est-elle coupable? Montreal 1971.

Feix, Gerhard: Die Bekämpfung von Sexualverbrechen an Kindern. Berlin-Ost 1961.

Feix, Gerhard: Die sexuell motivierten Tötungsverbrechen in der DDR. Unveröffentlichte jur. Habilitationsschrift. Berlin-Ost 1967.

Ferri, Enrico: Das Verbrechen als soziale Erscheinung. Leipzig 1896.

Friebel, Wilfried; Manecke, Kurt; Orschekowski, Walter: Gewalt- und Sexualkriminalität — Erscheinungsformen, Ursachen, Bekämpfung. Berlin-Ost 1970 (S. 184-188).

Garofalo, Raffaele: Criminology (1914). Nachdruck: Montclair/N. J. 1968.

Gasser, Rudolf: Viktimologie — kritische Betrachtungen zu einem neuen kriminologischen Begriff. Diss. Zürich 1965.

Gebhardt, Paul H.; Gagnon, John H.; Pomeroy, Wardell B.; Christenson, Cornelia V.: Sex offenders — an analysis of types. New York 1965.

Gibbens, T. C. N.; Prince, Joyce: Child victims of sex offences. London 1963.

Geisler, Erika: Das sexuell mißbrauchte Kind — Beitrag zur sexuellen Entwicklung, ihrer Gefährdung und zu forensischen Fragen. Göttingen 1959.

Göppinger, Hans: Kriminologie. 2. Aufl. München 1973 (S. 307-316).

Gratus, Jack: The victims. London 1969.

Grygier, Tadeusz: Oppression. London 1954.

Heinz, Wolfgang: Bestimmungsgründe der Anzeigebereitschaft des Opfers — ein kriminologischer Beitrag zum Problem der differentiellen Wahrscheinlichkeit strafrechtlicher Sanktionierung. Diss. Freiburg i. Br. 1972.

Helfer, Ray E.; Kempe, C. Henry (Hrsg.): The battered child. 3. Aufl. Chikago — London 1969.

Hentig, Hans von: The criminal and his victim — studies in the sociobiology of crime. New Haven 1948.

Hentig, Hans von: Das Verbrechen II. Der Delinquent im Griff der Umweltkräfte. Berlin — Göttingen — Heidelberg 1962 (S. 365-515: Das Opfer als ein Element der Umwelt).

Hess, Albert G.: Die Kinderschändung unter besonderer Berücksichtigung der Tatsituation. Leipzig 1934.

Honig, Richard M. (Hrsg.): Entwurf eines amerikanischen Musterstrafgesetzbuches. Berlin 1965.

Hunt, Morton: The mugging. New York 1972.

Kaiser, Günther: Kriminologie: eine Einführung in die Grundlagen. 2. Aufl. Karlsruhe 1973 a (S. 67-72).

Kaiser, Günther: Jugendrecht und Jugendkriminalität. Weinheim — Basel 1973 b (S. 293-334).

Kinsey, Alfred C.; Pomeroy, Wardell B.; Martin, Clyde E.; Gebhard, Paul H.: Das sexuelle Verhalten der Frau. Berlin — Frankfurt/M. 1954.

Kinsey, Alfred C.; Pomeroy, Wardell B.; Martin, Clyde E.; Gebhard, Paul H.: Das sexuelle Verhalten des Mannes. Berlin — Frankfurt/M. 1955.

Knudten, Richard D.: Crime in a complex society — an introduction to criminology. Homewood/Ill.-Georgetown/Ont. 1970 (S. 79-81).

Korn, Richard R.; McCorkle, Lloyd W.: Criminology and penology. New York — Chikago — San Franzisko — Toronto — London 1967.

Kucklick, Wolfgang: Kriminologische Untersuchung — Notzucht, Nötigung zur Unzucht. Landeskriminalamt Hamburg 1970 a.

Kucklick, Wolfgang: Kriminologische Untersuchung — Raub, räuberische Erpressung, Autostraßenraub. Landeskriminalamt Hamburg 1970 b.

Kucklick, Wolfgang; Otto, Josef: Diebstahl aus Warenhäusern und Selbstbedienungsläden in der Hamburger Innenstadt. Landeskriminalamt Hamburg 1973.

Kutschinsky, Berl: Pornographie und Sexualverbrechen. Köln 1972 a.

Kutschinsky, Berl: The effect of easy availability of pornography on the incidence of sex crimes — the Danish experience. Kopenhagen 1972 b.

Lalli, Michael; Savitz, Leonard: Delinquency and city life. Washington D. C. 1972.

Lefkowitz, Bernard; Gross, Kenneth G.: The victims: the Wylie-Hoffert murder case — and its strange aftermath. New York 1969.

Lenz, Edgar: Der Betrogene — eine kriminologische Untersuchung. Hamburg 1961.

Lernell, Leszek: Abriß der allgemeinen Kriminologie (polnisch). Warschau 1973 a (S. 320-326).

MacDonald, John M.: The murderer and his victim. Springfield/Ill. 1961 (S. 64-92).

MacDonald, John M.: Rape offenders and their victims. Springfield/Ill. 1971.

Mannheim, Hermann: Comparative criminology. 2. Band, London 1965 (S. 670-676).

Mannheim, Hermann: Vergleichende Kriminologie. Band 2, Stuttgart 1974 (S. 806—813).

Matthes, Ilse: Minderjährige „Geschädigte“ als Zeugen in Sittlichkeitsprozessen. Wiesbaden 1961.

McClintock, F. H.; Gibson, Evelyn: Robbery in London. London — New York 1961.

McClintock, F. H.: Crimes of violence. London — New York 1963.

Miyazawa, Koichi: Grundprobleme der Viktimologie (japanisch). Tokio 1966.

Miyazawa, Koichi: Viktimologie (japanisch). Tokio 1967.

Miyazawa, Koichi (Hrsg.): Das Verbrechen und das Opfer — Viktimologie in Japan (japanisch). Band 1, 3. Aufl. Tokio 1974 a.

Miyazawa, Koichi (Hrsg.): Das Verbrechen und das Opfer — Viktimologie in Japan (japanisch). Band 2, 2. Aufl. Tokio 1974 b.

Mohr, Johannes W.; Turner, R. E.; Jerry, M. B.: Pedophilia and exhibitionism. Toronto 1964.

Müller-Luckmann, Elisabeth: Über die Glaubwürdigkeit kindlicher und jugendlicher Zeuginnen bei Sexualdelikten. Stuttgart 1963.

Mulvihill, Donald J.; Tumin, Melvin M.; Curtis, Lynn A.: Crimes of violence. Band 11, Washington D. C. 1969 (S. 207-258: The offender and his victim).

Mulvihill, Donald J.; Tumin, Melvin M.; Curtis, Lynn A.: Crimes of violence. Band 12, Washington D. C. 1969.

Mulvihill, Donald J.; Tumin, Melvin M.; Curtis, Lynn A.: Crimes of violence. Band 13, Washington D. C. 1969.

Normandeau, André: Trends and patterns in crimes of robbery. Unveröffentlichte Dissertation der Universität von Pennsylvanien. Philadelphia 1968.

Paasch, Fritz R.: Grundprobleme der Viktimologie. Diss. Münster 1965.

Plack, Arno: Die Gesellschaft und das Böse — eine Kritik der herrschenden Moral. 4. Aufl. München 1969.

President's Commission on Law Enforcement and Administration of Justice (Hrsg.): The challenge of crime in a free society. Washington D. C. 1967 a (S. 38-43).

President's Commission on Law Enforcement and Administration of Justice (Hrsg.): Task force report: crime and its impact — an assessment. Washington D. C. 1967 b (S. 80-84).

President's Commission on Law Enforcement and Administration of Justice (Hrsg.): Task force report: corrections. Washington D. C. 1967 c (S. 35).

Quinney, Richard: The social reality of crime. Boston 1970.

Reckless, Walter C.; Newman, Charles L. (Hrsg.): Interdisciplinary problems in criminology — papers of the American Society of Criminology, 1964. Columbus/Ohio 1965.

Reckless, Walter C.: The crime problem. 5. Aufl. New York 1973 (S. 91-111).

Reifen, David: The juvenile court in a changing society — young offenders in Israel. Jerusalem 1973 a (S. 69—81).

Reinhardt, Heinz: Die Bestrafung der Unzucht mit Kindern unter besonderer Berücksichtigung des Verhaltens und der Persönlichkeit des Opfers. Bern — Stuttgart 1967.

Reiss, Albert J.: Public perceptions and recollections about crime, law enforcement, and criminal justice. Washington D. C. 1967.

Ryan, William: Blaming the victim. New York 1971.

Schafer, Stephen: Restitution to victims of crime. London — Chikago 1960.

Schafer, Stephen: The victim and his criminal — a study in functional responsibility. New York 1968.

Schneider, Hans Joachim: Kriminologie. Berlin — New York 1974 (S. 135-150).

Schönfelder, Thea: Die Rolle des Mädchens bei Sexualdelikten. Stuttgart 1968.

Schoreit, Armin: Entschädigung der Verbrechensopfer als öffentliche Aufgabe. Berlin 1973.

Schorsch, Eberhard: Sexualstraftäter. Stuttgart 1971.

Schur, Edwin M.: Crimes without victims. Englewood Cliffs/N. J. 1965.

Seelig, Ernst: Lehrbuch der Kriminologie. 3. Aufl. Darmstadt o. J.

Sellin, Thorsten; Wolfgang, Marvin E.: The measurement of delinquency. New York — London — Sydney 1964.

Smigel, Erwin O.; Ross, H. Laurence (Hrsg.): Crimes against bureaucracy. New York u. a. 1970.

Stamm, Judith: Das sexuell geschädigte Kind in der Strafuntersuchung. Zürich 1967.

Stockert, F. G. (Hrsg.): Das sexuell gefährdete Kind. Stuttgart 1965.

Stolk, Mary van: The battered child in Canada. Toronto — Montreal 1972.

Sutherland, Edwin H.: The professional thief. Chikago 1937.

Sutherland, Edwin H.; Cressey, Donald R.: Criminology. 9. Aufl. Philadelphia — New York — Toronto 1974.

Tanner, R. E. S.: Homicide in Uganda 1964. Uppsala 1970 a (S. 50-70).

Tanner, R. E. S.: Three studies in East African criminology. Uppsala 1970 b.

Thornberry, Terence P.; Sagarin, Edward (Hrsg.): Images of crime: offenders and victims. New York — Washington — London 1974.

Tormes, Y. M.: Child victims of incest. Washington D. C. 1968.

Trankell, Arne: Der Realitätsgehalt von Zeugenaussagen — Methodik der Aussagepsychologie. Göttingen 1971.

Trube-Becker, Elisabeth: Frauen als Mörder. München 1974.

Villinger, Werner; Stutte, Hermann (Hrsg.): Jahrbuch für Jugendpsychiatrie und ihre Grenzgebiete. Band 3, Bern — Stuttgart 1962.

Werfel, Franz: Nicht der Mörder, der Ermordete ist schuldig. München 1920.

Werfel, Franz: Der Abituriententag (1928). Frankfurt/M. — Hamburg 1959.

Wertham, Fredric: The show of violence (1948/1949). Nachdruck: New York 1969.

Wolfgang, Marvin E.: Patterns in criminal homicide. New York 1958.

Wolfgang, Marvin E.; Figlio, Robert M.; Sellin, Thorsten: Delinquency in a birth cohort. Chikago — London 1972.

Wyss, Rudolf: Unzucht mit Kindern. Berlin — Heidelberg — New York 1967.

II. Zeitschriften- und Sammelwerkaufsätze, Vorträge

Die mit „unveröffentlichter Vortrag, Caracas 1972", mit „unveröffentlichter Vortrag, New York 1973 a", mit „unveröffentlichter Vortrag, Jerusalem 1973" und mit „unveröffentlichter Vortrag, New York 1973 b" gekennzeichneten Referate sind während des 1. Interamerikanischen Kongresses für Kriminologie in Caracas/Venezuela vom 19. bis 25. November 1972, während der Jahrestagung der Amerikanischen Gesellschaft für Soziologie in New York (a) vom 27. bis 30. August 1973, während des 1. Symposiums für Viktimologie in Jerusalem vom 2. bis 6. September 1973 und während der Jahrestagung der Amerikanischen Gesellschaft für Kriminologie vom 4. bis 8. November 1973 in New York (b) gehalten worden.

Abe, Tadao; Fukumizu, Yasuo: Ein Fall des Mordes am eigenen Sohn durch seine Mutter (japanisch). Miyazawa (Hrsg.): Das Verbrechen und das Opfer — Viktimologie in Japan. Band 1, 1974, S. 85-97.

Abe, Kitao; Kamei, Kazutsuna; Imamura, Yoshimasa; Yamanaka, Ichiro: Opfer der Rohheitsdelikte (japanisch). Miyazawa (Hrsg.): Das Verbrechen und das Opfer — Viktimologie in Japan. Band 1, 1974, S. 97-124.

Adler, Thomas S.; Stern, Jehudith: The psychopathology and psychodynamics of youth (and children) in holocaust survivors. Unveröffentlichter Vortrag, Jerusalem 1973.

Aeppli, Heinz: Frauen als „Opfer" vorgetäuschter Verbrechen. Kriminalistik. 10 (1956), S. 215-216.

Agopian, Michael W.; Chappell, Duncan; Geis, Gilbert: Interracial forcible rape in a North American city — an analysis of sixtythree cases. Drapkin-Viano (Hrsg.): Victimology (1974) S. 93-102 (auch in: Thornberry-Sagarin (Hrsg.): Images of crime — offenders and victims. (1974) S. 91-101).

Akie, Kokichi: Opfer der Sexualdelikte durch Jugendliche (japanisch). Miyazawa (Hrsg.): Das Verbrechen und das Opfer — Viktimologie in Japan. Band 1, 1974, S. 175-231.

Amelunxen, Clemens: Strafjustiz und Viktimologie. Kriminalistik. 23 (1969), S. 178-181.

Amir, Menachem: Patterns of forcible rape. Clinard-Quinney (Hrsg.): Criminal behavior systems — a typology. (1967 a) S. 60-75.

Amir, Menachem: Victim precipitated forcible rape. Journal of Criminal Law, Criminology and Police Science. 58 (1967 b), S. 493-502.

Amir, Menachem: Forcible rape. Federal Probation. 31 (1967 c), S. 51 bis 58.

Andrianakis, Emman P.: Social protection of the victim. Sociological Abstracts. 1973 (Ergänzung 38), S. 295.

Anttila, Inkeri: The concept of victimology and its place within criminology. Unveröffentlichter Vortrag, Jerusalem 1973.

Argana, Marie G.: Development of a national victimization survey. Sociological Abstracts. 1973 (Ergänzung 38), S. 295/296.

Aromaa, Kauko: Victimization to violence — a gallup survey. Sociological Abstracts. 1973 (Ergänzung 38), S. 296.

Avison, Neville H.: Victims of homicide. Sociological Abstracts. 1973 (Ergänzung 38), S. 296.

Avison, Neville H.: Victims of homicide. International Journal of Criminology and Penology. 2 (1974), S. 225-237.

Bartollas, Clemens; Miller, Stuart J.: The white victim in a black institution. Unveröffentlichter Vortrag, New York 1973 b.

Baruk, H.: A propos de la victimologie. Unveröffentlichter Vortrag, Jerusalem 1973.

Bedau, Hugo Adam: Are there really crimes without victims? Sociological Abstracts. 1973 (Ergänzung 38), S. 297.

Bein, D.: On the impact of the victim's behaviour on the severity of the offender's sentence (with special reference to the Israeli law). Unveröffentlichter Vortrag, Jerusalem 1973.

Bello, Carlos S.: Das Opfer bei Geldbetrugsdelikten (spanisch). Unveröffentlichter Vortrag, Caracas 1972.

Bender, Lauretta: Offended and offender children. Ralph Slovenko (Hrsg.): Sexual behavior and the law. Springfield/Ill. 1965, S. 687-703.

Bentel, David J.: Selected problems of public compensation to victims of crime. Issues in Criminology. 1968, S. 217-231.

Beran, Nancy J.; Allen, Harry E.: Criminal victimization in a small town, U. S. A. Unveröffentlichter Vortrag, Jerusalem 1973.

Bernard, V. W.: Why people become victimes of medical quackery. American Journal of Public Health. 55 (1965), S. 1142-1147.

Berscheid, E.; Walster, E.: When does a harmdoer compensate a victim? Journal of Personality and Social Psychology. 6 (1967), S. 435-441.

Berscheid, E.; Walster, E.; Barclay A.: Effect of time on tendency to compensate a victim. Psychological Reports. 25 (1969), S. 431-436.

Biderman, Albert D.; Reiss, Albert J.: On exploring the „dark figure" of crime. The Annals of the American Academy of Political and Social Science. Band 374 (1967 a), S. 1-15.

Biderman, Albert D.: Surveys of population samples for estimating crime incidence. The Annals of the American Academy of Political and Social Science. Band 374 (1967 b), S. 16-33.

Block, M. K.; Long, G. L.: Subjective probability of victimization and crime levels — an econometric approach. Criminology. 11 (1973), S. 87-93.

Block, Richard; Zimring, Franklin E.: Homicide in Chicago, 1965-1970. Journal of Research in Crime and Delinquency. 10 (1973), S. 1-12.

Block, Richard: Why notify the police — the victim's decision to notify the police of an assault. Criminology. 11 (1974), S. 555-569.

Boven, W.: Delinquants sexuels — corrupteurs d'enfants; coupables et victimes. Schweizerisches Archiv für Neurologie und Psychiatrie. 51 (1943), S. 14-25.

Bray, L. de: Quelques observations sur les victimes des delits de vol. Revue de Droit Pénal et de Criminologie. 1959, S. 643-649.

Brooks, James: The fear of crime in the United States. Crime and Delinquency. 20 (1974), S. 241-244.

Burgess, Ann W.; Holmstrom, Lynda Lytle: Rape: the victim and the criminal justice system. Unveröffentlichter Vortrag, Jerusalem 1973.

Calewart, W.: La victimologie et l'escroquerie. Revue de Droit Pénal et de Criminologie. 1959, S. 602-618.

Cameron, Mary Owen: The five finger discount. Smigel-Ross (Hrsg.): Crimes against bureaucracy. (1970) S. 97-118.

Canepa, G.; Bandini, T.: The personality of incest victims. International Criminal Police Review. 1967, S. 140-145.

Capart-de Plaen, R.: Les victimes d'infraction contre les moeurs et les victimes de coups et blessures. Unveröffentlichter Vortrag, Jerusalem 1973.

Caplan, Aaron: Adolescent victimology. Sociological Abstracts. 1973 (Ergänzung 38), S. 298.

Carich, Ante: The motive in victimology. Unveröffentlichter Vortrag, Jerusalem 1973.

Castro, Lola Aniyar de: Les deviants en tant que victimes. Sociological Abstracts. 1973 (Ergänzung 38), S. 299.

Chappell, D.: The emergence of Australian schemes to compensate victims of crime. Southern California Law Review. 43 (1970), S. 69-83.

Chappell, Duncan; Sutton, L. Paul: Evaluating the effectiveness of programs to compensate victims of crime. Unveröffentlichter Vortrag, Jerusalem 1973.

Cho, Cyril Sung Tai: Criminality, victim and victimizer. Sociological Abstracts. 1973 a (Ergänzung 38), S. 299.

Cho, Cyril Sung Tai: Perception of causes of crime and victim qualities by high and low risk categories. Unveröffentlichter Vortrag, New York 1973 b.

Cohen, Yona: Help for victims of robbery. Unveröffentlichter Vortrag, Jerusalem 1973.

Connor, Walter D.: Criminal homicide, USSR/USA — reflections on Soviet data in a comparative framework. Sheldon L. Messinger-Seymour Halleck-Paul Lerman-Norval Morris-Patrick V. Murphy-Marvin E. Wolfgang (Hrsg.): The Aldine Crime and Justice Annual 1973. Chicago 1974, S. 206-212.

Cormier, Bruno M.: Mass murder, multidice and collective crime — the doers and the victims. Sociological Abstracts. 1973 (Ergänzung 38), S. 300.

Cornil, Paul: Contribution de la „victimologie" aux sciences criminologiques. Revue de Droit Pénal et de Criminologie. 1959, S. 587-600.

Cornil, Paul: La notion de victimologie et sa place dans la criminologie. Sociological Abstracts. 1973 (Ergänzung 38), S. 300.

Crosby, Robert; Snyder, David: Crime victimization in the black community — results of the black buyer survey. Drapkin-Viano (Hrsg.): Victimology. (1974) S. 175-182.

Curtis, Lynn A.: Victim precipitation and violent crime. Social Problems. 21 (1974), S. 594—605.

Dadrian, Vahakn N.: The common features of the Armenian and Jewish cases of genocide — a comparative victimological perspective. Unveröffentlichter Vortrag, Jerusalem 1973.

Dadrian, Vahakn N.: The structural-functional components of genocide — a victimological approach to the Armenian case. Drapkin-Viano (Hrsg.): Victimology. (1974) S. 123-136.

Dellaert, R.: Première confrontation de la psychologie criminelle et de la victimologie. Revue de Droit Pénal et de Criminologie. 1959, S. 628-634.

Delteil, Pierre: Rôle de l'inconscient dans la complicité des victimes. Unveröffentlichter Vortrag, Jerusalem 1973.

Dinitz, Simon; Miller, Stuart J.; Bartollas, Clemmons: Inmate exploitation — a study on the juvenile victim. Unveröffentlichter Vortrag, Jerusalem 1973.

Doi, Toshihiko; Matsumoto, Iwao; Komiyama, Kaname: Begehungsformen bei den Delikten der Erpressung und Körperverletzung durch Jugendliche (japanisch). Miyazawa (Hrsg): Das Verbrechen und das Opfer — Viktimologie in Japan. Band 2, 1974, S. 83-93.

Drapkin, Israel: The victim under the Incas. Unveröffentlichter Vortrag, Jerusalem 1973 a.

Drapkin, Israel: Opening remarks. Sociological Abstracts. 1973 (Ergänzung 38), S. 291-294 b.

Driver, Edwin D.: Interaction and criminal homicide in India. Clinard-Quinney (Hrsg.): Criminal behavior systems — a typology. (1967) S. 54-60.

Duplissie, A. J.: Compensating victims of crimes of violence. International Police Review. 24 (1969), S. 8-10.

Dussich, John P.: The victim ombudsman — a proposal. Sociological Abstracts. 1973 (Ergänzung 38), S. 302.

Dynes, Russell R.; Quarantelli, E. L.: Organizations as victims in mass civil disturbances. Drapkin-Viano (Hrsg.): Victimology. (1974) S. 67-77 (auch in: Issues in Criminology. 5 (1970), S. 181-193).

Eisenberg, Ulrich: Zum Opferbereich in der Kriminologie. Goltdammers Archiv für Strafrecht und Strafprozeß. 1971, S. 168-179.

Ellenberger, Henri: Psychologische Beziehungen zwischen Verbrecher und Opfer. Zeitschrift für Psychotherapie und medizinische Psychologie. 4 (1954 a), S. 261-280.

Ellenberger, Henri: Relations psychologiques entre le criminel et la victime. Revue Internationale de Criminologie et de Police Technique. 8 (1954 b), S. 103-121.

Ellenberger, Henri: Psychological relationships between criminal and victim. Archives of Criminal Psychodynamics. 1 (1955), S. 757-790.

Enker, Arnold N.: Compensation for victims of crime. Unveröffentlichter Vortrag, Jerusalem 1973.

Ennis, Philip H.: Crime, victims, and the police. Trans-action. 1967 b, S. 36-44.

Ennis, Philip H.: Crime, victims, and the police. Marvin E. Wolfgang-Leonard Savitz-Norman Johnston (Hrsg.): The sociology of crime and delinquency. 2. Aufl. New York — London — Sydney — Toronto 1970, S. 74-81.

Fattah, Ezzat Abdel: Quelques problèmes posés à la justice pénale par la victimologie. Annales Internationales de Criminologie. 1966, S. 355-361.

Fattah, Ezzat Abdel: La victimologie — qu'est-elle, et quel est son avenir? Revue Internationale de Criminologie et de Police Technique. 21 (1967 a), S. 113-124, 193-202 (mit sorgfältiger Bibliographie bis 1966).

Fattah, Ezzat Abdel: Vers une typologie criminologique des victimes. Revue Internationale de Police Criminelle. 1967 b, S. 162-169.

Fattah, Ezzat Abdel: Le rôle de la victime dans la détermination du délit. Canadian Journal of Corrections. 12 (1970), S. 97-116.

Feeney, Dean T. G.: Compensation for the victims of crime. Canadian Journal of Corrections. 10 (1968), S. 261-271.

Feyerherm, William H.; Hindelang, Michael: On the victimization of juveniles — some preliminiary results. Journal of Research in Crime and Delinquency. 11 (1974), S. 40—50.

Fink, Klaus P.: Ambivalence of former victims toward their persecutors at the petition of indemnification. Sociological Abstracts. 1973 (Ergänzung 38), S. 302.

Fisher, Stanley Z.: The victim's role in criminal prosecutions in Ethiopia. Unveröffentlichter Vortrag, Jerusalem 1973.

Fogel, D.; Galaway, Burt; Hudson, Joe: Restitution in criminal justice

— a Minnesota experiment. Criminal Law Bulletin. 8 (1972), S. 681 bis 691.

Fooner, Michael: Some problems in evaluations of proposals for victims compensation. International Criminal Police Review. 22 (1967), S. 66-71.

Fooner, Michael: Victim-induced, victim-invited, and victim-precipitated criminality — some problems in evaluation of proposals for victim compensation. Drapkin-Viano (Hrsg.): Victimology. (1974) S. 231-233.

Fox, S. S.; Scherl, D. J.: Crisis intervention with victim of rape. Social Work. 1972, S. 37-42.

Francis, V. de: Protecting the child victim of sex crimes committed by adults. Federal Probation. 35 (1971), S. 15-20.

Freed, Louis Franklin: A victimological assessment of the problem of crime in the Republic of South Africa. Unveröffentlichter Vortrag, Jerusalem 1973.

Fujita, Yasuko; Hashimoto, Juzaburo; Sato, Noriko: Eine Studie über den Werdegang jugendlicher Prostituierter (japanisch). Miyazawa (Hrsg.): Das Verbrechen und das Opfer — Viktimologie in Japan. Band 2, 1974, S. 313-372.

Furstenberg, Frank: Public reaction to crime in the streets. The American Scholar. 1971, S. 601-610.

Gagnon, John H.: Female child victims of sex offenses. Social Problems. 13 (1965), S. 176-192.

Galaway, Burt; Hudson, Joe: Restitution and rehabilitation. Crime and Delinquency. 18 (1972), S. 403-410.

Galaway, Burt; Hudson, Joe: Issues in the correctional implementation of restitution to victims of crime. Unveröffentlichter Vortrag, New York 1973 b.

Geis, Gilbert: State compensation to victims of violent crime. President's Commission on Law Enforcement and Administration of Justice (Hrsg.): Task force report: crime and its impact — an assessment. (1967 b) S. 157-177 (mit sorgfältiger Bibliographie zur Wiedergutmachungsfrage bis 1966).

Geis, Gilbert: Compensation for victims of violent crimes. Mulvihill-Tumin-Curtis (Hrsg.): Crimes of violence. Band 13 (1969), S. 1559-1597.

Geis, Gilbert: Compensation for crime victims and the police. Police. 1969 b, S. 55-59.

Geis, Gilbert; Chappell, Duncan: Forcible rape by multiple offenders. Abstracts on Criminology and Penology. 11 (1971), S. 431-436.

Geis, Gilbert: Victimization patterns in white-collar crime. Unveröffentlichter Vortrag, Jerusalem 1973.

Geisler, Erika: Psychische Schäden nach sexuellen Widerfahrnissen. Villinger-Stutte (Hrsg.): Jahrbuch für Jugendpsychiatrie und ihre Grenzgebiete. Band 3 (1962), S. 124-134.

Gigeroff, Alex K.: Foraging and finding — the precursors of petty theft. Sociological Abstracts. 1973 (Ergänzung 38), S. 303.

Gil, D. G.: Incidence of child abuse and demographic characteristics of persons involved. Helfer-Kempe (Hrsg.): The battered child. (1969) S. 19-40.

Glaser, Daniel: Victim survey research — theoretical implications. Drapkin-Viano (Hrsg.): Victimology. (1974) S. 31-41.

Glatfelter, Ralph: For the victims of crime — a new approach. Unveröffentlichter Vortrag, Jerusalem 1973.

Goldsmith, Maurice: The thalidomide affair. Drapkin-Viano (Hrsg.): Victimology. (1974) S. 205-211.

Goldstein, Naomi: Reparation by the offender to the victim. Unveröffentlichter Vortrag, Jerusalem 1973.

Green, Susan J.: State compensation to victims of violent crimes. Unveröffentlichter Vortrag, Jerusalem 1973.

Grob, Paul: Bedeutung victimologischer Erkenntnisse bei der Aufklärung von Mordfällen anhand jüngster Beispiele. Kriminalistik. 18 (1964), S. 6-15.

Groffmann, Karl Josef: Die psychischen Auswirkungen von Sittlichkeitsverbrechen bei jugendlichen Opfern. Günter Blau, Elisabeth Müller-Luckmann (Hrsg.): Gerichtliche Psychologie — Aufgabe und Stellung des Psychologen in der Rechtspflege. Neuwied-Berlin 1962, S. 148-181.

Gubrium, Jaber F.: Victimization in old age — available evidence and three hypotheses. Crime and Delinquency. 20 (1974), S. 245-250.

Hall Williams, J. E.: The neglect of incest — a criminologist's view. Unveröffentlichter Vortrag, Jerusalem 1973.

Halleck, Seymour L.: Emotional effects of victimization. Ralph Slovenko (Hrsg.): Sexual behavior and the law. Springfield/Ill. 1965, S. 673-686.

Halleck, Seymour L.: The uses of abnormality. Drapkin-Viano (Hrsg.): Victimology. (1974) S. 137-147.

Hashimoto, Juzaburo; Tachibana, Yoshihito: Rechtsbrecher und Opfer bei den Verkehrsdelikten (japanisch). Miyazawa (Hrsg.): Das Verbrechen und das Opfer — Viktimologie in Japan. Band 1, 1974, S. 233-289.

Hashimoto, Juzaburo; Sato, Yasuko; Tachibana, Yoshihito: Studien über den Werdegang des Opfers bei den Delikten, die Schüler einiger höherer Schulen begangen haben (japanisch). Miyazawa (Hrsg.): Das Verbrechen und das Opfer — Viktimologie in Japan. Band 2, 1974, S. 29-82.

Hasson, Uzi; Sebba, Leslie: Compensation for victims of crime — a comparative analysis. Sociological Abstracts. 1973 (Ergänzung 38), S. 304-305.

Hemard, J.: Le consentement de la victime dans le délit de coups et blessures. Revue Critique de Legislation et de Jurisprudence. 24 (1939), S. 293-319.

Hentig, Hans von: Lehren der Statistik. Kölner Zeitung. 447, 4. September 1934.

Hentig, Hans von: Remarks on the interaction of perpetrator and victim. Drapkin-Viano (Hrsg.): Victimology. (1974) S. 45-53.

Hepburn, John; Voss, Harwin L.: Patterns of criminal homicide — a comparison of Chicago and Philadelphia. Criminology. 8 (1970), S. 21-45.

Higushi, Kokichi: Das Opfer des Verwandtenmordes (japanisch). Miyazawa (Hrsg.): Das Verbrechen und das Opfer — Viktimologie in Japan. Band 1, 1974, S. 73-84.

Hiltmann, Hildegard: Individuelle und soziale Faktoren der kindlichen Zeugenaussage. Villinger-Stutte (Hrsg.): Jahrbuch für Jugendpsychiatrie und ihre Grenzgebiete. Band 3 (1962), S. 62-74.

Hippel, Eike von: Staatliche Entschädigung für Verbrechensopfer? Zeitschrift für Rechtspolitik. 4 (1971), S. 5-7.

Hishino, Kanehiro: Eine Studie über Einbrüche unter besonderer Berücksichtigung der Opfersituation (japanisch). Miyazawa (Hrsg.): Das Verbrechen und das Opfer — Viktimologie in Japan. Band 2, 1974, S. 185-213.

Hogan, B.: Victims as parties to crime. Criminal Law Review. 1962, S. 683-695.

Holmstrom, Lynda Lytle; Burgess, Ann Wolbert: Rape: the victim goes on trial. Unveröffentlichter Vortrag. New York 1973 a.

Hood, Roger; Sparks, Richard: Citizens' attitudes and police practice in reporting offenses. Drapkin-Viano (Hrsg.): Victimology. (1974) S. 163-173.

Horoszowski, Pawel: Homicide of passion and its motives. Unveröffentlichter Vortrag, Jerusalem 1973.

Horovitz, Menachem; Amir, Menachem: The probation officer and the victim of the criminal offence. Unveröffentlichter Vortrag, Jerusalem 1973.

Inbau, F. E.: Compensation for victims of criminal violence. Journal of Public Law. 8 (1959), S. 201-203.

Ito, Masayasu: Opfer der Vermögensdelikte (japanisch). Miyazawa (Hrsg.): Das Verbrechen und das Opfer — Viktimologie in Japan. Band 2, 1974, S. 215-254.

Izumiya, Hideki: Opfer bei den Notzuchtsdelikten durch Jugendliche (japanisch). Miyazawa (Hrsg.): Das Verbrechen und das Opfer — Viktimologie in Japan. Band 1, 1974, S. 161-174.

Jacob, Bruce R.: Reparation or restitution by the criminal offender to his victim — applicability of an ancient concept in the modern correctional process. Drapkin-Viano (Hrsg.): Victimology. (1974) S. 215-220.

Jacobsen, Chanoch: Condoned mass deviance and its victims — a preliminary statement. Unveröffentlichter Vortrag, Jerusalem 1973.

Jacobsen, Chanoch: The permissive society and its victims — a preliminary statement. International Journal of Criminology and Penology. 2 (1974), S. 173-179.

Jeurissen, René: La situation des victimes d'infractions penales commises en Belgique. Unveröffentlichter Vortrag, Jerusalem 1973.

Johnston, Stanley W.: Toward a supra-national criminology — the right and duty of victims of national government to seek defence through world law. International Journal of Criminology and Penology. 2 (1974), S. 133-147.

Kainz, Anna: Kinder als Opfer strafbarer Handlungen — eine Untersuchung für Österreich. Kriminalistik. 21 (1967), S. 605-608.

Kaiser, Günther: Zur Kriminologie der Kindesmißhandlung. Kriminalistik. 24 (1970 a), S. 63-66.

Kaiser, Günther: Das Kind als Opfer. Kriminalistik. 24 (1970 b), S. 122-126.

Kaiser, Günther: Viktimologie. Günther Kaiser — Fritz Sack — Hartmut Schellhoss (Hrsg.): Kleines Kriminologisches Wörterbuch. Freiburg i. Br. — Basel — Wien 1974, S. 380-386.

Karoly, E.; Vigh, J.: The victim of crimes by violence. Ungarischer Nationalbericht über Viktimologie. VI. Internationaler Kongreß für Kriminologie. Madrid 21. bis 26. September 1970.

Kleinman, Paula H.; David, Deborah S.: Victimization and perception of crime in a ghetto community. Criminology. 11 (1973 a), S. 307-343.

Kleinman, Paula H.; David, Deborah S.: Visibility and contact with others — mediating factors in the neighborhood crime complex. Unveröffentlichter Vortrag, Jerusalem 1973 b.

Komiyama, Kaname; Matsumoto, Iwao; Doi, Toshihito; Saito, Katsuji: Begehungsprozesse der Notzucht, die durch einen Täter begangen sind. 1. Teil: Analyse der Faktoren bei den vollendeten und versuchten Notzuchtsdelikten unter besonderer Berücksichtigung der Angriffssituation (japanisch). Miyazawa (Hrsg.): Das Verbrechen und das Opfer — Viktimologie in Japan. Band 2, 1974, S. 131-151.

Komiyama, Kaname; Doi, Toshihiko; Matsumoto, Iwao: Eine analytische Studie über die Verhältnisse zwischen Täter und Opfer bei den Erpressungsdelikten durch Jugendliche (japanisch). Miyazawa (Hrsg.): Das Verbrechen und das Opfer — Viktimologie in Japan. Band 2, 1974, S. 95-106.

Kühler, Hans: Die Schadenersatzregelung nach Gewaltverbrechen in England. Monatsschrift für Kriminologie und Strafrechtsreform. 52 (1969), S. 56-65.

Lamborn, L.: Toward a victim orientation in criminal theory. Rutger's Law Review. 22 (1968), S. 733-768.

Lamborn, L.: Remedies for the victims of crime. Southern California Law Review. 43 (1970), S. 22-53.

Landau, Simha F.: The offender's perception of the victim. Unveröffentlichter Vortrag. Jerusalem 1973.

Landy, David; Aronson, Elliot: The influence of the character of the criminal and his victim on the decisions of simulated jurors. Drapkin-Viano (Hrsg.): Victimology. (1974) S. 195-204.

Lapan, Arthur: The victim in contemporary literature. Sociological Abstracts. 1973 (Ergänzung 38), S. 307.

Lempp, Reinhart: Seelische Schädigung von Kindern als Opfer von gewaltlosen Sittlichkeitsdelikten. Neue Juristische Wochenschrift. 1968, S. 2265-2268.

Lernell, Leszek: Some remarks on the main problems of victimology. Sociological Abstracts. 1973 b (Ergänzung 38), S. 307.

Linden, A. M.: Victims of crime and tort law. Canadian Bar Journal. 1969 a, S. 17-33.

Linden, A. M.: International conference on compensation to innocent victims of violent crime. Criminal Law Quarterly. 1969 b, S. 145-149.

Loria, S.; Harlap, S.; Drapkin, L.: Child injury in west Jerusalem — an estimate of the prevalence of the battered child syndrome and other forms of child abuse. Unveröffentlichter Vortrag, Jerusalem 1973.

Mack, J. A.: A victim-role typology of rational-economic property crime. International Journal of Criminology and Penology. 2 (1974), S. 149 bis 158.

MacNamara, Donal E. J.; Sullivan, John J.: Making the victim whole. The Urban Review. 6 (1973), S. 21-25 (auch in: Drapkin-Viano (Hrsg.): Victimology. (1974) S. 221-230 und in: Thornberry-Sagarin (Hrsg.): Images of crime — offenders and victims. (1974) S. 79-90).

Maisch, Herbert: Victimologie. Wilhelm Arnold-Hans Jürgen Eysenck-Richard Meili (Hrsg.): Lexikon der Psychologie. 3. Band, Freiburg i. Br. — Basel — Wien 1972, Sp. 720/721.

Marcuse, Max: Männer als Opfer von Kindern. Archiv für Kriminalanthropologie und Kriminalistik. 56 (1914), S. 188-192.

Matsumoto, Iwao; Komiyama, Kaname; Doi, Toshihiko; Saito, Katsuji: Begehungsprozesse der Notzucht, die durch einen Täter begangen ist. 2. Teil: Analyse der Faktoren bei den vollendeten und versuchten Notzuchtsdelikten unter besonderer Berücksichtigung der Begehungsprozesse (japanisch). Miyazawa (Hrsg.): Das Verbrechen und das Opfer — Viktimologie in Japan. Band 2, 1974, S. 151-183.

Mayorca, Juan Manuel: Viktimologisches Profil bei Delikten gegen das Eigentum (spanisch). Unveröffentlichter Vortrag, Jerusalem 1973.

Mayorca, Olga; Zuazua, Reyna: Die Opfer des Fernsehens. Unveröffentlichter Vortrag, Caracas 1972.

McCaghy, Charles H.: Child molesters — a study of their careers as deviants. Clinard-Quinney (Hrsg.): Criminal behavior systems — a typology. (1967) S. 75-88.

McGrath, W. T.: Compensation to victims of crime in Canada. Canadian Journal of Corrections. 12 (1970), S. 11-24.

Mendelsohn, Beniamin: Une nouvelle branche de la science bio-psycho-sociale — la victimologie. Revue Internationale de Criminologie et de Police Technique. 10 (1956), S. 95-109.

Mendelsohn, Beniamin: La victimologie — science actuelle. Revue de Droit Pénal et de Criminologie. 1959, S. 619-627.

Mendelsohn, Beniamin: The origin of the doctrine of victimology. Excerpta Criminologica. 3 (1963), S. 239-244 (auch in: Drapkin-Viano [Hrsg.]: Victimology. [1974] S. 3-11).

Mendelsohn, Beniamin: Le rapport entre la victimologie et la problème du génocide — pour un code de prévention du génocide. Etudes Internationales de Psycho-Sociologie Criminelle. 14 (1968), S. 14-53.

Mendelsohn, Beniamin: Victimology and the needs of contemporary society — the victimological clinic. Unveröffentlichter Vortrag, Jerusalem 1973.

Mendelsohn, Beniamin: La victimologie et les besoins de la société actuelle. Acta Criminologiae et Medicinae Legalis Japonica. 40 (1974), S. 1-7.

Meyersohn, J.: The importance of pre-existing pathological changes in accident victims. Unveröffentlichter Vortrag, Jerusalem 1973.

Miers, D.: Compensation for victims of crimes of violence — the Northern Ireland model. Criminal Law Review. 1969, S. 576-587.

Miller, F. W.: Compensation for victims of criminal violence. Journal of Public Law. 8 (1959), S. 203-209.

Milliken, Rhoda J.: The sex offender's victim. Federal Probation. 14 (1950), S. 22-26.

Milovanović, M.: Alkoholismus der Getöteten als kriminogener Faktor. Monatsschrift für Kriminologie und Strafrechtsreform. 26 (1935), S. 31-34.

Minskaja, W. S.: Erfahrungen viktimologischer Untersuchung der Notzucht (russisch). Allunionsinstitut zur Untersuchung der Gründe und Ausarbeitung von Maßnahmen zur Vorbeugung von Kriminalität (Hrsg.): Probleme der Bekämpfung der Kriminalität. Band 17, Moskau 1972, S. 21-31.

Miyazawa, Koichi: Zum gegenwärtigen Stand der victimologischen Forschung in Japan. Kriminologische Gegenwartsfragen, Heft 9 Stuttgart 1970 b, S. 1-16.

Miyazawa, Koichi; Izawa, Reiko: Das Opfer beim Heiratsschwindel. Acta Criminologiae et Medicinae Legalis Japonica. 39 (1973 a), S. 77-80.

Miyazawa, Koichi: Society and the victim — attitudes and policies. Unveröffentlichter Vortrag, Jerusalem 1973 b.

Miyazawa, Koichi: Entstehungsgeschichte der Viktimologie (japanisch). Miyazawa (Hrsg.): Das Verbrechen und das Opfer — Viktimologie in Japan. Band 1, 1974, S. 1-30.

Miyazawa, Koichi: Der gegenwärtige Stand und die Zukunft der viktimologischen Forschung in Japan (japanisch). Miyazawa (Hrsg.): Das Verbrechen und das Opfer — Viktimologie in Japan. Band 2, 1974, S. 3-26.

Moran, Richard; Ziedman, Stephen: Compensation to the not guilty. Unveröffentlichter Vortrag, Jerusalem 1973.

Morris, T.: Compensation for victims of crimes of violence. The Modern Law Review. 24 (1961), S. 744-747.

Morris, Terence; Bloom-Cooper, Louis: The victim's contribution. Marvin E. Wolfgang (Hrsg.): Studies in homicide. New York — Evanston — London 1967, S. 66-71.

Mueller, Gerhard O. W.: Compensation for victims of crime — thought before action. Minnesota Law Review. 50 (1965), S. 213-221.

Mueller, Gerhard O. W.; Cooper, H. H. A.: Society and the victim — alternative responses. Sociological Abstracts. 1973 (Ergänzung 38), S. 310.

Mugishima, Fumio; Kiyonaga, Kenji: Zuhälter (japanisch). Miyazawa (Hrsg.): Das Verbrechen und das Opfer — Viktimologie in Japan. Band 2, 1974, S. 373-392.

Murray, Ellen; Hamblett, Pat: The decriminalization of victimless crime — marijuana use and demographic variables. Unveröffentlichter Vortrag, New York 1973 b.

Myers, S. A.: The child slayer — a 25-year survey of homicides involving preadolescent victims. Archives of General Psychiatry. 17 (1967), S. 211-213.

Nagel, Willem H.: The notion of victimology in criminology. Excerpta Criminologica. 3 (1963), S. 245-247 (auch in: Drapkin-Viano (Hrsg.): Victimology. (1974) S. 13-16).

Nagel, Willem H.: Structural victimisation. International Journal of Criminology and Penology. 2 (1974), S. 99-132.

Nass, Gustav: Kinder als Opfer. Gustav Nass (Hrsg.): Kinder als Täter, Opfer und Zeugen, Spätbetrüger, Resozialisierungsprobleme. Berlin 1969, S. 46-56.

Nau, Elisabeth: Die Glaubwürdigkeitsbeurteilung kindlicher und jugendlicher Zeugen. Darstellung des Problems aus kinder- und jugendpsychiatrischer Sicht. Villinger-Stutte (Hrsg.): Jahrbuch für Jugendpsychiatrie und ihre Grenzgebiete. Band 3 (1962), S. 75-89.

Nau, Elisabeth: Die Persönlichkeit des jugendlichen Zeugen. Stockert (Hrsg.): Das sexuell gefährdete Kind. (1965) S. 27-37.

Nelson, Steve; Amir, Menachem: The hitch-hike victim of rape. Unveröffentlichter Vortrag, Jerusalem 1973.

Newman, J.; Litt, D.: The offender as the victim. Unveröffentlichter Vortrag, Jerusalem 1973.

Niederland, W. G.: Psychiatric disorders among persecution victims — a contribution to the understanding of concentration camp pathology and its after-effects. Journal of Nervous and Mental Disease. 139 (1964), S. 458-474.

Nieves, Hector: Das Verhalten des Opfers (spanisch). Unveröffentlichter Vortrag, Caracas 1972.

Nkpa, Nwokocha K. U.: Victims of crime in Igbo section of Nigeria. Unveröffentlichter Vortrag, Jerusalem 1973.

Nuvolone, Pietro: La victime dans la genèse du crime (problèmes criminologiques et juridiques, avec un aperçu sur le droit italien). Unveröffentlichter Vortrag, Jerusalem 1973.

Palmer, Stuart: Characteristics of homicide and suicide victims in 40 non-literate societies. Sociological Abstracts. 1973 (Ergänzung 38), S. 311.

Parker, Elizabeth: The victims of mentally disordered female offenders — a study of the victims of female patients in the special (maximum security) hospitals. Unveröffentlichter Vortrag, Jerusalem 1973.

Pečar, J.: Der in eine Straftat verwickelte Dritte — viktimologische Aspekte (slowenisch). Revija za Kriminalistiko in Kriminologijo. 1971 a, S. 172-184.

Pečar, J.: Die Rolle des Opfers bei Tötungsdelikten in Slowenien (slowenisch). Revija za Kriminalistiko in Kriminologijo. 22 (1971 b), S. 258-265.

Peters, Joseph J.: Philadelphia rape victim study. Unveröffentlichter Vortrag, Jerusalem 1973.

Pittman, David J.; Handy William: Patterns in criminal aggravated assault. Journal of Criminal Law, Criminology and Police Science. 55 (1964), S. 462-470 (auch in: Clinard-Quinney [Hrsg.]: Criminal behavior systems — a typology. [1967] S. 43-53).

Pokorny, Alex D.: A comparison of homicides in two cities. Journal of Criminal Law, Criminology and Police Science. 56 (1965), S. 479-487.

Ponce, Abagail Bernard; Cerrada, José: Prinzipien für eine neue Viktimologie (spanisch) Unveröffentlichter Vortrag, Caracas 1972.

Prado Munoz, Javier Moscoso del: La victime dans le delit d'imprudence. Unveröffentlichter Vortrag, Jerusalem 1973.

Prince, Moussa: Versicherung gegen Verbrechen? Weshalb nicht? Armand Mergen (Hrsg.): Kriminologie morgen. Hamburg 1964, S. 151-157.

Quarantelli, E. L.; Dynes, R. R.: Organizations as victims in American mass racial disturbances — a reexamination. Unveröffentlichter Vortrag, Jerusalem 1973.

Quinney, Richard: Who is the victim? Criminology. 10 (1972),

S. 314-323 (auch in: Drapkin-Viano [Hrsg.]: Victimology. [1974] S. 103-119).

Racine, A.: L'enfant victime d'actes contraires aux moeurs commis sur sa personne par ascendant. Revue de Droit Pénal et de Criminologie. 1959, S. 635-642.

Radbill, S. X.: A history of child abuse and infanticide. Helfer-Kempe (Hrsg.): The battered child. (1969) S. 3-17.

Raffalli, Henri Christian: The battered child — an overview of a medical, legal, and social problem. Crime and Delinquency. 16 (1970), S. 139-150.

Ranjeva, H.; Gayral, L.; Moron, P.; Fray, P.: La notion de victime latente — contribution psychopathologique à l'étude de la victimologie. Annales Médico-psychologiques. 1971, S. 349-366.

Rasch, Wilfried: Gruppennotzuchtdelikte Jugendlicher und Heranwachsender. Hans Giese (Hrsg.): Zur Strafrechtsreform. Stuttgart 1968, S. 65-112.

Redhardt, Reinhard: Das mißhandelte Kind als Projektionsobjekt. Acta Criminologiae et Medicinae Legalis Japonica. 31 (1965), S. 95-100.

Reifen, David: Sex offenders and the protection of children. The Canadian Journal of Corrections. 8 (1966), S. 120-132.

Reifen, David: Court procedures in Israel to protect child-victims of a sexual assault. Unveröffentlichter Vortrag, Jerusalem 1973 b.

Reiman, Jeffrey H.: Victims, harm and justice — a philosopher looks at the problems of defining the concept of victim. Unveröffentlichter Vortrag, Jerusalem 1973.

Robin, G. D.: The corporate and judicial disposition of employee thieves. Smigel-Ross (Hrsg.): Crimes against bureaucracy. (1970) S. 119-142.

Roesen, Anton: Der psychologische Sachverständige im Sittlichkeitsprozeß. Neue Juristische Wochenschrift. 17 (1964), S. 442-444.

Roesner, Ernst: Mörder und ihre Opfer. Monatsschrift für Kriminologie und Strafrechtsreform. 29 (1938), S. 209-228.

Rössmann, Egon: Über den kriminologischen Aspekt des Begriffes „Beziehung". Kriminalistik. 23 (1969), S. 420-423.

Roy, K. K.: Feelings and attitudes of raped women of Bangladesh towards military personnel of Pakistan. Unveröffentlichter Vortrag, Jerusalem 1973.

Russell, A.: Late psychosocial consequences in concentration camp survivor families. American Journal of Orthopsychiatry. 44 (1974), S. 611-619.

Ryan, Leonard E.: The quest for justice — some thoughts from an observer. Unveröffentlichter Vortrag, Jerusalem 1973.

Ryan, William: The art of savage discovery — how to blame the victim. Drapkin-Viano (Hrsg.): Victimology. (1974) S. 149-160.

Sagarin, Edward; MacNamara, Donal E. J.: The homosexual as a crime victim. Unveröffentlichter Vortrag, Jerusalem 1973.

Saito, Norimasa: Das Opfer der Tötungsdelikte (japanisch). Miyazawa (Hrsg.): Das Verbrechen und das Opfer — Viktimologie in Japan. Band 2, 1974, S. 255-312.

Savitz, Leonard: Intergenerational patterns of the fear of crime. Unveröffentlichter Vortrag, New York 1973 a (1).

Savitz, Leonard: Victimization — fear of crime and altered behavior in relationship to delinquency. Unveröffentlichter Vortrag, New York 1973 a (2).

Schäfer, Herbert: „Anstiftung" und Distanz im Täter-Opfer-Verhältnis. Monatsschrift für Kriminologie und Strafrechtsreform. 50 (1967), S. 162-175.

Schafer, Stephen: The correctional rejuvenation of restitution to victim of crime. Reckless-Newman (Hrsg.): Interdisciplinary problems in criminology — papers of the American Society of Criminology, 1964. (1965 a) S. 150-168.

Schafer, Stephen: Restitution to victims of crime — an old correctional aim modernized. Minnesota Law Review. 50 (1965 b), S. 243-254.

Schafer, Stephen: Victim compensation and responsibility. Southern California Law Review. 43 (1970), S. 55-67.

Schafer, Stephen; Veenstra, Marion: Changing victims of changing homicide. Unveröffentlichter Vortrag, Jerusalem 1973.

Schafer, Stephen: The beginnings of „victimology". Drapkin-Viano (Hrsg.): Victimology. (1974) S. 17-30.

Scharfenberg, Jürgen; Schirmer, Siegfried: Zur Frage der psychischen Traumatisierung durch exhibitionistische Akte. Hans Szewczyk (Hrsg.): Kriminalität und Persönlichkeit. Jena 1972, S. 91-96.

Schichor, David: The wrongfully accused and the criminal justice system. Sociological Abstracts. 1973 (Ergänzung 38), S. 314.

Schneider, Hans Joachim: Der pädophile Straftäter und sein Opfer. Monatsschrift für Kriminologie und Strafrechtsreform. 48 (1965 a), S. 91-94.

Schneider, Hans Joachim: The paedophiliac delinquent and his victims. Excerpta Criminologica. 5 (1965 b), S. 8-10.

Schneider, Hans Joachim: Zur Reform des Sexualstrafrechts. Juristische Rundschau. 1968, S. 281-287.

Schneider, Hans Joachim: Die gegenwärtige Lage der deutschsprachigen Kriminologie. Juristenzeitung. 28 (1973), S. 569-583.

Schönfelder, Thea: Die Initiative des Opfers. Stockert (Hrsg.): Das sexuell gefährdete Kind. (1965) S. 109-115.

Schomburg, E.: Nachgehende Betreuung der kindlichen Opfer von Sittlichkeitsverbrechen. Die Polizei. 1968, S. 53-55.

Schomerus, D. H.: Der Pädophile und sein Opfer in theologischer Sicht. Stockert (Hrsg.): Das sexuell gefährdete Kind. (1965) S. 80-87.

Schramm, E.; Kaiser, K.: Der homosexuelle Mann als Opfer von Kapitalverbrechen. Kriminalistik. 16 (1962), S. 225-260.

Schüler-Springorum, Horst: Über Victimologie. Festschrift für Richard M. Honig. Göttingen 1970, S. 201-215.

Schülert, Heinz: Zur Frage der Berechtigung viktimologischer Untersuchungen. Die Polizei. 56 (1965 a), S. 119-121.

Schülert, Heinz: Jugendliche als Opfer krimineller Handlungen. Die Polizei. 56 (1965 b), S. 151-157.

Schultz, Hans: Kriminologische und strafrechtliche Bemerkungen zur Beziehung zwischen Täter und Opfer. Schweizerische Zeitschrift für Strafrecht. 1956, S. 171-192.

Schultz, LeRoy G.: Interviewing the sex offender's victim. Journal of Criminal Law, Criminology and Police Science. 50 (1959), S. 448-452.

Schultz, LeRoy G.: The victim-offender relationship. Crime and Delinquency. 14 (1968), S. 135-141.

Schwendinger, Hermann und Julia: Delinquent stereotypes of probable victims. Malcolm W. Klein (Hrsg.): Juvenile gangs in context. Englewood Cliffs/N. J. 1967, S. 92-105 (auch in: Cressey, Donald R.; Ward, David A. [Hrsg.]: Delinquency, crime, and social process. New York-Evanston-London 1969, S. 474-487.

Scott, Joseph E.; Snider, Patricia J.: Perceptual effects of penal institutions on the severity of punishment. Unveröffentlichter Vortrag, Jerusalem 1973.

Sebba, Leslie; Cahan, S.: Sex offences — the genuine and the doubted victim. Unveröffentlichter Vortrag, Jerusalem 1973.

Sebba, Leslie: The requirement of corroboration in sex offences. Drapkin-Viano (Hrsg.): Victimology. (1974) S. 183-194.

Separovic, Z. Paul: Some reflections on the victim, law enforcement and the right of the victim in the U. S. A. Unveröffentlichter Vortrag, Jerusalem 1973.

Serwe, L. H.: Täter-Opfer-Beziehungen bei einigen Sittlichkeitsdelikten. Kriminalistik. 24 (1970), S. 73-75.

Sethna, Minocher J.: Compensation of victims of offences. Unveröffentlichter Vortrag, Jerusalem 1973.

Shank, W. A.: Aid to victims of violent crimes in California. Southern California Law Review. 43 (1970), S. 85-92.

Sheleff, Leon: The criminal trial — bystander, victim, criminal. International Journal of Criminology and Penology. 2 (1974), S. 159-172.

Shichor, David: The wrongfully accused and the criminal justice system. Unveröffentlichter Vortrag, Jerusalem 1973.

Shigimori, Yukio: Opfer bei der Notzucht (japanisch). Miyazawa (Hrsg.): Das Verbrechen und das Opfer — Viktimologie in Japan. Band 1, 1974, S. 125-159.

Silverman, Robert A.: Victim precipitation. Unveröffentlichter Vortrag, Jerusalem 1973.

Silverman, Robert A.: Victim typologies: overview, critique, and reformulation. Drapkin-Viano (Hrsg.): Victimology. (1974) S. 55-65.

Simon, J.: Le consentement de la victime justifie-t-il le lésions corporelles? Revue de Droit Pénal et de Criminologie. 13 (1933), S. 457-476.

Smigel, Erwin O.: Public attitudes toward stealing as related to the size of the victim organization. American Sociological Review. 21 (1956), S. 320-327.

Stanciu, V. V.: Civilisations et situations victimogènes. Unveröffentlichter Vortrag, Jerusalem 1973.

Starrs, James E.: A modest proposal to insure justice for crime victims. Reckless-Newman (Hrsg.): Interdisciplinary problems in criminology — papers of the American Society of Criminology, 1964. (1965 a) S. 181-189.

Starrs, James E.: A modest proposal to insure justice for victims of crime. Minnesota Law Review. 50 (1956 b), S. 285-310.

Steele, Brandt F.; Pollock, Carl B.: A psychiatric study of parents who abuse infants and small children. Helfer-Kempe (Hrsg.): The battered child. (1969) S. 103-147.

Stokols, D.; Schopler, E.: Reactions to victims under conditions of situational detachment — the effects of responsibility, severity, and expected future interaction. Journal of Personality and Social Psychology. 25 (1973), S. 199-209.

Sutherland, Sandra; Scherl, Donald J.: Patterns of response among victims of rape. American Journal of Orthopsychiatry. 40 (1970), S. 503-511.

Swinnen, E.: La victimologie chez le délinquent incestueux „père-fille". Unveröffentlichter Vortrag, Jerusalem 1973.

Sykes, Gresham M.; Matza, David: Techniken der Neutralisierung — eine Theorie der Delinquenz. Fritz Sack-René König (Hrsg.): Kriminalsoziologie. Frankfurt/M. 1968, S. 360-371.

Tahon, R.: Le consentement de la victime. Revue de Droit Pénal et de Criminologie. 1952, S. 321-342.

Tartaglione, Girolama: Victim in judicial proceedings. Unveröffentlichter Vortrag, Jerusalem 1973.

Taylor, Craig: The „battered child" — individual victim of family brutality. Clifton D. Bryant-J. Gipson Wells (Hrsg.): Deviancy and the family. Philadelphia 1973, S. 209-215.

Teutsch, Joel M.; Teutsch, Champion K.: Victimology — an effect of consciousness, interpersonal dynamics and human physics. International Journal of Criminology and Penology. 2 (1974), S. 249-274.

Thornberry, Terence P.; Figlio, Robert M.: Victimization and criminal behavior in a birth cohort. Thornberry-Sagarin (Hrsg.): Images of crime — offenders and victims. (1974) S. 102-112.

Tomorug, E.: La société et la victimologie. Unveröffentlichter Vortrag, Jerusalem 1973.

Tyndel, Milo: Offenders without victims. Unveröffentlichter Vortrag, Jerusalem 1973.

Ueno, S.; Ishiyama, I.: Ein Beitrag über die Analyse von Opfertypen — die statistische Analyse der 5340 Obduktionsfälle aus der Universität Tokyo. Deutsche Zeitschrift für die gesamte gerichtliche Medizin. 53 (1962), S. 55-71.

Undeutsch, Udo: Beurteilung der Glaubhaftigkeit von Aussagen. Udo Undeutsch (Hrsg.): Handbuch der Psychologie. 11. Band: Forensische Psychologie. Göttingen 1967, S. 26-181.

Veeder, A. S.: Police officers as victims. Unveröffentlichter Vortrag, Jerusalem 1973.

Villinger, Werner: Grundsätzliches und Erfahrungen zum Thema: Begutachtung der Glaubwürdigkeit kindlicher und jugendlicher Zeugen. Villinger-Stutte (Hrsg.): Jahrbuch für Jugendpsychiatrie und ihre Grenzgebiete. Band 3 (1962), S. 55-61.

Voss, Harwin L.; Hepburn, John R.: Patterns in criminal homicide in Chicago. Journal of Criminal Law, Criminology and Police Science. 59 (1968), S. 499-508.

Waller, Louis: Compensating the victims of crime in Australia and New Zealand. Unveröffentlichter Vortrag, Jerusalem 1973.

Wallis, Hedwig: Die Behandlung der kindlichen und jugendlichen Opfer von Sittlichkeitsstraftaten. Stockert (Hrsg.): Das sexuell gefährdete Kind. (1965) S. 116-123.

Watman, Francine: Sex offenses against children and minors — some proposals for legal reform. Drapkin-Viano (Hrsg.): Victimology. (1974) S. 235-242.

Weeks, K. M.: The New Zealand criminal injuries compensation scheme. Southern California Law Review. 43 (1970), S. 107-121.

Weihofen, H.: Compensation for victims of criminal violence. Journal of Public Law. 8 (1965), S. 223-241.

Weis, Kurt: „Viktimologie" und „Viktorologie" in der Kriminologie. Monatsschrift für Kriminologie und Strafrechtsreform. 55 (1972), S. 170-180.

Weis, Kurt; Borges, Sandra S.: Victimology and rape — the case of the legitimate victim. Issues in Criminology. 8 (1973), S. 71-115.

Werner, Eduard: Das Opfer des Mordes. Kriminalistik. 10 (1956), S. 2-5.

Weston, J. T.: The pathology of child abuse. Helfer-Kempe (Hrsg.): The battered child. (1969) S. 77-100.

Williams, Donald B.: Compensating victims of crimes of violence — another look at the scheme. Unveröffentlichter Vortrag, Jerusalem 1973.

Williams, G.: Victims as parties to crimes — a further comment. Criminal Law Review. 10 (1964), S. 686-691.

Williams, Vergil L.; Fish, Mary: A proposed model for individualized offender restitution through state victim compensation. Unveröffentlichter Vortrag, Jerusalem 1973.

Wilson, Paul R.: Crime and the public. Australian and New Zealand Journal of Criminology. 4 (1971), S. 223-232.

Wood, Pamela Lakes: The victim in a forcible rape case — a feminist view. The American Criminal Law Review. 11 (1973), S. 345-347.

Woods, G. D.: Some aspects of pack rape in Sydney. Australian and New Zealand Journal of Criminology. 2 (1969), S. 105-119.

Wolfgang, Marvin E.: Victim compensation in crimes of personal violence. Reckless-Newman (Hrsg.): Interdisciplinary problems in criminology — papers of the American Society of Criminology, 1964. (1965 a) S. 169-180.

Wolfgang, Marvin E.: Victim compensation in crimes of personal violence. Minnesota Law Review. 50 (1965 b), S. 223-241.

Wolfgang, Marvin E.: Victim-precipitated criminal homicide. Clinard-Quinney (Hrsg.): Criminal behavior systems — a typology. (1967 a) S. 33-43 (auch in: Drapkin-Viano [Hrsg.]: Victimology. [1974] S. 79-92).

Wolfgang, Marvin E.: Analytical categories for research and theory on victimization. Armand Mergen-Herbert Schäfer (Hrsg.): Kriminologische Wegzeichen. Hamburg 1967 b, S. 169-185.

Wolfgang, Marvin E.; Cohen, B.: The victim of crime. Marvin E. Wolfgang (Hrsg.): Crime and race — conceptions and misconceptions. New York 1970, S. 40-56.

Wyss, Rudolf: Zur Frage der Spätschäden bei kindlichen Opfern von Sittlichkeitsdelikten. Schweizerische Zeitschrift für Strafrecht. 79 (1963), S. 273-292.

Yamaoka, Kazunobu: Die durch sexuelle Motivationen begangenen Delikte und ihre Eigenschaften (japanisch). Miyazawa (Hrsg.): Das Verbrechen und das Opfer — Viktimologie in Japan. Band 2 (1974 a) S. 109-130.

Yamaoka, Kazunobu: Schuld des Opfers (japanisch). Miyazawa (Hrsg.): Das Verbrechen und das Opfer — Viktimologie in Japan. Band 1 (1974 b) S. 47-71.

Yearwood, J. Homero E.: Color, social class and motive — an analysis of homicide in a Brazilian city. Unveröffentlichter Vortrag, Caracas 1972.

Yinon, Yoel; Tennenbaum, Ilana: Employers' attitudes towards the employment of ex-convicts in Israel. Sociological Abstracts. 1973 (Ergänzung 38), S. 318.

Zipf, Heinz: Die Bedeutung der Viktimologie für die Strafrechtspflege. Monatsschrift für Kriminologie und Strafrechtsreform. 53 (1970), S. 1-13.

III. Arbeitsmaterialien und Statistiken

Bundesgesetz vom 9. Juli 1972 über die Gewährung von Hilfeleistungen an Opfer von Verbrechen. Bundesgesetzblatt für die Republik Österreich vom 28. Juli 1972 S. 1752-1756.

Bundeskriminalamt (Hrsg.): Polizeiliche Kriminalstatistik 1973. Wiesbaden o. J.

Bundesregierung (Hrsg.): Gesetzentwurf (Kabinettsvorlage) über die Entschädigung für Opfer von Gewalttaten. Bonn 1973.

California Department of Justice, Division of Law Enforcement, Bureau of Criminal Statistics (Hrsg.): Homicide in California. Research report no. 16. Sacramento 1974.

Canadian Corrections Association (Hrsg.): Compensation to victims of crime and restitution by offenders. Canadian Journal of Corrections. 10 (1968), S. 591-599.

Council of Judges of the National Council on Crime and Delinquency (Hrsg.): Model Sentencing Act, second edition. Crime and Delinquency. 18 (1972), S. 335-370.

Deutscher Bundestag (Hrsg.), 6. Wahlperiode, Drucksache VI/2420: Entwurf eines Gesetzes über die Hilfe für die Opfer von Straftaten (Gesetzesentwurf der Fraktion der CDU/CSU) Bonn 12. 7. 1971.

Innenminister des Landes Schleswig-Holstein, Kriminalpolizeiamt (Hrsg.): Polizeiliche Kriminalstatistik 1972 und 1973. Kiel 1973, 1974.

Law Reform Commission of Canada (Hrsg.): The principles of sentencing and dispositions. Ottawa 1974.

New York City Department, Crime Analysis Division (Hrsg.): Homicide analysis 1972, 1973. New York 1973 a, 1974.

New York City Police Department, Crime Analysis Division (Hrsg.): Statistical report 1972, 1973. New York 1973 b, 1974.

Polizeipräsident Düsseldorf (Hrsg.): Jahresbericht der Kriminalabteilung 1973. Düsseldorf 1974.

Prince George's County (Maryland) Task Force to study the Treatment of the Victims of Sexual Assaults (Hrsg.): Recommendations. Drapkin-Viano (Hrsg.): Victimology. (1974) S. 243-250.

State of California, Bureau of Criminal Statistics (Hrsg.): Homicides in California 1970-1971. Sacramento 1972.

State of California, Bureau of Criminal Statistics (Hrsg.): Crime and delinquency in California 1972. Sacramento 1973.

Statistisches Bundesamt (Hrsg.): Unzüchtige Handlungen mit Kindern. Wirtschaft und Statistik. 1967, S. 684-687.

U. S. Department of Justice, Federal Bureau of Investigation (Hrsg.): Uniform crime reports 1973. Washington D. C. 1974.

U. S. Department of Justice, Law Enforcement Assistance Administration (Hrsg.): Crimes and victims — a report on the Dayton-San Jose pilot survey of victimization. Washington D. C. 1974.

U. S. Congress, House of Representatives (Hrsg.): Victims of Crime Act of 1973 (S. 300). Washington D. C. 2. April 1973.
U. S. Senate, Committee on the Judiciary, Subcommittee on Criminal Laws and Procedures (Hrsg.): Victims of crime hearing. Washington D. C. 1972.
U. S. Senate (Hrsg.): Victims of Crime Act of 1973: Report No. 83-93. Washington D. C. 22. März 1973.

NACHTRAG: NEUERE VIKTIMOLOGISCHE FORSCHUNGSERGEBNISSE

Die Tötungsdelikte in Israel in der Zeit vom 1. Januar 1950 bis zum 31. Dezember 1964 haben Simha F. Landau, Israel Drapkin und Shlomo Arad (1974) viktimologisch untersucht. Es handelt sich um 279 Täter und 311 Opfer. Das Opferwerden der Frauen (43 %) ist bei Tötungsdelikten in Israel fünfmal höher als ihre Täterschaft (9 %). Dieses Ergebnis steht grundsätzlich in Übereinstimmung mit den viktimologischen Forschungsergebnissen bei Tötungsdelikten in Großstädten der USA, in England und auf Ceylon. Bei einem Vergleich zwischen Juden und Nichtjuden (Arabern in Israel) zeigte sich, daß das Tötungsdelikt ein intraethnisches Phänomen ist: Bei 95 % aller Taten waren sowohl Täter wie Opfer entweder beide Juden oder beide Araber. Täter und Opfer der Tötungsdelikte in Israel waren zu 35 % einander Fremde, Feinde, sexuelle Rivalen oder Mitglieder eines rivalisierenden Clans. 65 % aller Täter-Opfer-Beziehungen waren Primärbeziehungen (z. B. Ehepartner, Nachbarn), davon allein 42 % Familienbeziehungen.

Eine Stichprobe von 10 % aller Autodiebstähle im Staat Viktoria/Australien in der Zeit zwischen dem 1. Juli 1971 und dem 30. Juni 1972 untersuchte David Biles (1974) viktimologisch. Während dieser Zeit waren in Viktoria 12 707 Kraftfahrzeuge gestohlen worden. Im endgültigen Sample waren 1268 Kraftfahrzeugdiebstähle enthalten. Das höchste Opferrisiko bieten Handelsvertreter und Verkäufer; an zweiter Stelle stehen Transport- und Telegrafenarbeiter. Die Gruppe mit dem niedrigsten Opferrisiko bilden die Handwerker und Unternehmer, die die höchste Eigentumsrate an Kraftfahrzeugen haben. Die zweitniedrigste Opferrisiko-Gruppe setzt sich aus Verwaltungsbeamten und Managern zusammen. Es besteht ein statistisch signifikanter Zusammenhang zwischen Beruf und Opferrisiko beim Autodiebstahl. Die höchste Risikogruppe bietet ein mehr als zehnmal höheres Opferrisiko als die niedrigste. Der Beruf ist charakteristisch für den Grad der Sorgfalt für das Auto. Eine große Zahl von Opfern hat zur Verursachung des Autodiebstahls dadurch beigetragen, daß sie ihren Zündschlüssel stecken, die Türen ihrer Wagen unverschlossen und die Fenster offen ließen. Nach weitverbreiteter Ansicht werden neue Autos öfter gestohlen als alte, weil neue einen größeren Wert haben und höheren Komfort bieten. Das am meisten gestohlene

Modell war indessen 1964 hergestellt worden. 55 % aller gestohlenen Wagen waren sieben Jahre alt und älter. Ältere Autos bergen ein höheres Diebstahlsrisiko in sich. Einmal können sie leichter ohne Zündschlüssel angelassen werden. Zum anderen besitzen die meisten alten Modelle in Viktoria/Australien noch kein automatisches Lenkradschloß. Schließlich trägt die allgemeine Annahme, alte Autos würden weniger entwendet, dazu bei, daß ihre Eigentümer die nötige Vorsicht und Sorgfalt im Hinblick auf ihre Autos vermissen lassen. Ganz bestimmte Modelle und Marken von Autos werden gestohlen. Der Grund hierfür dürfte in der leichteren Stehlbarkeit auf Grund technischer Eigenheiten der gefährdeten Modelle liegen. Drei Viertel aller Kraftfahrzeuge werden von öffentlichen Plätzen und Straßen entwendet, nur ein Viertel von Privatgrundstücken. Der Dieb, der sich auf einem Privatgrundstück an einem Wagen zu schaffen macht, fällt leichter auf. In der Zeit vom 1. Dezember 1972 bis 16. Januar 1973 wurden 150 Fragebogen an Personen versandt, deren Wagen gestohlen worden waren. Die Ausfallrate war hoch. Nur 88 Fragebogen (58,6 %) kamen zufriedenstellend ausgefüllt zurück. Zweifel war die erste Reaktion auf den Autodiebstahl bei 53 Fällen. Die Autobesitzer wollten einfach nicht glauben, daß ihre Wagen entwendet worden waren. Als Reaktion auf den Autodiebstahl wurde von den meisten Opfern Freiheitsstrafe für die Täter und Ersatz des Schadens und der Aufwendungen des Opfers durch den Täter gefordert. Die Mehrheit der Opfer (66,7 %) beschrieb das Verhalten der Polizei bei der Aufklärung des Autodiebstahls als kooperativ, hilfreich, erfolgreich und zufriedenstellend.

Die öffentliche Meinung über Verbrechen und deren Bekämpfung in den USA stellt Michael J. Hindelang (1974) aufgrund neuerer und für die USA repräsentativer Meinungsumfragen aus den Jahren 1970 bis 1972 dar. Die Frage, ob es innerhalb einer Meile von der Wohnung des Befragten ein Gebiet gibt, das er bei Nacht zu betreten für zu gefährlich hält, bejahten in 1972 20 Prozent der Männer und 59 % der Frauen. Dieses Ausmaß der Furcht vor dem Verbrechen ist seit 1965 — selbst in den Großstädten — konstant geblieben. Je höher die Bildung, je älter der Befragte, je niedriger sein Einkommen und je größer die Stadt ist, in der er wohnt, desto größer ist seine Verbrechensfurcht. Der Respekt vor der Polizei ist in der Bevölkerung hoch. 77 % der Befragten haben sehr viel und 17 % einigen Respekt vor der Polizei. Drei von fünf Versuchspersonen beurteilten die Arbeit der Polizei günstig. Je kleiner der Wohnort der Befragten ist, desto höher wächst der Respekt vor der Polizei. Allerdings sind 70 % der weißen und 53 % der schwarzen Bevölkerung der Meinung, daß die Praxis der Strafrechtspflege potentielle Täter nicht abschreckt. Sieben von zehn Versuchspersonen äußerten die Ansicht, die Strafrechtspraxis müsse „härter“ werden. Farbige Befragte, Versuchspersonen mit niedrigem Einkommen und Befragte zwischen 18 und 20 Jahren teilten diese Ansicht freilich etwas weniger. 87 % der repräsentativen Stichprobe würden mit der örtlichen Polizei bei der Bekämpfung des Verbrechens zusammenarbeiten. 13 % verweigerten der Polizei ihre Unterstützung. Je höher die Bildung und je größer das Einkommen ist, desto mehr waren die Befragten geneigt, der Polizei zu helfen. Allerdings waren diese Bevölkerungsgruppen auch der Meinung, die Rechtsanwendung durch Polizei und Gerichte müsse „härter“ werden. Strengere Bestrafung der Rechtsbrecher forderten im Jahre 1972 79 % der Befragten; 10 % waren mit den Strafen im wesentlichen einverstanden, und 11 % hatten keine Meinung. Die Todesstrafe befürworteten 1972 immerhin noch 50 % der Bevölkerung der USA; 41 % waren gegen ihre Anwendung, und 9 % hatten keine Meinung. Die Strafe für den Besitz von Marijuana soll — nach der Auffassung von 64 % (Gegenansicht 30 %, keine Meinung 6 %) im Jahre 1972 — nicht gemildert werden. Eine Abschaffung der Bestrafung für Konsum von Marijuana lehnten 81 % (Gegenmeinung 15 %, keine Meinung 4 %) ab. Für eine strengere Waffengesetzgebung (Einführung von Waffenschein) traten 65 % der Männer und 77 % der Frauen im Jahre 1972 ein. In den Großstädten über eine Million Einwohner befürworteten eine polizeiliche Lizenzierung der Waffen 83 % der Einwohner, in ländlichen Gebieten 63 %. Als Ursachen für die Kriminalität in den USA wurden im Jahre 1972 hauptsächlich von der Bevölkerung genannt: zu milde Gesetze und zu gelinde Bestrafung, Rauschgiftsucht, Mangel an elterlicher Aufsicht (bei Jugendkriminalität), Armut und Arbeitslosigkeit. 58 % waren — überraschenderweise — der Auffassung, daß die Gesellschaft verantwortlich für die Entstehung der Kriminalität sei, 35 % glaubten, das Individuum trage allein die Schuld. Bei der Befürwortung der Verantwortlichkeit der Gesellschaft durch die Mehrheit der Bevölkerung mag allerdings wahrscheinlich ein Großteil der Befragten der Meinung gewesen sein, die Gesellschaft gehe „zu milde“ mit ihren Rechtsbrechern um. Je höher die Bildung und das Einkommen sind, desto mehr waren die Befragten der Meinung, die Gesellschaft treffe die Hauptverantwortung. Michael J. Hindelang (1974, S. 522) kommentiert, es sei überraschend, daß gerade diejenigen, die in der Gesellschaft erfolgreich gewesen seien, der Gesellschaft mehr Schuld an Problemen der Kriminalität gäben als die Erfolgslosen.

Literatur:

Biles, David: The victims of car stealing. The Australian and New Zealand Journal of Criminology. 1974, Seiten 99—109.

Hindelang, Michael J.: Public opinion regarding crime, criminal justice, and related topics. Crime and Delinquency Literature. 1974, Seiten 501—523.

Landau, Simha F. — Drapkin, Israel — Arad, Shlomo: Homicide victims and offenders: an Israeli study. The Journal of Criminal Law and Criminology. 1974, Seiten 390—396.

Anmerkung:

Nach Beendigung der Drucklegung waren die Dunkelfeldforschung in Göttingen von Hans Dieter Schwind und die Stuttgarter Opferbefragung von Egon Stephan und Günther Kaiser zwar angekündigt, aber noch nicht veröffentlicht. Diese beiden Studien konnten deshalb im Text nicht mehr berücksichtigt werden.

HINWEISE FÜR DIE LÖSUNG DER FÄLLE UND FÜR DIE BEANTWORTUNG DER FRAGEN

1. Kapitel: Begriffsbestimmungen und Ursprung

a) Hinweise zur Beantwortung der Fragen zu Fall 1:

1. Das Ermittlungsverfahren ist einzustellen. Barbara hat durch ihr Verhalten zum Ausdruck gebracht, daß sie mit dem Geschlechtsverkehr in beiden Fällen einverstanden war. Wenn sie sich rein verbal mit ihrem tatsächlichen Verhalten in Widerspruch setzt und während des Geschlechtsverkehrs oder im nachhinein vor der Polizei die Handlungen der Männer als „Notzucht" definiert, so ist dieser Umstand für die Anklagebehörde unbeachtlich. Sie hat als Opfer lediglich eine Definitionsmacht über das Verhalten der Beschuldigten, wenn ihr eigenes Benehmen mit ihren Definitionen der Handlungen der Beschuldigten — nach ihren eigenen Angaben — im Einklang steht.

2. Nach dem ersten Anschein entscheidet das „Opfer" selbst, wer Täter und wer Opfer ist. Wenn das „Opfer" allerdings Angaben macht, aus denen sich ergibt, daß es kein Opfer geworden ist, treffen Dritte die Entscheidung: hier Kriminalpolizei und Staatsanwaltschaft. Dasselbe gilt, wenn die Einlassungen des Opfers mit glaubhaften Aussagen von Zeugen oder Tätern in Widerspruch stehen.

3. Von Täter und Opfer kann hier nicht gesprochen werden, da keine strafbaren Handlungen vorliegen.

4. Der Begriff der Opfer-Präzipitation ist auf Seite 15 (letzter Satz des ersten Absatzes) erläutert. Da kein Delikt gegeben ist, kann auch von keiner Form der Mitverursachung die Rede sein.

5. Es liegt keine Viktimisierung vor. Barbara hat aus Furcht vor Schwangerschaft Anzeige erstattet. Ihr seltsames Verhalten am Morgen (Dramatisierung!) erklärt sich aus ihren Erlebnissen in der Nacht, die für sie wahrscheinlich ungewöhnlich gewesen sein dürften.

b) Hinweise zur Beantwortung der Fragen zu Kapitel 1:

1. Die verschiedenen Opferbegriffe sind auf den Seiten 10 und 11 erläutert. Man kann einen Opferbegriff, der auf die Person abstellt, von einem legalistischen Opferbegriff unterscheiden, für den die Rechtsgutverletzung wesentlich ist. Der hier vertretene weite

Opferbegriff steht auf Seite 11 (erster Absatz, letzter Satz). Eine Beeinträchtigung der Wirtschafts- und Sozialordnung kann viktimologisch bedeutsam nur in der Verletzung von Gesetzen bestehen. Es ist ein Opferbegriff vorhanden, der aus der Religion stammt (vgl. Seite 22). Dieser Opferbegriff ist für die Viktimologie nicht verwendbar. Man kann den Opferbegriff rein formal operationalisieren (vgl. Seite 43 Mitte, 2. Absatz, 3. Satz). Das Opfer definiert zunächst die kriminelle Handlung, der es zum Opfer gefallen ist. Durch die Reaktion seines sozialen Nahraums (vgl. Seite 32, 1. Absatz, 1. Satz) wird es als Opfer definiert. Formell wird es durch die formellen Instanzen der Sozialkontrolle als Opfer benannt. Es kann im Interaktionsprozeß seine Opferrolle annehmen.

2. Es gibt nach dem hier vertretenen weiten Opferbegriff keine Straftaten ohne Opfer (vgl. aber Seite 11 Mitte).

3. Die Viktimologie im engeren Sinne ist die Wissenschaft vom Verbrechensopfer. Die Viktimologie im weiteren Sinne beschäftigt sich mit dem Opfer schlechthin.

4. Die Aufgaben der Viktimologie sind auf den Seiten 15 (unter 6.) und 16 erläutert.

5. Die Viktimologie kann als selbständige Wissenschaft oder als Teildisziplin der Kriminologie verstanden werden. Eine täterorientierte Kriminologie kann die Viktimologie nicht integrieren. Nur von einer sozialpsychologischen interaktionistischen theoretischen Grundlage her ist die Viktimologie Teilgebiet der Kriminologie.

6. Nach der interaktionistischen dynamischen Verbrechensentstehungstheorie „ergänzen“ sich Täter und Opfer durch ihre beiderseitigen Tatbeiträge gegenseitig. Täter, Opfer und Dritte (Gesellschaft!) sind Subjekte, Hauptelemente der Verbrechensverursachung.

7. Die Viktimologie sieht das Verbrechensopfer nicht als bloßes Objekt; nicht als einen Faktor der Umwelt des Täters, sondern als ein mitverantwortliches Subjekt bei der Verbrechensentstehung.

8. Das Opfer ist kein Verlierer, der Täter kein Gewinner. Das Verbrechen zahlt sich letzten Endes für den Täter nicht aus. Der Täter ist vielmehr regelmäßig ein „Verlierer“, da ihn die Gesellschaft nach dem Rechtsbruch im Strafvollzug zum Opfer macht. Das Opfer zieht andererseits nicht selten aus der Straftat Gewinn. Es ist jedenfalls in der Regel mit dem Verlierer nicht identisch. Verlierer können auch die Gesellschaft, ihre Rechtsordnung oder Dritte (Konsumenten bei Wirtschaftsdelikten) sein.

9. Die Begriffe Viktimisierung und Opferpräzipitation sind auf Seite 15 (unter 5.) definiert.

10. Diese These entstammt der täterorientierten Kriminologie.

11. Die Geschichte der Viktimologie ist auf den Seiten 20 (unter 4. Abschnitt) bis Seite 22 dargestellt. Bemerkenswerte Perspektiven dieser Geschichte sind die Wiedergutmachungsfrage und das Problem der Mitverursachung des Delikts durch das Opfer.

12. Eine viktimelle Karriere ist das stufenweise Voranschreiten eines Opfers im Viktimisierungsprozeß. Viktimelle Karrieren können beschrieben werden: Das potentielle Opfer einer Straftat wird zunächst Opfer einer meist unbedeutenden nonkonformen, sozialabweichenden Handlung. Es lernt im Verlauf der Interaktion mit Menschen, immer wieder Opfer solcher schwerer werdenden Handlungen zu werden. Es wird dann in einem offiziellen Verfahren öffentlich als Opfer benannt und abgestempelt. Seine persönliche Identität wandelt sich drastisch. Die Dynamik einer sich selbst erfüllenden Prophezeiung wird wirksam. Schließlich definiert es sich selbst als Opfer.

13. Wenn das Opfer in die sozialen Bezüge des Täters einbezogen wird, bleibt es Objekt einer täterorientierten Betrachtungsweise. Wenn der Täter in die sozialen Bezüge des Opfers einbezogen wird, bleibt er Objekt einer opferorientierten Betrachtungsweise. Täter und Opfer handeln nicht als mitverursachende Subjekte. Die Interaktion, der Wechselwirkungsprozeß zwischen Täter und Opfer fehlt. Eben dieser Sozialprozeß wird in diesem Buch betont.

2. Kapitel: Opfereinfluß und -gefährdung

a) Hinweise zur Beantwortung der Fragen zu Fall 2:

1. Freiheitsberaubung (Fahren in ein einsames Gebiet des Stadtwaldes ohne Einwilligung der P), Nötigung (Zwang der P durch A, sich zu entkleiden), Körperverletzung (Schlagen, Beißen und Hinauswerfen der P aus dem Auto), sexuelle Nötigung (Mundverkehr), Notzucht (Geschlechtsverkehr gegen den Willen der P), Raub (Wegnahme der 500 DM, der Armbanduhr und der zwei Ringe), Sachbeschädigung (Hinauswerfen der Kleidungsstücke der P aus dem Pkw).

2. Die persönliche Opferneigung der Prostituierten und die viktimogene soziale Situation, in die sie sich begibt, sind herauszuarbeiten.

b) Hinweise zur Beantwortung der Frage zu Fall 3:

Alfred K. macht sich die viktimologischen Erkenntnisse zunutze, daß ältere, alleinstehende, gebrechliche Frauen besonders opferanfällig sind, daß man ihr Wissen um ihre Opferneigung durch höfliches Auftreten und einen Appell an ihre Hilfsbereitschaft überwinden kann und daß bei solchen Frauen ihre Leichtgläubigkeit und Vertrauensseligkeit ihr Mißtrauen gegenüber Fremden an ihrer Wohnungstür im Motivationsprozeß nur zu leicht bezwingen.

c) Hinweise zur Beantwortung der Fragen zu den Fällen 4, 5 und 6:

1. Die körperliche und seelische Mißhandlung von Kindern besteht in einer üblen, unangemessenen Behandlung, durch die das körperliche und seelische Wohlbefinden der Kinder nicht nur unerheblich beeinträchtigt wird. Die Vernachlässigung von Kindern besteht in der Verletzung der elterlichen Fürsorge-, Erziehungs- und Sorgepflicht. Mißhandlung und Vernachlässigung verstoßen gegen das Prinzip der Ungestörtheit der seelischen und körperlichen Entwicklung der Kinder. Die Fälle 4 und 6 sind eindeutig Mißhandlungsfälle; der Fall 5 liegt auf der Grenze vom Vernachlässigungs- zum Mißhandlungsfall.

2. Die Ursachen der Kindesmißhandlung sind auf den Seiten 63 (unter 5.) bis 68 diskutiert. Das Konzept der *Rollenumkehr* (Näheres auf Seite 68) bietet gegenwärtig den fruchtbarsten sozialpsychologischen Interpretationsansatz.

3. Da die Ursachen der Kindesmißhandlung letztlich in sozialpathologischen Erscheinungen liegen, müßten diese Phänomene angegangen werden. Das ist allerdings nicht mehr möglich. Deshalb wäre viel gewonnen, wenn die Gleichgültigkeit gegenüber der Kindesmißhandlung in der Gesellschaft und bei ihren Repräsentanten im Reaktionsprozeß auf Kriminalität überwunden werden könnte und wenn die Gesellschaft und ihre Repräsentanten gegenüber der Kindesmißhandlung wachsamer sein würden.

4. Die Verhinderung des Rückfalls ist bei Kindesmißhandlung außerordentlich schwierig, weil mit der Bestrafung der Eltern die sozialpathologischen Prozesse nicht beseitigt, sondern eher noch verschärft werden, in denen Kindesmißhandlung entsteht. Die Einweisung des Kindes in Heimerziehung ist keine Lösung, weil eine solche Erziehung gleichfalls in der Regel psychisch schädigend wirkt. Das Einweisen des mißhandelten Kindes in eine geeignete Pflegefamilie wäre eine wirksame Maßnahme. Aber einerseits fehlen allenthalben brauchbare Pflegefamilien; zum anderen machen

die gesetzlichen Vorschriften das ungestörte Aufwachsen eines Kindes in einer Pflegefamilie nicht eben leicht.

5. In allen drei Fällen (4, 5, 6) haben sich die Eltern zum Erziehen ihrer Kinder als völlig unfähig erwiesen. Bei Fall 6 kommt hinzu, daß auch die Fürsorgerin, die Nachbarn und der Arzt versagt haben. Denn sie haben keine soziale Verantwortung bewiesen. Mindestens in diesem Fall hätte die Kindesmißhandlung verhütet werden können.

d) Hinweise zur Beantwortung der Fragen zu Kapitel 2:

1. Die primäre und sekundäre Viktimisierung sind — nach der Terminologie des Verfassers — auf Seite 32 oben, Absatz 1 definiert. Eine abweichende Bedeutung haben primäre und sekundäre Viktimisierung nach der Terminologie von Thorsten Sellin und Marvin E. Wolfgang (vgl. Seite 55 Abs. 1).

2. Opfergewordensein kann nur schwer ins Gedächtnis zurückgerufen werden. Das könnte dafür sprechen, daß es kein nachhaltiges seelisches Erlebnis ist. Wahrscheinlicher ist die Erklärung, daß Opfergewordensein ins Unbewußte verdrängt wird. Ob die eine oder die andere Erklärung im Einzelfall gegeben ist, hängt von einer Reihe von Faktoren ab, z. B. von der Art und Schwere des Delikts, von der Persönlichkeitsstruktur des Opfers usw.

3. Kriminalität, die vom Täter, Opfer oder von Dritten nicht bemerkt, nicht als Kriminalität beurteilt oder nicht erinnert werden kann, fällt ins absolute Dunkelfeld, das durch Opferbefragungen nicht aufgehellt werden kann. Das kriminelle Verhalten, das das Opfer zwar wahrnimmt und als kriminell wertet, aber nicht anzeigt, gehört zum relativen Dunkelfeld, das durch viktimologische Untersuchungen aufklärbar ist. Kriminologisch gehört zum Dunkelfeld die gesamte begangene Kriminalität, die nicht erfolgreich bekämpft werden konnte, also z. B. die zwar angezeigten, aber nicht wirksam verfolgten Delikte oder die zwar verfolgten, aber nicht aufgeklärten Verbrechen oder die zwar aufgeklärten, aber mangels Beweisbarkeit nicht verurteilten Rechtsbrüche. Kriminalstatistisch versteht man unter Dunkelfeld die verborgen gebliebene, unentdeckte Kriminalität, die nicht registriert worden ist und deshalb in keiner Kriminalstatistik erscheint. Das Dunkelfeld wird durch Befragung repräsentativer Stichproben von Tätern, Opfern oder durch Dunkelfeldschätzungen festgestellt. Bei den Täterbefragungen kann eine repräsentative Stichprobe von Personen gefragt werden, ob sie bestimmte kriminelle Handlungen innerhalb

eines bestimmten Zeitraumes begangen hat. Es können allerdings auch Straftäter mit dem Ziel interviewt werden, zu erfahren, ob sie weitere, bisher nicht entdeckte Rechtsbrüche verübt haben. Die Opferbefragungen können sich auf repräsentative Stichproben von Personen, Haushalten, Handels- und Gewerbebetrieben, Bundes-, Staats- und Kommunalbehörden, Banken und Farmen beziehen. Die Haushalts- oder die Selbstbeantwortungsmethode (vgl. hierzu Seite 44 Ende des Absatzes) kann angewandt werden. Die Haushaltsbefragungsmethode wird besser allgemein als Befragung sozialer Einheiten bezeichnet, weil beispielsweise auch Personen in Gewerbebetrieben oder Farmen befragt werden können, ob jemand in diesen sozialen Einheiten oder ob die soziale Einheit selbst Opfer geworden ist.

4. Nach der NORC-Befragung beträgt der Anteil der Bevölkerung, die kein Verbrechensopfer geworden ist, 72 % der Befragten (vgl. Seite 39 oben). Für Jugendliche ist der Prozentsatz für die Kategorien: „keine Viktimisierung“ allerdings als erheblich niedriger ermittelt worden (vgl. hierzu Seite 42 Mitte). Es gibt sogar Untersuchungen, nach denen jeder bis zu seinem 26. Lebensjahr mindestens einmal Opfer einer Straftat geworden ist (vgl. Seiten 129 und 130). Die empirisch-viktimologischen Forschungsergebnisse widersprechen sich nicht, da unterschiedliche Methoden angewandt worden sind. Bei der NORC-Befragung ermittelte man z. B. nur das Opferwerden innerhalb der letzten zwölf Monate (vgl. Seite 38).

5. Nach der NORC-Untersuchung wird 1 % der Haushalte vier und mehrmals Opfer von Straftaten (Seite 40: Tabelle 3). 2 % der männlichen und 1 % der weiblichen Jugendlichen erleben vier und mehr Viktimisierungen (Seite 42 unten). Die Dayton-San-Jose-Viktimisierungsstudie beschreibt den Progressionsprozeß bei der wiederholten Viktimisierung für Einbruch und Körperverletzung (Seite 49 unten).

6. In Washington D. C. wurden vier von neun Raubüberfällen und zwei von sieben Körperverletzungen nicht angezeigt. Autodiebstahl wurde dagegen fast immer polizeilich gemeldet (vgl. Seite 32 unten, Seite 33 oben). Nach einer Studie von Richard Block (1974) wurden 45 % aller Körperverletzungen der Polizei nicht angezeigt (Seite 33 Mitte). Sexualdelikte wurden in Dänemark — auf Grund einer Studie von Berl Kutschinsky (1972) — von Männern in 6 % der Fälle und von Frauen in 19 % der Fälle der Polizei berichtet (Seite 33 unten, Seite 34 oben). Die Anzeigeraten

in einer Kleinstadt des Mittleren Westens der USA betrugen 1970: 44 % und 1971: 42 % (vgl. zu Einzelheiten Seite 37 oben). Nach der NORC-Studie (vgl. Seite 39 oben) und nach der Dayton-San-Jose-Studie (vgl. Seite 50 oben) wurde die Hälfte der gesamten Fälle des Opferwerdens der Polizei nicht angezeigt. Die Anzeigequoten bei Viktimisierung von Jugendlichen sind auf Seite 42 unten und Seite 43 oben nach Geschlecht und Delikt differenziert angegeben. Für kein Delikt kam mehr als eines von dreien zur Kenntnis der Polizei. Die Dayton-San-Jose-Studie fand heraus, daß die nicht angezeigten Delikte weniger schwer sind als die angezeigten (vgl. die Einzelheiten auf Seite 50 oben bis Mitte). Als „schwer" ist hier der Maßstab der von der Bevölkerung als „schwer" empfundenen Delikte zugrunde gelegt worden. Die Anzeigequote bei Raub findet sich auf Seite 46 oben, für Diebstahl auf Seite 48 Mitte.

7. Für das Opfer spielen im Motivationsprozeß für oder gegen die Anzeige eines Delikts bei der Polizei mannigfaltige Faktoren eine Rolle, die es gegeneinander abwägt. Gründe für eine Anzeige stehen z. B. auf Seite 32 unten. Persönliche Motive gegen eine Anzeige finden sich beispielsweise auf Seite 33 unten. Nach der NORC-Studie stellen sich die Bestimmungsgründe der Anzeigebereitschaft des Opfers folgendermaßen dar (vgl. Seite 40: Tabelle 4): 55 % mißtrauen der Effektivität der Polizei. 34 % haben persönliche Gründe: Sie möchten sich selbst und den Täter schonen. Bei 9 % spielen mehr situative Gründe eine Rolle: Sie fürchten den Zeitverlust. Sie wissen angeblich oder wirklich nicht, wie man eine Anzeige erstattet. Sie waren zu verwirrt oder schockiert durch die Straftat, um zur Polizei zu gehen. 2 % haben Angst vor Repressalien.

8. Die besondere Opferanfälligkeit hat Hans von Hentig (1948) herausgearbeitet. Seine Typologie (vgl. Seite 53 unter 2., Absatz 1) basiert hauptsächlich auf diesem Gesichtspunkt. Er hat allerdings nicht bedacht, daß die Opferanfälligen um ihre Opferanfälligkeit wissen und entsprechende für sie viktimogene Situationen meiden können. Demgegenüber können nicht-opferanfällige Personen aus Übermut oder anderen Motiven viktimogene Situationen suchen und auf diese Weise erst opferanfällig werden. So ist nicht etwa die ältere Frau, sondern der junge Mann nach den empirischen Viktimisierungsstudien ganz überwiegend das Verbrechensopfer (vgl. hierzu Seite 49 Mitte).

9. Der Rückgang der Unzucht mit Kindern in Dänemark erklärt

sich aus der weitgehenden Freigabe der Pornographie (vgl. zu Einzelheiten Seite 34 unten, Seite 35 unten und Seite 36 oben, auch Schaubild 1).

10. Unterschiede in der kriminellen Viktimisierung von Jugendlichen und Erwachsenen sind auf Seite 42 oben bis Mitte dargelegt.

11. Die Einstellungen der Bevölkerung zum Verbrechen sind auf den Seiten 71 (unter 2.) bis 73 erörtert. Die kriminalpolitischen Vorstellungen der Bevölkerung und ihre Einstellung zur Polizei sind auf den Seiten 73 (unter 3.) bis 75 diskutiert (vgl. auch den Nachtrag: Seite 263).

12. Die Vorbeugemaßnahmen der Bevölkerung gegen das Verbrechen ergeben sich aus den Tabellen 9 und 10 auf den Seiten 78 und 79. Hier handelt es sich zwar um schwarze Jugendliche und Erwachsene aus Philadelphia. Ähnliche Verhaltensweisen können aber auch für die Unterschichtsangehörigen in der Bundesrepublik Deutschland angenommen werden. Vorbeugemaßnahmen im Bereich der gewerblichen Wirtschaft stehen auf Seite 41 oben.

13. Die Wechselwirkung zwischen Verbrechensaufklärung und Anzeigebereitschaft ist auf Seite 31 unten bis Seite 32 oben dargestellt.

14. Kleine Handels- und Gewerbebetriebe werden von der kriminellen Viktimisierung besonders betroffen (so die Dayton-San-Jose-Studie: Seiten 45 unten, 46 unten, 47 Mitte; ebenso die Untersuchung des „U. S. Department of Commerce“: Seite 98 Mitte).

15. Zunächst wird die große Bedeutung der Wirtschaftskriminalität immer deutlicher (vgl. näher dazu Hans Joachim Schneider 1974, Seite 87—106). Bei den „klassischen“ Delikten gewinnen nach den Dunkelfelduntersuchungen gegenüber der polizeilichen Kriminalstatistik der Diebstahl und der Einbruchsdiebstahl noch an Bedeutung. Die Häufigkeit des Haushaltsdiebstahls (gegenüber dem persönlichen Diebstahl) und des Einbruchs in private Haushalte (gegenüber dem Geschäftseinbruch) überraschen (vgl. hierzu Tabelle 5 auf Seite 46). Notzucht und Raub verlieren nach den Dunkelfelduntersuchungen noch mehr an Gewicht.

16. Eine Erklärung wird auf Seite 49 gegeben.

17. Eine viktimelle Karriere entwickelt sich (vgl. Beantwortung der Frage 12 zu Kapitel 1).

18. Die gegenwärtig vorhandenen Opfertypologien sind auf den Seiten 53 (unter 2.) bis 55 dargestellt.

19. Die Gütekriterien für Opfertypologien finden sich unter 1. auf den Seiten 52 und 53. Unter Berücksichtigung dieser Gütekri-

terien werden die gegenwärtig vorhandenen Opfertypologien auf den Seiten 55 (unter 3.) bis 57 kritisiert.

20. Aus der Kritik der gegenwärtig vorhandenen Opfertypologien auf den Seiten 55 (unter 3.) bis 57 ergibt sich, daß die Gütekriterien nicht erfüllt worden sind.

21. Es gibt weder Erbfaktoren, die eine Opferanfälligkeit bedingen, noch ein „geborenes Opfer". Anlage und Konstitution haben im Viktimisierungsprozeß lediglich einen untergeordneten Stellenwert. Der empirisch-viktimologische Beweis, daß Erbfaktoren Opferanfälligkeit hervorrufen, ist nicht zu erbringen.

22. Opferanfällig sind besonders Unterschichtsangehörige (vgl. hierzu Seiten 58 und 59 mit Tabelle 8), weil sie so gut wie keinen „sozialen Puffer" haben. Unter „sozialem Puffer" versteht man in diesem Zusammenhang Möglichkeiten der sozialen Verteidigung gegen Viktimisierung. So ist z. B. in New York City der kriminalpolizeiliche Schutz der Unterschichten schlechter als der der Mittelschichten, für die ohnehin die Kriminalpolizei nur die letzte Möglichkeit einer Reihe von Schutzmaßnahmen gegen Kriminalität bietet.

23. Die Rolle des Opfers bei der Entstehung der Unzucht mit Kindern, der Kindesmißhandlung und der Gruppennotzucht ist auf den Seiten 59 (unter 2.) bis 61, 62 (unter 4.) bis 63 und 63 (unter 5.) bis 68 eingehend gewürdigt worden. Aus diesen Ausführungen ergibt sich, daß das Opfer nur *ein* Element im System des Verbrechens und in der Dynamik der Verbrechensentstehung bildet. Vorbeugung gegen die Delikte oder die Wiederholung der Delikte (Rückfall) kann deshalb nicht allein viktimologisch geleistet werden. Freilich ist bisher Vorbeugung gegen Kriminalität oder Rückfallkriminalität durch Ausschaltung mitverursachender Opferfaktoren fast überhaupt nicht diskutiert worden.

24. Die viktimologischen Ursachen des Heiratsschwindels sind auf den Seiten 61 (unter 3.) und 62 erörtert worden.

25. Das Konzept der „sozialen Sichtbarkeit" ist auf den Seiten 68 (unter 6.) bis 70 erläutert worden. Dort kann auch nachgelesen werden, warum „soziale Sichtbarkeit" zu vermehrtem Opferwerden führt.

26. Die Bevölkerung macht moralischen Zerfall für die Verursachung der Kriminalität verantwortlich (vgl. hierzu Seite 73 Mitte). In Nichtübereinstimmung mit dieser vertretbaren Auffassung fordert sie repressive Maßnahmen zur Verbrechensbekämpfung (vgl. Seiten 73 unten und 74).

27. Es bestehen keine Beziehungen zwischen Furcht vor dem Opferwerden und tatsächlicher Viktimisierung (vgl. Seiten 76 unten und 77 oben).

28. Die Furcht vor dem Verbrechen hat sich von ihrer Tatsachengrundlage gelöst. Es ist wesentlich wahrscheinlicher, einem Verkehrs-, Wirtschafts- oder Vermögensdelikt zum Opfer zu fallen als einem Gewaltverbrechen. Gleichwohl fürchten sich die Menschen vor allem vor den Gewaltverbrechen. Hier wirkt sich die verfehlte Kriminalitätsdarstellung im Fernsehen verhängnisvoll aus (vgl. Seite 80 und Hans Joachim Schneider 1974, Seiten 150—157).

29. Sie ändern ihr Verhalten (vgl. Tabelle 9 und 10 auf Seiten 78, 79 und 80). Sie bringen Sicherheitsvorkehrungen an (vgl. Seite 41 oben).

30. Nach Meinung der Bevölkerung empfiehlt sich Härte gegenüber dem Straftäter (vgl. Seiten 73 unter 3. bis 75 und Nachtrag Seite 263). Harte Reaktionen führen lediglich zur Vertiefung der kriminellen Karriere. Eine streng rationale Reaktion ist gegenüber dem Rechtsbrecher angebracht. Es kommt nicht darauf an, daß die Gesellschaft ihre emotionalen Rachebedürfnisse am Kriminellen befriedigt, sondern daß die Ursachen des Verbrechens kriminologisch analysiert und vorbeugend beseitigt werden. Ob die Gesellschaft hierbei ihre Verantwortlichkeit erkennt, ist trotz der neueren Meinungsbefragungsergebnisse (vgl. Nachtrag auf Seite 263) zweifelhaft. Kriminalität ist nur durch einen Prozeß der Selbsteinsicht und der Selbstkritik der Gesellschaft zu verringern. Den Massenmedien kommt in einem solchen Prozeß eine wichtige Rolle zu.

3. Kapitel: Prozeß des Opferwerdens

a) Hinweise zur Beantwortung der Fragen zu Fall 7:

1. Der Tatverlauf stimmt insofern mit den regelmäßigen Handlungsabläufen bei kriminellen Tötungen überein, als es sich um kriminelle Tötungsversuche handelt, die sich innerhalb des sozialen Nahraums des Opfers abspielen und auf familiäre Konflikte zurückzuführen sind. Die Ursache der Taten besteht im Zerfall der emotionalen Beziehungen zwischen Vater und Tochter und zwischen den Ehepartnern auf Grund einseitiger materieller Zielsetzungen. Der Tatverlauf weicht insofern von den regelmäßigen Handlungsabläufen bei kriminellen Tötungen ab, als es mehrerer rational geplanter Tötungsversuche bedurfte, um dann schließlich zu

versuchen, unter Zuhilfenahme Dritter (gedungener Mörder) das Opfer umbringen zu lassen. Für gewöhnlich wird aus einer sozialen Konfliktsituation heraus plötzlich, brutal und ohne Umschweife getötet. Ungewöhnlich sind auch der Grad der Gefühllosigkeit und der kriminellen Energie der 15jährigen Tochter Angelika. Ihr Verhalten ist allein auf außergewöhnliche Verwahrlosung aufgrund einer außerordentlichen Vernachlässigung durch die Eltern und auf Fremdeinflüsse (Rocker-Bande) zurückzuführen. Ohne die elterliche Vernachlässigung sind allerdings die Fremdeinflüsse nicht zu erklären. Atypisch sind schließlich die Tötungsarten, die versucht worden sind.

2. Das Opfer muß sich klar darüber sein, daß es kriminell gefährdet war, wenn es eine „moderne" Ehe führte, sich also vielerlei Freiheiten herausnahm und auch seiner Ehefrau erlaubte, wenn es Frau und Tochter in einem unerträglichen Maße vernachlässigte und wenn es so gut wie keine familiäre Kontrolle mehr ausübte. Die Arglosigkeit, mit der sich das Opfer in viktimogene Situationen begab, gehen über eine normale Naivität hinaus. Man kann hier fast schon von einer Opferpräzipitation sprechen.

b) Hinweise zur Beantwortung der Fragen zu Fall 8:

1. Die 17jährigen Mädchen waren von ihren Eltern und Erziehern vernachlässigt. Sie standen nicht unter ausreichender äußerer elterlicher Kontrolle. Sie waren durch ihre Eltern und Erzieher auch nicht für eine „Entlassung in die Freiheit" vorbereitet und vermochten noch nicht, als selbstverantwortliche Menschen zu handeln, die die notwendige soziale Reife durch ein Hineinwachsen in die Gesellschaft erlangt hatten. Mißverstandene „moderne" Erziehungsprinzipien, die durch „progressive" Journalisten, „Erziehungswissenschaftler" und Politiker erzeugt und verstärkt worden sind, verursachten Verwahrlosungsphänomene. Die Zuwendung, die die Mädchen durch ihre Eltern und Erzieher nicht erhielten, suchten sie sich bei ihren türkischen „Freunden". Kleider, Schmuck und Süßigkeiten traten an die Stelle von elterlicher Zuneigung. Hinzu kam eine jugendliche Abenteuerlust, die auf normalem Wege nicht befriedigt werden konnte.

2. Es müßte den viktimellen Karrieren der Mädchen nachgegangen werden. Hierbei dürfte nicht nur ein mögliches Fehlverhalten der Mädchen, sondern es müßte auch die Reaktion der Menschen im sozialen Nahraum der Mädchen auf solches Fehlverhalten berücksichtigt werden. Schließlich müßte ermittelt werden, welche

Selbstbilder die Mädchen aufgrund dieses Interaktionsprozesses angenommen hatten.

3. Beide Elternpaare waren berufstätig und konnten sich um ihre Töchter nicht ausreichend kümmern. Sie vermochten weder die Bedürfnisse der jungen Menschen nach Zuneigung noch diejenigen nach Abenteuer auf adäquate Weise zu befriedigen. Die Eltern und Erzieher haben versagt.

4. Die Mädchen fühlten sich zwar nicht ausgebeutet. Bei ihren türkischen „Freunden" erhielten sie immerhin eine Art Ersatz für das, was ihre Eltern und Erzieher ihnen vorenthielten. Im tieferen Sinne sind die Mädchen allerdings Opfer: Sie sind nicht nur Opfer ihrer türkischen „Freunde", sondern vor allem von ihren Eltern und Erziehern und von der Gesellschaft und ihren einseitig materiellen Standards und Leitbildern zu Opfern gemacht worden.

5. Die aufgezeigten sozialen Ursachen, vor allem die einseitige materielle Wertausrichtung, müßten angegangen werden. Aufgrund dieser sozialen Ursachen haben die Eltern Fehleinstellungen zu ihren Töchtern entwickelt. Aufgrund dieser Ursachen sind auch die emotionalen Beziehungen zwischen Eltern und Kindern zerfallen, die für einen Aufbau einer wirksamen Selbstkontrolle der Kinder durch Identifikation mit ihren Eltern unbedingt notwendig sind. Ein Verantwortlichmachen der Mädchen oder ihrer Eltern und Erzieher kuriert nur an den Symptomen.

c) Hinweise zur Beantwortung der Fragen zu den Fällen 9 und 10:

1. Die Opfer in den Fällen 9 und 10 haben selbst zu ihrer Vergewaltigung beigetragen. Sie haben völlig verkannt, daß sie sich in viktimogene Situationen begaben. Im Fall 9 haben die Geschwister die letzte Straßenbahn verpaßt und sich auf das Angebot von zwei ihnen fremden Männern eingelassen, sie angeblich mit ihrem Personenkraftwagen nach Hause zu fahren. Die Annahme dieses Angebots war in höchstem Maße leichtsinnig. In Fall 10 hat Karin nicht den Bus benutzt, um nach Hause zu gelangen. Statt dessen hat sie sich von einem ihr fremden jungen Mann überreden lassen, sich mit dem Pkw des Freundes dieses jungen Mannes und von insgesamt drei jungen Männern nach Hause bringen zu lassen. Sie kannte nicht einmal die Namen, die Wohnorte und die Beschäftigungsstellen der Täter. Sie hat sich weder Typ noch Kennzeichen des Pkw noch irgend etwas Außergewöhnliches oder Besonderes gemerkt, durch das die Täter identifiziert werden könnten. Ihr

Verhalten war nicht nur in höchstem Maße leichtfertig, sondern es war auch nicht geeignet, der Kriminalpolizei zur Aufklärung des Falles und zur Überführung der Täter Hilfe zu leisten. Für kriminalpolizeiliche Nachforschungen sind solche Opfer wertlos.

2. Wegen ihrer Unerfahrenheit und ihrer Leichtgläubigkeit einerseits und wegen ihres jugendlichen Wagemutes andererseits waren die Opfer besonders opferanfällig. Mangelnde Aufklärung oder das Nichtbeachten der Ratschläge von verantwortlichen Erwachsenen (z. B. Eltern, Erziehern, Kriminalbeamten) haben das leichtfertige Verhalten der Opfer in beiden Fällen verursacht.

d) Hinweise zur Beantwortung der Fragen zu Kapitel 3:

1. Viktimogene Situation ist eine soziale Lage, in der eine Person oder Organisation leicht zum Opfer werden kann.

2. In Opferzeiten und -räumen entstehen *durch bestimmte Opferkonstellationen* (z. B. durch eine bestimmte Struktur und Dynamik sozialer und persönlicher Faktoren) Opferkonzentrationen.

3. Die viktimologische Struktur einer Großstadt gibt die unterschiedlichen Wahrscheinlichkeiten an, mit denen Einwohner oder Besucher dieser Großstadt Opfer bestimmter Delikte werden können. Die viktimologische Struktur erklärt sich aus den unterschiedlichen Sozialstrukturen der verschiedenen Großstädte.

4. Die Psychodynamik der Notzuchtsituation ist am Beispiel des Reisens der Mädchen durch das Anhalten von Autos auf den Seiten 93 und 94 näher dargelegt. Aus diesen Erörterungen kann die besondere Opferanfälligkeit der Frauen und Mädchen in dieser Situation entnommen werden.

5. Die Vorbeugungsmöglichkeiten gegen Laden- und Betriebsdiebstähle folgen aus den Erörterungen auf den Seiten 97 bis 99.

6. Die Kosten der Sozialkontrolle trägt bei Laden- und Betriebsdiebstählen letztlich der Konsument (über die Preisgestaltung) oder der Bürger (über die Steuern).

7. Die kleinen Handels- und Gewerbebetriebe erleiden die größten Verluste (vgl. die Seiten 45 unten, 46 unten, 47 Mitte und 98).

8. Die verschiedenen viktimologischen Bedeutungen der sozialen Beziehung werden auf den Seiten 99 bis 101 erörtert.

9. Die unterschiedlichen Arten von viktimologischen sozialen Beziehungen sind ebenfalls auf Seite 99 (unter 1.) bis Seite 101 dargestellt.

10. Die Definition des „Beziehungsverbrechens“ steht auf den Seiten 100, 101 und 143 (Hans Schultz 1956).

11. Delikte gegen die Person sind hauptsächlich durch eine soziale Beziehung zwischen Täter und Opfer gekennzeichnet (vgl. Schaubild 4 auf Seite 104). Der Grund hierfür liegt darin, daß Delikte, die sich gegen die Person richten, hauptsächlich auf persönlichen Konflikten beruhen oder durch persönliche Nähe zwischen Täter und Opfer begünstigt werden.

12. Vermögensdelikte haben meist allein das Gewinnstreben des Täters zum Motiv. Sie setzen keinerlei Täter-Opfer-Beziehung voraus.

13. Die Faktoren, die sich in einer Tötungssituation viktimogen auswirken, sind auf Seite 103 (unter 3.) bis Seite 113 dargelegt.

14. Täter-Opfer-Beziehungen sind bei kriminellen Tötungen häufig (vgl. hierzu Schaubild 4 auf Seite 104). Gerade bei kriminellen Tötungen sind die Täter-Opfer-Beziehungen zur Aufklärung der Straftat wesentlich. Deshalb werden sich jeder gute Kriminalroman und jeder gute Kriminalfernsehfilm, die sich fast ausschließlich mit der Aufklärung von Mordfällen befassen, neben dem Aufzeigen der Verbrechensursachen hauptsächlich der Täter-Opfer-Beziehung widmen.

15. Enge menschliche Beziehungen spielen bei Gewaltdelikten Geisteskranker eine wesentliche Rolle (vgl. hierzu Seite 109 und Seite 143 unten).

16. Beim Raubmord überwiegt ein einseitiges subjektives Verhältnis, nämlich das Kennen des Opfers durch den potentiellen Täter (vgl. Seiten 111 bis 113).

17. Die Körperverletzung ist oft durch ein Kennenlernen zwischen Täter und Opfer kurz vor der Straftat gekennzeichnet.

18. Die leichteren Erscheinungsformen herrschen beim Delikt der Unzucht mit Kindern vor. Die Täter zwingen keineswegs ihre Erwachsenensexualität den Kindern auf. Zwischen Täter und Opfer finden vielmehr vorwiegend spielerisch-kindliche Kontakte statt (vgl. Seite 113 [unter 4.] bis Seite 118).

19. Die vorherrschenden Persönlichkeitszüge der Opfer von Unzucht mit Kindern finden sich auf Seite 59 (unter 2.) bis Seite 61.

20. Die Opfer der Unzucht mit Kindern kommen in ihrer Mehrheit aus niedrigen sozioökonomischen Schichten und aus Familien, die funktional desorganisiert (zerrüttet) sind (vgl. Seiten 59 bis 61 und 113 bis 117).

21. Im norddeutschen Untersuchungsgut von Thea Schönfelder (1968) wirkten 37 % der Mädchen aktiv an der Sexualstraftat mit (vgl. Seite 115 unten).

22. Dieses Stereotyp ist falsch. Die Täter sind weder statistisch signifikant in ihrer Mehrheit alte Männer noch sind sie Fremde. Das Delikt der Unzucht mit Kindern ist vielmehr ein Delikt des sozialen Nahraums (vgl. Seite 113 [unter 4.] bis Seite 118).

23. Täter aus dem sozialen Nahraum machen bei Unzucht mit Kindern etwa die Hälfte aller Fälle aus (vgl. z. B. Schaubild 4 auf Seite 104).

24. Aus den statistischen Analysen können typische Verlaufsformen der Notzucht beschrieben werden. Die Daten über Anbahnungs- und Tatorte, Annäherungshandlungen, über Begehungsformen (Anzahl der Täter, Anwendung von Gewalt, Widerstand des Opfers), Tatmittel, über Täter-Opfer-Beziehungen und Risikogruppen bei Frauen und Mädchen, über Opfermitbeteiligung oder -mitverursachung sind bekannt (vgl. Seite 118 [unter 5.] bis Seite 127).

25. Ein allgemeiner Rat, ob sich Frauen und Mädchen in einer Notzuchtssituation wehren sollen oder nicht, kann nicht gegeben werden. Es kommt ganz auf die jeweilige Situation an, ob Widerstand Aussicht auf Erfolg hat. Bei Beurteilung der Situation durch das Opfer sind u. a. folgende Faktoren bedeutsam: Ist Hilfe in der Nähe? Sind mehrere Täter beteiligt? Wird die Aggression eines Einzeltäters durch Opferwiderstand noch verschärft? Ein Opfer sollte nur Widerstand leisten, wenn sein Widerstand ausreichend erfolgversprechend ist. Falls dies nicht der Fall ist und das Opfer die Situation fehleinschätzt, kann sein Widerstand nicht nur sinnlos sein, sondern größere Schäden für das Opfer selbst verursachen. Auf keinen Fall sollte hieraus geschlossen werden, daß das Opfer grundsätzlich eine alles akzeptierende Opferhaltung einnehmen sollte. Es sollte seine Möglichkeiten realistisch einschätzen und nach dieser Einsicht handeln.

26. Nach deutschen Zahlen liegen Täter-Opfer-Beziehungen bei der Notzucht in etwa 37,6 % der Fälle vor (vgl. Schaubild 4 auf Seite 104). Nach dem Untersuchungsgut von Menachem Amir (1971) wird das Delikt in Philadelphia in 53 % der Fälle im sozialen Nahraum begangen (Seite 119 unten). Opferpräzipitation ist bei 19 % gegeben (Seite 121 oben). Nach dem Probandengut aus Washington D. C. sind sich Täter und Opfer in zwei Drittel der Fälle beiläufig bekannt (Seite 123 Mitte). Die Untersuchung der Täter-Opfer-Beziehung bei Notzucht in Hamburg erbrachte demgegenüber wieder erheblich niedrigere Zahlen (Seite 122 Mitte).

27. Die theoretischen Konzepte der Psychopathologie, der Psy-

choanalyse und der Soziologie zur Entstehung der Notzucht stehen auf Seite 120.

28. Die Kennzeichen der opferverursachten Notzucht ergeben sich aus den Ausführungen auf den Seiten 120 bis 122.

29. Die Erscheinungsformen der Notzucht sind aus dem Hamburger Material von Wolfgang Kucklick (1970) gut ersichtlich (vgl. Seite 122 Mitte bis Seite 123 Mitte).

30. In der Mehrzahl werden junge Mädchen und Frauen Opfer der Notzucht (vgl. zu den Gründen Seite 124 Mitte).

31. Diese These ist empirisch-viktimologisch nicht begründet. Sie entstammt der Ideologie der nordamerikanischen Bewegung der „Frauenbefreiung“ (vgl. hierzu die Darlegungen auf den Seiten 125 bis 127).

32. Diese ungewöhnliche Hypothese ist von Tadeusz Grygier (1954) zuerst empirisch-viktimologisch untersucht worden (vgl. Seiten 128 und 129).

33. Die bisherigen empirisch-viktimologischen Forschungsergebnisse sprechen dafür, daß Viktimisierung bahnend für und unterstützend auf kriminelles Verhalten wirkt (vgl. Seiten 129 und 130). Diese vorläufigen Ergebnisse müssen noch näher empirisch-viktimologisch abgesichert werden.

34. Der Inhalt der Billigkeitstheorie steht auf den Seiten 133 unten und 134.

35. Diese Hypothese ist empirisch-viktimologisch nicht abgesichert. Sie ist auf den Seiten 135 bis 137 näher dargelegt und kritisiert.

4. Kapitel: Opferschäden und Wiedergutmachung

a) Hinweise zur Beantwortung der Fragen zu Fall 11:

1. Die Frau M. und ihre 15jährige Tochter Chr. M. sind zugleich die Täterinnen und die Opfer der kriminellen Tötung des H. M.

2. Da Frau M. und ihre Tochter Chr. M. Täterinnen sind, können sie keine staatliche Entschädigungsleistung als Verbrechensopfer erhalten. Von Armin Schoreit (1973, S. 60) werden in ähnlichen Fällen allerdings Entschädigungsansprüche des Opfers an den Staat nicht grundsätzlich ausgeschlossen.

b) Hinweise zur Beantwortung der Fragen zu Kapitel 4:

1. Es ist methodologisch schwierig zu entscheiden, ob die psychischen Schäden, die ohnehin schwer feststellbar sind, Ursachen oder Wirkungen der Sexualstraftat sind.

2. Diese Hypothese trifft nach den vorliegenden empirisch-viktimologischen Forschungsergebnissen zu (vgl. Seite 147 [unter 2.] bis Seite 150).

3. Die möglichen psychischen Schädigungen bei Opfern von Notzuchtdelikten werden auf den Seiten 151 (unter 3.) und 152 diskutiert.

4. Bei Exhibitionismus entstehen dem Opfer keine psychischen Schäden (vgl. Seiten 152 [unter 4.] und 153).

5. Das Opfer muß nicht nur in seinem sozialen Nahraum, sondern der soziale Nahraum des Opfers muß selbst viktimologisch behandelt werden (vgl. Seite 155 Mitte).

6. Die Krisenintervention ist als viktimologische Behandlungsmethode auf den Seiten 155 (unter 3.) bis 157 dargestellt worden.

7. Der Ausdruck Entschädigung hat Zahlungen durch den Staat an das Opfer des Verbrechens oder an seine Familienangehörigen für erlittene Verluste zum Gegenstand. Das Wort Ersatzleistung bezieht sich auf Beiträge, die dem Opfer durch den Täter geleistet werden.

8. Die Bevölkerung und die Praktiker der Strafrechtspflege befürworten die staatliche Entschädigung für Verbrechensopfer (vgl. zu den Einzelheiten Seite 159 Mitte).

9. Die Gründe für eine staatliche Entschädigung der Verbrechensopfer sind auf den Seiten 161 und 162 oben erörtert.

10. Die Regelungsmöglichkeiten der staatlichen Entschädigung für Verbrechensopfer sind auf Seite 162 (unter 4.) dargelegt.

11. Die Grenzen der staatlichen Entschädigung für Verbrechensopfer finden sich auf den Seiten 162 (unter 5.) bis 164.

12. Die Möglichkeiten für das Opfer, durch den Strafvollzug vom Täter Ersatzleistung zu bekommen, werden im 5. Abschnitt auf den Seiten 166 (unter 1.) bis 168 diskutiert.

13. Die Vorteile der Ersatzleistung durch den Täter stehen auf den Seiten 168 (unter 2.) und 169.

14. Das „Minnesota Restitution Center“ wird als Beispiel für ein auf Wiedergutmachung gegründetes Behandlungsprogramm auf den Seiten 169 (unter 3.) bis 171 dargestellt.

15. Die Vor- und Nachteile dieses Behandlungsprogramms (vgl. Beantwortung der Frage 14) sind auf den Seiten 170 unten und 171 oben gegeneinander abgewogen.

5. Kapitel: Verbrechensvorbeugung und -aufklärung

Hinweise zur Beantwortung der Fragen zu Kapitel 5:

1. Die potentiellen Opfer können darauf hingewiesen werden, sich nicht in viktimogene Situationen zu begeben, in denen affektiv-emotionale Motive zur Begehung von Delikten an ihnen eine große Rolle spielen. Falls sie sich dennoch in solche viktimogenen Situationen begeben wollen oder auch müssen, können sie auf die Gefahren aufmerksam gemacht werden, die ihnen drohen.

2. Eine legale Entkriminalisierung besteht in einer Streichung einer Strafrechtsnorm durch den Gesetzgeber. Unter illegaler Entkriminalisierung versteht man die Nichtverfolgung von Straftaten, die aufgrund bestehender Strafrechtsnormen gleichwohl strafbar sind und die nach dem Legalitätsprinzip in der Bundesrepublik Deutschland verfolgt werden müssen. Illegale Entkriminalisierung ist oft auf Personalmangel, z. B. bei der Kriminalpolizei, zurückzuführen. Kriminalitätsumfang und Kontrollmöglichkeiten der Instanzen der Sozialkontrolle befinden sich nicht im Gleichgewicht.

3. Vorbeugung gegen Diebstahl ist auf Seiten 175 (unter 3. Abschnitt) und 176, Verhütung von Raub auf Seiten 176 (unter 4. Abschnitt) und 177 abgehandelt.

4. Die Täter müssen ein wirkliches Risiko eingehen. Wenn man sich auf Verhandlungen einläßt, um *auf jeden Fall* das Leben der Geiseln zu schützen, ist man in einer schlechten Position. Das gilt insbesondere auch für Anschlußtaten. Man kann die Taktik langer Verhandlungen verfolgen, um die Täter zu zermürben und irgendeinen Weg zu finden, sie entweder zu überwältigen oder zur Aufgabe zu bewegen. Man kann weiterhin die Taktik der sozialen Isolation beschreiten, indem man jede Verhandlung mit den Tätern ablehnt. Hier gefährdet man das Leben der Geiseln. Man kann schließlich die Taktik des schnellen Zugriffs — wie in den USA — für richtig halten, indem man — ohne Rücksicht auf das Leben der Geiseln — angreift: Stürmung des Gebäudes, bedingungsloser Einsatz von Scharfschützen usw.

4. Bei Flugzeugentführungen gilt ähnliches wie bei Raub mit Geiselnahme: Taktik langer Verhandlungen, der sozialen Isolation und des schnellen Zugriffs. Bombenanschlägen kann man nur entgehen, wenn man eine Reihe von Verhütungsmaßnahmen beachtet: z. B. Überprüfung des eigenen Pkw auf Fremdkörper (Sprengvorrichtungen), Nichtöffnen verdächtiger Postsendungen (ohne Absender oder mit unbekanntem Absender), Achten auf „stehengelas-

sene“ oder „vergessene“ Gegenstände (z. B. Aktenmappe).

5. Vorbeugung gegen Notzucht ist auf den Seiten 178 (unter 6. Abschnitt) und 179 dargestellt.

7. Einen generellen Rat für ein Verhalten des Opfers in einer Notzuchtssituation gibt es nicht. Siehe zur Beantwortung dieser Frage auch die Beantwortung der Frage 25 des 3. Kapitels.

8. Vorbeugung bei Unzucht mit Kindern ist auf den Seiten 179 (unter 7. Abschnitt) und 180 abgehandelt.

9. Die Kriminalpolizei muß bei ihrer Aufklärungsarbeit notwendigerweise stets von einem lebenden oder toten Opfer ausgehen.

10. Die Vorbeugung richtet sich immer konkret nach den viktimologischen Forschungsergebnissen. Allgemeine Regeln nützen wenig.

6. Kapitel: Strafrecht und Strafverfahren

a) Hinweise zur Beantwortung der Fragen zu Fall 12:

1. Die Tatsachengrundlage aufgrund des Beweisergebnisses war nicht ausreichend, um B zu verurteilen. Polizeimeister P hatte zwischenzeitlich einen Schlaganfall erlitten und konnte sich an fast nichts Wesentliches mehr erinnern. Er war außerdem seinen eigenen Fähigkeiten und Aussagemöglichkeiten gegenüber sehr unkritisch. Aus dem Verhalten des B ergibt sich kein Anhaltspunkt, der für eine Begehung der Tat durch B spricht. Insbesondere hat er sich sofort bei der Polizei gemeldet, als sein Pkw gesucht wurde. Die Aussagen der Schülerin A sind voller Widersprüche und Ungereimtheiten. Sie hat den aufwendigen Wagen des B gesehen und den B kurze Zeit später als untergeordneten Beschäftigten der Elektrizitätswerke wiedererkannt, ohne Zweifel zu haben. Die Notzuchtshandlung soll auf der Couch im Zimmer der A stattgefunden haben, während Spermaflecke im Bettbezug der A gefunden worden sind. Die recht umfangreichen Vorbereitungen der Tat durch B passen nicht zu seiner eher nachgiebigen Tatausführung; die umsichtig geplante und auf Geheimhaltung abzielende Tat steht in Widerspruch dazu, daß B mit einem auffallenden Wagen „gleichsam am Tatort vorfährt“. Die Frage des B, ob Geld im Hause sei, paßt nicht zu der Tatsache, daß B ein gutgehendes Architektenbüro besitzt. Die Fesselung der A an einen Stuhl nach der Tat und die Drohung, die B ausgesprochen haben soll und die wiederum auf Geheimhaltung gehen, bilden einen Gegensatz zu der Aussage, die B gemacht haben soll, er wolle sich an der Mutter der A rächen

und sie solle sich an einen „Freddy vor sieben Jahren“ erinnern. Die Tochter der A sollte ihrer Mutter demnach doch von dem Vorfall erzählen. Das Ausspucken des „Knebels“ (Tempotaschentuch) und die Befreiung von der Fesselung sind Phantasiegebilde. Die Aussage der Frau A ist von einer übermächtigen Furcht vor Gewaltverbrechen bestimmt. Sie wußte sofort, daß ihre Tochter vergewaltigt worden war, obgleich diese ihr noch gar nichts Derartiges gesagt hatte. Die Aussage der Realschullehrerin R ist ohne jede Bedeutung. Denn die Ehrlichkeit und Anständigkeit der Schülerin A kann durch eine solche Aussage nicht bewiesen werden. Außerdem stehen Ehrlichkeit und Anständigkeit der Schülerin A hier nicht in Frage. Auch ein grundsätzlich ehrliches, anständiges Mädchen kann eine falsche Aussage machen.

2. Das Gericht durfte sich nicht als psychologisch sachverständig ansehen. Daß die berufsrichterlichen Mitglieder der Jugendschutzkammer zum Teil schon mehrere Jahre in Jugendschutzsachen tätig waren, reicht zur Begründung des psychologischen Sachverstandes nicht aus. Eine laienhafte lange „Lebenserfahrung“ kann dahin gehen, daß die Richter viele Jahre lang etwas Falsches und wissenschaftlich Unbegründetes ihren Entscheidungen zugrunde gelegt haben. Schon das Reichsgericht hat entschieden, daß die Zuziehung eines Sachverständigen angebracht ist, falls die Glaubwürdigkeit jugendlicher weiblicher Zeugen in Sittlichkeitsdelikten fraglich ist (vgl. RG in JW 1937, S. 1360). Zwar muß das Gericht nicht stets einen Sachverständigen zuziehen. Wenn die Aussage nicht die Hauptgrundlage der Verurteilung bildet oder wenn sie in anderen Umständen erhebliche Unterstützung findet, ist die Zuziehung eines Gutachters entbehrlich (BGHSt. 7, S. 82—86, besonders S. 85). Auch verfügt ein Psychologe oder Psychiater, insbesondere wenn er nicht entsprechend viktimologisch ausgebildet ist, nicht ohne weiteres über Erkenntnismittel, die denen des Gerichts überlegen sind (a. A. Udo Undeutsch 1967, S. 26—181). Gleichwohl war es hier unbedingt notwendig, einen viktimologischen Sachverständigen (einen Kriminologen, Psychologen, Psychiater) mit der Begutachtung zu beauftragen, da die Tatsachengrundlage zur Verurteilung des B nicht ausreichte (vgl. auch Urteil des Bundesgerichtshofs vom 9. 2. 1960, abgedruckt bei Ursula Panhuysen 1964, S. 154/155).

3. Hier hätten die Persönlichkeit des Opfers und sein sozialer Nahraum noch näher untersucht werden müssen. Insbesondere war es notwendig, die Lebensgeschichte des Opfers, seine viktimelle

Karriere und die Entstehung der Tat im Sozialprozeß zu erforschen, an dem Täter, Opfer und Dritte mitgewirkt haben können. Schließlich hätten auch die Reaktionen des sozialen Nahraums des Opfers und der Kriminalpolizei auf ihre Geeignetheit zur Wahrheitserforschung und auf ihre Wirkungen auf das Opfer ermittelt werden müssen. Insbesondere war z. B. von Interesse, inwieweit die erste Reaktion der Mutter von Verbrechensfurcht diktiert war und die Reaktion des Polizeibeamten auf Laientheorien und -ansichten über die Kriminalitätsentstehung beruhte. Man fand möglicherweise das, was man finden wollte. Die — nicht zuletzt von den Massenmedien geschürte — Verbrechenshysterie fördert nicht selten seltsame Ergebnisse zutage.

b) Hinweise zur Beantwortung der Fragen zu Kapitel 6:

1. Die funktionale Verantwortlichkeit ist auf den Seiten 184 (unter 2.) und 185 erläutert.

2. Die Beantwortung dieser Frage kann unmittelbar aus dem 3. Abschnitt (Seiten 185/186) entnommen werden.

3. Die Bedeutung der Strafzumessungskonstellation und die Elemente, aus denen sie sich zusammensetzen kann, sind im 4. Abschnitt unter 1. auf den Seiten 186 und 187 dargelegt.

4. Auf welche Weise richterliche Entscheidungen durch viktimologische Faktoren beeinflußt werden, ergibt sich aus dem 4. Abschnitt unter 2., aus dem Inhalt der Seiten 187 bis 190.

5. Das Entfernthalten des Straftäters vom Legalsystem ist wünschenswert, weil auf diese Weise die Stigmatisierung und Degradierung des Rechtsbrechers vermieden werden.

6. Im Ausgleichs- und Schlichtungsprozeß (Seiten 190 [unter 1.] bis 192) kann man den Rechten und Interessen des Opfers und des Täters besser gerecht werden.

7. Das kindliche Opfer von Sexualdelikten kann durch verfehlte Reaktionen seines sozialen Nahraums und der formellen Instanzen der Sozialkontrolle psychisch geschädigt werden. Die Schädigungen durch die formellen Instanzen der Sozialkontrolle nimmt man in Kauf, um die verfassungsmäßigen und prozessualen Rechte des Täters zu wahren (vgl. zur psychischen Opferschädigung die Ausführungen auf den Seiten 147 bis 154).

8. Durch die Institution des Jugenduntersuchungsführers (Seiten 195 [unter 3.] bis 197) kann dem Schutz des kindlichen Opfers im Strafverfahren besser Rechnung getragen werden.

9. Wenn die Verurteilung des Angeklagten von der Aussage des

Opfers eines Sexualdelikts wesentlich abhängt, können die Rechte des Angeklagten durch die Notwendigkeit der Bestätigung der Aussage des Opfers (Seiten 197 [unter 4.] und 198) besser gewahrt bleiben.

10. Viktimologische Fragestellungen können aus folgenden Gründen die Glaubhaftigkeit einer Zeugenaussage besser belegen als die bisherigen aussagepsychologischen Gutachten: Die viktimologische Fragestellung ist umfassender. Für sie ist die Zeugenaussage nur *ein* Element in der Dynamik der Kriminalitätsentstehung und der Reaktion auf Kriminalität. Die Viktimologie versucht, den gesamten Sozialprozeß zu analysieren, der zur Straftat geführt hat. Es kommt nicht nur auf die Persönlichkeit und den sozialen Nahraum des Opfers an, sondern z. B. auch ganz wesentlich auf die Beziehungen, die sich zwischen Täter und Opfer bis zur Tat und auch danach entwickelt haben. Ferner spielen die Reaktion des sozialen Nahraums des Opfers und der formellen Instanzen der Sozialkontrolle auf die Straftat eine wesentliche Rolle bei der Beurteilung der Glaubhaftigkeit der Aussage.

7. Kapitel: Viktimologie des Völkermordes

a) Hinweise zur Beantwortung der Fragen zu den Fällen 13 und 14:

1. Die Juden dienten im nationalsozialistischen Deutschland dazu, alle Schwierigkeiten des Regimes auf diese Minderheit zu projizieren (Sündenbocktheorie): „Die Juden sind unser Unglück!“ (nationalsozialistisches Schlagwort). Ideologisch wurde die Vernichtung der Juden durch die inhumane und wissenschaftlich unhaltbare „Rassentheorie“ des Nationalsozialismus gerechtfertigt: Die arische Rasse war hochwertig, während andere Rassen minderwertig waren. Die „Kriminalpolitik“ des Nationalsozialismus wurde durch eine einseitige und kriminologisch untragbare Kriminalbiologie beherrscht: Die rassisch minderwertigen Kriminellen brauchten bloß physisch vernichtet zu werden. Hierfür waren die Konzentrationslager da. Ferner wurde durch Sterilisation und Kastration ihre Fortpflanzung unterbunden. Diese kriminalbiologischen Resultate sind nicht nur wissenschaftlich unbegründet, sondern sie sind in ihren Aussagen selbst kriminell. Die soziale Verantwortung für die Entstehung des Verbrechens kommt nicht ins Blickfeld. Der politische Gegner und der Kriminelle werden einander gleichgesetzt. Die

Vernichtung der Juden enthielt freilich auch Implikationen gesellschaftlicher und persönlicher Bereicherung.

2. Die Juden hatten im Laufe der Geschichte Positionen in der deutschen Gesellschaft übernommen (Bankiers, Makler, Zeitungsverleger, Schlüsselpositionen in der Vergnügungsindustrie, Wissenschaftler, Künstler), die Deutsche nicht übernehmen wollten oder konnten. Sie trugen zum Funktionieren der deutschen Gesellschaft, insbesondere ihrer Wirtschaft, nicht unerheblich bei. Sie ließen sich ohne Widerstand beschuldigen, wichtige Positionen in der deutschen Wirtschaft, Wissenschaft und Kunst an sich gerissen zu haben und zum Nachteil des deutschen Volkes zu mißbrauchen. Sie trugen dadurch, daß sie eine alles hinnehmende Opferhaltung einnahmen, zu ihrer Viktimisierung bei.

3. Die Möglichkeit zum gewaltsamen Widerstand war den Juden durchaus gegeben. Das zeigt z. B. der zeitgeschichtlich verbürgte Aufstand der jüdischen Häftlinge im Konzentrationslager Treblinka am 2. August 1943, bei dem nicht wenige Häftlinge entkamen.

4. Die potentiellen Täter wurden durch das kriminelle nationalsozialistische System in einem Lernprozeß schrittweise korrumpiert. Die Unmenschlichkeit aus sklavischem Gehorsam ist eine allgemeinmenschliche Versuchung. Im nationalsozialistischen Staat folgte die Führungsschicht einem Verbrecherideal, der nationalsozialistischen Ideologie, einem „kriminellen Überich". Die potentiellen Massenmörder wurden diesem verbrecherischen Ideal verpflichtet und zum Massenmord systematisch angeleitet. Sie lernten in einem Interaktionsprozeß, daß die Juden keine Menschen seien und daß es im Interesse des deutschen Volkes liege, diese Nicht-Menschen zu vernichten.

5. Der Typ des autoritären Gehorsamstäters herrschte vor, bei dem die Rolle der persönlichen Gewissensinstanz auf eine *äußere* Autorität übergegangen war. Die Ich-Ideale dieser Massenmörder verkörperten die kriminellen Erwartungen ihrer Vorgesetzten. Aufgrund ihrer kleinbürgerlichen Erziehung konnten sie in jedem System, auch in einem verbrecherischen, funktionieren. Kleinbürgerliches Karrierestreben bedeutete Karrieremachen um jeden Preis, auch innerhalb einer Mordmaschinerie. Die Massenvernichtung bot dem Kleinbürger unerwartete Aufstiegs- und Beförderungschancen, die seinem Geltungsstreben mächtig entgegenkamen. Die elitäre Qualitätsnorm der SS war Härte, Brutalität, allerdings Härte nach außen, die nicht selten mit Weichheit sich selbst gegenüber komisch

kontrastierte. So hätten sich die Massenmörder der Konzentrationslager ohne weiteres an die Front melden können. Weichheit anderen gegenüber wurde mit mangelnden Führungsqualifikationen gleichgesetzt. Nachgiebigkeit anderen oder gar den erklärten Feinden des Nationalsozialismus gegenüber bot ein echtes Karriererisiko, das keiner dieser Massenmörder eingehen wollte. Die SS betrachtete sich als Eliteorden mit Eigenliebe und Selbstheroisierung; sie sah sich als Auslese und künftige Oberschicht. Für die SS-Mannschaften in Konzentrationslagern kam allerdings soziales Beharrungsvermögen und ein Sich-Gewöhnen an die tagtägliche Unmenschlichkeit hinzu. Keiner wollte sich in seiner Umwelt dadurch „unmöglich" machen, daß er sich der Mordaufgabe nicht mehr gewachsen zeigte. Diese Erklärungsversuche, die notwendigerweise in diesem Rahmen bruchstückhaft bleiben müssen, sollen die Massenmorde viktimologisch verständlich machen, damit sie sich nicht wiederholen. Sie dürfen nicht als Rechtfertigungen oder Entschuldigungen mißverstanden werden.

b) Hinweise zur Beantwortung der Fragen zu Kapitel 7:

1. Die Definition des Begriffes Völkermord steht auf den Seiten 204 unten und 205 oben.

2. Die sozialen Bedingungen, die einen Völkermord verursachen oder auslösen können, sind im 2. Abschnitt (auf den Seiten 204 bis 208) erörtert.

3. Ein Völkermord wird durch eine schwere internationale soziale Krise, z. B. einen Weltkrieg, erleichtert.

4. Die unmittelbar Ausführenden von Akten des Völkermordes empfinden sich deshalb nicht als Kriminelle, weil sie innerhalb krimineller Systeme und in der Dynamik krimineller Interaktionen gelernt haben, kein kriminelles Selbstbild zu entwickeln.

5. Der kriminologische Ausdruck „Schreibtischtäter" darf nicht allein auf die nationalsozialistischen Führer der Massenmordmaschinerie während des „3. Reiches" angewandt werden (a. A. Josef Streit 1974, S. 453). Denn es besteht die ernste Gefahr, daß durch solche einseitige Festlegung des Ausdrucks das allgemeine kriminologische Erscheinungsbild des „Schreibtischtäters" in der Gegenwart und Zukunft verschleiert wird. Es hat den „Schreibtischtäter" nicht nur während des Nationalsozialismus gegeben. Er ist auch heute noch vorhanden, und es wird ihn in Zukunft gleichfalls geben. Damit man ihm in der Gegenwart und Zukunft mit Gegenmaßnahmen begegnen kann, darf der Ausdruck nicht auf den nationalso-

zialistischen „Schreibtischtäter" begrenzt bleiben. Allerdings darf er auch nicht zum Zwecke der Stigmatisierung unbequemer Andersdenkender angewandt werden. „Schreibtischtäter" ist ein kriminologischer Fachausdruck, der stets bei seiner Anwendung der begrifflichen Analyse bedarf. Er bezeichnet zunächst einmal Täter, die von ihrem Schreibtisch aus kriminelle Aktionen leiten und lenken, die durch planmäßig gesteuerten Einsatz der kriminell geeigneten Mittel die Straftaten in ihren Händen halten und ihren Ablauf bis zum kriminellen Erfolg beherrschen. Er trifft zum anderen auch auf Menschen zu, die durch die Entwicklung von „kriminologischen Theorien" oder durch das Anfertigen von „Kunstwerken" (z. B. das Schreiben von Romanen) Kriminalität mit voller Absicht zu verursachen, zu rechtfertigen oder zu verschärfen versuchen, um ein gesellschaftliches System gewaltsam zu zerstören. Politische Kriminalität, eine der schwersten Formen der Kriminalität überhaupt, benötigt zu ihrer Ausführung die kriminelle Ideologie, die von Schreibtischtätern hervorgebracht wird (z. B. Adolf Hitler: Mein Kampf). Unter politischer Kriminalität wird Kriminalität aus angeblich politischen Motiven (also z. B. Gewaltkriminalität) verstanden. Politische Argumentation und das Äußern abweichender politischer Auffassungen haben mit politischer Kriminalität überhaupt nichts zu tun, die sich eindeutig krimineller Mittel zu ausgesprochen kriminellen Zielen bedient.

8. Kapitel: Gesellschaftliche Einflüsse

a) Hinweise zur Beantwortung der Fragen zu Fall 15:

1. Kriminelle Übergriffe während eines Krieges werden als unbedingt erforderliche strategische und taktische Kriegsmaßnahmen, insbesondere zum Zwecke der Verteidigung der eigenen Truppen, zu rechtfertigen versucht.

2. Eine Werteorientierung, die grundsätzlich aggressiv und repressiv ist, ermöglicht Kriegsverbrechen.

3. Ursachen für Kriegsverbrechen liegen im Krieg selbst, der das größte Verbrechen und durch nichts zu rechtfertigen ist.

4. Kriegsverbrechen machen den kriminellen Charakter jeden Krieges deutlich. Durch Kriege entstehen die größten personellen und materiellen Verluste. Viktimologie ist angewandte Friedensforschung.

5. Ein Opferwerden kann niemals als normal bezeichnet werden, auch nicht in der Ausnahmesituation des Krieges. Denn das Opferwerden verletzt die elementaren Persönlichkeitsrechte des Menschen und seine Würde, die unantastbar ist (Art. 1 Abs. 1 S. 1 GG).

b) Hinweise zur Beantwortung der Fragen zu Fall 16:

1. Kriegsgefangene sind nicht nur unmittelbar Opfer des Feindes, sondern auch Opfer der Gesellschaften, die miteinander Krieg führen.

2. Strafgefangene sind insofern Opfer, als an ihnen konkret deutlich gemacht wird, welches Verhalten in einer bestimmten Gesellschaft nicht mehr geduldet werden kann.

3. In der künstlichen Atmosphäre einer Strafanstalt sind Menschen psychisch nicht beeinflußbar. In der Strafanstalt kann ein therapeutisches Klima nicht geschaffen werden. Der Zwangscharakter des Freiheitsentzugs zerstört menschliche Beziehungen, die für eine wirksame Behandlung der Strafgefangenen unerläßlich sind.

4. Man kann Menschen psychisch und physisch brechen, obgleich dies außerordentlich schwer ist und am beharrlichen Widerstand der Betreffenden regelmäßig scheitert. Nur wenn ein Mensch aufgibt, kann man ihn brechen. Eine psychische und physische Brechung von Menschen ist nicht zu rechtfertigen, weil sie gegen Art. 1 Abs. 1 S. 1 GG verstößt.

5. Unter Prisonisierung ist der Anpassungsprozeß zu verstehen, den ein Strafgefangener in der künstlichen Atmosphäre der Strafanstalt durchmacht. Der Gefangene wird in eine reaktive Rolle gedrängt und in Unselbständigkeit gegenüber dem Personal gehalten.

c) Hinweise zur Beantwortung der Fragen zu Kapitel 8:

1. Straftäter sind oft Opfer von Verbrechen vor Begehung eigener Delikte geworden. Sie können Opfer defekter gesellschaftlicher Verhältnisse sein.

2. Unter viktimeller Toleranz versteht man die Fähigkeit, das Opferwerden zu ertragen.

3. Zahlreiche Strafgefangene empfinden sich als Opfer ihrer eigenen emotionalen Schwierigkeiten. Sie äußern die Ansicht, übermäßig stark in Versuchung geführt worden zu sein. Sie empfinden sich als nicht genügend ausgerüstet für eine Welt des scharfen Wettbewerbs. Sie werden im Strafanstaltsvollzug in Unselbständigkeit gehalten und dadurch ebenfalls zu Opfern gemacht, insbesondere für die Zeit nach ihrer Entlassung aus der Strafanstalt.

4. Die Freiheitsstrafe in Anstalten ist sinnlos, weil sie nicht resozialisiert und daher den Rückfall nicht vermindert oder verhindert.

5. Eine Subkultur der Strafanstalt in dem Sinne, daß alle Strafgefangenen einmütig zusammenarbeiten und sich gegenüber dem Personal stets planvoll organisiert verhalten, gibt es nicht.

6. Opfer der Wirtschaftskriminalität ist letztlich stets der ehrliche Konsument.

7. Die Gesellschaft muß letzten Endes alle Schäden bezahlen, die die Kriminalität anrichtet und die durch die Kontrolle des Verbrechens entstehen.

8. Teile der Gesellschaft, die Frauen, die Jungen, die Alten, die Armen, werden zu Opfern gemacht, weil sie einem sozialen Desintegrationsprozeß unterworfen werden.

9. In einer Gesellschaft, die auf nichtkonformes Verhalten nicht mehr ausreichend reagiert und in der die sozial nützliche und wertvolle Leistung nicht mehr hinreichend belohnt wird, werden die sozial Konformen zu Opfern.

10. Die Gesellschaft kann Gegenstand der Viktimologie sein, weil ihre moralische oder ihre Rechtsordnung gefährdet, geschädigt oder zerstört werden kann. Die Opfer der Gesellschaft sind Personen, die durch die Gesellschaft viktimisiert werden können und die deshalb ebenso viktimologisch untersucht werden müssen.

Zusätzliche Literatur:

Panhuysen, Ursula: Die Untersuchung des Zeugen auf seine Glaubwürdigkeit. Berlin 1964.

Streit, Josef: Sozialistische und bürgerliche Kriminologie sind unvereinbar! Eine notwendige Antwort an Prof. Dr. Hans Joachim Schneider aus Münster (BRD). Neue Justiz 1974, S. 452/453.

VERZEICHNIS DER BENUTZTEN FREMDWÖRTER UND VIKTIMOLOGISCHEN FACHAUSDRÜCKE (MIT ERKLÄRUNGEN)

Aggression = Angriffsverhalten. Der Begriff der Aggression ist in der heutigen Kriminologie umstritten. Aggression wird nach Sigmund Freud auf den Todestrieb zurückgeführt, nach Alfred Adler ist sie Ausdruck des Machttriebes. J. Dollard erklärt Aggression als Reaktion auf Frustration (Entbehrung). Nach Konrad Lorenz ist die Grundlage für Aggression der Aggressionstrieb. Es liegt nahe, im Aggressionsverhalten ein erlerntes Verhalten zu sehen.

ambivalent = doppelwertig

amorph = gestaltlos

anal = zum After gehörend

animalisch = tierhaft, triebhaft

Apathie = Teilnahmslosigkeit

apathisch = teilnahmslos

arisch = im Sinne der nationalsozialistischen Ideologie: Angehörige der nordischen Rasse

Assimilation = Angleichung

audiovisuell = Hören und Sehen ansprechend

Aufklärungsquote = Bezeichnung des prozentualen Verhältnisses von aufgeklärten zu bekanntgewordenen Fällen

Autopsie = Untersuchung des menschlichen Körpers nach dem Tod zur Feststellung der Todesursache

debil = leicht schwachsinnig

Depersonalisierung = Entpersönlichung, Verlust oder Beeinträchtigung des Persönlichkeitsbewußtseins

Depression = Niedergeschlagenheit mit Hemmung des Gedankenablaufs

Desintegration = Prozeß der Auflösung der internen Struktur einer sozialen Gruppe oder eines sozialen Systems

Determinante = Bedingungen, Faktoren, die ein Geschehen bestimmen

diffus = unklar, verschwommen

digital = mit dem Finger (den Fingern)

dominierend = vorherrschend

Dunkelfeld = Erklärung im Text Seite 269 (unter 3.)

dynamisch = durch inneren Antrieb sich bewegend (Gegensatz statisch = feststehend)

egozentrisch = ichbezogen

Egozentrizität = Ichbezogenheit

elitär = einer Elite angehörend, auserlesen

Elite = eine nach sozial und politisch relevanten Merkmalen herausgehobene und Spitzenpositionen einnehmende Minderheit einer Gesellschaft

emotional = gefühlsmäßig
empirisch = erfahrungsgemäß
Enumerationsprinzip = Grundsatz, daß durch eine juristische Norm im Wege der Aufzählung eine Materie abschließend geregelt wird
Ethnozentrismus = eine besondere Form des Nationalismus, bei der das eigene Volk als Mittelpunkt und zugleich als gegenüber anderen Völkern überlegen angesehen wird
Euthanasie = im Sinne der nationalsozialistischen Ideologie: Vernichtung „lebensunwerten" Lebens
Exhibitionismus = krankhafte Neigung zur Entblößung der Geschlechtsteile vor anderen
Faktorenanalyse = Verfahren der Datenanalyse, mit dem ermittelt werden soll, auf welche unabhängigen Dimensionen sich eine größere Anzahl von beobachteten und gezählten Variablen zurückführen läßt, die korrelativ miteinander zusammenhängen
Fatalismus = völlige Ergebenheit in die als unabänderlich hingenommene Macht des Schicksals
fiktiv = eingebildet, erdichtet, angenommen
Fötus = die Leibesfrucht vom dritten Monat an
Frigidität = Gefühlskälte, Unfähigkeit zur sexuellen Lustempfindung
Frustration = Erlebnis der wirklichen oder vermeintlichen Benachteiligung bei enttäuschter Erwartung oder bei erlittener Ungerechtigkeit
Frustrationstoleranz = Fähigkeit, eine Frustration über längere Zeit auszuhalten, ohne sie durch Verdrängung ins Unbewußte zu verarbeiten oder unmittelbar aggressiv zu reagieren
genbiologisch = auf der Erforschung der Erbanlagenträger beruhend
Hearing = Anhörungsverfahren
heterogen = ungleichartig
heterosexuell = geschlechtlich auf das andere Geschlecht bezogen
homogen = gleichartig, einheitlich
hypothetisch = auf einer unbewiesenen Vermutung beruhend
Hysterie = abnorme seelische Verhaltensweise mit vielfachen Symptomen (ohne genau umschriebenes Krankheitsbild)
Identifikation = die unbewußte Angleichung an das Wesen und Verhalten eines anderen Menschen, meist aufgrund der (unbewußten) Imitation von Vorbildern
Implikation = Einbeziehung einer Sache in eine andere
Impuls = Anstoß
impulsiv = schnell handelnd, lebhaft drängend
Indifferenz = Unbestimmtheit
Indikation = Anzeichen, Kennzeichen, Merkmal
Indoktrination = starke ideologische Beeinflussung
infantil = auf kindlicher Entwicklungsstufe stehengeblieben
inkonsistent = unbeständig
Instanzen der Sozialkontrolle (formelle, informelle) = Personen und In-

stitutionen, mit deren Hilfe die Gesellschaft versucht, ihre Mitglieder zu Verhaltensweisen zu bewegen, die im Rahmen dieser Gesellschaft positiv bewertet werden. Formelle Instanzen der Sozialkontrolle sind solche Personen und Institutionen, die eigens zu diesem Zweck berufen wurden (z. B. Polizei, Gerichte). Informelle Instanzen üben Kontrollfunktionen ohne Auftrag, in nicht festgelegtem Verfahren und neben anderen Funktionen aus.

institutionalisieren = in eine Anstalt einweisen

Integration = Vorgang der Ganzheitsbildung

integrativ = einzelne Elemente in ein übergeordnetes Ganzes einbeziehend

integriert = in ein übergeordnetes Ganzes einbezogen

Integrität = Unbescholtenheit

Interaktion = wechselseitige Beeinflussung

interdependent = wechselseitig voneinander abhängend

interdisziplinär = auf mehrere Fächer (multidisziplinär) und ein übergeordnetes Fachgebiet bezogen

internalisieren = verinnerlichen

interrassisch = zwischen verschiedenen Rassen

intrafamiliär = innerhalb der Familie

Kastration = Entfernung oder Ausschaltung der Keimdrüsen beim Menschen

kognitiv = erkenntnismäßig

Koitus = Geschlechtsverkehr

komplementär = sich gegenseitig ergänzend

Konstitutionstypen = Grundformen des menschlichen Körperbaus

kontrastieren = sich abheben, unterscheiden, in Gegensatz stehen zu etwas

Konversion = Übertritt von einer Konfession zur anderen

Korrelation = Ausmaß, in dem zwei oder mehr variable Merkmale voneinander abhängig streuen

kriminogen = kriminalitätserzeugend

latent = vorhanden, ohne äußerlich erkennbar zu sein (Gegensatz zu manifest: äußerlich sichtbar)

legalistisch = starr an Paragraphen und Vorschriften festhaltend

Masturbation = geschlechtliche Selbstbefriedigung

metaphysisch = überempirisch, jede mögliche Erfahrung überschreitend

monolithisch = eine feste und starke Einheit bildend

Motiv = der bewegende, richtunggebende, leitende, antreibende seelische Hinter- und Bestimmungsgrund des Handelns (Beweggrund)

multidimensionales Phänomen = vielschichtige Erscheinung

Mythos = rational unerfahrbare und unbegreifliche, ehrfürchtig hinzunehmende Aussage über Grundprobleme individueller oder gesellschaftlicher Natur

Neurose = seelische Fehlentwicklungen und Fehlhaltungen, die sich in seelischen (Psychoneurose) oder (und) körperlichen (Organneurose)

Leidenszuständen äußern, deren Entstehung bis in die Kindheit zurückreicht und als wesentliche Bestimmungsgründe Erlebnisse aufweist, die dem Leidenden nicht oder nur mangelhaft einsichtig sind, zumindest aber von ihm in ihren Zusammenhängen mit dem aktuellen Leidenszustand übersehen werden

Obduktion = Leichenöffnung

oral = den Mund betreffend

Orgasmus = Höhepunkt der geschlechtlichen Erregung

ottomanisch = nach Osman, dem Begründer des türkischen Herrscherhauses der Ottomanen

Pädophilie = auf Kinder beiderlei Geschlechts gerichteter Sexualtrieb Erwachsener

paranoid = in einem Wahn befangen

Pathologie (individuelle, soziale) = krankhafte Fehlentwicklung individueller und sozialer Systeme

Permissivität = im Text auf Seite 228 unten erklärt

Perversion = Handlungen, die sich auf ein dem Trieb für gewöhnlich nicht zugeordnetes Ziel richten oder bei denen der Triebvollzug gestört ist

pervertieren = in einen widernatürlichen Zustand verkehren

phänomenologisch = Gegebenes objektiv aufzeigend und beschreibend

Population = Gesamtheit der Träger eines Merkmals bzw. aller Meßwerte, über die auf Grund der Untersuchung an einer Stichprobe Aussagen gemacht werden sollen

Pornographie = Darstellung sexueller Gegenstände und Handlungen in Wort, Bild und Ton zum Zwecke der Stimulanz, als Ersatzhandlung und zum Gelderwerb

potentiell = möglich, denkbar

prädestinieren = vorherbestimmen

Prädisposition = Empfänglichkeit, Anfälligkeit

präpubertär = die Entwicklungsphase vor der Pubertät betreffend

präventiv = vorbeugend

pragmatisch = auf Tatsachen beruhend

projizieren = Gedanken und Vorstellungen auf einen anderen Menschen oder in etwas anderes übertragen, das sich außerhalb des Menschen befindet

Promiskuität = Geschlechtsverkehr mit verschiedenen, häufig wechselnden Partnern

provokativ = herausfordernd

rational = verstandesgemäß

rationalisieren = ein Verhalten nachträglich verstandesmäßig rechtfertigen

reaktiv = eine Verhaltensweise darstellend, die sich darauf beschränkt, auf das Verhalten anderer zu reagieren

Regression = Rückfall auf frühere bereits überwundene Entwicklungsstadien

Rehabilitation = Wiedereingliederung von sozial Geschädigten in die Gesellschaft

repressiv = unterdrückend

Resistenzpotential = Leistungsfähigkeit, die für den Widerstand mobilisiert werden kann

retrospektiv = rückschauend

rigide = steif, starr

Sekundärabweichung = Sozialabweichung, die auf verfehlten Reaktionen der Sozialkontrolle auf Primärabweichung (Sozialabweichung) beruht

selektieren = auswählen, aussondern

Selektion = Auswahl, Aussonderung

sensitiv = überempfindlich, leicht reizbar

Signifikanz, statistische = Bezeichnung für die Sicherheit oder Wahrscheinlichkeit, mit der angenommen werden kann, daß bestimmte Unterschiede zwischen Stichproben oder Teilgesamtheiten einer Stichprobe sowie bestimmte Größen wie etwa Korrelationskoeffizienten nicht zufällig, durch die Zufallsauswahl bedingt, sondern Kennzeichen der untersuchten Grundgesamtheiten sind. Als signifikant werden auf Grund eines Signifikanztests solche Ergebnisse bezeichnet, die mit sehr hoher Wahrscheinlichkeit (Signifikanzniveau z. B. $p. > .01$) nicht auf dem Auswahlfehler der Zufallsauswahl beruhen.

somatisch = körperlich

Sozialdarwinismus = eine in der zweiten Hälfte des 19. Jahrhunderts durch den von Charles Darwin (1809—1882) gelehrten universellen biologischen Evolutionismus mit dem Lebensprinzip des „Kampfes ums Dasein“ beeinflußte soziologische Theorienrichtung

spektakulär = aufsehenerregend

Spekulation = Versuch, rein gedanklich zu einer Erkenntnis jenseits der Erfahrung liegender Dinge zu gelangen

Stereotyp = festgefügte, für lange Zeit gleichbleibende, durch neue Erfahrungen kaum veränderte, meist positiv oder negativ bewertende und emotional gefärbte Vorstellung über Personen und Gruppen, Ereignisse und Gegenstände

Sterilisation = Unfruchtbarmachung durch Unterbindung der Ausführungsgänge der Geschlechtsdrüsen

Stigmatisierung, Stigmatisation = Brandmarkung, Abstempelung, Zuschreibung eines Stigma

stimulieren = anregen

Streß = höchste körperliche und seelische Belastung und Anspannung

subtil = das kleinste Detail beachtend

suggestiv = bestimmend beeinflussend

Symbiose = Zusammenleben zu beiderseitigem Nutzen

System = nach einem einheitlichen Prinzip geordnetes Ganzes (statisch), ein Ganzes, dessen Elemente miteinander in wechselseitigen Bezie-

hungen stehen, und zwar derart, daß jede Veränderung eines Elements auf andere Elemente im System fortwirkt (dynamisch)
Trauma = eine schädigende Gewalteinwirkung körperlicher oder seelischer Art
traumatisieren = eine Verletzung zufügen
vaginal = die weibliche Scheide (vagina) betreffend
Vandalismus = blinde Zerstörungswut
verbal = mit Worten
Victimiser = Opferer
viktimogen = opfererzeugend
visuell = den Gesichtssinn betreffend
vital = lebenskräftig
Voyeurismus = heimliches Zuschauen bei sexueller Betätigung mit eigener sexueller Befriedigung
Zetetiker = Zweifler, Wissenschaftler, der nicht an Dogmen glaubt oder in statischen Systemen, sondern in Problemen denkt

ABKÜRZUNGSVERZEICHNIS

a. A.	= anderer Ansicht
Aufl.	= Auflage
BGHSt	= Entscheidungen des Bundesgerichtshofs in Strafsachen (mit Band und Seitenzahl)
BRD	= Bundesrepublik Deutschland (mit Berlin-West)
D. C.	= District of Columbia (Bundesbezirk der USA)
DDR	= Deutsche Demokratische Republik
Diss.	= Dissertation, Doktorarbeit
Hrsg.	= Herausgeber
Ill.	= Staat Illinois/USA
JW	= Juristische Wochenschrift
Mass.	= Massachusetts, Staat in den USA
m. w. N.	= mit weiteren Nachweisen
N	= Anzahl der Versuchspersonen
n. oder v. Chr.	= nach oder vor Christus
N. J.	= Staat New Jersey/USA
NJW	= Neue Juristische Wochenschrift
NORC	= National Opinion Research Center, University of Chicago
N. Y.	= Staat New York/USA
o. J.	= ohne Jahr
Ont.	= Ontario, Provinz in Kanada
PKW	= Personenkraftwagen
RG	= Reichsgericht
S.	= Seite(n)
s.	= siehe
s. a.	= siehe auch
Sp.	= Spalte
SS	= Schutzstaffel, nationalsozialistisch ideologisierter Terrorverband
StPO	= Strafprozeßordnung
u. a.	= und andere
UdSSR (engl.: USSR)	= Union der Sozialistischen Sowjetrepubliken
U. S.	= United States
USA	= United States of America
vgl.	= vergleiche

AUTORENREGISTER

Die kursiv gedruckten Zahlen bezeichnen Fundstellen im Literaturverzeichnis

Abdou, Antoun Fahmy *235*
Abe, Kitao *240*
Abe, Tadao *240*
Abbiateci, André *235*
Adler, Thomas S. *240*
Adrianne, W. *235*
Aeppli, Heinz *240*
Agopian, Michael W. 124, *240*
Akie, Kokichi *240*
Allen, Harry E. 36 f., 71, *241*
Amelunxen, Clemens *235*, *240*
Amir, Menachem 32, 93, 118 f., 121, 125, *235*, *240*, *241*, *247*, *251*, 279
Andrianakis, Emman P. *241*
Anttila, Inkeri 13, *241*
Arad, Shlomo 261, 264
Argana, Marie G. 38, *241*
Aromaa, Kauko *241*
Arntzen, Friedrich 194 f., *235*
Aronson Elliot 187, *249*
Avison Neville H. *241*

Bader, Karl S. 90, *235*
Bandini, T. *242*
Barclay, A. *241*
Barnes, Harry Elmer 95, *235*
Baruk, H. *241*
Bartolini, Luigi 23
Bartollas, Clemens 220, *241*, *243*
Becker, Pirmin 102, *235*
Bedau, Hugo Adam *241*
Bein, D. *241*
Bello, Carlos S. *241*
Bender, Lauretta 60, *241*
Bentel, David J. 166, *241*
Beran, Nancy J. 36 f., 71, *241*
Bernard, V. W. *241*
Berscheid, E. *241*
Biderman, Albert D. 32, 73, 235, *241*
Biles, David 261, 264
Billacois, François *235*
Blatt, Burton *235*
Block, M. K. 91, *242*
Block, Richard 33, 105, *242*, 270
Bloom-Cooper, Louis *251*
Böker, Wolfgang 109, 143, *235*
Bongert, Yvonne *235*
Borges, Sandra S. 19, 125 f., 135, 137, 151, 154, *257*
Boven, W. *242*
Bray, L. de *242*
Brooks, James 5, *242*
Burgess, Ann Wolbert 179, *242*, *247*

Cahan, S. *255*
Calewart, W. *242*
Cameron, Mary Owen 52, *235*, *242*
Canepa, G. *242*
Capart-de Plaen, R. *242*
Caplan, Aaron *242*
Carich, Ante *242*
Castan, Nicole *235*
Castan, Yves *235*
Castro, Lola Aniyar de 19, *235*, *242*
Cerrada, José *252*
Chappell, Duncan 124, *240*, *242*, *245*
Cho, Cyril Sung Tai 71, *242*
Christenson, Cornelia V. 123, 236
Clinard, Marshall B. *235*
Cohen, B. *258*
Cohen, Yona 155 f., *242*
Connor, Walter D. 111 f., *243*
Cooper, H. H. A. 166, *251*
Cormier, Bruno M. *243*
Cornil, Paul 20, 22, *243*
Cressey, Donald R. *239*
Crosby, Robert *243*

Curtis, Lynn A. 68, 101, 110, *238*, *243*

Dadrian, Vahakn N. 204, *243*
David, Deborah S. 69 f., *248*
DeCourcy, Peter und Judith *235*
Dellaert, R. *243*
Delteil, Pierre *243*
Dinitz, Simon 220, *243*
Doi, Toshihiko *243*, *248*, *249*
Donal, E. J. *249*
Drapkin, Israel 21, 66, *235* *243*, *249*, 261, 264
Dreiser, Theodore 23, *235*
Driver, Edwin D. 110, *243*
Duplissie, A. J. *243*
Dussich, John P. 232, *244*
Dynes, Russell R. 70, *244*, *252*

Edelhertz, Herbert *235*
Ehrlich, Camillo *236*
Eisenberg, Ulrich 143, *244*
Ellenberger, Henri 20, 22, 101, 143, 223, *244*
Enker, Arnold N. *244*
Ennis, Philip H. 38 ff., 77, *236*, *244*
Exner, Franz 19, 21, 27, *236*

Fattah, Ezzat A. 22, 30, 54, 111, *236*, *244*
Feeney, Dean T. G. *244*
Feix, Gerhard 102, *236*
Fergusson, David M. 66 f.
Ferri, Enrico 21, *236*
Feyerherm, William H. 41 ff., 77, *244*
Figlio, Robert M. 129, *240*, *256*
Fink, Klaus P. *244*
Fish, Mary *257*
Fisher, Stanley Z. *244*
Fleming, Joan 66 f.
Fogel, D. *244*
Fooner, Michael *245*
Fox, S. S. *245*
Francis, V. de *245*
Fray, P. *253*
Freed, Louis Franklin *245*
Friebel, Wilfried 102, 144, *236*
Fujita, Yasuko 128, *245*
Fukumizu, Yasuo *240*
Furstenberg, Frank *245*

Gagnon, John H. 114 f., 123, 148, *236*, *245*
Galaway, Burt 166, 168 f., *244*, *245*
Garofalo, Raffaele 21, *236*
Gasser, Rudolf 15, 19, 57, *236*
Gayral, L. *253*
Gebhard, Paul H. 114, 123, *236*, *237*
Geis, Gilbert 124, *235*, *240*, *245*
Geisler, Erika 147 f., 172, *236*, *245*
Gibbens, T. C. N. 193 f., *236*
Gigeroff, Alex K. *246*
Gil, D. G. *246*
Glaser, Daniel 52, *246*
Glatfelter, Ralph *246*
Göppinger, Hans 12, 19, 27, 147, *236*
Goldsmith, Maurice *246*
Goldstein, Naomi *246*
Gratus, Jack *236*
Green, Susan J. *246*
Grob, Paul 181, *246*
Groffmann, Karl Josef 149 f., 173, *246*
Groote, J. de 68
Gross, Kenneth *237*
Grygier, Tadeusz 128 f., *236*, 280
Gubrium, Jaber F. 7, *246*

Häfner, Heinz 109, 143, *235*
Hall-Williams, J. E. *246*
Halleck, Seymour L. 60, 148, 227, *246*
Hamblett, Pat *251*
Handy, William 113, *252*
Harlap, S. 66, *249*

Hashimoto, Juzaburo 128, 134, *245, 246*
Hasson, Uzy 164, *246*
Heinz, Wolfgang *236*
Helfer, Ray E. *236*
Hemard, J. *246*
Hentig, Hans von 9 ff., 13, 20 f., 27, 30, 53, 55, 57, 59, 85, 120, 177, *236, 247,* 271
Hepburn, John 105, *247, 257*
Hess, Albert G. 21, *236*
Higushi, Kokichi *247*
Hiltmann, Hildegard 194, 203, *247*
Hindelang, Michael J. 41 ff., *77, 244,* 262 f.
Hippel, Eike von 161, 173, *247*
Hishino, Kanehiro *247*
Hogan, B. *247*
Holmstrom, Lynda Lytle 179, *242, 247*
Honig, Richard M. 186, *236*
Hood, Roger *247*
Horoszowski, Pawel 20, 106, *247*
Horovitz, Menachem 32, *247*
Hudson, Joe 166, 168 f., *244, 245*
Hunt, Morton 91, *236*

Imamura, Yoshimasa *240*
Inbau, F. E. *247*
Ishiyama, I. *257*
Ito, Masayasu 61, *247*
Izawa, Reiko *250*
Izumiya, Hideki *247*

Jacob, Bruce R. 20, *247*
Jacobsen, Chanoch 227, *248*
Javier, Moscoso del *252*
Jerry, M. B. 116, 118, *238*
Jeurissen, René *248*
John, M. *237*
Johnson, Louise A. 73, *235*
Johnston, Stanley W. *248*

Kainz, Anna 116, *248*
Kaiser, Günther 11, 15, 19, 27, 63 f., 85, 117, 221, *237, 248*
Kaiser, K. *254*
Kamei, Kazutsuna *240*
Karoly, E. *248*
Kinsey, Alfred C. 114, 150, *237*
Kiyonaga, Kenji *251*
Kleinman, Paula H. 69 f., *248*
Knudten, Richard D. *237*
Komiyama, Kaname *243, 248, 249*
Korn, Richard R. *237*
Kucklick, Wolfgang 96, 122, 127, *237,* 280
Kühler, Hans 158, 173, *248*
Kutschinsky, Berl 33 ff., 85, *237,* 270

Lalli, Michael *237*
Lamborn, L. *248, 249*
Landau, Simha F. 131, 133 f., 136, *249,* 261, 264
Landy, David 187, *249*
Lapan, Arthur *249*
Lefkowitz, Bernhard *237*
Lemert, Edwin M. 17
Lempp, Reinhart 148, 172, *249*
Lenz, Edgar 57, *237*
Lernell, Leszek 11, 68, *237, 249*
Linden, A. M. *249*
Litt, D. 218, *252*
Long, G. J. 91, *242*
Loria, S. 66, *249*

MacDonald, John M. 110, *237*
MacNamara, Donal E. J. 162, *249, 253*
McCaghy, Charles H. 116, *249*
McClintock, F. H. 58, *237*
McCorkle, Lloyd W. *237*
McGrath, W. T. *250*
McIntyre, Jennie 73, *235*
Mack, J. A. *249*
Maisch, Herbert 12, *249*
Manecke, Kurt 102, 144, *236*
Mannheim, Hermann 19, 143, *237*

Marcuse, Max 21, *249*
Martin, Clyde E. 114, *237*
Matsumoto, Iwao *243, 248, 249*
Matthes, Ilse 116 f., 144, *237*
Matza, David 130, *256*
Mayorca, J. M. *249*
Mayorca, Olga *249*
Mendelsohn, Beniamin 9, 15, 19 ff., 30, 53, 55, 119, 155, *250*
Meyersohn, J. *250*
Miers, D. *250*
Miller, F. W. *250*
Miller, Stuart J. 220, *241, 243*
Milliken, Rhoda J. *250*
Milovanović, M. 21, *250*
Minskaja, W. S. 93, 123, *250*
Miyazawa, Koichi 19, 62, 123, 128, 143, 223, *238, 250, 251*
Mohr, Johannes W. 116 f., 186, *238*
Moran, Richard *251*
Moron, P. *253*
Morris, Terence *251*
Mueller, Gerhard O. W. 166, *251*
Müller-Luckmann, Elisabeth 196, *238*
Mugishima, Fumio *251*
Mulvihill, Donald J. 101, *238*
Murray, Ellen 251
Myers, S. A. *251*

Nagel, Willem Hendrik 10, 19, 21, *251*
Nass, Gustav 63, 144, *251*
Nau, Elisabeth 60, 85, 116, 149, *251*
Negley, K. *235*
Nelson, Steve 93, *251*
Newman, J. 218, *238, 252*
Niederland, W. G. *252*
Nieves, Hector *252*
Nkpa, Nwokocha K. U. *252*
Normandeau, André *238*
Nuvolone, Pietro 20, *252*

O'Neill, David P. 66 f.
Orschekowski, Walter 102, 144, *236*
Otto, Josef 96

Paasch, Fritz R. 10, *238*
Palmer, Stuart *252*
Panhuysen, Ursula 284, 291
Parker, Elizabeth *252*
Pečar, J. *252*
Peters, Joseph J. *252*
Petrovitch, Porphyre *235*
Pittman, David J. 113, *252*
Plack, Arno *238*
Pokorny, Alex D. 104, *252*
Pollock, Carl B. 68, *256*
Pomeroy, Wardell B. 114, 123, *236, 237*
Ponce, Abagail Bernard *252*
Prado Munoz, Javier Moscoso del *252*
Prince, Joyce 193 f., *236*
Prince, Moussa 166, *252*

Quarantelli, E. L. 70, 244, *252*
Quinney, Richard 14, 27, *235, 238, 252*

Racine, A. *253*
Radbill, S. X. *253*
Raffalli, Henri Christian 65, *253*
Ranjeva, H. *253*
Rasch, Wilfried 62, 85, *253*
Reckless, Walter C. 19, 21, *238*
Redhardt, Reinhard 65, *253*
Reifen, David 195 f., 203, *238, 253*
Reiman, Jeffrey H. *253*
Reinhardt, Heinz 118, 144, *238*
Reiss, Albert J. 239, *240*
Robin, Gerald D. 98, *253*
Roesen, Anton 193, *253*
Roesner, Ernst 21, *253*
Rössmann, Egon 99, *253*
Ross, H. Laurence *239*
Roy, K. K. 226, *253*
Russell, A. *253*

Ryan, Leonard E. *253*
Ryan, William 135, 137, *239*, *253*

Sagarin, Edward *239*, *253*
Saito, Katsuji *248*, *249*
Saito, Norimasa *254*
Sato, Noriko 128, *245*, *246*
Savitz, Leonard 75, 78, 80, *237*, *254*
Schäfer, Herbert *254*
Schafer, Stephen 22, 165, 184, 203, *239*, *254*
Scharfenberg, Jürgen 144, 152, *254*
Scherl, Donald J. 151, *245*, *256*
Schichor, David *254*
Schirmer, Siegfried 144, 152, *254*
Schneider, Hans Joachim 12, 17, *239*, *254*
Schönfelder, Thea 114 f., 150, 186, *239*, *254*, 278
Schomburg, E. *254*
Schomerus, D. H. *254*
Schopler, E. *256*
Schoreit, Armin 159, 162, 173, *239*, 280
Schorsch, Eberhard 152, *239*
Schramm, E. *254*
Schüler-Springorum, Horst 186, 203, 223, *255*
Schülert, Heinz 57, *255*
Schultz, Hans 100 f., 143, *255*, 277
Schultz, LeRoy G. 60, 118, *255*
Schur, Edwin M. 11, *239*
Schwendinger, Hermann u. Julia 131, *255*
Scott, Joseph E. *255*
Sebba, Leslie 164, 197, *246*, *255*
Seelig, Ernst 21, *239*
Sellin, Thorsten 30, 55, *239*, *240*
Separovic, Z. Paul *255*
Serwe, L. H. 192, *255*
Sethna, Minocher J. *255*
Shank, W. A. *255*
Sheleff, Leon *255*
Shichor, David *255*
Shigimori, Yukio *255*
Silverman, Robert A. 55, 57, *255*
Simon, J. *256*
Smigel, Erwin O. 222, *239*, *256*
Snider, Patricia J. *255*
Snyder, David *243*
Sparks, Richard *247*
Stamm, Judith 193, 203, *239*
Stanciu, V. V. *256*
Starrs, James E. *256*
Steele, Brandt F. 68, *256*
Stern, Jehudith *240*
Stockert, F. G. *239*
Stokols, D. *256*
Stolk, Mary van 65, *239*
Streit, Josef 288
Stutte, Hermann *239*
Sullivan, John J. 163, *249*
Sutherland, Edwin H. *239*
Sutherland, Sandra 151, *256*
Sutton, L. Paul *242*
Swinnen, E. *256*
Sykes, Gresham M. 130, *256*

Tachibana, Yoshihito 134, *246*
Tahon, R. *256*
Tanner, R. E. S. 110, 111, *239*
Tartaglione, Girolama *256*
Taylor, Craig 65, *256*
Teeters, Negley K. 95, *235*
Tennenbaum, Ilana *258*
Teutsch, Champion K. *256*
Teutsch, Joel M. *256*
Thornberry, Terence P. 129, *239*, *256*
Tomorug, E. *256*
Tormes, Y. M. *239*
Trankell, Arne 194 f., *239*
Trube-Becker, Elisabeth 108 f., *239*
Tumin, Melvin M. 101, *238*
Turner, R. E. 116 f., *238*
Tyndel, Milo *256*

Ueno, S. *257*
Undeutsch, Udo 194 f., *257*, 284

Veeder, A. S. *257*
Veenstra, Marion *254*
Vigh, J. *248*
Villinger, Werner 194, 203, *239*, *257*
Voss, Harwin L. 105, *247*, *257*

Waller, Louis *257*
Wallis, Hedwig 155, *257*
Walster, E. *241*
Wardell, B. *237*
Watman, Francine 61, *257*
Weber, Max 99
Weeks, K. M. *257*
Weihofen, H. *257*
Weir, Adrianne W. *73*, *235*
Weis, Kurt 13, 19, 125 f., 135, 137, 151, 154, *257*
Werfel, Franz 22 f., *239*
Werner, Eduard 111, *257*
Wertham, Fredric 9, 21, *239*
Weston, J. T. *257*
Williams, Donald B. *257*
Williams, G. *257*
Williams, Vergil L. *257*
Wilson, Paul R. 71, *258*
Wolfgang, Marvin E. 30, 55, 103, 109, 120, *239*, *240*, *258*
Wood, Pamela Lakes *258*
Woods, G. D. 62, *258*
Wyss, Rudolf 116, 144, 148 f., 173, *240*, *258*

Yamanaka, Ichiro *240*
Yamaoka, Kazunobu *258*
Yearwood, J. Homero E. 91, *258*
Yinon, Yoel *258*

Ziedman, Stephen *251*
Zimring, Franklin E. 105, *242*
Zipf, Heinz 10, 27, *258*
Zuazua, Reyma *249*

SACHREGISTER

Die Zahlen beziehen sich auf die Seiten. Hauptfundstellen sind mit f. oder ff. hinter den Zahlen angezeigt. Die Abkürzungen s. und s. a. bedeuten „siehe" oder „siehe auch" (Verweisungen).

Adhäsionsverfahren §§ 403 ff. StPO 159
Alkohol 21, 103, 110
Alter und Viktimisierung 7 f., 48 f., 53, 58, 129 f., 228
Angestelltendiebstahl s. Betriebsdiebstahl
Angst vor Verbrechen 5 ff., 30, 50, 70 ff., 262 f.
–, affektiv emotionaler Aspekt 70 f.
–, kognitiver Aspekt 70 f.
–, Ausmaß und Formen 75 ff.
–, Konsequenzen 70 f., 73 ff.
–, und Opferwerden 16, 49 f., 56, 70 ff., 76
–, und soziale Schicht 71 f.
–, im Strafverfahren 196
–, und Verhaltensänderungen 6, 78 ff., 156
–, und Viktimisierung 76 f., 273
Anhalterinnen 93 f.
Anonymität des Opfers 222
Antragserfordernis im Wiedergutmachungsverfahren 165
Anzeigebereitschaft 3, 16, 29, 31 ff., 93, 270 f.
–, und soziale Schicht 33
–, und Schutz des Opfers 197
Aufklärung von Verbrechen 16, 174 ff.
Aufklärungsquote 3 ff., 31, 94, 197
Ausbeutung 69
Ausgleichsprozeß 190 ff., 203
Aussagebestätigung 197 f.
Aussagepsychologie 195

Begleitkriminalität 225
Behandlung
–, des Opfers 16, 146, 154 ff.
–, des Täters 7, 146, 154, 169
Behinderung und Viktimisierung 53
Bekanntschaft zwischen Täter und Opfer s. Täter-Opfer-Beziehung
Berufliche Gefährdung 56 ff., 68 f., 89, 90, 113, 118, 128, 272
Betrieb
–, Diebstahl im 11, 94 ff., 222
–, als Opfer s. Unternehmen
Bevölkerung und Verbrechen s. Einstellungen der Bevölkerung
Beziehung zwischen Täter und Opfer s. Täter-Opfer-Beziehung
Beziehungsverbrechen 100, 143

Definition, soziale 17, 32, 217, 224, 266, 287
Definitionsmacht 217, 227, 266
Depersonalisation 125, 151, 154
Desintegration, soziale 1 ff., 6 ff., 291
Deutungstypologie 54 f.
Diebstahl s. Betriebsdiebstahl
s. Einbruch
s. Ladendiebstahl
s. Vermögensdelikte
Dramatisierung des Verbrechens 5 f., 145, 180
Dunkelfeld 2 f., 18, 29, 63, 269 f.
–, absolutes 19, 269
–, Aufhellung des s. Opferbefragung
s. Täterbefragung
–, bei Kindesmißhandlung 63
–, relatives 19, 269
–, bei Sexualdelikten 34

–, Umfang 37 ff.
Dynamik der Tatsituation 91 ff.

Einbruch 45 ff., 94 ff., 175 f.
s. a. Vermögensdelikte
Einstellungen der Bevölkerung 71 ff.
–, zu Kriminalität 71, 262 ff.
–, zu Sexualdelikten 34 ff.
Entdramatisierung des Exhibitionismus 153
Entkriminalisierungsprozeß 282
–, gesellschaftlicher 4, 12 f., 17 f., 96, 175
–, illegaler 282
–, individueller 12 f., 17 f., 145
–, legaler 282
Entschädigung des Opfers 20, 146, 158, 281
s. a. Schadenswiedergutmachung
Entscheidungsbeeinflussung 187 ff.
Erbfaktoren und Viktimisierung 57
Erinnerung an Viktimisierung 38
Ersatzleistung 146, 158, 281
s. a. Schadenswiedergutmachung
s. a. Antragserfordernis
Exhibitionismus s. Sexualdelikte

Fälle 24 ff., 80 ff., 137 ff., 171, 198 ff., 208 ff., 229 f.
Familie und Viktimisierung 60, 62 ff., 88, 115, 274, 276, 278
Familienstand und Viktimisierung 48 f.
Flugzeugentführungen 282 f.
Fragen 26 f., 81 ff., 137 ff., 171 f., 181, 202 f., 215 f., 229 f.
Frauen 53, 277, 280
–, als Opfer der Gesellschaft 227 f.
Frauenrechtsbewegung 124 f.
Freiheitsstrafe und Wiedergutmachung 165 ff.
Freundschaft zwischen Täter und Opfer s. Täter-Opfer-Beziehung
Furcht vor dem Verbrechen 7 f., 70 ff., s. a. Angst

Gehorsamstäter 287
Geiselnahme 282
Geisteskrankheit und Gewaltdelikte 109 f., 143
Geldstrafe 167
Geschichte
–, der Viktimologie s. Viktimologie
–, der Wiedergutmachung 20, 158, 165
Gesellschaft als Opfer 225 ff.
Gesellschaftliche Einflüsse 217 ff.
Gewaltdelikte 5, 45 ff., 75, 101 ff., 111, 118 ff., 129 f., 144
–, und soziale Beziehungen 101 ff.
–, und Vorbeugung 176 ff.
s. a. Sexualdelikte
s. a. Tötungsdelikte
Gewinner und Täter 13, 27, 266
Gruppennotzucht 62 f.

Haßmotiv 124
Haushaltsbeantwortungsmethode s. Opferbefragung, Methoden
Heiratsschwindel 61 f.
Herabwürdigung des Opfers durch Gesellschaft 135 ff.
Homosexualität s. Sexualdelikte

Immigration und Viktimisierung 53
Information der Eltern über Viktimisierung der Kinder 76
Informationsstand der Bevölkerung 78 ff.
s. a. Massenmedien
Interaktion 9, 12 f., 14, 19, 113, 120, 124, 267, 286
–, bei Völkermord 206
s. a. Täter-Opfer-Beziehung
Interaktionistischer Ansatz und Viktimologie 14, 266

Jugend und Viktimisierung 49, 53, 75 f.

Jugenduntersuchungsführer 195 ff.

Karriere
–, kriminelle 7, 274
–, viktimelle 267
Kastration 286
Kinder
–, und Mißhandlungen s. Kindesmißhandlung
–, und Schäden 147 ff.
–, und Sexualdelikte 59 ff., 113 ff., 144
s. a. Alter und Viktimisierung
Kinderfeindlichkeit 64
Kindesmißhandlung 63 ff., 144, 268
Kindesvernachlässigung 268
Klassenherrschaft
–, und pluralistische Gesellschaft 9, 14
–, und Opferbegriff 14, 27
Komplementärpartnerschaft 13
Konfliktdelikte 87
s. a. Kindesmißhandlung
s. a. Sexualdelikte
Konformität und Opfer 228 f., 291
Kontrolle, soziale s. Sozialkontrolle
Konzentrationslager 208 ff., 223, 286
–, Folgen 128 f., 156
Kosten der Sozialkontrolle 97, 183, 191
s. a. Sozialkontrolle
Kraftfahrzeugdiebstahl 262 f.
s. a. Vermögenskriminalität
Krieg 204 f., 226
Kriegsgefangene 290
Kriegsverbrechen 289
Kriminalbiologie 286
Kriminalisierungsprozeß
–, gesellschaftlicher 9, 12 f., 18
–, individueller 9, 12 f., 17 f., 86, 145
Kriminalitätsbekämpfung s. Sozialkontrolle
Kriminalitätsquoten 2 f.
Kriminalitätsstruktur 2, 37 ff.
Kriminalstatistik
–, und Einstellung der Bevölkerung 74 f.
–, und Viktimisierungsstudien 50 ff.
Kriminologie
–, Selbstverständnis 18
–, Verhältnis zur Viktimologie 9, 17 ff., 266
Krisenintervention 155 ff.

Ladendiebstahl 11, 40, 52, 94 ff.
Literatur und Opfer 22 f.
Literaturhinweise 27 f., 85, 143 f., 172 f., 203

Mädchen als Opfer der Gesellschaft
s. Frauen als Opfer der Gesellschaft
Massenkrawalle 69 f.
Massenkriminalität 4, 31, 95, 174 f., 185, 190
Massenmedien 61, 72 f., 77 f., 80, 103, 109, 127, 232 f.
Medizin und Viktimisierung 217, 227
Minderheiten und Viktimisierung 8, 30, 48, 53, 218, 228, 305 ff.
Motiv 131, 133, 136, 271
s. a. Haßmotiv
Nahraum, sozialer 279, 286
s. a. Täter-Opfer-Beziehung
Nationalsozialismus 223, 286 ff.
s. a. Konzentrationslager
Neutralisationstechniken 130 ff. 136
Normalität 227
Notzucht s. Sexualdelikte

Opfer
–, Begriff 9 ff., 22, 265 f.
–, falsches 54 f.

–, und Interaktion 12
–, und Klassenherrschaft 14
–, latentes 54
–, und Literatur 22 ff.
–, Mitopfer 15
–, mittelbares 15
–, Nebenopfer 15
–, nichtteilnehmendes 54
–, als Objekt 12 f., 19, 184, 190
–, prädisponiertes 54
–, provozierendes 15, 54, 118
–, und Religion 22 f., 266
–, Selbstopfer 15
–, Selektionsfilter 16
–, als Subjekt 12 f., 266
–, teilnehmendes 54
Opferbefragungen 32 ff., 37 ff., 269
–, Methoden 44, 270
–, Problem der 38
Opferbeschuldigung 130 ff.
s. a. Herabwürdigung des Opfers
Opfereignung 57 ff., 186
–, durch biologische Faktoren 57
–, bei Gruppennotzucht 62 f.
–, bei Kindern 59 ff.
–, durch Sozialprozeß 58 f.
Opfereinfluß 29 ff.
Opfergefährdung 29 ff.
Opferkonstellationen 86
Opferkonzentrationen 86, 90 f.
Opferneigung 57 ff., 186, 268
–, und Heiratsschwindel 61 f.
–, und Kinder 59 ff., 63 ff.
–, und soziale Sichtbarkeit 68 ff.
Opfer-Ombudsmann 232 ff.
Opfer-Präzipitation 15, 109 f., 120 f.
Opfer-Provokation 15, 54, 118
–, und Entschädigung 163
s. a. Anhalterinnen
Opferräume 90 f., 122 f.
Opferstigma 135
Opfer-Täter-Abfolge 16
Opfer-Täter-Modell 120
Opfer-Täter-Opfer-Modell 120
Opfertypologien 30, 52 ff.
Opfer und seine sozialen Bezüge 12, 19, 27
Opferwerden s. Viktimisierung
Opferzeiten 90
Organisiertes Verbrechen 128, 224 f.

Pädophilie s. Sexualdelikte
Passivität des Opfers 14
Permissivität 228
Persönlichkeit als Prozeß 19
Pflegefamilie 268 f.
Planung
–, bei Notzucht 121
–, bei Raubmord 111 f.
Politisch motivierte Delikte 217, 223 f., 289
–, Vorbeugung 177 f.
Polizei 2, 7, 31 f., 70, 72 f., 80, 271
–, Kosten der 97
s. a. soziale Kontrolle
Pornographie 35 f., 272
Primärkontrolle s. Sozialkontrolle
Prisonisierung 290
Prognoseforschung 16
Projektion 286
Prostitution und Täter-Opfer-Abfolge 128
s. Berufliche Gefährdung
Prozeß des Opferwerdens 86 ff.
Psychoanalyse 120
Psychopathologie 120
Puffer, sozialer 273

Raub 45 ff., 75, 127
–, und Vorbeugung 176 f.
s. a. Gewaltdelikte
s. a. Vermögensdelikte
Reaktion auf Sexualdelikte an Kindern 149
Repression als Mittel gegen Kriminalität 73 f., 78 f.

Resistenzpotential gegen Kriminalität 3 f., 7
Richter 187 ff.
Rollenumkehr 68, 268

Sachverständiger 284
Schaden
–, Arten 145, 147
–, Höhe 6 f., 39, 47 ff., 58 f., 96
–, bei Exhibitionismus 152
–, bei Kindesmißhandlung 65 f.
–, bei Notzuchtsopfern 151 f.
–, bei Unzucht mit Kindern 148
–, psychischer 16
–, im Sozialprozeß 145
–, Spätschäden 173
Schadenswiedergutmachung 20, 132 ff., 145 ff., 157., 233
–, Arten 162
–, und Freiheitsstrafe 165 ff.
–, gesetzliche Regelungen 146, 160 f.
–, Voraussetzungen 281
–, Wiedergutmachungsvertrag 169
Schicht, soziale
–, und Anzeigebereitschaft 33
–, und Einstellung zum Verbrechen 71
–, und Viktimisierung s. Viktimisierung
Schlichtungsprozeß 190 ff., 203
Schreibtischtäter 288 f.
Schuld 182
–, und Viktimisierung 53 f.
Schwangerschaft und Kindesmißhandlung 67
Sekundärabweichung 145
Sekundärkontrolle, formelle s. Sozialkontrolle
Selbstbeantwortungsmethode s. Opferbefragung, Methoden
Selbsthilfe 1 f.
Selbstjustiz 1 f.
Selektion durch Opfer 16, 28, 31 ff.
s. a. Anzeigebereitschaft
Self-fulfilling-prophecy 267 (Selbsterfüllende Prophezeiung)
Sexualdelikte 21, 45 f., 62 f., 86, 88 f., 92 ff., 102, 144, 147 ff., 278 ff.
–, und Anzeigebereitschaft 33 f., 93, 270 f.
–, und Behandlung von Opfern 154 ff.
–, im Krieg 226
–, und Strafverfahren 192 ff.
–, und Viktimisierung von Kindern 59 ff., 88, 113 ff., 155, 278 f.
–, und Vorbeugung 178 ff.
Sicherheitsmaßnahmen 5 f., 72, 78 ff., 97, 174 ff.
Sichtbarkeit, soziale 8, 56, 68 ff.
–, und Opferneigung 68 ff., 98, 207
Sozialabweichendes Verhalten 12, 17, 227
Sozialdarwinismus 136
Soziale Beziehung zwischen Tätern und Opfern s. Täter-Opfer-Beziehung
Sozialkontrolle 1 ff., 17 f., 86, 95 ff., 266, 277
–, Kosten 97, 183, 191, 277, 291
–, und Kriminologie 18
–, und Massenkriminalität 95, 174 f., 185, 190
–, und Notzucht 125
–, durch Opfer 4, 97, 174
–, und Sozialprozeß 153 f.
–, und Stigmatisierunng 97, 218
s. a. Polizei
s. a. Richter
Sozialprozeß 267
–, bei Sexualdelikten 151 ff.
s. a. Entkriminalisierungsprozeß
s. a. Interaktion
s. a. Kriminalisierungsprozeß
Sozialpsychologischer Ansatz und Viktimologie 19, 266
Stereotype 5, 13 f., 61, 72 f., 109, 113

Sterilisation 286
Stigmatisierung 97, 218
Strafanstalten 218 ff., 290, 291
Strafgefangene 290
Strafmilderung s. Strafzumessung
Strafrecht 182 ff.
Strafrecht 12
–, und viktimologische Beurteilung 91 f., 117, 157, 218
Straftat 9
–, ohne Opfer 11
Strafverfahren 16, 182 ff.
–, formelles 190 ff.
–, informelles 190 ff.
Strafvollzug
–, und Wiedergutmachung 166 ff.
Strafzumessung 186 f., 203
Strafzumessungskonstellation 186 f.
Streitiges Verfahren 182, 190 f.
Struktur, viktimologische 277
Subkultur
–, der Gewalt 101
–, im Strafvollzug 219 ff., 291
Symbiose zwischen Täter und Opfer 207

Täter
–, soziale Bezüge 12, 19, 27, 267
–, als Opfer 218 ff.
Täterbefragung 270
Täter und Ersatzleistung 168 f.
Täter-Opfer-Abfolge 128 ff.
Tätig-Opfer-Beziehung 12, 15, 87, 143, 232
–, Abstufung der Täter-Opfer-Beziehung 100
–, Anzeigebereitschaft 33
–, Exhibitionismus 113 ff.
–, Gewaltdelikte 101 ff., 278
–, Notzucht 118 ff.
–, Raub 127 ff., 278
–, Tötungen und Körperverletzungen 103 ff., 278
–, Unzucht mit Kindern 113 ff.
–, als einseitig subjektives Verhältnis 87, 99, 111, 113
–, als objektives Verhältnis 87, 99, 104, 121
Todesstrafe 117 f., 263
Tötungsdelikte 88, 103 ff., 261
s. a. Gewaltdelikte
Toleranz, viktimelle 290
Typologie s. Opfertypologien

Unterdrückung 70
–, und antisoziale Persönlichkeit 129
Unternehmen als Opfer 39 ff., 52, 69, 94 ff., 217

Verantwortlichkeit
–, funktionale 184 f., 202
–, strafrechtliche 184 ff.
Verbrechen 12
s. a. Straftat
Verbrechensaufklärung 16, 174 ff., 272
Verbrechensbekämpfung s. Sozialkontrolle
Verbrechensplanung s. Planung
Verbrechensverhütung s. Sozialkontrolle
s. Verbrechensvorbeugung
Verbrechensvorbeugung 16, 57, 174 ff.
Verdrängung 269
Vererbung, soziale 67
Vergleichsverfahren 182 s. a. Ausgleichs- und Schlichtungsprozeß
Verhaltensänderungen aus Furcht 6, 78 ff., 156
Verlierer und Opfer 13, 27, 125, 135, 137, 266
Vermögenskriminalität 4 f., 38, 41, 45 ff., 94 ff., 129 f., 274
–, Schäden 47, 87
–, Vorbeugung 175 ff.
Vernachlässigung von Kindern 268

Verwandtschaft zwischen Täter und Opfer s. Täter-Opfer-Beziehung
Viktimisierung
–, Begriff 15
–, Erbfaktoren 57, 273
–, gegenseitige 55
–, gesellschaftliche 218 f.
–, und Jugendliche 41 ff., 49, 53, 270
–, und Minderheiten 30, 48, 53, 205 ff., 218
–, im sozialen Nahraum 88
–, primäre 32, 55
–, und Privathaushalte 38 ff.
–, und soziale Schicht 42, 58 ff., 94, 118, 273
–, und Schuld 53 f.
–, sekundäre 32, 55
–, und Strafanstalt 219 f.
–, tertiäre 53
–, und Unternehmen 38 ff.
–, und Verletzbarkeit 49
s. a. Alter und Viktimisierung
Behinderung und Viktimisierung
Familie und Viktimisierung
Familienstand und Viktimisierung
Viktimisierungsquote 32 ff., 41 ff., 51
–, Begriff 15
–, und Verletzbarkeit 49
Viktimisierungsstudien s. Viktimisierung
–, und polizeiliche Kriminalstatistik 50 ff.
Viktimität 15
Viktimogenese 16, 268
Viktimologie
–, Aufgaben 15 ff.
–, Begriff 9 ff., 22 ff.
–, engerer Begriff 11 f., 22 ff.
–, weiterer Begriff 11 f., 22 ff.
–, Geschichte 20 ff.
–, und Kriminologie 9, 17 ff., 266
–, Unabhängigkeit der 19
Völkermord 204 ff.
–, absoluter 205
–, an Armeniern 204 ff.
–, an Juden 204 ff.

Widerstand 94, 124, 214, 287
Wiedergutmachung s. Schadenswiedergutmachung
Wiedergutmachungsvertrag 169
Wirtschaftskriminalität 11, 217, 221 ff., 291

Zeugenaussage und Glaubhaftigkeit 183, 194, 203